"十三五"国家重点图书出版规划项目

法学精义
Essentials of Legal Theory

宪　法

（第六版）

[日] 芦部信喜　著

[日] 高桥和之　补订

林来梵　凌维慈　龙绚丽　译

清华大学出版社

北京

北京市版权局著作权合同登记号 图字：01-2014-6034

KENPO，6TH EDITION
by Nobuyoshi Ashibe，revised by Kazuyuki Takahashi
© 2015 by Ritsu Ashibe and Kazuyuki Takahashi
Originally published in Japanese by Iwanami Shoten，Publishers，Tokyo，2015.
This simplified Chinese edition published 2018
by Tsinghua University Press，Beijing
by arrangement with the proprietor c/o Iwanami Shoten，Publishers，Tokyo

图书在版编目（CIP）数据

宪法(第六版)/[日]芦部信喜著；[日]高桥和之补订；林来梵，凌维慈，龙绚丽译. —北京：清华
大学出版社，2018 （2024.10重印）
（法学精义）
ISBN 978-7-302-49414-0

I.①宪… II.①芦… ②高… ③林… ④凌… ⑤龙… III.①宪法—研究—日 IV.①D9313.1

中国版本图书馆 CIP 数据核字(2018)第 012174 号

责任编辑：朱玉霞
封面设计：傅瑞学
责任校对：宋玉莲
责任印制：杨 艳

出版发行：清华大学出版社
　　　　　网　　　址：https://www.tup.com.cn，https://www.wqxuetang.com
　　　　　地　　　址：北京清华大学学研大厦 A 座　　邮　　编：100084
　　　　　社 总 机：010-83470000　　　　　　　　　邮　　购：010-62786544
　　　　　投稿与读者服务：010-62776969，c-service@tup.tsinghua.edu.cn
　　　　　质量反馈：010-62772015，zhiliang@tup.tsinghua.edu.cn
印 装 者：三河市铭诚印务有限公司
经　　销：全国新华书店
开　　本：170mm×240mm　　印　张：24　　　字　　数：405 千字
版　　次：2018 年 4 月第 1 版　　　　　　　　印　　次：2024 年 10 月第 8 次印刷
定　　价：89.00 元

产品编号：059880-02

作者

芦部信喜(Nobuyoshi Ashibe) 1923 年生于日本长野县,1949 年东京大学法学院毕业,1963 年任东京大学法学教授。之后,历任学习院大学法学院教授、放送大学客座教授。1999 年去世。

著作有:《宪法诉讼的理论》(有斐阁)、《现代人权论》(有斐阁)、《宪法诉讼的现代之展开》(有斐阁)、《宪法与议会政治》(东京大学出版会)、《宪法制定权力》(东京大学出版会)、《人权与宪法诉讼》(有斐阁)、《人权与议会政治》(有斐阁)、《宪法判例读解》(岩波书店)、《演习宪法(新版)》(有斐阁)、《宪法学》I·Ⅱ·Ⅲ(有斐阁)、《宗教·人权·宪法学》(有斐阁)等。

补订者

高桥和之(Kazhiyouki Takahashi)1943 年生于日本岐阜县,1967 年东京大学法学院毕业,1984 年任东京大学法学院教授。之后,任明治大学法学院教授,现任东京大学法学院荣誉教授。

著作有:《现代宪法理论的源流》(有斐阁)《国民内阁制的理念与运用》(有斐阁)、《宪法判断的方法》(有斐阁)、《现代立宪主义的制度构想》(有斐阁)、《立宪主义与日本国宪法》(有斐阁)等。

译者

林来梵　法学博士(日本),清华大学法学院教授、博士生导师。

代表性著作有《中国的主权、代表与选举》(日文版·晃洋书店)、《从宪法规范到规范宪法:规范宪法学的一种前言》(商务印书馆)、《宪法学讲义》(法律出版社)等。

凌维慈　华东师范大学法学院副教授,兼任纽约大学法学院上海项目兼职副教授,在《法学研究》《法学》《华东政法大学学报》等发表学术论文二十余篇。

龙绚丽　中国地质大学(武汉)外国语学院副教授。

第六版译者序

芦部信喜先生的《宪法》一书，作为这位日本当代宪法学泰斗在其晚年所著的、毕生所撰写的唯一的一部宪法学教材，具有极大的影响力，据闻迄今在彼国已售出百万册之巨，堪称法学超级畅销书。尤其值得注意的是，此书即使在著者1999年谢世之后，仍由其弟子、当今日本著名宪法学家高桥和之教授继续补订出版，其间不断吸纳日本最新颁行或废改的相关法律法规以及重要判例等资料进行必要的补充或修订，目前已延至第六版，足见其生命力之强盛。

此书也受到了跨国界的瞩目，除第一版的中译版曾在我国台湾地区刊行之外，其第三版亦曾由笔者受北京大学出版社有关方面的委托，与凌维慈、龙绚丽二君合译为中文，于2006年在中国大陆刊行，旋即受到了众多中国学者和学生的喜爱，乃至被奉为法学经典。

但该版中文版的问世距今已有十余年之久，由于版次的更迭，本书在内容上也已有较大的补充与变化。如所周知，近十多年来，日本政治发生了所谓的"右倾化"现象，力主修改现行和平宪法的政治力量有所增强，由此也引发了法政领域和学术上的各种分歧与争议；但另一方面，饶有趣味的是，一向被指在行使违宪审查权过程中耽于消极主义立场的日本最高法院，晚近以来却出人意表地在一定程度上呈现出了一种活泼化的倾向，在违宪审查实务上做出了一些引人瞩目的业绩。凡此种种的新动向，在本书第六版中均有所反映。正是鉴于本书内容上的变动，此度清华大学出版社决定引进此书最新版的第六版，委托我等三人再度翻译，重新在中国出版。

关于芦部宪法学以及本书的介绍，笔者曾有一篇专文，并作为此书第三版中译版的译者序而忝录于书中。为了方便新的读者理解本书，现仍收录此序，为此于此不再赘述。唯值得一提的是，虽然芦部信喜先生已去世多年，其宪法学说亦难免在学术上受到一些挑战，但其基本立场、主要方法、总体框架以及许多具体学说，仍在当今日本宪法学界维持着通说的地位。

芦部宪法学作为一种理论形态，在现今的日本社会也具有深远的影响。有一个意味深长的政治趣闻正好说明了这一点。2013年的某一日，在日本参议院的一个委员会上，力主推动修宪的安倍晋三首相接受质询，其间，一位民主党议员向他问起了宪法的一个基本原理,安倍无法作答。这位民主党议员便问道:"安倍首相,您知道一位叫芦部信喜的宪法学者吗?"安倍答曰:"不知道。"议员又问:"那您知道高桥和之或者佐藤幸治吗?"安倍又回答不知道,但辩称:"我既不是宪法学的权威,也不再是学生了,所以不知道。"安倍在这次问答中的表现,被日本各界许多人引为笑谈,甚至被其政治上的反对者引向一个结论:不懂得宪法的人正力图修改宪法。据媒体报道,不久后他就收到了一份由一个日本青年律师协会寄去的特别"礼物",那便是一本芦部先生最新版的《宪法》。

林来梵

2018 年 1 月 17 日

芦部宪法学是这样的体系（第三版译者序）

一、本书的学术高度

本书几乎可以说是日本原东京大学教授芦部信喜先生(1923—1999)一生中留下的唯一的一部完整的宪法学体系书,[1]集中地凝结了作者对日本现行宪法的体系性思考,可列为法教义学意义上的宪法学的现代经典。

原书第一版完成于 1992 年,甫一出版,即在日本备受瞩目,甚为畅销。该版在台湾地区亦曾有译本(1995 年),且在大陆学界的部分学人之间流布。此后每当重印之际,作者还加诸了若干必要的修订,尤其是 1997 年曾在幅度较大的修订的基础上推出了第二版(新版),直至 1999 年作者不幸谢世为止。目前的这个版本为其第三版,乃是按照其数代师承的传统,由作者生前最为重视的嫡系高足(似可视为其学说的"第一顺位继承人"),即东京大学法学院的高桥和之教授代为修订而成的,内中追加了若干有关重要的新判例和新法令的内容。此版于2002 年付梓,恰好与 1992 年第一版的问世相隔 10 年,在内容和完成度上自然已更为足观。

本书在日本亦被许多高校采用为宪法学课程的标准教科书。就此而言,有可能在以下诸点优长的兼备统一之上,值得我们中国(尤其是大陆)同行表示敬意。

第一,它是一部由一个学者单独撰写的体系书,自洽地、没有矛盾地反映和处理了全书之中的所有观点。此第三版虽由他人代为修订而成,但毕竟出自作者的嫡传弟子之手,而且有意识地"把芦部宪法学在其到达点上的原型全然加以保留"(高桥在第三版前言中语),凡修订之处也均作出了标记。

---

[1] 作者晚年从东京大学退休之后,亦曾开始致力于以庞大的卷帙,阐述其宪法学的学说体系,并于 1992 年(即本书第一版推出的同年)出版了《宪法学Ⅰ(宪法总论)》,继而先后在 1994 年和 1998 年出版了《宪法学Ⅱ(人权总论)》《宪法学Ⅲ(人权各论Ⅰ)》(均由最负盛名的、素被认为产生法学通说的老牌法律出版社——有斐阁出版),但遗憾的是在 1999 年不幸病逝,其此生前的这一学术大业,就此中断。

第二，它的作者原为东京大学教授，曾任东京大学法学院院长、日本公法学会理事长、日本学士院会员，[2]并获得作为日本学者的一项极高的荣誉——文化功劳者称号，在本国学界的该领域中极负权威和声望，在其生前的一段时期之内，包括在其执笔和修订该书期间，被视为该学科的执牛耳者。

第三，与许多日本学者一样，作者长期从事该领域的各个专题研究，在议会政治、制宪权、宪法诉讼等理论上形成了丰厚的、引领学界的成果，在此积淀之下厚积薄发，并且是在其学术生涯中思想最为成熟的时期，即类似于"密纳发的猫头鹰起飞"的时期，开始撰写和修订此书的。

第四，作者对该书的写作极为真诚和认真，在整个撰写和修订过程中，几乎字斟句酌，力求精益求精，作为一个对日本现行宪法进行了"体系性思考"的体系，无论其学理还是文字，均达到了炉火纯青的地步，其中又在以下三个方面上可堪赞叹：

一曰纯正。本书作为法教义学的体系，其理论的完成度和成熟度极高，而且几乎没有片只无谓的虚言或赘语，更无政治意识形态上粗鄙的废话和空论。

一曰广博。作者虽属留美出身，但对英、德、法等其他成熟的宪政国家的理论与实践亦甚为谙熟，并将其引接、落实于本国的规范和现实的研讨之中，形成相互交融、圆通的学说，彼此并无泾渭之别、隔膜之感。

一曰平实。它在有限的篇幅之内，以颇为平易明快的母国语言，高度凝练地揭示了相当丰富的、有关日本宪法学体系中的主要内容。文风中和平实，纯熟老到，有中国古时桐城派讲求"义法"，追求雅洁、简明达意之风，同时又颇有微言大义的春秋笔法。本书的译本之所以尽量在平易化（有别于台湾译版的半文言化）上作出了努力，同时又不惜在许多之处采用了以长句进行直译的方式，即是为了应和原著的风格，保留其中的韵味。

二、双重可追溯的延承脉络

沿着本书的理论源流追溯上去，其实可以看到相当深厚的学术传统及其颇

---

[2] 日本学士院是专门依据《日本学士院法》设立的一种荣誉机构，旨在优待学术上取得卓著功绩的学者，促进学术的发达，由150名院士（会员）组成，均为各大学、科研机构、专业学会推荐出来的、在学术上作出了卓越贡献的研究者。

为悠久的传承脉络。在日本的明治宪法时代,最早在宪法学中居于支配地位的是以穗积八束(东京大学教授)为鼻祖的神权学派。穗积八束乃穗积陈重的胞弟,留德出身,曾师承德国国法学大师拉班德(Paul Laband),但仅仅吸收了拉氏的保守方面,回国后创立了"国体"论的宪法学。后来经过美浓部达吉(东京大学教授)与穗积的弟子——上杉慎吉(东京大学教授)之间就"天皇机关说"的一场著名交锋,神权学派宪法学逐渐失去了统治地位,立宪学派开始沛然兴起,而后者有两位齐名并称的代表人物,一为美浓部本人,另一为佐佐木惣一(原京都大学教授,后立命馆大学教授、校长),二者皆受到德国耶利内克(Georg jellinek)法律实证主义国法学的影响,确立了宪法解释学的理论体系。

而单就所谓的"东大学派"这一脉而言,该派在战前即产生了"方法论的觉醒",其标志是美浓部的弟子宫泽俊义接受了德国拉德布鲁赫(Gustav Radbruch)相对主义理论的影响,形成了新康德主义式的将实存与当为、事实与价值截然分开的问题意识,[3]用宫泽的弟子,即本书的作者芦部的话来说,"宫泽宪法学的最为基本的特征",就在于"严格区别科学与实践、认识与价值,并与此关联,认为法虽然是政治的孩子,但法学(法的科学)则应该独立于政治,这一将对象的政治性与方法的政治性加以招别的学问方法论"这一点上。[4]有趣的是,宫泽虽然也曾受到了耶利内克的后人——凯尔森之方法的影响,[5]但他一人同时承担了法的认识与法的实践(解释)这两者的研究,并将前者作为"法的科学"而加以自觉的追求,这倒有点像耶利内克在"方法二元论"国法学体系中的理论构成,其主要的倾向均是规范论意义上的研究与事实论意义上的研究只是泾渭分明地分断在同一学者的学说体系之中。

更有意思的是,众所周知,耶利内克的"方法二元论"体系曾在其身后分裂为截然对立的两个分支——凯尔森(Hans Kelsen)的纯粹法学(规范论)与施米特(Carl Schmitt)的政治宪法学(事实论);无独有偶,宫泽宪法学的方法后来也在其继承人的研究方向中出现了类似的分裂,其中一支的继承人是小林直树,而另一支的代表人则是芦部信喜。小林直树原为法哲学专攻出身,曾师承凯尔森的异国高足——日本著名的法哲学家尾高朝雄(东京大学),但有意思的是选择过

---

[3] 参见芦部信喜:《宫泽俊义:彻底的自由主义者》,载日本《法学研讨》,1980 年第 3 期《纪念特刊——日本的法学家:人与学问》栏目。
[4] 同上。
[5] 主要是凯尔森的意识形态批判的方法,当然,同时还受到了当时法国实证主义宪法学的影响。

"宪法的法哲学与法社会学"的研究课题,此后坚持这方面的方向,晚近更从宪法学追溯到法哲学背后的人类学的研究;而作为宫泽的受业弟子,芦部则主要专事法教义学上的研究,二人相互配合,彼此互补,共同支撑起宫泽之后东大法学院宪法学的课程。

从这样的追溯我们可以看出,芦部宪法学的出现,乃是已有数代传承的学说史发展脉络的自然延伸,而且这一脉络与德国国法学—宪法学的发展脉络又具有一种大致的对应沿承的结构类似性,可图示如下:

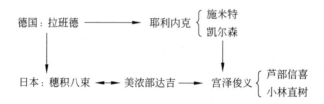

在此顺便值得一提的是,日本公法学界曾有一个逸闻,说的是宫泽、小林、芦部这两代三人,恰好均出生于日本长野县(旧属信州藩)。而在芦部去世后不久小林所发表的一篇特别的追忆文章——《给同僚友人——芦部君的最终一信:兼回望轨迹的交叉点》中,亦曾具体透露了这样一段旧事:在小林和芦部两位先生当年被决定共同继承宫泽教席之后首次一道上门拜访宫泽先生时,三人在谈话中知道了都是长野县老乡,于是老先生就半开玩笑地说:"哈哈,这将来保不定有哪个大大咧咧的人出来说'那时期的东大宪法学都被信州派系占据了去的'哟,呵呵。"〔6〕然而,颇堪吟味的是,小林和芦部虽然私交甚好,但两人之间在方法与学说上的张力关系,则恰好回应了日本宪法学在继宫泽俊义之后法学方法论仍暂时无法明确地解决事实与价值之二元对立这一时代所被要求的完整的内在结构。我们可以推断,这样微妙的教职人事安排,可能就出自于当年东大方面的刻意或精心的考虑,而这又需要有效的大学自治制度以及学术发展决策机关对相关学科体系的深刻洞见。

---

〔6〕 小林直树:《给同僚友人——芦部君的最终一信:兼回望轨迹的交叉点》,载日本《法学家》杂志,1999 年第 12 期特辑"芦部宪法学的轨迹与课题"之中。

三、理论构成上的五个要点

相形之下，或许可以说小林直树思想深邃，文采斐然（这一点倒是与芦部的业师宫泽一样），而芦部则细密严谨、持论平稳。小林的学术成就在当代日本也居于极为重要的地位，然而，芦部的学说则大多居于通说地位。就芦部而言，他自然不会不理解宫泽在方法论上的二元结构，然而还是大胆地打破了乃师在事实与规范之间研究比重的一种基本平衡，而直取宪法教义学之一端，精研磨砺，粲然大备，自成一家，其学说在当今日本亦有"芦部宪法学"之专称，甚至被誉为当代"日本宪法学的金字塔顶"。[7] 可以说，芦部宪法学的体系，正是在一定意义上颠覆了传统东大学派的主流，而又接续成为当代日本宪法学之主流的。

芦部宪法学的体系在理论构成上，具有相当丰富而又相对自足的内容。以下结合其他著述，从五个方面对其有代表性的理论要点，略作一番梳理。

（一）有关宪法的本质观

芦部在东大最初承担的讲义，本是自东大法学院创立以来就开设的传统课程——国法学，这自然已是深受以耶利内克为代表的德国传统法律实证主义国法学之影响的学科，但在教授过程中，他明确地意识到，必须克服德国法律实证主义国法学的传统，而这种克服并不能在魏玛宪法末期出现的、以施米特为代表的政治宪法学的方向中进行，而是应该在努力探究内在于宪法的普遍理念的方向中展开。[8] 在自 50 年代后期到 60 年代所写的一系列有关宪法制定权力、宪法修正界限理论等论文中，[9]芦部逐步展现了这一毕生的思考进路，这种进路自然接近于某种自然法的思想，而其间两年留学哈佛大学的旅美研究生涯（1959—1961），亦可能进一步推动了他的思考走上这个进路。

在这个思考进路上，他首先遭遇到了传统实证主义宪法学的有关宪法的本质观，即一种撇开了宪法的价值原理而在所谓高度形式性的"固有含义的宪

---

〔7〕 语出日本有斐阁推出芦部信喜《宪法学Ⅲ（人权各论Ⅰ）》时在该书封面环带上所采用的评语，全句为"引领学界的日本宪法学的金字塔顶"。

〔8〕 参见高桥和之：《芦部宪法学之理论上的诸前提》，载日本《法学家》杂志，1999 年第 12 期特辑"芦部宪法学的轨迹与课题"之中。以下部分的要点梳理，亦可参见该文。

〔9〕 后结集为《宪法制定权力》一书，由东京大学出版会 1983 年出版。

法"概念上理解实质性含义的宪法的观点。与此相对,他认识到宪法学的重构,必须将宪法的本来价值作为核心加以把握,即应该从将宪法的本质理解为立宪意义上的宪法这一点上出发。而构成宪法之本质的价值究竟为何呢? 在他看来,那就是个人尊严(个人主义)的原理,宪法中的人权与主权这两大基本原理则均由此推演所出。他借用了凯尔森"根本规范"(Grundnormen od. Fundamentalnormen)的概念,认为作为宪法之本质性价值的个人尊严的原理以及由此推导出来的人权与国民主权(制宪权),就相当于宪法的"根本规范",[10]反言之,所谓"宪法",正是将这种"根本规范"加以具体化的一种"价值秩序"。[11]

(二) 有关制宪权的理论

与上述的宪法本质观具有密切联系的是制宪权理论。芦部全面追溯了制宪权思想的历史发展过程,认为对制宪权思想的产生起到了决定性作用的乃是近代自然法学派的根本法(lex fundamentalis)观念以及主权在民的思想。为此他一方面反对像法律实证主义那样"将制宪权完全作为一种社会性的权力要素而从法学的对象范围中加以放逐出去",另一方面也不认同像施米特那样"将制宪权理解为可以不受任何的规范上的拘束而自由地形成决断的绝对性的事实力量",[12]认为否则最终就可能导致使宪法随从于各个时期当下的政治权力的意志,甚至容认破坏宪法本身的暴力,为此不仅有必要将制宪权纳入法学的对象,而且还有必要将其定位为接受某种"规范上的拘束"的存在,而前述的宪法的"根本规范",则正构成了这种规范上的拘束,质言之,"……根本规范乃是制宪权为主张自己之存在的基本前提,是拘束制宪权之活动的内在制约原理"。[13] 而由于芦部认为"根本规范"中已包含了由个人尊严原理所演绎出来的主权在民原理,为此,其制宪权的主体就不是施米特那样在事实论的意义上所构想的那种具有事实力量的政治意志主体,而是规范意义上的国民。在这一点上,我们其实也可以看到芦部宪法学作为法教义学的理想和倾向,至于制宪权和修宪权的关系,他更认为修宪权是"制度化了的制宪权",是制宪权被纳入法秩序的一种发现形

---

〔10〕 参见芦部信喜:《宪法学Ⅰ(宪法总论)》,有斐阁1992年版,第46页以下。
〔11〕 参见同上,第29页。以上内容亦可参见本书第一章。
〔12〕 前引,芦部信喜:《宪法制定权力》,第39页。
〔13〕 同上,第42页。

态,为防止原始性的制宪权对法秩序的破坏作用而担负起"卫兵"的角色。[14] 而由于制宪权受到根本规范的拘束,为此由制宪权转化的修宪权自然也同样受到根本规范的拘束。

(三) 国民主权论

与上述制宪权理论直接相关的则是芦部的国民主权论。芦部认识到,在近现代的立宪主义宪法之下,由于受到法治主义或合理主义思想的影响,作为通例,制宪权往往多被纳入宪法典之中,作为国民主权的原理而得到宣明。为此,"制宪权就是被宪法内化了的国民主权的原理",或者说,国民主权的原理,正是对"国民的制宪权"这一观念在实定宪法上的表达。[15] 而所谓国民主权中的"主权",则指的是"最终决定国家政治之形态的力量或权威"。在这一点上,芦部批评了另一个当代日本宪法学界巨擘樋口阳一仅把国民主权限定理解为一种正当性原理的观点,而认为其中既含有正当性的契机,也含有权力的契机,前者指的是将国家权力之行使加以正当化的终极性权威,而后者则指的是主权者所拥有的终局决定国家政治之实际形态的权力。

芦部将正当性和权力这两种契机结合起来以理解国民主权,其问题意识在于避免将主权原理单纯作为正当性的根据而加以宣明,而不考虑将这种原理加以现实化所要求的一定的制度,但对于杉原泰雄教授立足于法国的理论框架而将"国民主权"与"人民主权"加以区别,并分别对应"纯粹代表制"和"半代表制"或"社会学意义上的代表制"的著名理论,则基本上持不认同的态度。[16]

(四) 有关宪法变迁的理论

与日本现行宪法第九条绝对和平主义条款的问题相关联,宪法变迁论的讨论在日本宪法学界一向颇有活跃。而在这一点上,芦部的主要看法是:宪法是

---

[14] 同上,第 45 页。

[15] 前引,芦部信喜:《宪法学Ⅰ(宪法总论)》,第 242 页以下。亦可参见本书第一章之四、第三章之二。

[16] 有关这一点,具体可详见前引,高桥和之:《芦部宪法学之理论上的诸前提》。但值得指出的是,对于代表制本身,芦部本人也倾向于采"社会学意义上的代表"之学说。参见芦氏:《宪法与议会政治》,东京大学出版会 1971 年版,第 410 页。

不断变迁的社会动态下的"活法",为此其规范内涵的变化乃是自然的现象,在此没有必要将其法的性质特别作为问题加以思考的必要,而真正的问题则在于,那种直接违反了宪法规范的解释(即清宫四郎曾经所说的"假解释")这一意义上的宪法变迁是否可得以认同。对此,他认为:"某种违宪的宪法状态,至少在满足了它已经长期反复继存,拥有不变的相同含义,本身已然明确而不容种种解释,并存在国民对其作为规范的价值已予以认同的合意,等这些严格的条件之限度上,根据类似于所谓事实的规范性之理论的观点,也可理解为有可能带有规范的性质"。[17] 在此值得注意的是,根据芦部的宪法本质观,这个观点实际上乃是表明:即使是那些合法的有权解释,一旦违背了宪法的"根本规范",仍不能获得规范的效力;相反,即使是上述的变迁,只要不违反"根本规范"而又能满足以上的那些严格条件,则可予以认可。[18]

(五) 宪法诉讼论

芦部宪法学的最大贡献,被公认为乃在于建立了相当精致的宪法诉讼理论。这是芦部 1961 年秋留美归国之后开始长期从事研究所积累的成果,主要体现在《宪法诉讼的理论》《现代人权论》和《宪法诉讼的现代之展开》这著名的三部曲中,其中不仅包括了对司法审查的正当化依据以及适当的作用范围等问题的深部探讨,而且主要包括了有关违宪审查的个别性的技术论和程序论,其中的核心部分,是从庞杂的、本身也有点摇摆不定、前后不一的美国判例体系中,以"双重基准"(double standard)的理论为主轴(或一个中心主题),所整理出来的一套因应不同的基本人权限制而区别适用的,拥有具体性、整序性和稳定性的立法违宪审查基准体系。这是一个相当细密、精致的体系,根据芦部本人曾经所提供的图表,[19]该体系的最为核心部分可图示如下:

---

[17] 前引,《宪法制定权力》,第 146 页。亦可参见本书第十八章之三(四)。
[18] 高桥和之即做这样的说明。参见前引,氏:《芦部宪法学之理论上的诸前提》一文。
[19] 芦部信喜:《宪法判例解读》,岩波书店 1987 年版,第 103 页。

```
精神自由
┌─────────────────┐
│ A领域：          │
│ 事前抑制、过度   │
│ 广泛规制         │
├─────────────────┤
│ B领域：          │
│ 表达内容的规制   │  经济自由
├─────────────────┼─────────────────┐
│ C领域：          │ D领域：          │
│ 表达的时间、地   │ 消极目的规制     │
│ 点、方法的规制   │                  │
│                  ├─────────────────┤
│                  │ E领域：          │
│                  │ 积极目的规制     │
└─────────────────┴─────────────────┘
```

其中，在 A 领域通常可根据法条的文面，直接判断是否违宪；在 B 领域则应主要适用"明显且即刻的危险"（clear and present danger）基准，或采用附定义衡量；在 C 领域应采用像"限制性程度更小之手段"（less restrictive alternatives）这样的基准，即所谓 LRA 基准；而在 D 和 E 的领域则一般可采用"合理性"的基准，其中 D 领域采用"严格的合理性"基准，而在 E 领域则采用较为宽松的"明显原则"。显然，A、B、C 以及 D、E 的严格度依序递减，但其中 C 与 D 的严格度相当。

四、从宪法解释学到一种"规范性宪法学"

从芦部宪法学的上述基本内容中，足以看出其作为法教义学宪法学的基本品格。而就其方法上的特质而言，樋口阳一在芦部殁后不久与奥平康弘、盐野宏等其他四位公法专家所举行的题为"芦部信喜先生的人与学问"的专题追念座谈会中，曾经总结为如下三点：第一，对作为宪法学的对象的宪法本身的存在结构的历史性进行敏锐的把握；第二，与这种历史性、即某种意义的政治性正好相反，所确保的则是"宪法学方法的规范性"；第三，在此过程中，切实把握内在于宪法之中，或寄寓于宪法之后的普遍理念。[20]

对于芦部宪法学之方法论的认识而言，樋口上述所说的第二点尤为重要。如前所述，宫泽宪法学已经在方法论上将"对象的政治性与方法的政治性加以峻

---

〔20〕 参见奥平康弘、盐野宏、园部逸夫、户波江二、樋口阳一座谈会记录：《芦部信喜先生的人与学问》，载日本《法学家》杂志，1999 年第 12 期第 4—5 页，特辑《芦部宪法学的轨迹与课题》部分。

别",而芦部则在继承了这一点的基础之上,将乃师的这种方法发扬光大,进一步落实到以"方法的规范性"应对"对象的政治性"这一有效的要点之上,即在法教义学的框架里直接找到了替代"方法的政治性"的方法——"方法的规范性"进路,而非像乃师那样停留在将法的认识与法的实践加以无奈的区分那一新康德主义的方法论架构之中。基于这一点,我们也可以将芦部宪法学恰当地定位为一种"规范性的宪法学"。

这种规范性的宪法学尽管与笔者有意识地立足于中国宪政的问题状况所倡导的"规范宪法学"不尽相同,[21]但在笔者看来,它同样也不再是那种单纯的宪法解释学(或注释宪法学),换言之,它已然超越了传统宪法解释学的范围,为法教义学意义上的宪法学充实了新的现代内容,把握到了广泛存在于各种规范解释命题与解释命题之间的某种新型的"规范",那即芦部本人在宪法诉讼论中所探究的各种违宪审查的基准或原则(test;standard;principal)。而这种基准或原则之所以说是一种新型的宪法"规范",是因为它们并非是传统宪法解释学所关注的、同样可能存在于判例之中的那些有关宪法规范的直接的解释命题,而是审查立法是否符合有关宪法规范的准据,但同样也具有规范的类似特征和效力。从本书中即会看到,对这种准据、这种新型的宪法规范的探讨,正构成了芦部宪法学的重要部分,而且是分量相当可观的部分,从而使芦部宪法学与其前人的法教义学体系(包括其恩师宫泽的宪法注释体系)具有了明显的不同。由此可以说,从明治时代所开创的日本的法教义学意义上的宪法学,由芦部宪法学开始,已从传统的宪法解释学发展为内容更为丰富的、具有现代内容的规范性宪法学。

芦部宪法学之所以取得了辉煌的成就,其本人也在实际上相当强大的方法论对手(如小林直树)面前取得了旧东大学派在当代的"第一顺位继续人"的地位,[22]原因自然是多样复杂的,但个中一个重要的缘由,也就在于它因应了时代

---

[21] 有关笔者的"规范宪法学"(theory of normative constitution)在内涵上的双重复合结构,主要可参见拙著:《从宪法规范到规范宪法:规范宪法学的一种前言》(法律出版社 2001 年版)前言部分。

[22] 对于芦部宪法学,日本学界也存在有力的批判,如小林直树对其将制宪权的主体仅限定于国民(或人民)这一点的批判(参见小林直树:《宪法秩序的理论》,东京大学出版会 1986 年版,第86 页以下)、菅野喜八郎对其在宪法本质观以及制宪权理论上的自然法倾向的批判(参见菅野喜八郎:《国权的界限问题》,木铎社 1978 年版,第 59 页以下)、杉原泰雄对其主权论的批判(参见杉原泰雄:《国民主权的研究》,岩波书店 1971 年版,第 346 页;同《宪法Ⅰ:宪法总论》,有斐阁 1987 年版,第 187 页)等等,均为如此。但总体上并没有动摇其这种地位。

的宪政课题,明确地立足于法教义学的领域,而且孕育了一整套有关违宪审查的细密的、精致的基准体系。这套体系虽然没有被日本的宪法实践所全盘接受,但实际上对违宪审查的实务产生了极为重要的影响,尤其是其细密化、精致化的努力和梦想,更是令有心之人、有识之士怦然心动、心向往之。这套有关违宪审查的技术论和程序论,从当下我国的理论现况看来,有点像宪法学上的"天方夜谭",或不得不有隔岸观花、望梅止渴之感,甚至说不定还可能被视为人权保护技术上的"奇技淫巧",但在宪法保障已经得到了制度化的宪政框架下,却已经构成了现代法教义学意义上的宪法学的必备之内容。

而这种宪法教义学在日本之所以有效,而且像芦部宪法学这样的法教义学体系之所以在宫泽方法论所分裂出来的两支之中成功地胜出为现代日本主流的宪法学,究其原因,则主要又是由于现代日本的宪法已经成为"规范宪法"(normative constitution),尽管其个别的理念(如和平主义)正处于"山雨欲来风满楼"的状态之中。申言之,这种法教义学本身恰恰能够满足当代日本社会所存在的生生不息的宪法规范活性化、宪政理念安定化的需要。反观当下中国,法教义学意义上的宪法学正处于艰难的哺乳期之中,并且备受作壁上观者的鄙薄,原因自然也是多样的,但就我们法学人的志业而言,在某种意义上也正是由于缺失了像芦部宪法学这样的学说体系。而至于那种鄙薄,则恰恰无异于是将那种没有深厚的法治传统、同时又远离宪法规范活性化的现实,在盲目等待"宪政时刻"(constitutional moment)的过程中继续加以正当化的态度。

如将目光流转于本书,我们还可以深切感悟到:透过某一国家的宪法规范,总是可以或多或少地洞察这一国家人民的生活实态。但唯有那些无须太多地依赖事实论意义上的研究而可以直接透过规范窥见其人民生活之实态情形的宪法,或许才可称得上"规范宪法"。现代日本正是在曾经给他国人民造成重大不幸之后而又不得不承受来自他国强大力量之作用的这一不幸之中,有幸地得到并且有效地演绎了一部这种性质的宪法。人类的历史往往就是这样无情地受到了其自身悖论的戏谑。而芦部宪法学,则是以一种庄严的学术态度认真对待了这种戏谑的皇皇正论。

五、译后余言

　　本书的翻译，是译者带着对作者的深切敬意和对学问的真诚敬畏逐步完成的，其前后历时一年有余，乃是由于其间一段时期，笔者俗务繁杂，疲于奔命，故曾先请浙江大学在学博士研究生凌维慈、同大学在学硕士研究生龙绚丽二君译出初稿（前者完成了本书的第一、二部分，后者完成了第三部分），然后由笔者本人倾注了两个多月的余暇时间，基本上逐字逐句加以润色、修订甚至进行部分的重译才杀青的。在此之际，笔者还针对原著中若干对于中国读者有些难解的阐述之含义、背景等等，加诸了脚注（原著本无脚注，而是采用了正文之中的夹注形式）。

　　译事之难，已为许多经验者所反复喟叹，在此只得按下不表。唯此番自己亦属于率尔操觚，加之语力有限，为此纰误之处在所难免，尚祈各位方家不吝教正。

林来梵

2005 年 12 月 16 日

第六版前言

日本宪法在迎来诞生七十周年之际，正遭逢着重大的歧路。芦部先生去世至今已十五年。芦部先生建构的日本宪法解释体系，成为解决在此期间所产生的各种宪法问题的指南。在有的领域，芦部宪法学已成为被接受的"活着的宪法"，但另一方面，也存在事态正向着与芦部先生的主张相矛盾的方向发展着的领域。如果芦部先生在今日观察到这一现象，他会怎么回应呢？想必他会导入对全部状况的变化进行重新整序性把握的辅助线，出色地完成解释体系的再建构。反复思考了以上的想法后，我进行了本次的补订。

补订的方针和以前一样。追加补充了修改或废止的法律法规以及新的重要判例。对于重要判例的选择及其说明，我已留意到不要过于出自我个人的见解，但要完全排除我的主观认识是不可能的。在正文和带 * 号的文中，我加以补充的文字用[ ]来标识，这以外的补充用†来标识。只想阅读芦部教授原文的读者，可以跳过这些部分来阅读。

这次补订之际，岩波书店方面进行了精心的调查，提供了巨大的帮助，衷心感谢。

高桥和之
2015 年 2 月

第五版前言

这次修订基本上也基于与上次同样的方针,主要是围绕法律法规的制定、修正以及重要判例的更新而进行的。但有一处做了性质上有所不同的补充,此即对有关违宪审查的方法上德国宪法法院所采用的比例原则的理论所做的补笔。

宪法诉讼是芦部先生贡献了最大功绩的领域,而其中主要是有关美国宪法诉讼理论的研究。如果考虑到日本宪法引进了美国式的附随审查制,那么,当然要研究美国违宪审查制度发挥其功能,以作为探讨日本宪法诉讼应有制度的参考。在这方面,芦部先生已成为先行者。结集了其有关研究成果的《宪法诉讼的理论》一书,对日本的宪法学产生了压倒性的影响。可以说,芦部先生所倡说的宪法诉讼论迄今为止仍保持着通说的地位。然而,所有的学术领域都会不断通过各种观点来修正通说。作为此种动向之一,晚近特别值得注意的是,在有关违宪审查的方法方面,根据在德国的判例和学说上已获得广泛支持的比例原则的思考方法,对芦部学说进行批判的讨论。德国宪法诉讼的理论研究,在芦部先生研究美国宪法诉讼理论当时还刚刚就绪,未像今日这样繁盛。然而,此后对德国宪法法院重要判例的积累、法院和学说的交流中德国宪法诉讼理论逐步得到了引人瞩目的发展。以此为研究的日本宪法学者辈出,今日日本的德国宪法诉讼理论研究得到了飞速的发展,产生了诸多日语的文献。适逢日本进行了法学教育的改革,其中产生了有关判例分析方法的新的问题意识。由此出现了不通过芦部学说的审查基准理论框架而是通过德国比例原则的框架来解读日本宪法判例的尝试。

芦部学说将审查的严格程度区分为三项不同的基准来把握违宪审查的方法,这种理论由来于美国联邦最高法院的判例理论。以此为依据的芦部先生,如果面对德国式的比例原则,会作何思考? 这一追问并不超出想象的领域。他应该首先肯定会明确理解两者的不同,并只能在此基础上思考日本适用何种审查方法吧。至于其结果究竟如何,在刚刚开始讨论的现阶段,尚难预测。但是,这属于对芦部学说所提出的重要问题,对此读者最好亦应该知道问题的所在,考虑到这一点,在这次修订时做了上述补笔。期待以此也能加深对芦部学说特色的理解。

本次修订同样劳烦了岩波书店的各位方家,在此表示衷心谢忱。

高桥和之
2011 年 2 月

第四版前言

　　本书作者芦部先生在 1999 年去世之后,在做了最低必要限度的补订之后,本书第三版于 2002 年刊行。近五年来,本书一如既往地承蒙了许多读者的厚爱。对我来说,也算是完成了对老师的报恩而感到欣慰。

　　本书在过去一直为一般市民、法学院学生所使用,在此基础上又为很多新的法科大学院指定为未学过法律课程的学员的宪法教科书。有鉴于此,在这次改订过程中也意识到了这一变化。在法科大学院的教育中,其注重案件分析能力的培养。教材中所涉及的案例就必然需要法院的判例。因此,本书的方针之一就是尽可能涉及近五年来的重要判例。但对此,我本人也是有过犹豫的。第一,芦部先生在本书中写到的案例都是经过严选录用的,要是加入最新的案例,可能会与先生当初的宗旨所冲突。反复权衡后,我还是认为与其遗漏重要案例,还是把它们添加进去为好。更为重要的问题是,新加入的判例在芦部先生的论述中应当如何定位? 如何说明? 如果这一步走错,那反而会埋没了先生所要表达的本意。为了避免该情况,我在进行改订时十分小心谨慎,至于结果如何,还是要交给读者去判断。

　　本书的改订主要以第三版后的新法律法规、新判例的补充为重点。与第三版的原则相同,原则上针对芦部先生的原文不进行任何改动,凡是我修正添加的内容都用"[　]"或者"†"印记表示。另外,考虑到芦部先生的想法,我没有去补充卷末的参考文献。

　　本书的刊发要感谢岩波书店的大力支持。

高桥和之
2007 年 2 月

第三版前言

对本书的新版加诸补正之后的增订版,本于 1999 年 3 月出版。此后不久,著者芦部信喜先生便卧病不起,同年 6 月,竟成不归之人。

本书之中凝结了芦部宪法学的精髓。作为学问研究的方式,先生原本一向优先选择专题论文的执笔,在宪法制定权力、议会政治、宪法诉讼等领域,接连发表了诸多引领学界的论文,但始终无意撰写将这些加以综合起来的宪法概说的体系书,为此,许多人曾期盼过那种将芦部宪法学之全貌加以简明呈现的体系书的出版。在这种期盼不断累积的过程之中,本书的初版终于在 1992 年问世,并得到读者们压倒性的支持。回应这种情形,先生这方面也不断努力完善本书,先是于 1997 年、进而于 1999 年先后推出其新版和新版的增订版。据闻,直至新版增订版的完成,先生才吐露出其中内容终于方可接受的感慨。

新版增订版出版以来三年,由于此间不乏可见重要新法令的制定、新判例的发展等诸事,遂产生了有必要将这些变化加以补充使得本书得以更新之感。我无意识地接受了这一大任,深感责任之重。就新法令、新判例等诸项,先生原有的说明、叙述之中自然也存在一些有必要加以修订的地方,但想把芦部宪法学在其到达点上的原型全然加以保留的思绪,亦十分强烈,故而在思量之后,便采行了以下方案:首先,在对原型完全不加染指的基本方针之下,对于正文中确需补笔、修正的场合,以〔〕的形式加入必要的文字。而在正文之外加入了补充说明的地方,则标以 † 的记号;其次,就卷末所列的参考文献,除了将版本已变者修正为最新版的同时,在斟酌了芦部先生原来编成的文献目录之性质的基础上,根据我个人的判断追加了一些 1999 年以后出版的、可被认为适合补充到这一目录之中的著作。

本书在内容上极具高度,而其不仅叙述简易平和、可读性强,且在如下一点上还下了功夫,即:如果能读出其平实的文字之中所蕴蓄的深意,那么自然就能掌握有关现代宪法的高度知识。在日本国宪法制定以来已逾半个世纪,迎接新的纪元,并从各种各样的观点对宪法构造的重新检讨正在进行之中的刻下,为了进一步奠立立宪主义的理念,深切希望本书能一如既往地得到广泛读者的支持,在重新检讨之中发挥指针的作用。

　　就本书之成,岩波书店的各位同仁抱有非同一般的热情。想必芦部先生也会深感欣慰。对此协力,谨示由衷谢忱。

高桥和之

2002 年 8 月

初版前言

在 1985 年 4 月开办的广播大学里,本人曾承担了共计 15 次以广播形式进行的宪法讲义的授课(课程名称是《国家与法Ⅰ》)。本书即是由当时作为教材而撰写的《国家与法Ⅰ:宪法》全面修订而成的。

这个讲义虽然仅持续了四年即告结束,但作为只有一百七十页分量的小书,其教材本身却得到了完全超乎始料的众多之人的使用,使之倍增荣光,而作为其著者,本人也不胜感激。不过,由于该讲义每次广播的时间只有短短的四十五分钟,笔者虽然也以大学教材的水平来执笔撰写,但作为宪法教科书,其内容仍有不少不尽完备之处。尽管如此,之所以仍被用作大学讲课的教材,甚至也被作为司法考试等国家考试的参考书,想必这大概乃是由于笔者在其《前言》中信口所言的"由我写来固然有些不知自量,但其程度相当之高,一般大学法学院开设的四个学分的宪法讲义所涉及的主要论点,几被网罗殆尽"的说辞,竟蒙诸位研究者、学生以及其他一般读者率直接受、宽容信赖所致。

也是为了回报各位方家之好意,笔者曾想尽快将其改订成新版,以付梓刊行。但结果是事与愿违,改订工作大幅度延宕,不过,忙中抽暇逐渐修订的工作虽然还未臻完全,但现在也算可以告一段落了,因之鼓起勇气将其付梓。

在此新版之中,笔者所最致力之处在于,将极为勉强地编成 15 个单元的原著《国家与法Ⅰ》之章节,改成了与一般教科书大致相同的结构,并配合现阶段的情形在内容上加以大幅度的补正,同时,为使读者能够简明地理解宪法之整体,在小标题以及文句等方面上也均尽量下了功夫。在全稿的校正阶段,笔者虽然也多少感觉到有些论点的说明稍有欠缺,有些则最好触而不论,但由于小型的著作中也有鸿篇巨制所没有的长处,为此也就不再望外强求,而对有所欠缺的部分,也等将来有修订机会时再作考虑了。

对于学习宪法之各位方家,笔者曾通过大学里的讲义,或因国家司法考试之故,迄今已有许多机会以撰文或演讲的方式表达了自己的期望。但因念及本书的读者之中也有不少初学者之故,所以想倾诉一下以下三个颇值留意之要点的重要性。

第一,大学里作为基础科目的宪法学,与高中阶段作为《现代社会》或《政治经济》之科目的一个部分来讲授的宪法,大相迥异。其最大的差别在于,大学的宪法讲义,不是对制度架构的解说,而是以探索其制度沿革,并针对其意旨、目的与功能,通过比较研究相关的种种见解以及比较衡量各种相互对立或相互纠合的价值与利益加以具体地解明,并养成推导出一定结论的逻辑构成能力为目的的。很多教科书之所以对于重要的论点,尝阐释甲说、乙说、丙说等各种学说,并就其等是否适当加以讨论,其目的正在于此。在到达结论的几种理路中,究竟何者最为适当,对此用心体悟各自论证的运行,在法学的学习中是极为重要的。如果只是急于抄捷径来达到目的,即使明快利落,也有最终流于浅薄立论之虞。

第二,与往昔不同,近时的宪法教科书已有成浩繁之势。除宪法的一般理论之外,单就人权和统治机构,论述细致入微者也不在少数,因而其细微之处也可能相当夺目,但是,即使在思考这些问题时,也多为期望那种扎实理解近代宪法之本质以及制度之沿革、意旨与目的,立足于宪法之大框架的探讨。于是,就必须具备探究下述问题的心理准备:首先明确宪法的本质在于,不仅是限制国家权力而授权各国家机关一定权能的法,而且是通过限制和授权来保障人权的法。然后以此观点来检讨宪法的意义或宪法在现代的问题状况,探寻维护宪法不受国家权力滥用侵犯之制度装置的应有方式。而理解宪法中的立宪主义、自由主义、民主主义等关系的重要性之常被论及,其本身理由也可谓十分充分。

不过,凡此种种,即便对于从初中、高中阶段就喜爱社会科目和政治经济的人来说,也是相当难以应对的。常常从一些大学生那里听到宪法很抽象不易理解的感想,或从报章杂志上读到类似想法的文章,可以说就是很好的佐证。虽然把握宪法的一般理论、即相当于宪法总论之部分的方式因人而异,难以一概而论,然而其作为宪法学的基础,纵使抽象难懂,从笔者重视宪法之实质意义上的最高法规性之立场而言,也希望其大致的道理无论如何要得到理解。在这一点上,因考虑到乃属小书之故,本书有关宪法总论部分的说明,也有不少地方没有进一步深入,从而难免受到不充分或不完备的批评。但有兴趣的读者,若就笔者的见解能参照拙著《宪法学Ⅰ》(有斐阁,1992年)一书,则为幸甚。另外,若能参考本书卷末所列的参考文献,并根据自己认为最适当的方法来补充本书的不足之处,那想必也是深化理解之良策。

第三,在日本国宪法上,已新引入了通过法院裁判来保障人权的制度(违宪审查制),使宪法问题成了可经由法院而得加以具体讨论。本书之所以注明了主要的人权判例,并留意判例或学说所采用的合宪性审查之基准,其原因即在于此。不过,在此方面,由于对判例之特色或学说之互异未必均能说明周全,如在理解上发生困难,还望能参照参考文献,而就笔者的有关见解,则请姑且参见拙著《宪法判例解读》(岩波书店,1987 年)。

就本书之成,笔者首先应感谢岩波书店编辑部高林良治先生的热心劝说以及无微不至的协助。在撰写《国家与法Ⅰ》之际,筑波大学教授户波江二君曾给予多方之帮助,本书印本之初校也蒙其过目,并受到诸多教示,在此深表谢意。

最后,还要藉此感谢对本书交由岩波书店刊行新修订版之事给予谅解的广播大学教育振兴会方面的各位方家。

芦部信喜

新版（第二版）前言

初版在刊行以来迄今为止的四年之间,对于能得到超乎预想的如此之多的读者诸位之运用,作为著者惟有感谢。

其间,在每次增印之际,在许可的范围之内也曾试加以若干之增订,但因法制之变更、新判例之诞生,使补正成为必要之地方总以剪不断理还乱之程度在增加,同时,最近自读者中也不断听到希望就初版中被遗漏的项目或说明不充分的事项加以增补的呼声,于是,为了坚持初版前言中所说过那样的、在维持高度水准的同时将宪法之整体平易简明地加以阐说这一本书之追求,兼之以表示纪念宪法施行 50 周年之意,决定将此加以必要之改订,而作为新版予以刊行(不过,由于初版亦因作为其原型的《国家与法Ⅰ:宪法》也已经全面改订并作为新版刊行,故此番之新版实质上乃为第三版)。

此番之新版大致蹈袭了初版之构成。为此,例如将法院的违宪审查权置于"宪法的保障"一章中加以处理等,其也存在着略有不同于一般概说书的部分。然而,这只是出于想以某种形式留下本书曾以《国家与法Ⅰ:宪法》作为原型而写成的这一踪迹而已,别无其他重大含义。若除此构成上的形式,凡大学课程中宪法学习上的重要论点,由于基本上皆被论及,尽管仍有不少说明不尽充分之处,但藉此,初版中曾有之不备,想必已基本上得以消解。新附加的判例索引也可堪得到评价。与新版一样,如能得到众多方家温暖之欢迎,则为无上之喜悦。

浏览近时刊行的概说书,可看到日本的判例等在所用的(日本)年号之外同时还被记入西历,或也有完全只采西历者,但本书关于判例则一概依判决原本之形式,仅用(日本)年号。此一做法,因为与广为使用的《宪法判例百选》Ⅰ、Ⅱ或《宪法的基本判例》的方式一致,故较方便。而若就昭和年号加上 25、就平成年号加上 88,即可轻易得知西历年,为此伏乞谅解。还有,曾考虑在各章之末尾处列出该章所涉之论点的有关参考文献,想必以此也可为读者之进阶学习提供方便,但由于在数量庞大的文献之中遴选若干书目之事本来就很难,而其之选择也有主观性之虞,故而与初版一样,虽自知不够全面并在此表示歉意,但还是仅在本书末尾之处将参考文献一并加以列出。

本书之成书,得到了岩波书店各位方家的莫大关照,在此由衷表示感谢。

芦部信喜

追记:新版自第二次印刷以降,就曾一直通过补入新判例、改变表述等修改,在每次增印之际施以若干之补正,但此次由于补正所及之处更广,故改以新版增订版的形式,而论述的要旨与全体的页数则无变更。

[判例出处的略称]

最判	最高法院判决
最大判	最高法院大法庭判决
最决	最高法院裁决
最大决	最高法院大法庭裁决
高判	高等法院判决
地判	地方法院判决
地决	地方法院裁决
简判	简易法院判决
民集	最高法院民事判例集
刑集	最高法院刑事判例集
裁集民事	最高法院裁判集民事
高刑集	高等法院刑事判例集
下刑集	下级法院刑事裁判例集
行裁例集	行政案件裁判例集
判时	判例时报
判夕	判例 times

目　录

第一部分　总　论

第三部分　统 治 机 构

第一部分　总论

第一章　宪法与立宪主义

3

一、国 家 和 法

以一定的限定性的地域(领土)为基础,确定性地居住于该地域的人们,在具有强制力的统治权之下,最终在法上被组织而成的社会,称之为国家。为此,领土、人与权力,自古以降即被谓为国家的三要素。

赋予国家* 这一统治团体存在以基础的基本法,此即通常被称之为宪法的法。

* **国家概念** 有关国家的见解,无论是因立场的不同,还是因分别基于社会学的、法学的或政治学的方法的不同,而大相径庭。谓之以由三要素而成立,这是社会学意义的国家论。作为从法学立场来界定的国家论,其著名者则是国家法人说(参照第二章一(二)*,第三章二(二)1)。对国家三要素说,原本就存在强有力的批判。此外,在宪法学上,例如在提到人权是"不受国家干涉之自由"的情形下,多将国家权力和权力的组织体直接称为国家。

4

二、宪法的含义

学习宪法时,首先应该明确宪法是什么。正确把握研究的对象,是一切学问的出发点。

要严谨地阐明宪法的含义,就必须针对宪法是如何形成的,又是在何种思想的支配下出现的等宪法思想史的背景,做专门性的研究。但在此,只能对宪法的含义以及其法的特性等有关基本事项,做概括的说明。

（一）形式性含义的宪法和实质性含义的宪法

宪法的概念是多义性的，其中重要的可列举如下三种。

1. 形式性的含义

这指的是以"宪法"这种名称所被称呼的成文法典（宪法典）之情形，即所谓的形式意义的宪法。例如，现代日本的"日本国宪法"就属于此。这种含义的宪法与其内容如何没有关系。

2. 实质性的含义

这指的是将具有某种特定内容的法称为宪法的情形，而不问其形式上成文或不成文，被称之为实质性含义的宪法。这种实质性含义的宪法又有两种。

（1）固有的含义

宪法作为规定国家统治之基本的法，通常被称为"固有含义的宪法"。一个国家无论采行何种社会、经济结构，都必须有政治权力和行使这种权力的机关存在，而规约这种机关、权力的组织、作用以及相互关系的规范，就是固有含义的宪法。这种含义的宪法无论在什么时代、什么国家都存在。

（2）立宪意义上的含义

实质意义宪法的第二种，是基于自由主义而制定的国家的基础法，一般被称为"立宪意义上的宪法"或"近代意义的宪法"，此即基于 18 世纪末市民革命时期所主张的、通过限制专断性权力来广泛保障国民权利、所谓立宪主义思想的那种宪法。其宗旨在著名的 1789 年法国《人权宣言》第 16 条所谓"权利的保障没有确保，权力的分立没有定立的社会，即完全没有宪法"之规定中得到了体现。这种含义的宪法和固有含义的宪法不同，乃是一种历史意义的观念，其最重要的目的，与其说在于政治权力的组织化，毋宁说在于限制权力以保障人权。

在以上三种宪法观念中，应该看到，宪法最优异的特征便在于其立宪意义上的那种含义。因此，作为宪法学研究对象的宪法，时至近代已成为基于一定政治理念而制定的宪法，一种以限制国家权力来守护国民自由权利为目的的宪法。以下即简要说明这种立宪意义上宪法的特点。

（二）立宪意义的宪法之特点

1. 渊源

立宪意义的宪法之渊源，在思想史上可以上溯到中世纪时代。在中世纪，虽然国王拥有绝对的权力来统治臣民,但却被认为存在一种即使国王也必须遵守的高级法(higher law),也被称之为根本法(fundamental law)。这种根本法的观念被延接到近代的立宪主义。

6　　　不过,中世纪的基本法,其内容在于拥护贵族特权,具有较强的封建性质。在其发展为近代宪法(即广泛保障国民的自由权利,并据此形成以统治的基本原则为内容)之时,便有必要将洛克(John Locke,1632-1704)、卢梭(Jean-Jacques Rousseau,1712-1778)等所倡说的近代自然法或自然权(natural rights)的思想作为新的基础。依据这种思想,①人生而自由且平等,拥有与生俱来的权利(自然权);②为使这种自然权成为确实的东西,人们就缔结社会契约(Social Contract),将权力的行使委任于政府;于是,③当政府恣意行使权力而不当限制人民权利时,人民就有抵抗政府的权利。

在这种思想的支撑下,1776年到1789年的美国各州宪法、1788年的美利坚合众国宪法、1789年的法国人权宣言、1791年的法国第一共和国宪法等,纷纷得以制定。

2. 形式与性质

立宪意义的宪法,通常在形式上也是成文法,在性质上则属于刚性的(即必须通过比一般的法律更复杂的程序才能进行修改)。而这是何故呢?

(1) 成文宪法

作为立宪意义的宪法之所以采用成文形式的理由,首先可举成文法优于习惯法的近代理性主义,即国家根本制度的制定必须书面化的思想,但最重要的还是近代自然法学所倡言的社会契约论。依此学说,国家是由自由的人民之间根据社会契约所组织而成的,而将这种社会契约具体化的就是相当于根本契约的宪法,而既然是契约,那么以文本的形式确立下来就成为必要,而且也是为人所乐见的。

(2) 刚性宪法

而立宪意义的宪法之所以是刚性的(rigid)理由,也是受到近代自然法学所

7　主张的自然权以及社会契约论思想的巨大影响的。也就是说其考虑的是,既然宪法是将社会契约加以具体化的根本契约,用以保障国民不受侵犯的自然权,那么,作为由宪法所创造的一种权力的立法权,就不具有修改作为根本法宪法的资格(只允许国民拥有),而立法权则受宪法的拘束,从而宪法的修改必须通过特别的程序来进行。*

＊**柔性宪法**　世界各国的宪法几乎都是刚性的。但英国因为没有宪法典存在（为此在这一点上被称为不成文宪法的国家），由于种种历史原因，其实质意义上的宪法，除了宪法惯例之外，乃由法律加以规定，因此可由国会以单纯多数决方式进行修正。像这种能以与一般的立法程序相同的要件加以修正的宪法，称之为柔性（flexible）宪法。

三、宪法的分类

（一）传统的分类

为了有助于理解宪法的含义，可以从各种观点对宪法加以分类。

1. 根据宪法的形式、性质、制定主体所作的分类

首先，①根据形式分为成文宪法和不成文宪法，即以是否存在成文法典为依据；②根据性质分为刚性宪法和柔性宪法，即以宪法的修改是与通常立法情形下的单纯多数决相同，还是更有难度的，以特别多数决（三分之二或五分之三以上），或加上国民投票作为要件为依据；③根据制定宪法的主体，分为由君主制定的钦定宪法，由国民制定的民定宪法，以及由君主和国民的合意所制定的协定宪法。

但是，必须注意的是，这种传统的分类，未必能实际反映现实的宪法状态。例如，在①的分类中，像英国一样不具有单一的成文宪法法典的国家也不乏存在，而在英国，相当于实质意义的宪法的事项，虽然也由诸多法律加以规定，但实际上，其基本的事项并不容易被修改。相反，在②的分类中，即使拥有刚性程度很高的宪法，但实际上反复修改的国家也为数不少。

8

2. 根据国家形态所作的分类

此外，传统上作为宪法所规定的国家形态或统治形态的有关分类，则有：①以国家是否存在君主，分为君主制＊和共和制；②以议会和政府的关系，分为总统制和议会内阁制；③以国家内部是否存在邦（州），分为联邦制国家和单一制国家等，但这些作为宪法的分类，其本身并没有多大的意义。例如，即使是君主制，也有像英国那样确立了民主政治的国家；而在共和制下，政治上非民主的国家亦不为鲜见（因此，若从民主制与独裁制的观点来分类，反而更有意义）。而总统制与议会内阁制，也有其各种各样的形态（例如，不仅有总统制与内阁制的混合形态;而且同样是总统制,既有美国那样的民主国家,也有南美和中东那样的独裁国家)。

＊**君主制**　从历史发展来看,君主制是从绝对君主制发展到立宪君主制(君主的权能被施加了限制的君主制。君主必须依据大臣的建言,而不能单独行事;而大臣或多或少受到议会的控制。明治宪法的天皇制即属此例),继而发展到议会君主制(对君主提出建言的大臣要向议会担负政治责任。现在英国的君主制即是此例)。

9　　**(二) 功能意义上的分类**

相对于上述这些形式性的分类,战后,人们开始主张着眼于宪法在现实的政治过程中实际具有的功能而进行分类。例如,学者罗文斯登(Karl Loewenstein,1891—1973)提倡下述三种类型的宪法。①规范宪法,即政治权力能适应、服从于宪法规范,宪法完全得到了凡与其有关者的遵守之情形;②名义宪法,即虽然有成文的宪法典,但现实上却不能发挥其规范性,宪法只是名义上的存在之情形;③语义(semantic)宪法,即在独裁国家和发展中国家所常见的,即使宪法完全被适用,实际上也只不过是现实中的权力持有者仅仅为了自身的利益,将既有的政治权力分配予以定形化而已之情形。

像这样的实体论(ontological)的分类,虽然存在着渗透了主观判断之可能性的问题,但就衡量立宪意义的宪法在现实国家的生活中实际上具有何种程度的妥当性而言,可以说是有效的。

四、宪法规范的特质

综上所述,可以将近代宪法的特质,逐条列举如下:

10　　**(一) 自由的基础法**

近代宪法,首先乃是自由的基础法。它是自由的法秩序,也是自由主义的产儿。当然,宪法规定了国家的机关,并将国家作用授权于各机关,也就是说,它通常设置了立法权、司法权、行政权以及宪法修正程序等有关规定。无须赘言,这种规定国家权力的组织和授权的规范,是宪法不可或缺的部分。但是,这种组织规范、授权规范并不构成宪法的核心,而其是为了效力于更为基本的规范,即作为自由之规范的人权规范而存在的。

这种自由的观念,建立在自然权思想的基础上。而将此自然权进行实定化的人权规定,才是构成宪法核心的"根本规范",* 支撑该根本规范的核心价值,就是人类的人格不可侵犯原则(个人尊严的原理)。

* **根本规范** 著名的纯粹法学的创导者凯尔森(Hans Kelsen,1881—1973),曾将居于一切实定法的最上位,作为一切实定法的妥当性(通用效力)的根据,并在思维上前提化了的规范,称之为根本规范。而这里所称的根本规范与此不同,指的是一种作为实定法而被订立的法规范。它"正如宪法作为其下位法令的根据,并规约其内容那样,亦成为宪法自身的根据,并规约其内容。"(清宫四郎)

(二)限制规范

宪法是自由的基础法,同时也就意味着宪法是限制国家权力的基础法。这在研究近代宪法两大构成要素,即权利典章和统治机构的关系上,特别重要。

近代宪法本来就是以所有个人生而平等,拥有与生俱来的自然权利作为前提,并将此以实定法化的方式制定而成的,它将一切的价值根源于个人之中这种思想作为其基础,从而认为,政治权力的终极依据必须存于个人(即国民),为此使宪法得以实定化的主体是国民,国民乃是宪法制定权力*的持有者。可见,自然权思想与国民的宪法制定权力思想有着密不可分的关系。同时,因为国民的宪法制定权力在实定宪法上是作为"国民主权"而得到制度化的,所以人权规范也与主权原理形成了密不可分的关系(参照第十八章三之(三)图表)。

* **宪法制定权力** 制定宪法、赋予宪法上的各机关以权限的权力([英]constituent power,[法]pouvoir constituent,[德]verfassungsgebende Gewalt),亦称制宪权。这种国民拥有制定宪法之权力的思想,在18世纪末近代市民革命时期,特别是在美国与法国,曾扮演了奠定国民主权之基础,推进近代立宪主义宪法之制定的重要角色。法国的西哀耶斯(Emmanuel J. Sieyès,1748—1836)以《什么是第三等级》(1789年)一书为主所展开的见解,诚为其代表。关于制宪权和国民主权的关系,可参照第三章二之(二)2)。

(三)最高法规

宪法是最高法规,在国法秩序中具有最强的形式性的效力。日本国《宪法》

11

第九十八条所规定的"本宪法为国家的最高法规,违反其条规的法律、命令、诏敕以及有关国务的其他行为的全部或一部分,无其效力",即明示了这一旨趣。*

12

所谓宪法是最高法规,只要是要求宪法的修正程序难于法律修改程序的刚性宪法,在逻辑上本来就属于当然之事。为此,如果着眼于形式性的效力而将宪法在国法秩序中处于最上位的情形称之为"形式意义上的最高法规性",那么,这只是由刚性宪法这一点上所衍生而来的,而不足以被特别列为宪法的本质属性。

而作为最高法规的宪法之本质,毋宁应求诸宪法在实质上与法律的不同之处,即宪法之所以成为最高法规,乃因为其内容是以保障人类的自由权利不受任何国家权力之侵犯的规范为中心而构成的。这就意味着,宪法之作为"自由的基础法",乃是其最高法规性的实质性的根据,而这"实质意义上的最高法规性",构成了形式意义上的最高法规性的基础,乃是真正支撑宪法之最高法规性的所在。

日本国《宪法》在第十章"最高法规"之开首,其中宣示了基本人权永久不可侵犯的第九十七条,就是将刚性宪法的原则(第九十六条),以及由此所当然派生的宪法在形式意义上的最高法规性(第九十八条)的实质性根据加以明确化的规定。

如此重视宪法实质意义最高法规性的立场,是由于将宪法规范视为一种价值秩序,认为"尊重个人"的原理以及以此为基础的人权体系乃是宪法的根本规范(basic norms),为此当然地肯定宪法规范的价值序列。至于这种思想在人权规定的解释以及宪法保障的问题上产生何种作用,则留待后文阐述(第五章至第十三章、第十八章)。

13
    * 国法秩序的位阶结构   国法秩序在形式性的效力上,可理解为以宪法为顶点,其下依法律、命令(内阁政令、总理府令、部令等)、处分(包含判决)的顺序,形成了位阶结构。这种构造被说明为这样一种关系:在动态上,上位法由下位法加以具体化;在静态上,则下位法从上位法中获得有效性的根据(凯尔森的法位阶理论)。

另外,与宪法的最高法规性相关,虽然"条约"从《宪法》第九十八条所列之中被排除曾成为问题,但这并不意味着条约优位于宪法。有关两者效力的优劣关系后文将有阐述(参照第十八章二之(四)2之(1))。条约一经公布,原则上立即产生国内法的效力,但依据通说,其效力应解释为介于宪法与法律中间。实务上的处理也是如此。不过,第九十八条第二款所称的"确立的国际法规",即以通常被承认并实行的国际习惯法为内容的那种条约,则存在将其理解为优位于宪法的有力说。地方公共团体的条例、规则，因为可视为准"法律、命令"（参照第十七章二之（三）），所以可解释为包含于"法律、命令"之中。

五、立宪主义与现代国家——法的统治

近代立宪主义宪法，是以为了确保个人的自由权利而限制国家权力为目的的，这种立宪主义思想，与法的统治（rule of law）原理密切相关。

（一）法的统治

法的统治原理，是从中世纪的那种法的优位思想产生的，并作为英美法的脊柱而发展起来的基本原理。它是以排斥专断性的国家权力统治（人治），并通过法来拘束权力，从而维护国民的权利与自由为目的的原理。柯克（Edward Coke，1552—1634）在批判詹姆士一世的暴政时，所引用的布莱克顿（Henry de Bracton，?—1268）的"国王不应在任何人之下，但却应在神与法之下"这一名句，正好体现了法治的本质。

作为法治的内容，其最重要的现在被认为应是：①宪法的最高法规性观念；②不受权力侵犯的个人之人权；③要求法的内容、程序之公正的正当程序（due process of law）；④尊重法院为控制权力的恣意行使而扮演的角色，等等。

（二）"法的统治"与"法治国家"

与"法的统治"的原理相类似的，还有战前德国的"法治主义"或"法治国"的观念。这种观念，就通过法来限制权力这一点而言，与"法的统治"原理存有相同的意图，但是仍然存在以下两点显著的差异。

1. 与民主性的立法过程之间的关系

第一，"法的统治"随着立宪主义的进展，逐渐明确为其前提是市民阶级通过参与立法过程来防卫自身的自由权利，国民自身来决定制约自由权利之法律的内容，从而在这一点上被认为与民主主义相结合。与此不同，战前德国的法治国（Rechtsstaat）观念，则并非与民主的政治制度相结合而构成，仅仅只是呈示了国家作用之进行的形式或程序。为此，它曾是一种可与任何政治体制相结合的形式性观念。

2."法"的含义

第二,"法的统治"中所言的"法",是包含了其内容必须是合理的这一实质性要件的观念,更是与人权观念稳固结合的观念。与此不同,"法治国"中所说的"法",只是一种与内容无关的(就像任何东西都可放置进去的容器那样的)形式意义上的法律,为此,议会所制定的法律之内容的合理性,不曾被作为问题。

当然,战后的德国,也已基于对纳粹主义痛苦经验的反省,要求法律内容的正当性,并采用了可依照宪法排除内容不当之法律的违宪审查制度。在这一意义上,现在的德国,已从战前的形式意义的法治国走向了实质意义的法治国,其法治主义已具备了与英美法中所言的"法的统治"的原理大致相同的内涵。

(三)立宪主义的展开

1. 自由国家的时代

经由近代市民革命,在近代宪法中得以实定化了的立宪主义思想,在 19 世纪的"自由国家"下进一步得到发展。在此情况下,个人自由且平等、基于个人自由意志的经济活动均广泛地受到认可。同时,人们认为通过自由平等的个人竞争,可以实现社会协调。独占了权力的强大国家不应实行经济干预和政治干涉,只应担负维持社会最低限度的秩序,确保治安等警察性质的任务。当时的国家被称为自由国家、消极国家,或被含有轻蔑意味地称为夜警国家,其旨趣就在于此。

2. 社会国家的时代

16 然而,随着资本主义的高度化,财富偏向集中,劳动条件不断恶化,垄断集团次第崛起。其结果是,宪法所保障的自由,对于社会意义、经济意义的弱者来说,只不过是贫困的自由、饥饿的自由而已。因此,为了克服这种状况,确保人类的自由和生存,国家就必须在一定的限度之内积极介入一向被委之于市民自律的市民生活领域,不得不努力面对社会意义、经济意义的弱者之救济问题。就这样,19 世纪的自由国家最终蜕变为以国家的干预与计划为必要的社会国家(也可被称之为积极国家或福利国家*),行政权的作用也飞跃式地得到增大。

* **社会国家、福利国家** 社会国家(Sozialstaat)主要是德国使用的概念,而福利国家(Welfare state)则主要是在英国使用的用语。其内容虽未必明确,但大致来说,但凡一个国家,以谋求增进国民福利为使命,建立并完善了社会保障制度,推动完全雇佣政策等经济政策,便可称之为社会国家或福利国家。在吾国,过去曾有部分学说强烈批判福利国家论无非是用来掩饰国家垄断资本主义矛盾的意识形态理论而已。但即使这种问题亦有所存在,仍有必要根据经济与社会之现状,继续强化在其正面意义上的实现。

（四）立宪主义的现代性意义

1. 立宪主义与社会国家

立宪主义是以国家不应滥行介入国民生活的所谓消极权利观作为其前提的。这就产生了肯定国家应积极介入社会的社会国家思想是否与立宪主义思想相矛盾的问题。不过,立宪主义本来的目的,就在于保障个人的自由和权利,而社会国家思想的目的亦在于使立宪主义的这种目的在现实生活中得到实现,为此应可认为两者之间基本上是一致的。在这个意义上,社会国家思想和(实质意义的)法治国思想也是并行不悖的。战后德国所用的"社会法治国"的概念,正是这种意旨。

2. 立宪主义和民主主义

同时,立宪主义也与民主主义密切相关,二者之间存在如下关系：①为了国民获得免于权力统治之干涉的自由,国民能动参与统治的民主制度遂成为必要,因而,只有在确立国民积极参加国家政治的体制之下,自由的确保方能实现；②民主主义乃建立在个人尊重原理的基础之上,为此,也只有所有国民的自由和平等确实得到保障,它才能开花结果。民主主义并非单纯意味着多数者统治的政治,而必须是具实质内涵的立宪民主主义。*

唯有自由和民主的这种结合,才可真正称得上是支配着近代宪法之发展和进化的原则。战后的西欧型民主政治国家,被称为是"民主的法治国家"或"法治国家的民主政治",即表明了这一点。

* **自由主义和民主主义**　在战前的宪法学中——特别是在魏玛宪法时代的德国,认为即使否定自由主义,民主主义也仍然可以成立的见解,曾颇为有力。然而,诚如宫泽俊义所言："非自由主义的民主制度乃是对民主制度的否定,或多或少带有独裁的性质。民主制度以人权的保障为本质。"此种看法自当正确。

第二章　日本宪法史

18　　　在我国，明治时代以前并不存在立宪主义性质的成文宪法，近代意义上的宪法之历史乃始于 1889 年（明治二十二年）的《大日本帝国宪法》（下称"《明治宪法》"）。

一、《明治宪法》的特点

（一）民主的要素和反民主的要素

《明治宪法》虽然被称为是立宪主义宪法，但却是神权主义君主制的色彩极强的宪法。

1. 反民主的要素

首先，《明治宪法》以主权（其含义参照第三章二之（一））属于天皇作为基本原理，天皇的这种地位，被确定为乃是基于天皇的祖先——神——的意志*。"大日本帝国由万世一系之天皇统治之"（《宪法》第一条），就明示了天皇主权原理。而且，天皇被尊奉为神的子孙而具有神格，被规定"神圣不可侵犯"（《宪法》第三条）。进而，天皇还被确定为"国家之元首，总揽统治权"（《宪法》第四条），即在终极意义上拥有掌握和统合立法、行政、司法等所有国家之作用的权限。

19　　　不过，除了有关皇室事务的大权（属于天皇的权能）之外，还将授予荣典的大权，特别是军事统师的大权（《宪法》第十一条），从一般国务之中分离独立出来，不让内阁与国会干预，这便成为严重的问题。**

　　＊ **神敕**　本文所谓的"神的意志"，指《日本书纪》所传载的敕语中所表明的，由皇祖天照大神派遣皇孙（琼琼杵尊）降临日本之际所赐之意旨。此篇敕语咏颂：日本国（苇原一千五百秋的瑞穗之国）是必须立皇祖之子孙为王而统治的

国家,皇位运同天壤(天长地久)、荣光无限。其也被称为"天祖之敕语"或"天壤无穷的神敕",或被单称"神敕"。在明治宪法时代,这被阐释为万世一系的君主国家之依据所在。

＊＊ 统帅权的独立　所谓统帅,本来是指为达成作战用兵的目的,统帅陆海军活动之国家作用。由于这种作用在性质上,有依据专门知识在机密中迅速行动的必要,为此被视为应置于国务大臣辅弼(即大臣建言制度)的范围之外,须由天皇独立行使其职权。然而在实际上,却由拥有完全独立于政府之地位的军令机关(陆军参谋总长、海军军令部总长),充当辅弼之任。后来随着军国主义居于支配地位,陆海军大臣也都由武官担任,连《明治宪法》第十二条所规定的军队编制、整备等有关事项(此部分原属于国务大臣辅弼的职权),也均被视为统帅事项,最终成为导致军部独裁的导火线。

2. 民主的要素

另一方面,《明治宪法》也采用了立宪性质的各种制度,这些制度对日本的近代化产生了极大的作用,但也有各种各样不完备的地方。人民的权利与自由虽然受到保障,却并不是人类天赋的自然权,而是天皇恩赐给臣民的臣民权。为此,各种权利也就伴随着"法律保留"＊(Vorbehalt des Gesetzes),即仅仅在"法律的范围内"得到保障,只要依据法律,权利和自由都可能加以限制。

在统治机构方面,欠缺民主性的地方也不少。①虽然采用权力分立制,但所有的机关都不过是辅佐天皇大权的机关而已,也就是说,帝国议会"协助"天皇的立法权(《宪法》第五条),各个国务大臣就其所执掌的行政权"辅弼"天皇(《宪法》第五十五条),法院则"以天皇之圣名"行使司法权(《宪法》第五十七条);②法治主义的原则也只停留在形式意义上的法治主义之上,以法来限制权力的观念还较淡薄;③议会的权限无论在立法方面(《宪法》第六条至第九条),还是在预算方面(《宪法》第六十六条至第七十一条),甚至在关于应对紧急状态的措置方面(《宪法》第十三条、第十四条及第三十一条),都受到很大的限制,其对于政府和军部的控制力极为薄弱。而非经公选产生的贵族院,却拥有与众议院相等的权能(例如《宪法》第三十八条至第四十条),并发挥了抑制众议院的作用;④并且,虽然规定"国务大臣辅弼天皇担任其责"(《宪法》第五十五条),采用了大臣建言制度(君主在国务上的行为必须有大臣的建言的立宪制度),但却是由各国务大臣就其所管事项,单独地辅弼(建言)天皇,内阁制度还没有成为宪法上的制度。

各国务大臣只对天皇负责,在宪法上对议会一概不负责任。

    * 法律的保留　这一用语最初由奥托·梅耶(Otto Mayer,1846—1924)在作为行政权恣意之抑制原则的意义上使用的,指的是对国民权利、自由的限制,不允许由行政权来进行,而必须保留给立法权(法律)。然而,随着依法律行政原理的确立,这个用语的含义就曾演变为:只要基于法律,对自由权利的限制和侵害就成为可能。

21　(二)《明治宪法》的运用实行

    《明治宪法》是以神权主义色彩极其浓厚的立宪君主制为基础的,但在力图将其加以自由主义意义之解释的立宪性质学说的影响下,随着政党的发达,自大正时代到昭和初期,所谓的"大正民主"得到了高扬,政党政治得以实现。其结果是,天皇制在事实上得到了国务大臣对议会负责之原则的支撑,发挥了与英国相同的议会君主制(参照第一章三之(一)2)的功能。

    然而,后来由于军部势力的增大和法西斯主义化的伸展,发生了天皇机关说事件*,《明治宪法》的立宪主义侧面也大为倒退。

    * 天皇机关说　主张国家从法的层面来看是一个法人,为此具有意志,乃是权利(具体来说就是统治权)之主体的国家法人说,经 19 世纪德国学者耶利内克(Georg Jellinek,1851—1911)的体系化,遂成为主流的学说。这种理论具有以下等内容:君主、议会、法院都是国家这一法人的"机关",国家通过这些国家机关来活动,国家机关的行为则可视为国家的行为。君主之所以拥有主权,只是因为君主占据国家最高意志决定机关的地位(其实,将国会、内阁、法院乃至天皇称之为"国家机关",并不就意味着将国家法人说作为前提)。曾这种理论适用于日本的,就是天皇机关说。

    天皇机关说,虽然并没有否定天皇作为主权者总揽统治权,但由于将天皇定位为国家最高机关,而将主权构想为其机关意志,所以随着日本军国主义化的伸展,便被视为反"国体"(参照本章二之(二)1)的异端学说,政府于一九三五年,对该学说的代表人物美浓部达吉的著作付以禁止发售的处分,并免除了其所有的公职。世称"天皇机关说事件"者,即为此。

二、日本国《宪法》的成立经过 22

（一）宪法变革问题的起因

1945 年（昭和二十年），日本在第二次世界大战中向盟国无条件投降，接受了《波茨坦公告》。这样，在盟军（实际上是美军）的占领下，于 1947 年终于重新制定了日本国《宪法》。废弃《明治宪法》、制定日本国《宪法》的最重要的直接原因，虽然是《波茨坦公告》的接受、国土的被占，以及盟军统帅部强烈的指示等外来的压力，但也不能忽视也存在《明治宪法》本身中围绕统帅权的独立等问题必须加以修改的内在理由。

（二）日本国《宪法》的制定经过

日本国《宪法》的制定经过，可大致分为两个阶段。第一阶段是从 1945 年 8 月 14 日接受《波茨坦公告》以后，到 1946 年 2 月 13 日总司令部（最高司令官麦克阿瑟元帅）交给日本政府麦克阿瑟草案为止这个过程。在这阶段，日本政府也独自进行了宪法草案的草拟。第二阶段则是日本政府围绕着对于要求革命性变革的麦克阿瑟草案是否接受的问题而与总司令部发生的关系中，宪法制定过程随之推移变化的经过。

1.《波茨坦公告》的接受

《波茨坦公告》规定日本的投降条件，包含了各种条款，但其中和日本国《宪法》制定问题有关的，则有以下两项条款：

第十款："……日本政府应去除日本国民之间复活强化民主主义倾向之一 23
切障碍，应确立言论、宗教与思想之自由以及基本人权之尊重。"

第十二款："于前述诸项目已达成，且依日本国民自由表明之意思，具和平倾向且负责任的政府建立之时，盟国占领军应立即撤出日本国。"

与这个《波茨坦公告》相关而产生的重大问题是，日本的"国体"是否予以维持。"国体"曾在三种不同的含义而被使用：①以主权属于天皇为根本原理的国家体制；②由天皇总揽统治权的国家体制；③以天皇作为国民崇拜中心的国家体制。其中①和②是法学的概念，③是道德、伦理的概念。接受《波茨坦公告》后，在是否予以维持的"国体"中成为讨论对象的，乃是①和②意义上的国体。

日本政府曾以为,《波茨坦公告》并没有要求必须采用国民主权主义,因此可以维持国体,并且还认为,《波茨坦公告》的要求未必包含修改《明治宪法》,这样即使不修改宪法,也可能通过运作宪法来建立合乎宣言意旨的新政府。不过,由于《波茨坦公告》(第十二款)应被解释为要求采用国民主权的原理(根据制宪资料,且盟国军队总司令部也作此解释),为此,应当说,维持《明治宪法》不加修改便不可能。

2. 松本委员会的调查

1945 年 10 月 9 日,东久迩宫内阁解散,以币原喜重郎为首的内阁接掌政权。币原首相在 10 月 11 日造访联军总司令部之际,从盟军总司令官那里接受到了《明治宪法》必须自由主义化的暗示,于是在同月 25 日,让国务大臣松本烝治为首的宪法问题调查委员会(松本委员会)开始运行。

24 　　松本国务大臣基于以下四项原则进行宪法修改工作:①对天皇总揽统治权这一大的原则,不予变更;②扩充须经议会进行议决的事项,以削减天皇的大权事项;③使国务大臣的责任及于全部国务,同时国务大臣应对议会负责;④强化对国民之权利和自由的保障,并将人权侵害的救济方法予以全面完善。

②和③的原则,乃由于试图强化议会对天皇和政府的控制,可以看出其从君主权力较强的德国式立宪君主制向议会权力较强的英国式议会君主制转变的姿态。而原则④也力图给予人权保障更为周全的维护。不过,原则①则试图保存天皇总揽统治大权的地位,体现了其维护"国体"的基本立场。

基于这四项原则,松本草案被起草完毕,于 2 月 8 日提交给盟军总司令部。

3. 麦克阿瑟三原则

1946 年 2 月 1 日,从《每日新闻》在松本宪法草案正式公布之前所做的独家报道中获悉松本宪法草案概要的盟军总司令部,为其内容之保守所惊动。于是盟军总司令部决定自行草拟日本宪法草案。麦克阿瑟元帅并下令幕僚,必须将下述三项原则融入草案之中。所谓"麦克阿瑟三原则"或"麦克阿瑟备忘录",所指即此。

(1) 天皇居于国家元首之地位。皇位依世袭而继承;天皇基于宪法行使其职务和权能,并根据宪法的规定,对国民的基本意志负责。

(2) 放弃作为国家主权性之权利的战争。日本放弃作为解决国际纠纷之手段的战争,以及作为保持本国安全之手段的战争。日本的防卫与保护,应委之于

25 当今世界正开始推动的崇高理想。决不允许设立任何的日本陆海空军,也决不

赋予日本军队任何交战权。

（3）日本的封建制度予以废止。除皇族之外日本华族的权利，限于现在生存者的一代。华族的授封，不可含有尔后任何国民性或公民性的政治权力。预算的形态应仿行英国的制度。

4. 麦克阿瑟宪法草案的提示

盟军总司令部草拟完成的宪法草案（即所谓的麦克阿瑟宪法草案），在同年2月13日交给日本政府。这就是极富戏剧性的总司令部草案提示事件。在这次提示会谈中，日本方面有外务大臣吉田茂、国务大臣松本烝治等出席。会谈中，盟军总司令部说明，松本委员会所提出的宪法草案无法得到全面地承认，取而代之的，盟军总司令部已准备了包含各基本原则的宪法草案，希望日本方面对此草案做出最大限度的考虑以努力修改宪法。日本方面突然接受此一完全新的宪法草案，又被强烈劝导应依该草案来修改宪法，大为吃惊。于是，检讨其内容的结果是，以松本宪法草案才适合日本的国情为由，请求盟军总司令部重新考虑，但被拒绝，最终决定依据盟军总司令部的草案制定日方草案。*

　＊**强加宪法论**　盟军总司令部急于作成宪法草案的最大理由据说在于，在预定于2月26日开始活动的盟国远东委员会（由盟国十一个国家的代表所组成的占领并统治日本的最高机关）中，由于有部分成员强烈主张废止天皇论，为此便有必要先将包含了对此持反对态度之意向的修正案得到既成事实化。并且，总司令部草案的起草尽管是在短短一周内完成的，但是其从昭和二十年（1945年）的时候起，就已对宪法修正作了相当程度的研究准备，并和美国政府交换了意见。1946年1月11日，美国送达总司令部的题为"日本统治制度的改革"，即SWNCC-228（国务院、陆军部、海军部三部协调委员会第228号文件），就是盟军总司令部作成宪法草案时的重要指导文件。

　在2月13日的会谈上，由于被指示必须依这样的草案作为制宪的指南，而日本政府如无反应，总司令则可直接诉诸日本国民等等，其后对宪法基本原理的修改也不被认可，为此，认为日本国《宪法》是"被强加的"非自主性的宪法故而应予全面修改的意见，曾经很强烈。然而，即使存在被强加的要素，其能否直接成为全面修正的理由，亦属极为重大的问题。（参照本章三）

5. 宪法修正草案要纲、宪法修正草案

依据总司令部草案起草日方草案的工作，采取了将其翻译成日文的形式，首先形成了 3 月 2 日的草案，其后通过与盟军总司令部的协调，在 3 月 6 日"宪法改正草案要纲"得以决定，并向国民公开。之后，在 4 月 17 日，又将此宪法修改草案要纲，以口语化的方式制成"宪法修正草案"（内阁草案），正式成为大日本帝国宪法的修正案。

6. 帝国议会的审议

在内阁草案公布前的 4 月 10 日，按照首次承认女性有选举权的普通选举制举行了议会选举。5 月 23 日，第一届吉田内阁成立。内阁草案依据《明治宪法》第七十三条所规定的程序，于 2 月 20 日以帝国宪法修正案的名义向新组成的第九十届帝国议会的众议院提出。众议院在加上若干修正后，于 8 月 24 日以压倒性多数通过决议，再移送到贵族院。贵族院在 8 月 26 日开始审议，也加诸了若干修正，又于 10 月 6 日以压倒性多数通过。由于众议院同意其修正，帝国议会审议亦告结束，该修正案经过枢密院的审议后，于 11 月 3 日正式作为"日本国宪法"而得以公布。

日本国《宪法》于 1947 年 5 月 3 日开始实施。

三、日本国《宪法》成立的法理

27

由上概观可见，在日本国《宪法》的成立过程中，缠绕各种的政治要素，有必要在法的理论上对其制定过程加以检讨的重要问题也为数不少。特别是国民的自由意志是不是发挥作用，是最大的争议点。

（一）日本国《宪法》的自律性

一个国家的宪法本来应该基于该国国民的自由意志来制定。如果与此项原则相反，一个国家的宪法制定受到他国强制性的介入，就会发生违反内政不干涉原则、宪法的自主性或自律性原则的问题。而就日本国《宪法》制定的情形而言，虽然也有种种的议论，然而，即使有盟军总司令部强迫的要素，但仍将其理解为宪法自律性之原则在法的意义上未曾受损，想必较为妥当。

1. 从国际法的角度看

第一，对于日本国《宪法》制定有外国意志干预的问题，应考虑下述几点。即：①《波茨坦公告》并非仅是盟国要求日本无条件投降的单方命令，而应理解为，很大程度上具有可以约束盟国和日本双方的一种休战条约的性质；②该休战条约,在内容上,已包含了要求采用国民主权、确立基本人权以及修改《明治宪法》等等,从而,③当日本方面的宪法修正案被判断为与《波茨坦公告》不符合之时,盟国应可理解为具有要求日本遵守《波茨坦公告》的权利。而基于条约上的权利,在一定限度之内介入一国宪法之制定,未必就违反内政不干涉原则和宪法自律性原则。 28

此外,尽管也有援引要求占领他国者必须"尊重占领地现行法律"的1907年《海牙陆战公约》(有关陆战的法规和惯例的公约),推断日本国《宪法》的制定是违反国际法的看法,但是,陆战公约仅适用于交战之中的占领,而不适用于日本的情况,而且休战条约(特别法)在适用上也优先于陆战公约(一般法)。

2. 从国内法的角度看

第二,日本国《宪法》的制定是否曾经基于国民自律的决定,乃成为问题。但是,关于这一问题,也应综合考虑以下诸点。

(1)日本国《宪法》的自律性,如(一)中所述,本来就因为接受《波茨坦公告》,签署投降文件而属于附加条件。

(2)虽然《波茨坦公告》规定此条件的原则,并且规定依据日本国民的自由意志,树立民主、和平的政治形态(国民主权的原理),或者尊重基本的人权,但是这些原则是近代宪法的一般原理,基于这些原理来制定宪法,原本对国家现代化而言就是必不可缺的。

(3)刚刚终战后的日本政府,还未能充分理解《波茨坦公告》的历史意义,无法由自己来草拟制定近代宪法。

(4)与此相反,若从当时在野的知识分子所发表的宪法草案和民意调查来判断,在麦克阿瑟宪法发表前后,可以说相当多的国民抱有和日本国宪法价值体系相近的宪法意识。因此,在宪法草案审议的时候,政府和帝国议会都积极支持麦克阿瑟宪法草案的基本立场。

(5)为了审议宪法修正案而成立的特别审议会,完全按照普通选举由国民 29
直接选举选出,审议也在自由的、没有法律拘束的情况下进行,而日本国《宪法》草案仍然经审议表决通过。

(6)依当年盟国远东委员会的指示,实际上已被给予在宪法实施一年之后两年以内检讨宪法是否应修正的机会,但是日本政府却表示出修正完全没有必要的态度。

(7)日本国《宪法》自施行以来,宪法的基本原理已在国民之间扎根,这一社会事实已受到普遍的认同。

综合以上各点加以考虑,可认为:日本国《宪法》之制定,虽非完全基于国民自律,但也没有违反自律性之原则。

(二)日本国《宪法》的民定性——八月革命说

1. 上谕与前言的矛盾

其次,日本国《宪法》和《明治宪法》的关系如何,也成为议论的问题。即:从天皇上谕来看,日本国《宪法》乃是由天皇依据《明治宪法》第七十三条修正条款,对修正进行了裁决和公布的,从而在形式上是作为对《明治宪法》的修正而成立的(钦定宪法)。但是,在日本国《宪法》前言中却规定了"日本国民……通过其代表而行动""宣明主权属于国民,确定本宪法",从而宣称了《宪法》是由日本国民基于国民主权之原则所制定的民定宪法。于此就会产生一些疑问,即前述矛盾如何解释,特别是将规定天皇主权的《明治宪法》全面修正为规定国民主权的宪法,在法的意义上能否被允许等问题。因为,大凡依据宪法修正之规定而进行宪法修正者,总有一定的界限,而将宪法的基本原理加以修正,便无异于除去宪法本身的根本支柱,可被认为是一种自杀行为(详细的参照第十八章三(三))。而就《明治宪法》本身而言,也有学说曾经认为,对天皇主权或天皇总揽统治权的"国体"之变革,在法的意义上实属不可能。

2. "八月革命说"的内容

对以国民主权为基本原理的日本国《宪法》乃依据《明治宪法》第七十三条修正程序所制定,这一理论上的矛盾加以说明的最恰当的学说,可举出宫泽俊义的"八月革命说",其旨趣大要如下:

(1)依据《明治宪法》第七十三条的修正规定,来制定与《明治宪法》的基本原理,即天皇主权主义正相对立的国民主权主义,在法的意义上诚然是不可能的。

(2)不过,由于《波茨坦公告》要求日本必须采用国民主权主义,则日本在接受《波茨坦公告》的时候,《明治宪法》的天皇主权即被否定,同时国民主权已然成立,并成为日本政治体制的根本原理。换言之,可视为通过接受《波茨坦公告》而产生了一种法的意义上的革命。

(3)然而,《明治宪法》并未曾因为这种法的革命而被废止。这便应当理解为:作为《明治宪法》基本原理变更的结果,宪法条文虽仍然存在,但其含义只要抵触新的原理，就发生重大之变化。例如，就《明治宪法》第七十三条而言，便不得不承认：议员也已具有了宪法修正的提案权，议会的修正权不再受到限制，天皇的裁决和贵族院的议决实际上已经失去拘束力，不允许"国体"变更的限制已经消除。

（4）为此，日本国《宪法》实质上并不是对《明治宪法》的修改，而是基于新成立的国民主权主义，由国民制定的宪法。只是依《明治宪法》第七十三条宪法修改程序，使新的日本国《宪法》和《明治宪法》之间具有了形式上的继承性，这实际上是便利的，而且适当。

对上述的八月革命说，虽然也有很多有力的批判，* 但诚如该学说那样，将日本国《宪法》理解为国民自身基于其宪法制定权所重新制定的宪法，乃是恰当的。倘若作此理解，那么，不得不说：《明治宪法》第七十三条只是被"权宜借用"了而已，如果因为采用了依照该程序而对宪法进行修正的形式，就认为从而确保了从《明治宪法》到日本国《宪法》转变的"法的连续性"，这在法的意义上是不可能的。

**　* 对"八月革命说"之批判**　在帝国议会审议阶段，国务大臣金森德次郎曾作了如下解释：日本并不因为接受了《波茨坦公告》，而立即导致天皇主义崩溃，并确立了国民主权主义，只是日本负有要将《明治宪法》修改为国民主权主义宪法之"债务"而已。为了要使这种见解成立，无论如何必须肯定宪法修正无界限说这一理论的前提，即只要依据宪法修改的程序，就连宪法最根本的原理也允许变更。就这一点，政府所采取的立场尽管有些模糊之处，但认为《明治宪法》第一条、第四条之"国体"的规定也依据宪法修正程序的规定而变更。不过也有学说尽管采纳了宪法修正界限说，但却认为这是天皇为了履行债务，而向帝国议会提出了打破修宪界限的宪法修正案，而在宪法草案审议过程中，制定"日本国宪法"的这种主权者国民之意志则通过议会得以显现。但是这种学说，在理论上难以理解。同时，该学说从八月革命说"如不是以彻底的国际法优位之一元论作为前提则不能成立"这一命题出发，也存有疑问。在对法的秩序的认识上，即使一元论是正确的（我如此认为），国际法优位的法之理论也不因此而成立（宫泽也持消极的看法）。再者，在解释论的层面上国际法与国内法到底何者优位，应视该国家之国内法的规定。在《明治宪法》下，宪法优位说比较有力（日本国《宪法》下亦然）。然而，八月革命说之成立，既与作为法理论的国际法优位之一元论无关，也与作为解释理论的条约优位说无关。

此外,八月革命说还有一处受到批判,即:从日本的国家主权和国民主权不可分的立场来看,基于占领,既然国家主权被否定,为此国民主权也没有作用的余地。诚然,构成国家主权的国家权力之最高性和独立性(参照第三章二之(一)),两者向来在传统上被认为是不可分的,但是,即使该国家主权基于条约而受到制约,并且是在受到很大制约的状态之下,也不能据此就不承认国民主权的存立。

四、日本国《宪法》的法源

法源本是一个包含了多种含义的概念。这里所称的法源,指的是最常用的"法的存在形式"意义上的法源。

(一) 成文法源

法的存在形式虽可分为成文法和不成文法(或称习惯法),但是到了近代国家,成文法源成了最重要的法源。实质意义的宪法,也大多已成文化(实定法化)。*

　　* **日本宪法的成文法源**　除国家最高法规的日本国宪法以外,①在法律方面有:皇室典范、皇室经济法、有关临时代理国事行为法、国籍法、请愿法、人身保护法、生活保护法、教育基本法、国会法、公职选举法、有关议会中证人宣誓及证言法、内阁法、"内阁府设置法"、国家行政组织法、国家公务员法、地方自治法、法院法、检察院法、赦免法、财政法、会计检查院法等。此外还有:②议会规则,③最高法院规则,④条约(日美安全保障条约、联合国宪章、经济社会文化权利国际公约、有关市民性及政治性权利国际公约等),⑤条例(公安条例、青少年保护条例等)。

(二) 不成文法源

通过有权解释(国会、内阁等具有最高权威的机关所作的解释),从实际上拘束国民的宪法制度中形成了不成文法源,起到补充成文法源的作用。广义上被称为宪法习惯或宪法惯例的,就是不成文法源。判例作为不成文法源具有重要的意义。有关判例问题后文将展开叙述(第十八章二之(五)3),这里先概述宪法习惯。

（1）因为宪法也是"活法"，为了对应时代的变化，为此形成所谓惯例或习惯。这种习惯，一旦充分具备这样的要件，即经过长时间的反复和持续，具有了不变而且明确的含义，内中存在了一种可认为是规范价值的国民合意（规范意识），就会拥有与英国法所称的惯例（convention）相同的法的性质。不过，惯例虽然对国会、内阁有政治上的拘束力，但却不能拘束法院，从而既不能变更法律，也不能构成法律之一部分。

（2）宪法惯例可分为下述三种类型。①基于宪法而发展了宪法本来之内涵的惯例；②在宪法上没有明文规定的情况下填补了其空白的惯例。③显然违反宪法规范的惯例。在上述惯例中，存在问题的是③的惯例。对此，虽然可以认定 34 其作为宪法惯例的法的性质，但是必须理解：进一步承认要其具有改废与惯例相矛盾的宪法规范的法律效力，乃违反刚性宪法之原则而不被允许。

这种作为法源的宪法惯例之问题，也属于与宪法修正相提并论而被讨论的宪法变迁问题（参照第十八章三之（四））。

第三章　国民主权的原理

35　**一、日本国《宪法》的基本原理**

日本国《宪法》是以国民主权、基本人权之尊重以及和平主义这三者为基本原理的。特别将这些原理明确加以宣明的，是宪法的前言。

（一）前言的内容

前言是附在法律条文之前、阐述该法律目的和精神的文句。就宪法前言而言，表明宪法的由来、目的和宪法制定者的决心或意志等的，其例颇多，但其内容依不同国家之宪法而不同。日本国《宪法》的前言，宣示国民是宪法制定权力的拥有者，并确认近代宪法内在的价值和原理，具有极其重要的意义。

前言由四部分组成。第一段的前段规定："主权属于国民"，以及由日本国民"确定本宪法"，即表明了国民主权的原理和由国民制定宪法的意思（民定宪法性）。接着，与此相关联，还规定要确保"自由所带来的惠泽"和从"战争的惨祸"
36　中获得解放，讴歌了人权与和平的两大原理，显示了日本国宪法制定的目的。承接这些规定，第一段的后段言明"国家政治源自国民严肃的信托，其权威来自于国民，其权力由国民的代表者行使，其福利由国民享受之。"在此宣示了国民主权以及以此为基础的代表民主制原理。最后，阐明以上各个原理乃是"人类的普遍性原理"，"我们排除一切违反这些原理的宪法、法令以及诏敕"，明示了这些原理即使通过宪法修正的方式也不能否定的旨趣。

第二段规定"日本国民祈愿永久之和平"，阐述了日本对和平主义的冀求，而作为对此所采取的态度，宣示"决意信赖爱好和平之诸国民的公正和信义，以维护我等的安全与生存。"第三段将国家之独善性的否认作为"政治道德之法则"加以确认,而第四段则宣誓约定了日本国宪法的"崇高理想与目的,应予达成"。

(二) 基本原理相互间的关系

前言中所纳入的国民主权主义、人权尊重主义、和平主义之原理,有如下互不可分的关联。

1. 人权和主权

第一,基本人权的保障,与国民主权原理是结合在一起的。专制政治下,基本人权当然没有完全保障,民主主义政治下,人权保障始能确立。前述宪法前言第一项显然宣明了:国民主权以及以此为基础的代表民主制原理(狭义的民主主义)乃以基本人权的尊重与确立为目的,并作为达成此目的的手段,在此存有不可分的关系。

自由(人权)若无"人的尊严"之原理,即不被承认。而国民主权,即国民拥有决定国家政治体制的最终和最高之权威的原理,也只有在所有国民均能平等地作为人而得到尊重之时始能成立。如此,国民主权(民主的原理)和基本人权(自由的原理),均源自于"人的尊严"这一最基本的原理,两者一起构成了广义的民主主义,从而被视为是"人类普遍的原理"(参照第十八章三之(三)图表)。

2. 国内的民主和国际的和平

第二,在没有和平就不能确保人类的自由和生存这一意义上而论,和平主义原理也与人权、国民主权的原理密切结合。国内的民主主义和国际和平的不可分,可谓是推进近代宪法之进化的原则。

(三) 前言之法意义上的性质

将以上基本原理加以确定的日本国《宪法》的前言,构成了宪法的一部分,可理解为与宪法正文有着相同的法意义上的性质。为此,例如前文第一款中"排除违反人类普遍原理……的一切宪法、法令以及诏敕"的规定,就可认为是划定了宪法修正的法律界限,乃是在法的意义上拘束宪法修正权的规范(关于宪法修正权的界限,参照第十八章三之(三))。

不过,这并不意味着连宪法前言作为裁判规范的性质也可承认。所谓裁判规范,在广义上是指法院审理具体的争诉时,作为判断基准而使用的法规范,而在狭义上,则指该规定是可以作为直接根据而向法院寻求救济的法规范,即依据法院的判决而可以执行的法规范。一般而言,宪法前言的规定被理解为仅仅止

37

38

于对抽象之原理的宣示,至少并未具有狭义上的裁判规范之性质,尚不能要求法院执行前言的规定。关于这一点,前言第二款规定"我们……全世界的国民,平等地拥有免于恐怖和匮乏,在和平中生存的权利"这一文句中所显示的"和平生存权",* 就是一个问题。在学说上,也有人认为:可认定该规定的(狭义意义上的)裁判规范性,承认和平生存权乃是新型人权之一种,这种见解颇为有力。但一般认为,和平生存权的主体、内容、性质等各方面都尚未明确,虽然可谓之为是在人权的基础上支撑着人权的一种理念意义上的权利,但难以认定其在裁判中可以争诉的、具体的法意义上的权利性。

　　* **和平意义上的生存权**　和平意义上的生存权之构想,是在自卫队违宪诉讼中自 20 世纪 60 年代开始被主张的。所谓和平生存权,指的是"享受和平的权利",其之提出的意图,是基于在与宪法第九条战争放弃原则的关联性上,把和平解释为一种人权。在具体意义上,是为了给军事基地附近的居民向法院提起诉讼请求撤除军事基地情形下的"诉的利益"提供基础而提出的主张。然而在判例上,长沼事件(参照第四章三之(三)1*)的一审判决虽然确认了和平生存权作为诉的利益的一项根据,但二审判决对此加以了否定,最高法院在实质意义上对宪法前言第二段的裁判规范性也未予认定。

39

二、国民主权

　　国民主权的原理,是在对抗绝对主义时代的君主专制统治,主张国民作为政治主角的场合下,而被作为理论性支柱的观念,在近代市民革命成立之后,作为国家统治根本原理,在近代立宪主义宪法中得到了广泛的采用。不过,如何来具体理解该原理的内容,则仁者见仁,智者见智,各种活跃的讨论至今仍然还在展开。

（一）主权的含义

　　主权虽然是一个多义的概念,但一般在以下三种意义上使用:①主权就是国家权力本身(国家的统治权);②主权就是作为国家权力属性的最高独立性(对内最高,对外独立);③主权就是有关国家政事的最高决定权。这些均基于历史性的理由。也就是说,主权这一概念,是在绝对主义君主建立中央集权国家的过程中,作为为君主之权力相对于封建领主具有最高性、相对于罗马教皇及神圣罗马皇帝具有独立性而提供基础政治理论中所被主张的概念。然而，到了"朕即国家"的思想支配一切的专制君主国家，这三种主权的概念便被统一地理解为"君主的权力"的形态。其后，随着君主制度的立宪主义化，国家的概念也随之变化，君主的权力与国家的权力，开始被区别看待，主权的概念也分解为三者。

1. 统治权

上述①所言的国家权力本身意义上的主权，乃是概括地表示国家所具有的支配权之用语。这与统称立法权、行政权、司法权的统治权（Herrschaftsrechte，governmental powers）基本同义。日本国《宪法》（第四十一条）所称的"国权"，即有此意。这种统治权含义上的主权之使用范例，可见诸《波茨坦公告》第八款中"日本的主权，应限于本州、北海道、九州与四国以及吾等所决定的诸小岛"之规定。

2. 最高独立性

上述②的国家权力最高独立性（也称国家权力的主权性）意义上的主权，若从主权概念的生成过程而言，是最初意义上的主权概念。宪法前言第三款规定的"维护本国的主权"就是这种例子。在此侧重的是国家的独立性。

3. 最高决定权

上述③的国家政治最高决定权意义上的主权，指最终决定国家政治方针的力量或权威。该力量或权威在属于君主的场合时就是君主主权，属于国民的场合时就称为国民主权。宪法前言第一款"于此宣誓主权属于国民"之规定中的主权以及宪法第一条所说的"主权所属的日本国民之公意"中的主权，即相当于此种含义。

（二）国民主权的含义

就"国民主权"有何含义或内容的问题，存有各种各样的讨论，此处姑且注意以下两点。

1. 有关主体方面

第一，国民主权的观念，本来就是在与君主主权之对抗关系中生成并主张的观念。属于君主主权者并非国民主权，而属于国民主权者也不是君主主权，两者处于相反对立的关系之中。因此，类似于主权既不属于君主也不属于国民，而属于国家，或主权属于包括天皇在内的全体国民之类的说法，虽然在战后常被主张，但均是基于政治上考虑的想法，在理论上很难说是正当的。

如前所述（参照第二章一之（二）＊），战前在德国居于主流地位的国家法人说认为，国家从法的角度来看是法人，即权利（统治权）的主体，而君主则是其最高机关，并主张，属于君主主权还是国民主权，其中分别无非在于是君主还是国民居于决定国家意思的最高机关之地位。这样，"主权"的概念，则仅仅被作为本来的概念，用以表示国家权力的最高独立性，而回避了近代宪法所直面的君主主权还是国民主权的本质问题。这与19世纪不推崇激进民主化的德国君主立宪制正好相称。

此一国家法人说，在《明治宪法》下被具体化为天皇机关说，也曾起到了缓和宪法之神权主义性质的作用，但在确立了国民主权的日本国《宪法》之下，则已失去了其理论上的有用性。

2. 权力性与正当性的两种契机

需要注意的第二点是，国民主权的原理之中包含了两种要素：一种是最终决定国家政治问题的权力乃由国民自己来行使，这一意义上的权力性契机；另一种则是国家行使权力正当性的最终权威乃在于国民，这一意义上的正当性契机。

国民主权的原理，本来就来源于国民的宪法制定权力（制宪权）思想（参照第一章四之（二））。国民的制宪权的本质性特征，在于国民直接行使权力（具体而言，即制定宪法、决定国家的统治问题）这一点。然而，这种制宪权在制定近代立宪主义宪法时，遵从合法性原则，在宪法典中将自身予以制度化，向①以国家权力正当性的最终根据在于国民这一前提或理念为性质的国民主权原理，以及②在法的拘束下改变宪法（国家的统治之方针）的宪法修正权转化（为此宪法修正权也被称为"被制度化的制宪权"）。有关此点，另外参照第十八章三之（三））。

在上述国民主权原理所包含的两个要素中，在主权的权力性方面，由于重视国民自己最后决定国家统治方针的要素，所以作为主权的主体"国民"，指的是实际上能够进行政治上意思表示的选举权人（也称为"选举人团"）。而这就与直接民主制度，即国民直接表明政治意思的制度具有了密切的联系。不过，即使说国民主权的概念中包含了权力性的契机，也并不意味着，在没有宪法明文根据的情况下，可直接认可，将国家重要的方针政策的决定付诸国民投票的法律（在宪法上所被认可的，只是限于并非那种国民投票之结果在法意义上拘束国会的、咨询性的、建议性的东西）。而主权的权力性，具体来说，则是决定宪法修正（这才真正是最终决定国家的政治问题）的权能。

与此不同，在主权的正当性方面，由于将国家权力加以正当化并赋予其权威的根据在终极意义上属于国民,这一要素得到重视,所以,此处作为主权之持有者的"国民",就未必仅限于选举权人,而应该是全体国民。并且,这样的国民主权原理,就会与代表民主制度,特别是议会制度联结在一起。

在日本宪法的国民主权观念中,就有这两个方面并存。* 从而,作为国家权力正当性渊源的国民乃是"全体国民",所有"国家权力发动来自国民"。但是同时,也不应忽视权力性的方面,即国民(选举权人)最终决定国家政治的方针政策。倘若如此考虑,那么,《宪法》第九十六条中规定最终决定宪法修正问题制度的国民投票制度(参照第十八章三之(二)2),应理解为与国民主权原理是密不可分的。

43

　＊ 国民主权和人民主权　　在法国,作为在市民革命时期否定君主主权而制定的新立宪主义宪法的主权原理,曾有过采用国民(nation)主权还是采用人民(peuple)主权的争议,两者之间的对立一直持续到第二次世界大战之后的宪法。在日本,使用该类概念来阐明"国民主权"的学说也不少。但是,如果将"国民"的含义理解为"作为国籍拥有者之总体的国民(全体国民)",而将"人民"的含义理解为"作为社会契约参加者(普通选举之选举权人)之总体的国民(人民)",那么,这两种主权原理,就恰好对应了本书所谓的作为主权之主体的"全体国民"和"选举人团"之间的区分。但应该注意的是:"国民"一般被理解为有别于具体实在之国民的、另一种作为观念上和抽象意义上团体人格的国民,而将"人民"理解为是"在当下没有性别、年龄之差异的、名副其实的'所有的人'"这种学说也颇为有力。而且,即使在同样主张"人民"主权的场合,就"主权"的含义,既有认为是"统治权"的,也有认为是权力正当性之最终根据的各种学说,见解之间存在着很大的差异。

三、天　皇　制

44

(一) 国民主权和天皇制

　　如上所述,日本《宪法》采用了国民主权主义,但是,由于盟军总司令部也有意向(参照第二章二之(二)3引用的麦克阿瑟备忘录),天皇制本身就以象征天皇制的形态被保存了下来。不过,《明治宪法》的天皇制与日本国《宪法》的天皇制之间,在原理上大相迥异。

1. 天皇之地位的根据不同

在《明治宪法》中,天皇的地位是根据天照大神的意思,即神敕(参照第二章一之(一)1)而来的。相反,在日本国《宪法》中,天皇的地位则是"基于主权所属的日本国民之公意"(《宪法》第一条)。为此,天皇制就再也不是绝对的、不可变更的制度,而成为基于国民之公意可以变更的制度。

2. 性质的不同

在《明治宪法》中,天皇是神圣不可侵犯的存在,侵犯天皇尊严的行为依据不敬罪(昭和二十二年第一百二十四号法令修正前的旧《刑法》第七十四条)严重处罚。但在战后,依据天皇的"人的宣言"*(1946 年元旦),天皇的神格性被否定,同时不敬罪也被废止,在日本国《宪法》中也不再采取将天皇特别地视其为神之子孙的态度。

* **人的宣言** 这本是长篇的天皇诏书,而其中以下这节文字被称为"人的宣言":"朕与尔等国民同在,常欲与尔等同其利害,分其休戚。朕与尔等国民之间之所以能纽带相系,乃是始终以相互信赖与敬爱而相联结,既非单凭神话与传45 说而生,亦非以天皇为现世活神,或且基于以日本国民为优越于其他民族之民族,故有必统治世界之宏运等空幻观念。"

3. 权能的不同

在《明治宪法》下,天皇是统治权的总揽者,具有总揽所有国家作用的权能。而在日本国宪法下,则如后文所述,天皇只从事有关形式性的、礼仪性的"国事行为,不具有干预国政的权能"(《宪法》第四条)。

(二)象征天皇

日本《宪法》就天皇之地位规定"天皇为日本国家的象征,亦为日本国民统合的象征"(《宪法》第一条)。

1. 象征的含义

所谓象征,意指使抽象的、无形的、非感觉性的事物,借具体的、有形的、可感觉的事物加以具体化的作用或其媒介物。例如,白色的百合花被用以象征纯洁,鸽子被用以象征和平。象征一词,原本虽是文学上的、心理学上的名词,但并非不能用在法律规定之中。例如,英国《威斯敏斯特法》(1931 年)的前言就规定"王位(Crown)为英联邦之各成员国家自由结合的象征,此等成员国基于对国王的共通之忠诚而被统合之"。只是在日本国宪法中,以人的天皇作为国家之象征这一点比较特殊。不过,近来,同样的例子在1978年西班牙《宪法》第五十六条(规定"国王是国家的元首,国家统一以及永续性的象征")等场合中也可以看到。

2. 天皇象征的含义

但凡在君主制国家中,君主本来就被赋予国家象征的地位和角色。在《明治宪法》下,也可以说天皇是国家的象征。只是《明治宪法》中的天皇,因其统治权总揽者的地位优先存在,从而使作为象征的地位隐藏于背后。在日本国《宪法》下,天皇总揽统治权的地位被否定,也完全不掌握有关国政的权能,其结果是使天皇的象征地位优先存在。因此,《宪法》第一条之象征天皇制的规定,与其说是着眼于强调天皇具有象征国家的作用,毋宁应该认为在于强调天皇除了象征国家的作用之外并无其他作用。 46

在原本上,须注意,同样都谓之象征,结合总揽统治权者的地位的象征性,与结合不具有一切"有关国政之权能"原则的象征性,在本质上是不同的。

3. 皇位继承

有关天皇地位的继承,《宪法》第二条规定"皇位,世袭之"。本来,世袭制是违反民主主义的理念与平等原则的,但日本国《宪法》却认为其为保存天皇制所必需,为此规定了世袭制。该世袭制既然为宪法所认可,否定女性继任天皇而采用男系男性主义(《皇室典范》第一条),也就作为《宪法》第十四条男女平等原则的例外而被承认。此外,皇位得继承等有关皇室的事项,由《皇室典范》加以规范。《皇室典范》在《明治宪法》下曾属于议会不能干涉的、与宪法具有同等地位的独立法规范,但在日本国《宪法》下,则已成为依"国会之议决"而制定的法律的一种形式,其性质大为改变。

（三）天皇的权能 47

日本国《宪法》大幅度限定了天皇的权能。

1. 权能的范围

《宪法》规定"天皇仅行使本宪法所定有关国事之行为,不拥有有关国政之权能"(第四条),具体的行为乃由第六条、第七条加以了列举。

2. 权能的性质

这里所谓"有关国事之行为"和"有关国政之权能"的区别,在语言上未必明确。不过,若仔细吟味《宪法》所列举的国事行为的内容,斟酌象征天皇制的意旨,国事行为可以理解为是指与政治(统治)无关的形式性的、礼仪性的行为。在这一点上,天皇是否可言之为君主,以及是否日本国家的元首,则存有争议。*

  * 天皇是君主还是元首 君主的主要要件被认为有:①其地位来自世袭并伴有传统上的权威;②拥有统治权,至少拥有部分的行政权等。认为随着君主制的民主化以及君主权能的名义化,要件②已无必要这一见解,已成有力的学说。依此看法,亦可将天皇称为君主。

  成为元首的最重要之要件,虽然是对外代表国家的权能(像缔结条约的权能,授受大使、公使国书的权能),但是天皇在外交关系上,《宪法》只在第七条第五款、第八款、第九款承认天皇的"认证"(正式证明一定行为依正规的手续而成立的行为)与"接受"(接见之事实上的行为)等形式性的、礼仪性的行为。因此,若依据传统的概念,日本的元首,应当是内阁或内阁总理大臣(多数说)。当然,也有学说认为:将实施上述形式性的、礼仪性的机关,不妨也可称为元首。同时,在事实上,前来日本的外国大使、公使所呈递的国书以天皇为接受人,由天皇接受已成惯例。虽然一旦结合考虑各国元首权能的渐趋名义化的倾向,如果可以将天皇称之为君主,那么,同时也就可以理解为可称为元首,然而,在吾国,对元首这个概念本身,向来一般都认为必然拥有某种实质性的权限,为此,问题在于,若将天皇理解为元首,认证或接受国书的含义就有实质化、扩大化之虞。

  基于这种考虑,较之于天皇是否君主、是否元首这种名义上的问题,明确各种的概念如何被构成,在宪法上天皇如何被定位,何种权能的行使被认可这样的实质性问题,就反而更为重要。

3. 行使权能的要件(内阁的建言与承认)

  天皇之权能的范围限定于国事行为的同时,天皇的国事行为必须置于严格的规制之下,此则也是其重要的特征。《宪法》第三条就天皇行使权能的要件,规定"诸凡有关天皇之国事行为,均有必要经内阁之建议与承认,内阁负其责任"。由于天皇的一切国事行为,均须经内阁的"建言与承认"(这是一个行为,虽只需召开一次内阁会议即可,但由天皇提议内阁应允形式下的内阁会议则不被认可),所以就天皇国事行为的结果,定为内阁自行负责,而天皇不受问责。

  在围绕内阁的建议和承认的问题中,争论最多的是关于"建言和承认"与行为的实质性决定权之间的关系。之所以如此,是因为:天皇所为之国事行为,像"认证""接受"或"仪式"之类,大致可分为:本身就是形式性的、礼仪性的行为,以及因为宪法明文规定由其他国家机关作行为的实质决定,*结果才成为形式性的、礼仪性的行为,但是,在国事行为中,国会的召集(《宪法》第七条第二款)、特别是众议院的解散(同条第三款),尽管其本身是政治性很强的行为,宪法上却没有明确规定实质决定权之所在(如果有关召集众议院临时会的第五十三条除外)。有关这一点应如何理解,如果以最成问题的解散权为例来说,大致分为下述两种见解。

* 国事行为的实质性决定权之所在 例如,内阁总理大臣依据"国会的提名"(《宪法》第六条第一款,第六十七条第一款),最高法院院长依据"内阁的提名"(《宪法》第六条第二款),宪法修正依据国民投票(《宪法》第九十六条),法律依据两议院的表决(《宪法》第五十九条第一款),外交关系的处理、官吏的任免、行政法规的制定则由内阁(《宪法》第七十三条第二项、第四项、第六项),条约由内阁和国会(《宪法》第七十三条第三项),国务大臣的任免由内阁总理大臣(《宪法》第六十八条),进行实质性的决定。 49

第一种见解是认为:天皇的国事行为,本来都是形式性的、礼仪性的行为,而"建言与承认"则是被要求针对这种形式性的行为而进行的,从而"建言与承认"应不包含实质性的决定权。有鉴于此,这一学说认为,这就必须从《宪法》第七条以外的其他条款中,去寻求哪个机关能实质性地决定解散众议院的根据。关于此点,又有两种见解。一种以规定有关众议院的内阁不信任决议而伴随解散的《宪法》第六十九条为根据,认为只有在众议院的不信任决议通过时,内阁才可以解散众议院(以下称 A 说)。另一种则从采用了权力分立制与议会内阁制的宪法整体构造中寻求根据,主张:与不信任决议无关,内阁有自由解散众议院的决定权(以下称 B 说)。

第二种见解则认为:内阁的"建言与承认",也有包含实质性决定权的情形。该学说认为,即使内阁作为行使"建言与承认"的前提而采取了行为的实质性决定,只要其结果使天皇的国事行为成为形式性的、仪式性的行为,就不违反宪法的精神。于是认为:以《宪法》第七条第三项中内阁对众议院的解散这种国事行为的"建言与承认"为根据,可认为内阁有自由解散众议院的决定权(以下称 C 说)。

该问题乃肇源于宪法条文上的不完备,因此,要决定哪种见解才是正当的,原本就很困难。不过,就 A 说(第六十九条说)而言,由于《宪法》第六十九条未必是从正面来规定内阁有解散权的法条,只不过是在一定程度上留有可以如此 50

解说的余地,因而,尽管其在逻辑上具有一贯性,但在政党内阁制之下,对于多数党所支持的内阁,通过不信任决议的可能性极少,所以就会发生行使解散权的场合明显受到限制的问题;B说(制度说)尽管是明快的、有力的学说,但作为其根据的权力分立制和议会内阁制,在一定程度上并不是那种一义性的原则(参照第十五章三之(一)),因此就会产生由此很难推导出内阁的自由解散权的问题;而如果采纳C说(第七条说),虽然因为宪法第七条所言的"建言与承认"包括了不含有内阁做实质性决定和含有内阁做实质性决定这两种情况,也存在问题,但是,为了在宪法上确切地落实解散权之归属的依据,该学说可认为比其他各学说更为恰当(国会之召集权的场合也是如此)。*而在实际的运用上,也是这样被理解的,其也可以视为已经得到了习惯法化。(有关解散,另可参照第十五章三之(三))

  * **召集权之所在** 由于宪法明文(《宪法》第五十三条)规定内阁就临时会议之召集有实质性的决定权,所以也有学说认为,如依类推解释,内阁对通常会议、特别会议也同样具有实质性的决定权。A说当然采用这种解释。不过,如此的类推解释能否成立,则为疑问。

  4. 权能的代行

  天皇的权能,在天皇未达成年之时,或因精神、身体患有重大疾病又或遭遇重大事故,以至无法亲自实行国事行为之时,由摄政人来代行(参照《宪法》第五条,《皇室典范》第十六条以下)。在尚未达到设立摄政的场合(譬如到国外旅行或长期生病的场合),则依据"国事行为临时代行法",由临时代行官代行国事行为(《宪法》第四条第二款)。担任临时代行官的顺位与摄政人的情形相同(《皇室典范》第十七条)。

51　　　**(四)天皇的公行为**

  天皇虽然作为国家机关而进行国事行为,但此外当然也可以作为私人而进行私人的行为(例如研究生物学)。然而,天皇进而也进行一些诸如列席参加国会开幕典礼、朗读"致辞"、巡幸国内各地、接待外国元首、交换亲笔书函电文等行为。而这些行为则并未被包含在《宪法》第六条、第七条所规定的国事行为之中,同时,若将其视之为纯粹的私人行为则也有问题。于是,这类行为就被解释为可认为是基于国家象征之地位所为的公行为,*其准同于国事行为,而有必要受到内阁的控制。

《宪法》既然认为天皇是国家的象征，那么无可否认，天皇所为的国事行为以外的行为，就或多或少地带有公的意义。从而，将天皇国事行为以外的行为，认定为是基于象征地位所为的公行为的见解（即象征行为说），受到了学说上多数人的支持，这也是有相当合理的理由的。不过，这种见解也有不少问题，例如，该说导致对"象征"赋予了积极的意义，公行为之范围也未明确，摄政人或天皇代行官可否为公行为等，这些均留有疑问。于是，将公行为解释为是天皇基于公众人物之地位所当然附随的社交性的、礼仪性的行为之学说（公人行为说），则颇为有力。不过，这一学说与象征行为说一样（或有过之），也存在公行为之范围未明确的问题。

有鉴于此，主张前述天皇行为不应被认为是公行为，而只是天皇国事行为以外能够做的私人行为的学说，便受到了瞩目。该学说是这样的一种见解：将天皇在国内巡幸或与外国元首交换亲笔信函，视为私人行为，而认为其列席参加国会开幕典礼、外国国家典礼、或国内各种大会的出席行为，则包含在《宪法》第七条第十款所言的"举行仪式"之中，从而在此限度上扩张了国事行为的界限。这种不承认国事行为以外的天皇行为乃公行为的看法（国事行为说），在将天皇的行为加以限定理解这一点上，的确有其合理性，但是，由于"举行仪式"通常指的是主办并执行仪式，因此将其理解为包含了列席参加各种仪式或典礼的行为，在文理上相当困难。于是又有了只承认与国事行为有密切关系的天皇行为是公行为的学说（例如，在社交意义上接待外国元首、或在社交意义上访问外国，准同于作为国事行为的外国大使公使之接受，而作"御致辞"则准同于作为国事行为的召集国会）（准国事行为说）。其限缩公行为之范围的意图，虽然有其妥当性的一面，但问题是"有密切关系"的含义仍未明确。此外，也有学说仅仅将"致辞"视为是宪法上的惯例（参见第二章四之（二））。

　　＊　**公行为之范围**　属于此行为者，除了本文已加以例示的之外，还有外国公使访问、列席参加外国的国家仪式、出席全国运动大会或植树节等各种大会、游园会、新年朝贺等公的活动，以及谒见等等。

（五）皇室经费

随着战后新《宪法》的颁布施行，天皇的财产（天皇个人的财帛）与皇族的财产（与天皇的财产合称为皇室财产），变成"属于国家"的。因此，天皇及皇族活动

52

所需费用"均须编入预算，经国会议决"（《宪法》第八十八条）。编列与预算的皇室经费，可区分为以下三种（《皇室经济法》第三条）。

1. 内廷费

"供天皇及皇后、太皇太后、皇太后、皇太子、皇太子妃、皇太孙、皇太孙妃以及在内廷之其他皇族日常开支及其他内廷之一切开支者。"此即所谓的"御手元金"。这项费用并非"属于宫内厅经营管理之公款"（《皇室经济法》第四条）。

2. 宫廷费

指"内廷各种费用以外而供宫廷开支之各种费用"。宫廷费是由宫内厅经营管理的公款（同上第五条）。

3. 皇族费

指的是"为用于供皇族保持品位之资，按年额每年支付之费用，以及为资助皇族首次独立营生，按一时金额支付之费用"，以及"为用于供曾为皇族成员者保持其品位之资，皇族依皇室典范之规定脱离此身份时按一时金额支付之费用。"（同上第六条）这也不属于宫内厅经营管理的公款。

为了贯彻前述《宪法》的意旨，《宪法》另行规定"诸凡转让财产与皇室，或者皇室受让和赐予财产，均应经国会议决。"（《宪法》第八条）其目的在于防范皇室再度集中大规模之财产，避免皇室与特定个人或团体建立特别关系而拥有不当的支配力。至于一定种类的行为所需支出，则无须每次再经国会议决（《皇室经济法》第二条）。

第四章　和平主义原理

54　　　立足于第二次世界大战的悲惨体验,基于对有关战争的深切反省,日本国宪法采用了和平主义作为基本原理,宣示了放弃战争和战争力量。

　　迄今为止,在世界范围内已有了各种各样的弃绝战争的努力。举其主要者,在国际法上,就存在 1919 年的《国际联盟规约》,1928 年有关放弃战争公约(非战公约),1945 年的《联合国宪章》等;在宪法上,早从 1791 年的法国宪法开始,第二次世界大战后的很多宪法,例如 1946 年的法国第四共和宪法、1948 年的意大利共和国宪法、1949 年的德意志联邦共和国基本法(与宪法同义)、1972 年的大韩民国宪法等,都设有放弃战争的规定。不过,这些都只是停留在限制或放弃侵略战争的有关规定之上。与此不同,日本国《宪法》则规定:第一,放弃包括侵略战争在内的一切战争、武力的行使以及武力的威胁;第二,为贯彻之,宣示不保持战力;第三,否认国家的交战权。以此三点,显示了无与伦比的彻底否定战争的态度。

55
一、《宪法》第九条成立的经过

(一) 和平主义的起源

　　和平主义原理为日本宪法所采用的背景,是 1941 年(昭和十六年)8 月《大西洋宪章》(侵略国家非军事化原则)、1945 年 7 月《波茨坦公告》(否定军国主义者的势力,粉碎其遂行战争的能力、解除军队的武装)、1946 年麦克阿瑟备忘录(放弃战争、不保持军队、否认交战权)等国际上的动向,尤其是以美国为中心的同盟国方面的运作,但此外还应看到日本方面也颇有此种意向的反映。特别是日本国《宪法》制定之时币原首相的和平主义思想,可认为曾经是麦克阿瑟备忘录的契机之一。

　　据说 1946 年(昭和二十一年)1 月 24 日,币原首相拜访麦克阿瑟元帅,在谈论有关修改宪法及日本的占领统治问题时,传有曾提示放弃战争的想法。币原认为这是为了保持天皇制度而必不可少的条件。据此,日本国《宪法》和平主义的规定,可以理解为是在以日本国民对和平的冀求以及币原首相的和平主义思想作为前提的基础上,最终由麦克阿瑟的决断而订立的。之所以也被谓之以日美的合作,就是这个意思。

(二) 和平主义的意愿

　　日本国《宪法》就有关日本安全保障问题,在其前言中阐述道:"信赖爱好和平的各国民之公正与信义,决意以此维护日本的安全与生存。"这可以理解为是站在国际中立的立场来构想和平外交,以及依赖国际联盟来实行安全保障的。对于这种构想,虽然常有批判指出是一种外力,凤愿的想法,但是日本国《宪法》的和平主义并非只是消极地要求外国来保护本国的安全。它要求应通过提出和平的构想,或针对国际上的纷争和对立的缓和提出意见,从而为和平的实现而采取积极行动。也就是说,它是以如下的确信作为基础的:在采取如此的积极行动之中,才有日本国民的和平与安全之保障。

二、战争的放弃

　　前言的和平主义由《宪法》第九条予以具体化。

　　《宪法》第九条第一款首先阐述"日本国民诚实地希求以正义与秩序为基调的国际和平",而在概括地表明放弃战争的动机后,放弃了"作为国家权利而发动的战争""通过武力的威胁"以及"武力的行使"这三项。

(一) 放弃战争的内容

1. 战争的含义

　　所谓"作为国家权利而发动的战争",和单单所谓的战争具有同样的含义。"战争"即指通过宣战公告或最后通牒(一种外交文书,其意旨是打断为了和平解决纷争而进行的交涉,提出最后的要求,在不接受的情况下则采取战争或使用武力的自由行动)来表明战争意图,并适用战时国际法的情况。广义上也指国家间的武力斗争。所谓"武力的行使",则是未经宣战公告就实施的事实上的战争,即

56

57

实质意义的战争。"九·一八"事变、日中战争等就相当于此。而所谓"通过武力的威胁"，则指像 1895 年法、德、俄对日本进行三国干涉那样，以武力为背景强行要求对方国家接受本国的主张。如此，《宪法》第九条第一款不仅将国际法上的战争，而且将事实上的战争也都予以放弃，连同将成为战争之诱因的武力威吓也予以禁止。

2. 第九条第一款的含义

本来，上述的战争放弃中，附带了"作为解决国际纷争的手段"这一保留。根据国际法上通常的用语表述惯例（例如可参照《非战公约》第一条），所谓"作为解决国际纷争手段的战争"，与"作为国家政策手段的战争"之含义相同，具体指的就是侵略战争。如果尊重这种国际法上的用例，则可理解为《宪法》第九条第一款所放弃的是侵略战争，而非放弃自卫战争（甲说）。与此不同，另外一种见解（乙说）也颇为有力，即主张：应不拘泥于国际法上的解释，因为但凡战争无不是被用来作为解决国际纷争的手段，所以《宪法》第九条第一款所放弃的应理解为是包括了自卫战争在内的一切战争。

（二）自卫战争的放弃

1. 第九条第二款的含义

即使采用甲说，如就第二款，将其"为达成前款目的"中所言的"前款目的"理解为仅仅是一般性地指放弃战争的动机，并将该款解释为一切战争力量的保持均被禁止、交战权也被否定（参照本章四），那么，由于为了自卫的战争也不能进行，其结果是所有的战争都被禁止，为此，这其实在结论上便与乙说也没有什么不同。此已成为通说，政府大体上也向来采取该种立场。

不过，另有一种学说一方面认为第九条第一款仅仅放弃了侵略战争，为此采用了前述甲说的解释，另一方面就第二款则认为，"为达成前款目的"就是"为达成放弃侵略战争的目的"，因此第二款应解释为仅在于阐明，不保持发动侵略战争的战争力量，否定交战权条款则只是不承认交战国所有的各种权利。

2. 自卫战争合宪说的问题之所在

然而，这一说法有以下的问题。①在日本国《宪法》中，除了第六十六条第二款有关内阁总理大臣与其他国务大臣的文职人员化条款外，还完全不存在预先规定了战争或军队的条款。②在宪法的前言中，已明确揭示日本的安全保障是以"信赖爱好和平的各国民之公正与信义"来作为基本原则，具体地可以理解为构想的是要依赖国际联盟的安全保障方式。③假设只是放弃了侵略战争,而没有放弃自卫战争的话,这就和宪法前言所宣言的高格调的和平主义精神不相适合。④要区分为自卫而建设的战争力量与为侵略而建设的战争力量,实际上近乎不可能,因此,若无法放弃自卫战争而肯定为自卫战争而建设的战争力量为合宪,其结果就变成承认一般的战争力量,为此将产生第九条第二款是否就无意义的疑问。⑤若承认自卫战争,也会产生无法合理地说明为什么要放弃"交战权"这样的疑问,等等。

三、战争力量之不保持

59

《宪法》第九条第二款前段规定"为达成前款目的,陆海空军及其他战争力量,均不保持"。这里所谓的"战争力量"意指为何,关系到自卫队之合宪性,是最受争议的要点。

(一) 自卫权的含义

在就战争力量之论争展开论述之前,有必要先对自卫权的概念加以说明。因为自卫权以及以此为前提的自卫力量的观念,如后文所述,已成为政府自卫队合宪论的支柱。

所谓自卫权,通常认为指的是,对于外国所施加的急迫而现实的违法侵害,为防卫本国而行使必要且一定实力的权利。因此,发动自卫权有必要具备下列要件:①必要性的要件,即除防卫行动以外,别无其他手段,采取防卫行动乃是万不得已的;②外国对本国所施加的侵害紧迫且不正当,即具备侵害的违法性要件;③均衡性要件,即为发动自卫权而采用的措施,必须与外国所施加给本国的侵害程度有所平衡。

在这种意义下的自卫权,只要是独立国家就当然具有。在《联合国宪章》第五十一条中,其也被作为个别的自卫权而得到承认(不过,该权利本来被认为是在联合国采取必要处置之前的应急措施而予以承认,为此其发动及适用范围应遵守上述严格的条件)。即使在日本国《宪法》中,这种自卫权也并非都被放弃。*但是,即使自卫权受到承认,为自卫之目的而存在的防卫力量或自卫力量之保持是否也受到承认,则如后文所述,乃有重大的争议之处。

60

　* **集体的自卫权**　在自卫权中,有个别自卫权和《联合国宪章》上新被承认的集体自卫权两种。后者是指：即使本国的实体性权利还未受侵害,但基于有关和平与安全的一般性利益,以援助为目的而采取的对他国进行武力攻击的防卫行动之权利。该权利在日本国《宪法》下不被承认。政府一向主张：日美安保条约所规定的相互防卫体制,也在日本的个别防卫权之范围之内(参照本章五之(二))。

[然而政府通过2014年的内阁决议,变更了一直以来作为自卫权发动之条件而列举的"出现对我国急迫且不正当的侵害之情形",将其改为"发生了对我国或与我国具有密切关系的他国的武力攻击,由此威胁到我国的存亡,从根本上对我国国民的生命、自由和追求幸福的权利构成明确危险的情形",并针对这一变更,提出修改《自卫队法》等相关法律。由此也出现了这样的疑问,即：果真如此,这是否部分地承认集体自卫权,是否违反了《宪法》第九条。]

(二) 战争力量的含义

关于宪法上所禁止保持的"战争力量"为何,学说上一般均加以严格解释,但政府方面却采用了宽松解释的立场。

(1)最严格的解释是将一切可能成就战争的潜在能力都归为"战力"。据此,军需生产、航空器、港湾设施、核战力研究等等,就一概相当于战争力量,其战争力量之范围有过广之嫌。

(2)通说将战争力量解释为军队以及国家有事之际可转化为军队程度上的实力部队。所谓军队,则指具有实力对抗外敌的攻击,以防卫国土为目的而设置的、以人与物为手段的组织体。

然而,与此相关,军队和警察力量之间的区别则成为问题。但两者的差异可列举如下两点：①在目的上,军队是为了针对外国、保卫国土而存在的,与此不同,警察力量则为了维持与确保国内的治安。②其实力内容与其各自的目的相适合。总之,所谓军队,具体而言,无论其组织体的名称为何,都可从其人员、编制方式、装备、训练、预算等各个方面加以判断,在内容上合乎能够对抗外敌攻击而保卫国土目的的实力部队。

若将以上的解释贯穿起来,则不得不说,现在的自卫队,一旦从其人员、装备、编制等实际状态加以判断,则相当于《宪法》第九条第二款中所言的"战争力量"。*

*"无武力之自卫权"论　　如果采用本书所言的结论,则即使说存在自卫权,该自卫权也只能止于通过外交交涉回避未然性之侵害、以警力来排除侵害、由民众手持武器蜂拥而起进行对抗等情形方为使用。不过,对于这种"无武力之自卫权"的看法,还存在一种有力的不同见解,认为:从拥有自卫权当然就具有武力(战争力量)的立场出发,在放弃战争力量的日本国《宪法》下,自卫权应理解为在实质上已被放弃(根据此说,即使是警察力量,如果由国家赋予其排除外来侵害的任务和权限,那么在法的意义上则成为军事力量或战争力量)。相反,也有学说认为,虽然自卫队处于违宪状态,但既然存在自卫权,就允许其保持不超出"不具有攻击性装备和作战能力、为了处理通常警察或消防无法应对的灾害或纷争而建立的自卫组织之最小限度防御能力"界限的军事力量。该说基本上接近政府的解释。

62

(3) 政府在宪法制定之初,曾站在与学界通说相同解释的立场之上。以1950 年(昭和二十五年)朝鲜战争的爆发为契机,盟军总司令部曾要求建立七万五千人的警察预备队,但那时的政府则以警察预备队最终只用于补充"警察"为理由,来说明其合宪。在其前提之中,则是将"战争力量"解释为超越警察力量之实力部队的。

然而,到了 1952 年(昭和二十七年),随着警察预备队被改组并增强为保安队和警备队,政府的解释也发生了变更,即把"战争力量"解释为具备了足以实行现代战争程度上的装备与编制之物,并说明道:如保安队和警备队这样不具备实行现代战争能力的实力组织,并不相当于战争力量,因此为合宪。这是这样一种看法:在警察力量与战争力量之间,可存在一种均不属于这两者任何一方的(从而不违反宪法)实力部队。

其后,到了 1954 年(昭和二十九年),日美之间缔结了《日美共同防御协定》(Mutual Security Act,即 MSA 协定),日本开始负有增强防卫力量的国际法义务(协定第八条)。在此情形之下,《自卫队法》被制定,保安队、警备队也被改组为自卫队。自卫队的任务被规定为主要是"为了维护我国的和平与独立,确保国家之安全,防卫我国不受外国直接侵略或间接侵略"(《自卫队法》第三条),在此,其防卫目的被正面揭示。于是,在国会中曾引起了自卫队是否为军队的激烈争论。

对应这种动向,从 1955 年(昭和三十年)左右开始,政府采取了更为积极的解释,此乃成为后来政府的公定解释。根据这种解释,自卫权作为国家所固有的

63　权利,即使在《宪法》第九条上也未被否认。因此,拥有为了行使自卫权的实力,也为宪法所允许。即:为了自卫而所拥有的必要最小限度之实力,并非相当于宪法所禁止保持的"战争力量"。这里所谓的"为了自卫而所拥有的必要最小限度之实力"究竟指的是何种东西虽然未必明确,但政府对此所作的说明则是:不能拥有给他国造成侵略性威胁的那种攻击性武器。

（三）自卫力量、自卫权的界限

上述解释存在着若干的问题,在学说上和法院中均有所争议。*

（1）第一是自卫力量的界限具体何在的问题。政府主张,可够拥有的是不具备实行现代战争能力而仅限于防御之用的兵器,而对他国产生侵略性威胁的,以及在性能上仅用于为使相对国之国土受到毁灭性破坏的,则不能保持。但是,根据武器的目的和性能,区分攻击性武器和防御性武器是非常困难的。关于这一点,拥有核武器就特别成问题,但日本政府曾经这样主张:若是小型的防卫性核武器,拥有其在宪法上是可能的,不过,根据"非核三原则"政策则不能拥有核武器。在《核武器扩散防止条约》和《原子力量基本法》上,对其的拥有也被禁止。

　　* 自卫队诉讼　有关自卫队的合宪性问题,诉讼上也曾多次发生纷争。以下三起案件尤受关注。

　　（1）惠庭案件　参照第十八章二之（三）1**。

　　（2）长沼案件　这是防卫厅拟在北海道长沼町山林地建设导弹基地,持反

64　对立场的当地居民便请求法院撤销为建设基地而解除保安林指定的行政处分,从而产生争诉的案件。一审判决判示:自卫队乃相当于《宪法》第九条所称的"战争力量",是违宪的(札幌地方法院 1973 年 9 月 7 日判决,判时 712 号 24 页)。但上诉后的二审却判决,长沼町居民无诉讼利益,撤销原判决,同时指出自卫队的存在等是否违反《宪法》第九条的问题,属于"统治行为"(即本来可以作为裁判对象,却因是高度的政治性行为等原因,而被置于司法审查范围之外的行为,又称"政治问题"。参照第十六章一之（四）3),在不能一目了然地判明属于极为明显违宪、违法的情形下,应属于司法审查范围之外(札幌高等法院 1976 年 8 月 5 日判决,行裁例集 27 卷 8 号 1175 页)。而最高法院则仅从有无诉讼利益的观点出发驳回了原告的主张,在完全没有论及自卫队之合宪性问题的情形下使该诉讼终结了。(最高法院 1982 年 9 月 9 日判决,民集 36 卷 9 号 1679 页。)

　　（3）百里基地案件　参照第六章三之（二）*（4）。

（2）第二是自卫权之界限何在的问题。政府向来认为，在吾国受到紧急而不正当的侵犯时，作为逼不得已的措施而攻击相对国之基地，应包含于合理的自卫范围之内。

（3）第三个问题是自卫队出勤于海外的问题。政府曾根据自卫队的任务只限于防卫本国国土而采取了不承认派遣海外的立场。关于此点，特别成为问题的是，自卫队可否参加联合国军队*。根据《联合国宪章》第四十三条而成立的联合国正规军，因为以战斗、行使武力为其任务，因此自卫队不允许参加。虽然《联合国宪章》上没有根据，但基于联合国决议而实行的联合国维持和平行动（Peace Keeping Operation，即 PKO）之中，伴随行使通常武力的维持和平部队（PKF）自不必说，即使原则上不附带行使武力的停战监视团，也无法断言与武力的行使无缘，因此，政府曾经一方面认为自卫队的参加虽然未必为宪法所不允许，但另一方面则以《自卫队法》上并未赋予自卫队这种任务为据，拒绝了对日本派遣自卫队参加的要求，而只是在经济援助和文职人员参加的选举监察团等其他方面协助了联合国的工作。然而，以 1990 年到 1991 年的中东海湾危机和中东战争为契机，人员方面的国际贡献之必要性受到了强调，出现了制定相关法律，以承认在不伴随"行使武力"的条件下让自卫队参加联合国维持和平行动的活跃动向，在 1992 年（平成四年）"协助联合国维持和平活动等的法律"（PKO 协助法）。** 根据这部法律，自卫队已经多次被派遣海外。[†]

自卫队派遣海外是否合宪，与武力行使之有无的问题虽然深度相关，但不能将有关自卫队的合宪性这一本质性问题置之不论。无论是如何为了国际贡献这一目的，在宪法第九条没有修改的现状下认可自卫队作为部队派出海外参加（特别是 PKF）执勤，这在法的意义上是极有难度的。

*　**联合国军队**　联合国军队可分为依《联合国宪章》第七章（参照第四十二条至第四十七条）之规定的联合国正规部队，和维持纷争地区和平行动的联合国军队（维持和平部队与停战监视团）两种。前者的例子未曾有过（朝鲜战争时所组织的"同盟国部队"，虽然是根据安全理事会的建议以及大会的决议，但还不是服从联合国指挥统辖的联合国正规部队）。向来的"联合国军队"都是属于后者性质的军事组织。这些军队因事例不同而具有不同的目的与任务，只是都依据联合国的决议而成立，并置于联合国的统辖、指挥之下，不以战斗为目的，对于武器（轻武器）的使用也只限于正当防卫的情况。此外还有一种与这种类型的"联合国军队"(维持和平部队)相类似的,但却不是依据联合国的决议,也不是受联合国统辖、指挥的,所谓多国部队的军事组织。1990 年 8 月开始的中东海湾危机时,以美军为中心所组织的多国部队,便属于此例。

** 参加 PKF 五原则 政府主张,只有合乎下列五项原则,自卫队参加联合国维持和平部队(PKF)才不违反宪法:①纷争当事者之间停战合意已成立;②纷争当事者同意自卫队的参加;③严守维持和平部队的中立立场;④未能满足以上三项条件时,自卫队可撤出;⑤在不得不进行自卫的情况下,必须最小限度地使用武器。但是,由于原公明党的强烈要求,在其他法律制定之前,自卫队派遣海外之事曾被冻结(协助法附则第二条)。"该冻结,由于在 2001 年协助法附则第二条被废止而被解除。"并且,在概念上"行使武力"和"使用武器"被区分开来,"为了防卫自己或与自己在共同现场的其他队员的生命或身体"而使用必要最小限度内的小型武器,被认为并不相当于"行使武力"(参照协助法第二十二条至第二十四条)。

† 以 2001 年 9 月 11 日在美国发生的纽约世界贸易中心大楼恐怖袭击为契机而制定的所谓"反恐对策特别措施法"(平成十三年 11 月 2 日法律第 113 号,期限为两年的时限立法),将那种基于为扑灭恐怖活动而在"后方"支援联合国等所进行军事行动之目的的自卫队海外派遣成为了可能,但是在关于派遣地域、支援形态、武器使用等要件等等,较之于 PKO 协助法和周边事态法所规定的自卫队派遣的情形,其限制得到了缓和,对此也存在是否超出了政府之前所说明的自卫队海外派遣容许范围的强烈的批评。

四、交战权的否认

《宪法》第九条第二款规定"国家的交战权,不予承认"。对于此处所言的"交战权"的含义,有①将其解释为是交战国在进入交战状态的情况下由国际法所认可的权利(例如:杀伤或破坏敌国的兵力或军事设施、占领相对国的领土、直接检查中立国的船舶、捕获敌国船舶等权利)的学说,也有②依其字面将其理解为战斗权利的说法,还有将两者都包含在内的学说。这些见解的不同,正如前所述,与自卫战争是否被放弃的问题有关。若单就法条望文生义,似乎可以理解为如②所说,但若遵从国际法上的用法,则①说较为妥当。

五、安 保 体 制

日本国《宪法》的和平主义原理,在与以《日美安全保障条约》(略称为《安保条约》)为中心的安保体制之关系上,也具有很大的问题。

(一)《安保条约》的内容

日美《安保条约》,是 1952 年(昭和二十七年)为结束盟国之占领而缔结旧金山和平条约的同时与美国之间所缔结的。其后,经 1954 年缔结 MSA 协定规定增强防卫力量义务,1960 年缔结了新安保条约。其主要内容是:第一,确立日美相互防卫体制,约定缔约当事国一方受到武力攻击时,双方必须共同应对。不过,这里所谓的相互防卫,只限于对日本统辖领土施加的武力攻击。第二,承认美国拥有在日本国内配备军队的权利,即日本向美国提供军事基地,负有让其驻军在国内驻留的义务。而其驻留的目的,一方面是在于维持远东地区的国际和平与安全,另一方面则是作为相互防卫的一环,在于当日本受到武力攻击时所进行的防卫。

(二)《安保条约》有问题之处

这种安保条约有不少问题。例如,相互防卫虽然是针对"在日本统辖的领土内,对任何一方的武力攻击"(《安保条约》第五条)而采取的,但有一个问题是:当日本领土内的美军基地受到攻击时,共同防卫行动的采取,应该如何说明。

政府一向的说法是:在日本统辖领土内的美军基地遭到攻击时,日本可采取防卫行动。其理由是:由于这种攻击是对日本领土的侵犯,就是对日本的攻击,所以,对此采取行动乃是个别自卫权的行使。

不过,自卫权的行使被允许,必须具备必要性、违法性、均衡性三项要件(参照本章三之(一)),而假设在日本领域内的美国军舰受到攻击,对于日本来说,是否就具备了这三项要件,则有疑问。而且,在这种情况下应采取什么行动,其决定权在美国而不在日本。这样一来,日本就只能跟随美国的决定而发动自卫权,这便产生了连有关三项要件是否满足的判断权是否也将失去的疑问。

此外还被指出的问题是,作为日本有可能被卷入不可预测的纷争之虞,存在以下等情形:①美国在日本建立军事基地的目的,不仅在于日本的防卫,还在于

68

69

维护远东地区的和平与安全，但在驻日美军为远东的和平与安全而活动时，所谓"远东"的范围却未必明确。* ②尽管《联合国宪章》第五十一条认可"在发生武力攻击的情况"下可发动自卫权，但是，具体而言，其含义是指只有在现实上发生武力攻击的情况下才允许发动自卫权，还是指只要可认为受到武力攻击的威胁，就可发动自卫权（即允许先制自卫权），关于此点，日美之间的见解就不相同。†

　　* 远东的范围　尽管自 1960 年政府的统一见解出现以来，一直被认为是指"菲律宾以北和日本及其周边地区，韩国和中国台湾地区也包含在内"，但实际上驻日美军在越南战争和海湾战争之际都是从日本出发参加战争的。在这一点上引起注意的是：1996 年 4 月，通过日美共同宣言对日美安全保障条约的"再定义"，《安保条约》的作用被变更为是在于建立"亚洲和太平洋地区的和平和安定"的基础，并且约定在"日本周边地区可能发生事态"之际，日本应就美军的后方支援作出积极配合等，从而安保体制进一步被强化；借此，1997 年 9 月日美制定了《日美防卫合作指南（新指南）》，1998 年 4 月，将其具体化的周边事态措施法案等被提交国会。根据合作的内容，几乎完全承认了集体自卫权。

　　† 有关《安保条约》之下日美共同行动的方式，虽一向由日美两国协商，但为了明确日本在宪法容许范围内究竟在何种界限内可支援美军的行动这一问题，1999 年（平成十一年）"有关周边事态之际为了确保吾国和平与安全之措施的法律"（周边事态法）被制定出来了。根据该法律，当发生"周边事态"（在日本周边发生的、有可能发展为向日本境内发动武力攻击的事态）之际，对于在"前线"上展开的美军，自卫队作为在"后方"的支援，可进行物资的补给以及受难士兵的搜索救助。但对此也存在强烈的批判：由于前线与后方的区别颇为困难，所以其结果是等同于"集体自卫权"的行使。

（三）驻军之合宪性

　　《安保条约》不仅存在着前述个别性的问题点，而且从法律角度来看，还存在着是否违反宪法的基本问题。就此提出诉讼的著名案例有砂川事件*。此案一审判决《安保条约》违宪，在最高法院被撤销。

　　* 砂川案件　1957 年（昭和三十二年），在美军所使用的东京都下砂川町的立川飞行场开始扩张工事之际，基地反对派的游行示威群众因冲入此地，而被以违反基于旧《安保条约》第三条的刑事特别法受到起诉。东京地方法院以基于

《安保条约》，"吾国有被卷入与本国无直接关系的武力纷争漩涡之危险"为理由，判定美国驻军乃相当于《宪法》第九条第二款所言的战争力量，故而违反《宪法》（东京地方法院 1959 年 3 月 30 日判决，下刑集 1 卷 3 号 776 页）。但最高法院则认为，所谓战争力量，乃是指"由吾国作为其主体而得行使指挥权、管理权之战争力量，结果是指吾国本身的战争力量而言，外国军队即使驻留吾国，也不属于此处所指的战争力量"，并且判定：《安保条约》具有高度政治性，除非一目了然极其明显地可以认为违反宪法而无效，否则原则上不适于由司法法院审查其是否违宪（最高法院大法庭 1959 年 12 月 16 日判决，刑集 13 卷 13 号 3225 页），从而撤销原判、发回重审（有关不适于司法审查的问题，参照第十六章一之（四）3）。

[补记：有事法制] 71

所谓"有事"，广义上包含大地震等自然灾害这样需要紧急应对的事态，通常指外国武力入侵或国内武装暴动等需要军方出动的紧急事态。因此，对于原本就没有预设军队存在的日本《宪法》来说，也就没有设立有关有事的规定。自从自卫队创建以来，政府曾一直想以法律确定有事之际的应对方案，但由于国民强力反对而无法实现立法，因此一旦发生紧急情况就不得不采取超越法律的应对方法。然而，自冷战结束以后，在有关日美《安保条约》的再审视以及朝鲜问题等的议论中，舆论也产生了微妙变化，2003 年具有有关有事的基本法性质的《武力攻击事态法》（2003 年 6 月 13 日法律 79 号）得以被制定。其中规定了，当受到外国武力攻击时，在产生紧迫的危险，或者其危险被高度预测的情形下，内阁如何决定应对方针并获取国会认可的程序及组织。之后，在 2004 年又制定了在受到武力攻击时组织居民避难的《国民保护法》、使得美军保护日本行动更为便捷的《美军行动协调法》、临检船只运送外国军用品的《外国军用品等海上输送规制法》等，有事法制被进而补充和完备。]

第二部分　基本人权

第五章　基本人权的原理

75 基本人权（fundamental human rights）被称为人权（human rights）或基本权（fundamental rights）等等，是总称信教自由、言论自由、职业选择自由等个别性人权的用语。

但是，一旦被问起什么是基本人权，其答案并不简单。人权的概念，因为人权思想历史的变化、人权谱系的历史变迁、人权保障方法的不同等，而有着各式各样的理解。

一、人权宣言的历史

概观人权宣言（又称为权利法案）的历史，可见大致有如下流脉：①从国民权利到人权；②从自由权到社会权；③从依法律保障到依宪法保障（针对法律不受其侵害的保障）；④从国内的保障到国际的保障。

76 ## （一）人权宣言的萌芽

人权思想在历史上最早出现的是英国。1215年的大宪章、1628年的权利请愿书、1689年的权利法案，在近代人权宣言产生的前史上都有着重大的意义。不过，在这些文件上所被宣告的权利和自由，都是英国人在历史上所拥有的权利和自由，与其说是"人权"，不如应称之为"国民权"。

这种封建意义上的国民权，在向近代意义的、个人主义性质的人权成长的过程中，不得不有赖于洛克、卢梭等所提倡的自然权思想和社会契约的理论（参照第一章二之（二）1)赋予其基础。

（二）人权宣言的诞生

随着 18 世纪末发生近代市民革命,近代人权宣言才开始诞生。首先,在 1776 年到 1789 年之间,美国诸州宪法中都设有权利法案的规定。这些宪法都是在社会契约说的影响下制定,宣明了人权是人与生俱来的前国家性质的自然权,并予以保障。例如,《弗吉尼亚州宪法》即规定:"所有人生而平等自由且独立,拥有一定天赋的权利。此种权利在人民组成社会之时,无论通过何种契约都不能从其子孙那里再予剥夺"(第一条)。

1789 年的《法国人权宣言》,也是基于与美国各州宪法中的权利法案同样的思想而制定的。* 该《人权宣言》规定"人生而平等,天赋自由与权利并以之生存。社会性的差别只能设立在共同利益之上"(第一条),宣示了自由与平等的人权基本理念。

*　**美国和法国的互异**　虽然两国人权宣言的基本思想相同,但也在以下等　77
方面存在着重要的区别:①美国的权利法案将英国人传统的各种自由赋予其自然法的基础,并加以确认,与此不同,法国的人权宣言,则抽象地描述出具有新的纲领性的人权;②在法国,因为"法律是一般公意的表明"这一立法权优位的思想,人权是"连立法权也加以拘束的人所固有的权利"这一自然权思想的含义便被相对化,人权被认为主要是抑制行政权恣意的原理。

（三）人权宣言的普及

在法国《人权宣言》的影响下,欧洲各国陆续制定了包含人权宣言在内的近代立宪主义宪法,但是从 19 世纪到 20 世纪上半叶,其多在于保障"国民"的权利,却未必能采用自然权的人权观念。在此意义上,该时期的人权,被称之为"表面性的人权"。

19 世纪时期,市民革命时代的人权观念之所以衰退,有以下背景:①理性主义以及社会主义思想抬头,取代了 18 世纪的自然法思想;②议会制度确立,由议会(法律)来保障权利的想法趋于有力;③将法学的对象限定于实定法,并排除自然法性质、政治性质的因素,认为法学的任务仅仅在于对实定法的逻辑阐明的法律实证主义(legal positivism)的扩展。

然而,经过第二次世界大战中纳粹法西斯主义的痛苦经验,早期的人权思想　78
得到了重新评价。战后,人基于其之为人而在逻辑上必然享有的权利这一人权的观念，取代了表面性的人权，并被普遍化。与此同时，过去的那种"依据法律"来保障人权的观念也被超越，人权即使依据法律也不能加以侵害的所谓"针对法律之侵害"的保障，也得到了强调。这意味着，与那种对立法权的信赖观念相结合而发展起来的欧洲传统立宪主义的思考方式，在战后已发生了巨大的转变。

（四）人权宣言的社会化

回顾人权宣言的历史，可以发现人权在内容方面也有了很大的变化。19世纪的人权宣言，是以自由权为中心的自由国家的人权宣言。与此不同，20世纪以来的人权宣言，则变成同时也兼具保障社会权的社会国家的人权宣言。

其最初的典型是1919年的《魏玛宪法》。《魏玛宪法》在其人权典章中，特别是在其著名的"经济生活"一章中规定："经济生活的秩序，应符合正义原则，以保障所有的人均能获得值得成其为人的生活"（第一百一十五条），从而确定了保护社会性的、经济性的弱者，以及国家为此所负有的积极活动的义务；另一方面，它同时规定"所有权伴随着义务。所有权的行使，同时必须有利于公共福利"（第一百五十三条），宣示了财产权并非不可侵犯的权利，而是在社会意义上受到约束的一种权利。此后，世界各国的宪法，均基于侧重公正分配的实质平等主义，或多或少地规定了保障社会权（生存权、受教育的权利、劳动权、劳动基本权等）的条款，课以国家作为社会国家而努力提高国民福利的义务。*

79　　　＊**社会权的西欧型和苏联型**　尽管西欧民主政治国家的人权法案，可以说被社会化了，但是其根本，仍然是以自由权为中心的传统的人权。而与此相对的，以苏维埃社会主义共和国联邦为代表的社会主义国家的基本权利规定，其根本是社会权，特别是劳动权。并且其所谓的劳动权，与西欧型宪法所称的劳动权（工作权）或劳动基本权（团结组织权、团体交涉权、争议权）的性质不同。

（五）人权的国际化

随着人权思想的进展，人权不仅要给予国内法上的保障，而且要给予国际法上的保障，这一倾向愈益加强。特别是在第二次世界大战后，随着国际和平的活动，人权国际性保障的尝试也活跃起来。其中最早的代表性尝试是1948年的《世界人权宣言》。其后，1966年联合国大会通过了《国际人权公约》，对此日本国也于1979年批准适用。国际人权公约指的是《经济社会文化权利国际公约》和《市民性及政治性权利国际公约》两项公约，前者简称为《社会权公约》（又称

《A 公约》），后者简称为《自由权公约》（又称《B 公约》）。这两项公约与《世界人权宣言》不同，是直接约束缔约国的条约，在法的意义上极为重要。此外，日本参加缔结的主要条约还有：《结社自由和组织权利保护公约》（1950 年发布生效，1965 年日本批准）、《关于难民地位的公约》（1945 年发布生效，1981 年日本加入）、《消除对妇女一切形式歧视公约》（即废除妇女差别条约，1981 年发布生效，1985 年日本批准）、《儿童权利公约》（1990 年发布生效，1994 年日本批准）等。此外，如《欧洲人权公约》（1953 年发布生效）和《美洲人权公约》（1978 年发布生效）等，地域性的人权保障制度的运用也受到关注。

二、人权的观念

80

立足于上述人权宣言的历史来考虑，可以认为，日本国《宪法》中的人权宣言，不同于《明治宪法》的"表面性的人权宣言"，而是包含了所有现代人权宣言所应具有的要素，并将自由权、社会权均一同视为基于"人之尊严"性的自然权性质的权利而加以保障。

（一）人权的固有性、不可侵犯性、普遍性

前述日本国《宪法》的人权观念，在第十一条所作阐明的"国民所享有之一切基本人权，不受妨碍。本宪法对于国民所保障之基本人权，作为不可侵犯之永久权利，赋予现在及将来之国民"这一点上，最被具体化（参照《宪法》第九十七条）。

1. 固有性

人权是人因为作为人所当然拥有的权利，而非作为宪法或天皇的恩赐所被赋予。在此，称为人权的固有性。日本国《宪法》将人权规定为"被信托于……之物"（第九十七条）、"赋予现在及将来之国民"（第十一条），即表明了这一旨趣。所谓的"赋予"，就是上天、造物主、自然的信托或施与，指的是人与生俱有的意思。

这种思想的渊源，可追溯到著名的 1776 年美国《独立宣言》，该宣言宣誓："凡人生而平等，由造物主赋予不可让与的一定权利，包括生命、自由及追求幸福等权利……"（基于人权的固有性，新的人权即使未被宪法列举，也可以《宪法》第十三条的生命、自由、幸福追求权这一概括性的基本权为根据而得到承认。参照第七章）。

81

2. 不可侵犯性

人权的不可侵犯性,也是在日本国《宪法》第十一条、第九十七条所规定的"不可侵犯之永久权利"文字中得到了揭示。所谓人权的不可侵犯,指的是人权在原则上不受公权力的侵犯(行政权自不待言,立法权、甚至宪法修改权,也不可侵犯之)。

人权之所以向来被理解为是针对公权力的,是基于下述等情形(不过,如后文所述,在现代社会,由企业等私团体造成的人权侵害问题也不断增加):①从历史来看,人类的自由和权利多被国家所侵害;②在19世纪的自由主义之下,将国家的任务限定在最小限度的秩序维持之内的自由国家、夜警国家的思想趋于有力,"不受国家干涉的自由"就尤其受到了重视;③与此同时,尊重经济社会之自律性的自由主义经济思想也得到了普及;④排除了自然权观念,认为法以及权利乃是由作为法人(权利主体)的国家所产生的、并由国家赋予国民的那种法实证主义宪法理论,以及与之相结合而被倡导的国家法人说,成为了支配性的学说。

当然,人权的不可侵犯性,并不意味着人权绝对不受限制。就像1789年法国《人权宣言》第四条所规定的那样,"自由存之于不妨害他人之其他一切情况之下",人权也具有社会性,具有一定的界限。至于人权的界限具体何在,则被作为人权与"公共福利"的问题而讨论(参照第六章)。

82　　**3. 普遍性**

人权与种族、性别、身份等方面的差别无关,乃是基于是人就当然可以享有的权利(这包含即使现实上没有享有,但在理念上可被承认,并存在享有之可能的权利)。人权的这种普遍性,在日本国《宪法》第十一条"国民享有一切基本人权,不被妨碍"的规定中得到了揭示(不过,也存在天皇和外国人的人权等特殊的问题。参照本章四之(一)、(三))。

(二) 人的尊严性——人权的根据

综合上述观点,可以说:基本人权乃是人作为构成社会之自律性质的个人,为确保自由与生存,维护其之尊严性,因而作为前提而得到承认的、人为此当然所固有的一定必要之权利;而宪法则是将这些被认为宪法之前就已经成立的权利确认为实定法意义上的权利。*从而,承认人权,就不必再以造物主或自然法为根据,只要像国际人权公约(《社会权公约》和《自由权公约》)的序言里所说那样,认定为"源自于人所固有的尊严"就已经足够。这种人之尊严的原理又被称为"个人主义",日本国《宪法》即通过所谓"所有国民,作为个人而受尊重"(第十三条)的原理,宣示了这一思想。

不过,也有一种有力的主张认为,基本人权与《宪法》第十二条所规定的"本宪法对国民所保障的自由及权利"并不相同,向国家或公共团体请求赔偿的权利(《宪法》第十七条)以及请求刑事补偿的权利(《宪法》第四十条),就属于后者,却不是基本人权。从人权宣言的沿革、人权的本质出发来考虑,上述权利是否包含在基本人权之内,的确颇有疑问(《国际人权公约》《地域性的人权保障条约》中也不包含这些权利)。也有学说将"人权"的观念限定于近代自然权性质的权利("作为普遍性人之权利的人权"或"保障个人之自律的人权"),将其视为"作为王牌的人权"而加以重视。

* **人权与基本权** 在德国的宪法学中,"人权"(Menschenrechte)只要被宪法所实定化就不是自然权本身,但仍然被认为是具有前国家性质的、对任何人均应予以保障的自由权利,并在概念上与只有德国人才受到保障的"公民权"(Bürgerrechte)有所区别地被加以使用。而人权与公民权则合而称之为"基本权"(Grundrechte)。在吾国,通常被使用的"人权"这一概念,大致相当于德国的"基本权"。

三、人权的内容

虽然一概称为人权,但其中也存在各种各样个别性的人权。因此,若将各种个别性的人权依其性质加以分类,并明确其各自的特征,那对加深理解人权则是有益的。

(一) 自由权、参政权、社会权

人权大致上可以分为自由权、参政权与社会权。

(1) 自由权指的是排除国家权力对个人领域的介入,以保障个人自由的意思决定和活动的人权。在这种意义上,自由权也被称为"不受国家干涉的自由",是从人权保障得以确立之时开始就成为人权体系中心的重要权利。自由权的内容分为精神的自由权、经济的自由权、人身(身体)的自由权。同时,精神的自由权又可分为内在性的精神活动自由(思想自由、信仰自由、学术研究的自由)与外

83

在性的精神活动自由(宗教行为的自由、研究发表的自由、表达自由),而这从明
84 确人权界限的观点而言,是颇易于理解的。

(2)参政权是国民参加国家政治的权利,又称为"参与国家的自由",服务于
自由权之确保。具体来说,虽以选举权、被选举权为代表,但广义上也包括宪法
修改的国民投票和最高法院法官的国民审查,另外还包括担任公务员的资格(公
务就任能力或公务就任权)的情形(参照第十二章二之(一))。

(3)社会权则是针对那些伴随着资本主义高度化而产生的失业、贫困、劳动
条件恶化等弊害,为保障社会的、经济的弱者而形成的二十世纪的人权。这种权
利又称为"由国家给予照顾的自由",即可要求国家给予积极照顾,以使社会性
的、经济性的弱者能够营构"值得作为人的生活"的权利。不过,这种权利不是那
种仅以宪法的规定作为根据就能请求法院实现其权利的具体权利。其要成为可
以向法院请求救济的具体权利,尚有必要由立法赋予其依据。

如基于上述的基本分类而对日本国《宪法》上的人权加以分类,则可有以下
六类:①概括性的基本权(第十三条);②法之下的平等;③自由权;④受益权
(国务请求权);⑤参政权;⑥社会权。其中,①概括性的基本权与②的平等权,
乃是法秩序的基本原则,是人权的总则性的权利;而④的受益权,则是指接受裁
判的权利、请愿权等,其作为为了确保基本权的基本权,自古以来就与自由权一
起受到了保障。

(二)分类的相对性

在人权的分类上,可特别指出必须注意的两点。

85 (1)第一,不能将人权分类的体系看成是绝对化的东西。例如,从保障表达
自由中所引出的"知情权",就不仅具有信息的接受不受妨碍这一作为自由权的
性质,而且具有积极地请求公开信息的所谓社会权或国务请求权的性质。而相
反,社会权中也有像受教育的权利或生存权等那样、具有不应受公权力不当限制
的自由权性质的侧面,而且这也往往在裁判上成为问题。在此限度上,社会权中
也被认定含有具体的权利性。进而,即使在自由权的内部,也有像营利性言论
(commercial speech)那样横跨精神自由与经济自由双方的权利。因此,将权利
的性质看作固定的东西并加以严格的分类,是不妥当的,有必要针对个别的问
题,柔性地思考权利的性质。

(2)第二则是如何去理解自由权和社会权关系这个问题。自由权是以否定

国家干涉的自由国家、消极国家思想为基础,要求国家的不作为的请求权,而与此不同,社会权则是以广泛认可国家干涉的社会国家、积极国家的思想为前提的、请求国家积极作为的权利(只是并非具体性的请求权),因此,自由权和社会权之间,各自作为其前提的国家观和法的性质都不相同。

不过,若过度重视社会权以及以此为基础的社会国家思想,则由于人权的分类毕竟只是相对的,就有可能导致连自由权领域也认可国家介入的结果。因此,如果认为个人的人格自律是最重要的因素,那么,即使在现代,也必须以"不受国家干涉的自由"这一思想作为基本。

(三)制度性保障

86

人权宣言不仅有直接保障个人自由权利的规定,而且还包含了可理解为旨在保障一定的、与保障自由权利密切结合之"制度"的有关规定。对于这种与个人的权利、特别是与自由权不同的一定制度,给予即使通过立法也不能侵害其核心与本质内容的特别保护,在该制度本身被理解为客观受到保障的场合下,一般就可称之为制度性保障。这来源于《魏玛宪法》下的学说。

不过,所谓制度性保障的理论,在与人权的关联上,由于其目的在于维护制度的核心——就像《魏玛宪法》那样伴随着"法律保留"的基本权的本质内容/——不受立法权的侵害,因而,在否定了传统性质的"法律保留"(参照第二章一之(一)2)之思想的日本法之下,无论其作用的范围还是法律意义,就应该理解为已经受到了明显的限制。即使就某种人权(宗教自由、学问自由、财产权等)被认为得到了制度(政教分离、大学自治、财产权制度等)的保障,其内容也必须是以服务于人权的保障为目的的。*

然而,传统的制度保障理论,未必能经常在维护制度与人权并存的关系下,确保发挥有助于人权保障的功能,反而,甚至有可能成为使制度优越于人权、并具有发挥弱化人权保障功能之可能性的理论。因此,即使将传统的制度性保障理论用之于日本国《宪法》的人权,也必须作出以下限定才是妥当的:①即使立法也不能剥夺的"制度的核心"之内容是明确的;②制度与人权的关系是密切的。作为这方面的例子,可参看大学自治和私有财产制(关于其"制度的核心",参照第八章三之(三)、第十章三之(二))。

87

　　* **政教分离原则与宗教自由**　在津市奠基祭奠仪式一案(参照第八章二之(三)2)中,高等法院判决与最高法院判决同样认为,政教分离原则是"所谓的制

度性保障",但高等法院的判决强调了"没有政教分离,就不可能完全确保宗教自由"的观点,将国家以及其机关不能从事的"宗教性活动"的范围作了广义的解释;相反,最高法院的判决则将政教分离规定解释为旨在"通过将国家与宗教之分离作为制度加以保障,力图间接地确保信教的自由",严格区别了分离规定(制度)和宗教自由规定(基本权),断定政教分离在性质上具有一定的界限,并以这种想法为前提,强调《宪法》第二十条第二款和第三款之间的不同,对"宗教自由"采取了限定解释的立场。这样一来,最高法院判决对制度保障的见解,将政教分离原则明显地加以了相对化,发挥了弱化保障基本权的功能。妥当的想法则应与此不同,即:在考虑明治宪法时代沿革的同时,将两者理解为"分离才能保障基本权,而基本权又要求两者分离"的关系,并作为基础加以考虑。不过,制度与基本权之间导致呈现一定紧张关系之形态的情形也是存在的(参照第八章二之(二)2 * (3))。

四、人权的主体

人权与种族、性别、身份等的差异无关,乃只要是人就当然可享受的普遍性的权利。不过,日本国《宪法》规定了世袭天皇制,并且,第三章还以"国民的权利与义务"为标题,在文字上似乎采取了将人权主体限定于一般国民的外观。于是,这就产生了除一般国民 * 以外,还有何者享有人权的问题。

88 　　* **未成年人** 无须赘言,一般国民中包含了未成年人(未满十八岁的孩子,"儿童权利公约"中所称的儿童)。由于未成年人其身心还在发育过程之中,与成人相比其判断力也未臻成熟,因此便有了其参政权的限制(《宪法》第十五条第三款、公职选举法第九条与第十条)、民法上的行为能力的制约(第四条、第六条)等,但另一方面,未成年人也受到禁止任意驱使的保护(《宪法》第二十七条第三款)和学习权的保障(《宪法》第二十六条第一款)。还有,除根据地方公共团体制定的《青少年保护培育条例》可受一定保护之外,其表达自由(接受思想、信息的自由)也受到一定程度的制约(参照第九章三之(二)1(3))。

尽管关于将这种限制加以正当化的根据在学说上还存在着争议,但一般认为,为了从有害的大众传媒中保护未成年人,使其健全地成长,所以如果属于必要之最小限度的措施就可允许(参照第九章三之(二)1)。对于在校学生的发型、服装等装束自由的规制,也有各种各样的争论(参照第七章一之(四))。有关未成年人的人权,《儿童权利公约》(1994 年由日本批准)受到关注。

(一) 天皇、皇族

天皇、皇族也是拥有日本国籍的日本国民,其之基于作为人而被认可的权利也受到保障。不过,由皇位的世袭与职务的特殊性中所产生的必要最小限度的特例,也被认许。

然而,对于具有什么样的人权以及保障到何种程度,就有必要进行个别性的探讨。例如,因为天皇不具有参与国政的权能,一般就被理解为不享有选举权、被选举权等参政权。另外,婚姻的自由、财产权、言论的自由也受到一定程度的制约。*这从天皇地位的世袭制和职务的特殊性来看,也可被认为是合理的。至于天皇和皇族之间,在人权保障的范围上当然也有若干的差异。

　　* 对天皇和皇族的特别规定　　例如:皇族中男子的婚姻须经皇室会议之 89 共议(《皇室典范》第十条)。"应与皇位同时传承的具有来历之物品,须由皇嗣与皇位同时继承"(《皇室经济法》第七条),但不成为遗产税的课征对象。另外,除一定情况外,财产的授受须经国会的议决(《皇室经济法》第二条,日本国《宪法》第八条)、可以从国库中领取免除了所得税的内廷费与皇族费的用度(《皇室经济法》第四条、第六条)。

(二) 法人

人权由于是个人的权利,所以其主体本来必须是人。但是,随着经济社会的发展,法人及其他团体活动的重要性不断增大,法人也开始被认为是享有人权的主体。例如,《德意志联邦共和国基本法》(第十九条第三款)就规定"基本权只要在其本质能适用于本国法人者,也应予以适用"。

在吾国,通说与判例也认为,人权规定在性质上之可能的限度内,也适用于法人。法人的活动是通过自然人来实行的,其效果终究还是归属于自然人,加之,法人在现代社会乃作为一个社会实体而实行重要活动,将此一并考虑,则给予法人一定的人权保障是较为妥当的。

可是,因为人权是作为个人的权利而生成和发展起来的权利,所以,即使承认法人的人权,也有必要对其进行限定意义上的解释。只能与自然人结合起来考虑的人权,例如,选举权、生存权、一定的人身自由等,对法人就不予以保障。不过,其他的人权规定,在与各个法人固有的属性不矛盾的范围之内,原则上也

可适用于法人。例如，就精神自由权而言，除了结社的自由（《宪法》第二十一条）
90 之外，宗教法人还可享有宗教自由（《宪法》第二十条），新闻媒体还可享有报道自
由（《宪法》第二十一条）等，就属于这样的例子。而隐私权与环境权等，也被理解
为可适用于法人（特别是学校法人、医疗法人的环境权之情形）。

　　如上所述，即使人权保障及于法人，其保障的程度也与自然人的情形当然不
同。特别是法人的经济自由权，基于确保人权之实质性公平的社会国家之理念，
就允许对法人施以比自然人更为广泛的积极规制。法人的精神自由权，例如就
政治行为的自由而言，如考虑到法人所拥有的巨大的经济和社会的实力，由于有
可能存在其本身将伴随不当地限制一般国民之政治自由的效果，或者与法人内
部成员的政治自由相矛盾、相冲突的情况 ＊，所以被认为应该受到与自然人不
同的特别规制的场合就不在少数。在这方面，最高法院对《八幡制铁案》的判决
就引起了争议。＊＊

　　＊ 税理师协会政治献金案件　作为强制加入的团体，税理师协会（公益法
人）基于该会的决议，为了促使《税理师法》向有利于业界的方向修改，以活动资
金为名义向会员征收特别会费，并将这笔会费捐赠给特定的政治团体（税理师政
治联盟），而围绕该行为是否属于法人"目的之范围内"（《民法》第四十三条）的行
为，产生了争诉的事件。最高法院认为：由于"向政党等《政治资金规制法》上的
政治团体捐赠金钱与否，作为与选举中的投票自由构成表里关系的行为，应该是
每个会员基于作为市民而具有的个人的政治思想、见解和判断加以自主决定的
事情"，所以，就此，税理师协会便"不能通过多数决的原理，作为团体的意思来决
定，向团体成员课以协助的义务"。并判决：本案的捐赠"纵然是为了实现制定
或改废有关税理师之法令的要求"，亦属于《税理师法》第四十九条第二款所规定
91 的税理师协会目的范围之外的行为，乃为无效（最高法院 1996 年 3 月 19 日判
决，民集 50 卷 3 号 615 页）。认为该判旨这样的看法为妥当的学说也颇为有力。
不过，也有意见认为，连为了修改税理师法而进行资金援助也不允许，过于严格。

　　＊＊ 八幡制铁案　这是八幡制铁（现在的新日本制铁）的股东为追究该公司
董事长向日本自由民主党做出政治捐款行为之责任而提起诉讼的案件。最高法
院认为，政党是维护议会制民主主义所不可或缺的要素，而作为社会之实在的公
司，当然也被期待能为推动政党的健全发展作出贡献，为此"公司与自然人之国
民一样，拥有支持、推进或反对国家或政党特定政策等政治行为的自由"，从而判
决："政治资金的捐赠正是这种自由之一组成部分……纵然对政治之动向产生

了影响,宪法上亦不存在必须与自然人之国民的捐赠做不同处置的要求。"据此不承认特别的限制(最高法院大法庭 1970 年 6 月 24 日判决,民集 24 卷第 6 号 625 页)。在这一点上,该判决实有过当之处,故不妥切。

(三)外国人

外国人的人权问题,在人权享有主体的问题中,也特别存在很多问题。

人权具有前国家、前宪法的性质,而且宪法又从国际主义的立场出发,规定要遵守条约以及已确立的国际法规(日本国《宪法》第九十八条),同时,从国际人权公约等可以看出,人权国际化的倾向愈益显著。将这些情况一起考虑的话,那么,只要在权利性质上有适用可能的人权规定也都应适用于外国人,这才是妥当的见解。通说和判例也都这么认为。问题在于如何具体判断,何种人权在何种程度下可以针对外国人,并予以保障。在此之际,必须特别注意,同样是外国人,除了有短期旅行的一般外国人之外,还有以日本为生活据点并拥有永久居住资格的定居外国人(《出入国管理以及难民认定法》上的永久居住人以及《根据对日和平条约脱离日本国籍者等有关出入国管理的特例法》上规定的特别永久居住人等)、难民等,其类型显著不同。

1. 未被保障的人权

向来,作为对外国人未被保障的人权之典型,可举参政权、社会权、入国的自由。

(1)参政权是国民参加自己国家政治的权利,其性质是只有该国家之国民才被承认具有的权利。为此,狭义的参政权(选举权与被选举权)不适用于外国人(参照《公职选举法》第九条、第十条,《地方自治法》第十八条)。不过,地方自治体,特别是市、町、村这种与居民之生活最密切的地方自治体层级中的选举权,应理解为可认可具有永久居住资格的定居外国人享有。判例也认为,以法律赋予定居外国人选举权,并不被宪法所禁止(最高法院 1995 年 2 月 28 日判决,民集 49 卷 2 号 639 页)。

另外,向来被认为是广义的参政权的所谓公职就任权(或资格),由于与狭义的参政权有所不同,所以,也并非所有的公职都不允许外国人就任。例如,向来根据政府的公定解释,"关涉公权力行使或国家意思形成之参与或谋划的公务员"仅被限定于日本国民,依此基准,外国人就任国家公立大学教师就被否认,但在 1982 年(昭和五十七年),使任用外国人教师成为可能的特别之立法则得到了

92

93

制定。由于公定解释的基准过于概括，有所模糊，所以，即使是行使公权力的职务，对于像调查、咨询、教育等很少对国家政策产生直接影响的职务，还是有必要考虑给定居外国人开放任职的道路。东京高等法院的一份判决曾主张：①不能就任通过参与或谋划公权力的行使或公共意志之形成，从而直接关系到统治作用的相关管理职务，而就任②从事完全作为专业性、技术性领域中的工作人员职务等与统治作用之相关程度较弱的管理职务、以及③此外的那种从事接受上司之命令而进行的辅佐性、补助性事务或者完全学术性、技术性等专业领域中事务的公务员，则未必违反国民主权原理（东京高等法院 1997 年 11 月 26 日判决，判时 960 号 79 页）†。近来，把公定解释的基准加以限缩解释，对针对一定的职务种类而从公务就任要件中免去有关国籍条款的地方公共团体，正在不断增加。

　　† 本案的上诉判决（最高法院判决于 2005 年 1 月 26 日判决，民集 59 卷 1 号 128 页）在作出如下论述后撤销了原判，驳回了上诉。在都一级的管理岗位中含有"公权力行使等地方公务员岗位"（与上文中的①基本对应）和"晋升该职位所必须的职务经验积累岗位"（与上文中的②基本对应），"都"所采取的管理岗位任用制度中，通过管理岗位考核便会被同时安排到后一种岗位上以积累各种工作经验最后晋升为前者。而自治体也被允许采用这样一种"一体化的管理岗位任用制度"。因此在管理岗位的考核资格上，即使不将外国人与日本人等同对待，这也是合理的区别，不违反《宪法》第十四条第一款。

94　　　　该判决的内容，可评价为具有这样的特点，即：没有充分讨论对外国人不构成歧视的任用制度的可能性，其思考过程中，先入为主地判断"一体性的任用制度"可被允许，由此推导出差别对待的合理性。就是说，其将制度优先于人权。

　　（2）社会权虽属于每个人受自己国家所应保障的权利，但是与参政权不同，并非在原理上不能认可外国人可享有之。只要在财政状况上没有困难，在法律上将社会权之保障延及于外国人，在宪法上并无问题。尤其对于在日本定居的韩国、朝鲜人以及中国人，如考虑其居留日本的历史性经历以及在吾国生活的实际形态，毋宁尽量视同日本国民对待，才合乎《宪法》的意旨。1981 年，为了适应《国际人权公约》（《社会权公约》在第二条第二款中就其所保障的各种社会权，规定了禁止差别对待、国内外人平等对待的原则）和《关于难民地位的公约》（在第四章中就有关福利揭橥了国内外人平等的原则）之批准这一新的形势，有关社会保障之法令中的国籍要件，原则上均被废除。

（3）对外国人不保障其入国自由，在通说和判例（最高法院大法庭 1957 年 6 月 19 日判决，刑集 11 卷 6 号 1663 页）上，都被认为是今日国际习惯法上理所当然的。国际法上，国家拒绝可能危害本国安全与福利的外国人入境，是属于该国家主权的权利，外国人入境的拒绝也由该国家自由裁量。不过，这决不意味着国家可以恣意地决定拒绝与否。即使对于非法入境者，也应保障其人身自由（例如《宪法》第三十一条所规定的正当程序）。既然没有入国的自由，那么住留的权利在宪法上就得不到保障（最高法院大法庭 1978 年 10 月 4 日判决，民集 32 卷 7 号 1223 页）。不过，通过正规程序被许可入境者，特别是定居外国人，被认为应该受到保障使其居留资格不被任意剥夺。

与此点相关而成问题的是再次入境的自由。

最高法院以《宪法》第二十二条第二款为根据确认外国人具有出国的自由（最高法院大法庭 1957 年 12 月 25 日判决，刑集 11 卷 14 号 3377 页）。如加以这样理解，那么，由于出国一般来说其前提当然是回国（再次入国），因此再次入国的自由对于外国人就似乎也应予以保障。但是最高法院则根据上述否认入国自由和居留权判例的主旨，主张"宪法上并不保障外国人到国外一时旅行的自由"，因此再次入国的自由也不受保障（最高法院 1992 年 11 月 16 日判决，裁集民事 166 号 575 页）*。不过，根据近期修改的法律，特别永久居留者（后述 3（二）**）的再次入国终于得到了承认。

学说上有力的见解认为，承认外国人出国的自由，国际习惯法也有根据，为此就再次入国而言，对于外国人来说，由于带有进入作为居留地的"外国"境内之性质，故有必要加上不同于新入国时的特别考虑，不过只允许最小限度的限制，"只要没有明显且直接地有害于吾国的利益，就应给予再次入国的许可"。

＊森川凯瑟琳案件　这是 1973 年进入日本、并与日本人结婚的定居外国人（美国国籍）森川凯瑟琳，在计划去韩国旅行并提出再次入国许可的申请之际，尽管过去曾三次获得再次入国的许可，但却因拒绝按压指纹而被以此为由不予许可，于是提出请求撤销该决定并要求国家赔偿的案件。最高法院以上文所述那样简单的论点认可了原判。此外，尽管围绕着《国际人权公约》（《自由权公约》）第十二条第四款所保障的"返回自己国家的权利"（再次入国的自由）中的"自己国家"是仅指"国籍所在国"还是也包含"定居国"也存有争议，但最高法院还是认为，将其理解为"国籍所在国"的原判乃为正当。

95

96

2. 所受保障之人权的界限

除了上述权利之外,外国人的自由权、平等权和受益权虽然也受保障,但保障的程度与界限,与日本国民并非完全相同的。特别成为问题的是在精神自由权中发挥着参政权功能的政治活动的自由。在这方面,虽然有各种各样的观点,但由于对于外国人而言,其参与国家政治这一层面的选举权等的参政权已被否定,所以应理解为较之于日本国民而受到了更大程度的制约。至少可以说,其为直接介入日本政治而组织政治社团,或打倒政府的运动等应可禁止。

此外,经济自由权因为在权利性质上有必要加上与国民不同的特别制约,所以也被施以了各种限制(参照《公证人法》第十二条、《律师法》第二条[现行第七条,由 2000 年进行修正,除去了对外国人的制约]、《电波法》第五条、《矿业法》第十七条和第八十七条、《银行法》第四十七条、《船舶法》第三条、《外国人土地法》第三条等)。至于关系到居住和迁移的自由,则由《外国人登记法》进行规制。**

* **麦克林案件** 美国人麦克林以一年为在留期限进入吾国,一年后在申请延长居留期限之际,法务大臣方面以其在日本居留期间曾从事政治活动(参加反越战、反对出入国管理法案以及参加了反对日美安全保障条约等游行示威或集会的行为)为由,拒绝了更新签证的申请。此即麦克林案件。最高法院认为,人权之保障,只要在权利性质上允许,就应适用于外国人,就政治活动而言,除了可理解为鉴于其外国人之地位予以认可则并不适当的(决定日本的政治意志,或影响其实施的活动)以外,也同样都应予以保障;但(对外国人的)人权保障,究竟只是在外国人居留制度的框架之内施与的,因此居留中的外国人之行为,即使合宪、合法,法务大臣仍可将其作为为了拒绝更新签证的消极理由而加以斟酌,从而判决:在本案中,法务大臣的裁量权不存在明显的逾越和滥用(最高法院大法庭 1978 年 10 月 4 日判决,民集 32 卷第 7 号 1223 页)。此案将居留期限的更新视同入国之情形而承认了广泛之裁量权,在这一点上是颇有问题的。此外还有批评见解认为:不被认可的政治活动之基准并不明确,有导致实质上被全面否认的可能;与法人之政治行为的自由相比有失平衡。

** **拒绝按压指印案件** 指的是,《外国人登记法》所要求的外国人在外国人登记簿正本等上面按压指印的这一义务设定,被认为违反了《宪法》第十三条(个人尊严,隐私权)、第十四条(禁止不合理差别)以及同样内容的国际人权公约,为此被提起诉讼的案件。许多下级审判决虽然认为作为私生活上自由的一个方面,存在"未经承诺不被恣意强制按压指印的自由",但均以其乃为确认同一个人之特性所采取的必要且合理的手段为由,而认定其合宪。经过 1987 年(昭和六十二年)的法律修改,这一规定被修改为,居留一年以上的十六岁以上的外国人,原则上只需在申请登记时按压一次指印。进而在经过 1992 年(平成四年)的再修改,对于被认可了永久居住资格的定居外国人(前(三)正文中所注的《出入国管理法》上规定的永久居留者,以及像在日韩国人等依国际和平条约脱离国籍的人等出入国管理特例法所规定的特别永久居留者),完全废止了按压指印的义务[对于非永久居住者,根据 1999 年的法律修改也废止了按压指印制度],变更为提交签名及照片的制度。在最近的判决中,最高法院尽管针对当时每三年按压一次、并且只限于按压一个手指的制度(由 1982 年法律第七十五号修改前的制度),承认了"不被强制按压指印的自由"是由《宪法》第十三条所保护的"个人私生活上自由之一个部分",但还是判示:上述按压制度的立法目的有"充分的合理性,并且也可以肯定其必要性",同时,其手段也"属于没有超越一般可被容许之限度的适当范围"(最高法院 1995 年 12 月 15 日判决,刑集 49 卷 10 号 842 页)。

第六章　基本人权的界限

98　　　　日本国《宪法》将被认为是人与生俱有的基本人权作为"不可侵犯的永久的权利"，即使通过法律、甚至修改宪法也不能侵犯的权利，而采取了绝对予以保障的立场(参照第十八章三之(三))。虽然如此，但并不意味着人权是没有限制的。人权是对个人而保障的，也可称之为个人权，但因为个人不可能无视与社会的关系而生存，所以，人权尤其在与他人的人权之关系上受到制约，也是当然的。

一、人权与公共福利

　　日本国《宪法》不就各类人权个别地规定其限制的根据或程度，而采用了将因"公共福利"而受限制之意旨加以一般规定的方式，即第十二条中规定，国民对基本人权负有"为公共福利"而利用的责任；而第十三条则就国民的权利，规定："在不违反公共福利的限度内"，有必要在国政上予以最大程度的尊重。此外，还针对经济自由(职业的自由、财产权)，特别规定了可根据"公共福利"加以限制的意旨(《宪法》第二十二条、第二十九条)。

99　　## （一）两种之观点

　　像这样的"公共福利"之条款，对各类人权在具体意义上到底有什么样的法之含义，有关这一点，学说在当初就大致分为两种观点。

1. 一元外在制约说

　　所有的基本人权均受到"公共福利"的限制。也就是说，《宪法》第十二条、第十三条所规定的"公共福利"，是居于人权之外，并可对其加以限制的一般性原理；而《宪法》第二十二条和第二十九条所规定的"公共福利"，并没有特别的含义。

这一学说是以美浓部达吉为代表的最初的学说，但一般而言，由于"公共福利"的含义被作为"公益"或"公共的安宁秩序"等抽象性的最高层级的概念来加以把握，所以就存在一定的危险，即：通过法律来限制人权的情形容易被肯定，进而言之，有可能会像《明治宪法》那样，人权保障也被附带了"法律的保留"，这些都是问题。

2. 内在与外在的二元制约说

依据"公共福利"加以限制被认可的人权，只限于明文规定了该意旨的经济自由权（《宪法》第二十二条、第二十九条），以及由国家通过积极性的措施而实现的社会权（《宪法》第二十五条至第二十八条）。而第十二条、第十三条则只是宣示性的、伦理性的规定，第十三条中的"公共福利"，不可能成为制约人权的根据；虽然认可经济自由或社会权，可受国家政策意义、积极意义的规制，但除此之外的自由权，则仅仅服从内在于权利之社会性的那种制约；从而，行使权利与自由，不允许事前加以抑制，而只允许在各种权利自由内在制约的限度内，事后经法院依公正程序予以限制。

该学说最初是由《注解日本国宪法》（日本法学协会编）一书所主张的，并作为立足于宪法的社会国家原理的一个出色解释而受到瞩目，但也存在不少问题。例如，①自由权与社会权的区分已越来越相对化，将之截然划分，一方为内在的，另一方为外在的，这是否妥当；②还有，将宪法所言的"公共福利"概念，仅仅限定在基于国家政策性考量的公共利益这一含义上加以理解，这是否贴切；③一旦将第十三条作为伦理的规定，那么就会产生这样的疑问，即：岂不是再也无法将此条文解释为可为新型人权（参照第七章一）提供基础的概括性人权条款。尤其是③，在第十三条的意义变得极为重要的当今，可谓是《注解日本国宪法》式的二元说的最大问题之所在。

（二）一元内在制约说

这是在上述第①学说和第②学说的对立状态下，于1955年（昭和三十年）在学术界被提出、并对此后的学说和判例产生了很大影响的学说，其大致主张以下几点（参照宫泽俊义：日本国宪法［注解］；同氏：宪法Ⅱ［法律学全集］）。

①所谓公共福利，指的是为了调整人权相互之间矛盾与冲突的实质性公平之原理；②这种意义上的公共福利，与宪法规定无关，在逻辑上必然内在于所有的人权；③这一原理的作用在于，在基于公平保障各人之自由权而为制约提供根据的情形下，只认可必要之最小限度的规制（自由国家的公共福利）；而在基于

100

实质性地保障社会权而为自由权之制约提供根据时,则认可其必要之限度的规制(社会国家的公共福利)。

101 　　要言之,该学说在将"公共福利"的观念视为可以限制所有权利的原理这一点上,虽然与前述第1的学说立场相同,但在认为其之制约在逻辑上必然内在于所有的人权,并且对应不同的权利之性质,权利限制的程度也不同这一点上,则与第2的学说旨趣一致。

　　在此意义上,该学说虽然是一种卓见,但也受到若干批评。[†]其中最成问题的是,作为人权具体界限的判断标准,只表示了"必要之最小限度"或"必要之限度"这样的抽象原则,而具体应该如何判定限制人权的立法是否合宪,却未必明确。如果对于具体的标准到底是什么这一基本课题的回答,还是要委之于判例之积累的话,那么,只要内在制约的含义有欠明确,实质上就可能产生与外在制约说没有多大差别的结果。[*]

　　*　**内在制约**　在近时的学说上,尝试对内在制约的涵义予以这样限定的立场颇为有力,其中或认为所谓内在制约,指的是"具体来说,是由①不可侵害他人的生命与健康;②不可侵害他人作为人的尊严;③在与他人的人权相冲突时,有相互调整之必要这种观点所引出的界限";或认为内在制约是"对个人之人权相互之间所存在的矛盾冲突的调整,以及被认为作为自由国家的最低限度之任务的社会秩序的维持和危险的防止",等等。

　　†　对于近年来被提出的以下批判也有必要予以注意,即:如果将公共福祉理解为意味着对人权相互间的矛盾或冲突的调整,那么在对某一人权进行限制存在合宪性问题的时候,就要认定同样有与该人权存在矛盾冲突的其他人权,然而这未必容易。例如,为了保持街道的美观,限制外墙广告等表达行为时,支撑街道美观的是什么人权呢? 由于没有明文的人权条款可以援用,为此,如果主张"居住于优美街道的人权"是《宪法》第十三条所保障的,反而会导致人权的膨胀,从而使宪法保障人权重要性被稀释化;为了避免这一弊害,对公共福利的解释,应不仅限定于人权与人权的矛盾和冲突这一情形,而且要包含除此以外的其他

102 情形。对于这种批评,究竟应该如何理解更好,现在尚在讨论过程之中,并未达成一致见解。

(三) 比较衡量论

　　在这一点上,受到注目的是被称为比较衡量论的违宪审查基准。该基准说指的是,就所有的人权而言,都应"将基于限制所可产生的利益,与不限制的情形

下所可维持的利益加以比较,当可判断前者的价值较高时,才可据以限制人权",为此也被称为"个别性比较衡量"(ad hoc balancing),在昭和四十年代(1965—1975 年)最高法院的两、三个著名判例(例如:参照第九章二之(一)1 * 中最高法院大法庭对博多车站案的裁定,第十三章三之(三) * (1) 中最高法院大法庭对全递东京中邮案的判决等)中得到采用之后,就成为有力的见解,也为此后许多判例所采用。*

　　由于比较衡量论并非以公共福利这一抽象原理来判断限制人权的合宪性,而是根据各个案件的具体状况,衡量对立的利益之后,才引出妥当结论的方法,所以无可置疑地有其优异的一面。但是,最根本的问题在于,这种比较衡量论,一般来说其比较的基准未必明确,特别是在宪法领域里,比较衡量国家权力与国民的利益时,总地来说,国家权力之利益优先的可能性较强。有鉴于此,该基准在原则上应限定用于为了调整同样重要的两个人权(例如,报道的自由与隐私权)而由法院扮演仲裁者的那种情形,方为适当。**

　　＊判例中的比较衡量论　作为近时的典型例子,可举 1983 年的一个判例(参照本章二之(三) ＊"淀号"劫机事件闻被除去案)。就被羁押的刑事拘留人的自由,该判例认为:为了防止逃跑或隐匿、毁灭罪证以及维持内部的纪律和秩序这样的羁押监管目的,"不得不在必要且合理的范围内加以一定的限制",并主张,这种限制是否可被认可,"应通过比较衡量为了上述(监管)目的而加以限制的必要程度、被限制的自由之内容和性质以及所加诸具体限制的样态和程度等,然后作出决定"。此外,1993 年的一个判例(最高法院 1993 年 3 月 16 日判决,民集 47 卷 5 号 3483 页)也受到关注。该判决引用上述判例,就教科书认定[1]是否侵害表达自由,认为:表达自由"不得不根据公共福利而受到合理且

103

────────────

〔1〕 在日语中称为"教科书检定",是这样一种制度:《学校教育法》规定,中小学以及准中小学等学校中所使用的教科书(教学用图书),须经文部大臣(相当于教育部部长)的"检定"(实际上主要由检定官操作执行,但因采用行政首长负责制,故法律上乃推定文部大臣),或须具有文部省(相当于教育部)著作的名义。根据这一规定,战后日本遂形成了由文部大臣认定某教科书作为教科书是否适当的制度。然而,虽曰"认定",在实际上,对于教科书出版社申报的图书,检定官一般可查实其内容,甚至对其认为不适当之处,可责令作者加以删除、订正、更换表述或追加内容,如不应者,则以不合格处。由于被认为违反了宪法所规定的"禁止检阅"(特指禁止对思想表达之内容的预先审查)条款,并有可能侵害学问自由、以及由受教育权利所派生的教育自由、学习权利等基本人权,该制度在日本一向聚讼纷纭。可参见本书第九章第三相关部分内容。——译者注

必要限度内的限制,其限制是否可作为在上述限度之内的限制而得到认可,则应通过比较衡量为了上述(监管)目的而加以限制的必要程度、被限制的自由之内容和性质、以及所加诸具体限制的样态和程度等,然后作出决定"(参照第九章三之(二)3 ＊)。不过,比较衡量的基准在严格的要件下之被适用,只见诸于具有事前抑制性质的规制或警察许可制的情形(前述的"淀号"案件、第九章三之(二)1 ＊的"北方期刊"案件、第十章一之(二) ＊ 的药店距离限制案件等),在除此之外的情况下,比较衡量仅以相当形式化的、且以广泛认可立法裁量的那种敬谦性质的审查方式而被进行的(参照第九章三之(五))。

＊＊ 作为解释方法的比较衡量　本文上述对作为违宪审查之基准的比较衡量论的批判,并不意味着否定作为宪法解释方法的比较衡量,即否定在将对应了各类人权性质上差异而设定的违宪审查基准(如"明显且立刻的危险"基准)适用于具体案件之时,为在这些基准的框架之内将基准加以具体化而展开的那种比较衡量(利益衡量)。

(四)双重基准论

在指出这种比较衡量论之问题的同时,主张将上述一元内在制约说的旨趣作为具体的违宪审查基准而加以准则化的,则是在美国判例理论的基础上加以体系化了的"双重标准"(double standard)理论。

104　　该理论认为,在人权的谱系中,精神的自由对于立宪民主政治的政治过程来说是不可或缺的权利,因此应比经济自由占有更为优越的地位;从而主张:在对规制人权的法律进行违宪审查时,适用于有关规制经济自由之立法的"合理性"基准(参照第十章一之(二)),就不适合适用于有关规制精神自由的立法,而应以更严格的基准来进行审查。于是,就必须根据权利与自由的内容、形态,以及规制的目的、样态等,进一步细致地考虑判定基准。因此,应该注意到:①精神自由与经济自由的保障程度,并非能以在阶段上完全不同的形态来加以区别,两者包含了保障程度几乎相同的领域,具有重叠的关系;②在现代宪法上,检讨人权的界限时,除了包含生存权的社会权之外,也应加上依据宪法第十三条所认许的、像隐私权等的新人权。

这种双重基准论,不仅在学说上广受支持,而且在判例上也被采用。＊详细内容有待于就各类人权加以分述。†

　　＊ 判例的发展过程　最高法院的判例,从昭和二十年代到三十年代(1945

年至 1964 年),可以说乃立足于将"公共福利"作为人权的一般性制约原理而加以采用的外在制约说。改变了这一趋向的是全递中邮案的判决(最高法院大法庭 1966 年 10 月 26 日判决,刑集 20 卷 8 号 901 页)。该判决否定过去轻易援用公共福利的理论,针对公务员的劳动基本权,主张"其中包含了从保障国民生活全体利益的立场所加以的制约,作为其当然的内在制约",并提出了判断其界限的四项基准(这些基准本身在后来的判例中已被变更,有关此点拟在第十三章三之(三)中论及)。

另外,有关选择职业自由的药店距离限制违宪判决(最高法院大法庭 1975 年 4 月 30 日判决,民集 29 卷 4 号 572 页),则判示:"职业自由,较之于宪法所保障的其他自由,特别是所谓的精神自由,由公权力加以限制的要求更强,宪法第二十二条第一款在所谓'在不违反公共福利的限度内'的保留条件下承认选择职业的自由,也可认为就是特别强调了这一意旨",显示了似乎采纳双重标准理论之观点的立场,而受到注目。也有判例主张,"在主权属于国民的民主制国家,……表达的自由、特别是有关公共事务的表达自由,作为宪法上尤其重要的权利,必须受到尊重"(参照最高法院大法庭 1986 年 6 月 11 日判决,民集 40 卷 4 号 872 页,第九章三之(二)1 * "北方期刊"案件)。但是,这种观点,作为判断限制精神自由的立法之合宪性的基准,则未必十分具体(参照第九章三)。在这一点上,判例的理论存在极大的问题。

　　† **审查基准论与比例原则**　将采用判例的个别比较衡量的审查方法限定于法院作为调停人的角色发挥作用的情形,而在其他的案件中则以双重基准论为基础,根据不同人权的性质分别采用合理性的基准以及更为严格的基准,这是此处所论的芦部学说的核心,在后文关于各种人权的说明中,"合理性基准""严格的合理性基准""严格的基准"这三种基准的适用方式,也由此论述展开。在这种的芦部学说看来,判例往往没有明确审查基准而过多地采用了个别比较衡量,因而会产生问题。对此,近年来,有学者将日本的最高法院判例与德国宪法法院判例进行比较研究后提出,与美国最高法院判例所依据的审查基准相比,用德国的宪法法院审查所采用的比例原则来理解日本的判例是否更为恰当。所谓比例原则,即为使对基本权的限制合乎《宪法》,限制的目的和手段必须符合比例的原则,但为了判断是否符合比例,必须检讨如下三点:①手段是否与正当的目的相适合、②手段是否为达成目的所必要、③通过限制所获得的利益是否与损失的利益相均衡。将此与美国式的审查基准进行比较即会发现,①和②虽然与美国的

105

106

手段审查相近似,但没有考虑到根据审查的严格程度而分出三个不同的基准,从而从结果上看,最终主要取决于③的判断。如果是那样,每个事件就都变成了个别的利益衡量,就此而言确实与日本的最高法院的个别比较衡量相近,为此,认为用德国的比例原则更能理解日本的最高法院判例的主张,在某种意义上也不是不可以理解的。但是,缺乏基准的利益衡量,意味着将最终的结论委之于法官的主观判断,为此就产生了到底是信赖法官、听任其判断还是设置一定基准来约束法官主观判断的问题。考虑到基准的设定具有法院立法的意味,广泛认同法院具有法律创造功能的英美法传统与表面上不认同这一功能的大陆法之间也存在差异,确为一个难题。

二、特别法律关系中的人权之界限

以上只是公权力与一般国民之间的人权之界限的问题,而与公权力处于特殊之关系中者(如公务员、被监管人员、国公立大学学生等),则被认为允许加以特别的人权限制。为将此加以正当化,《明治宪法》以来所采用的最有力的看法,就是特别权力关系理论。

(一) 特别权力关系的理论及其问题所在

所谓特别权力关系论,是指将依据特别的公法上之原因(法律之规定或本人的同意)而成立的公权力与国民的特别法律关系,理解为"特别权力关系"的观念,并于此主张以下法律原则之正当的理论。这些原则即:①公权力拥有概括性的统治权(命令权、惩戒权),在各种无法律根据的场合下,也能对属于特别权力关系的私人,进行概括性的统治(法治主义的排除);②公权力对属于特别权力关系的私人,在无法律根据的情况下,可以限制其作为一般国民所享有的人权(人权的限制);③特别权力关系内部的公权力行为,原则上不受司法审查(司法审查的排除)。

然而,日本国《宪法》采纳"法的统治"原理(参照第十五章五之(一)、(二)),并以尊重基本人权为基本原理,还规定国会为"唯一的立法机关",因此传统特别权力关系理论所主张的法原则,就不能照样适用。于是,认可特别权力关系之观念的学说,也对此理论加以了修正,承认:原则上应该适用人权之规定;人权的限制必须根据特别权力关系的设定目的,控制在必要且合理的范围之内;除了特

107

别权力关系基于私人的同意而成立的场合以外，人权的限制必须有法律的依据；对于特别权力主体（公权力）的违法措施，司法审查权可以行使；等等。

对特别权利关系论的批判，甚至进而将这种理论本身的存在是否必要也作为问题，即，该理论对公务员关系、在校学习关系、在监关系等处于性质完全不同法律关系的人，其实都以"服从公权力"这一形式化的范畴，一概视为性质相同的关系，并主张前述的特别法原则之妥当；然而，对这些法律关系中的成员，限制其权利的根据、目的、程度则彼此完全不同，因此，在各种不同的法律关系中，具体地明确究竟何种人权、依照何种根据、加以何种程度的制约，才是真正应该值得重视的。有鉴于此，以下就公务员关系和在监关系，简单地说明其人权的界限（有关在校学习关系的基本看法亦同。例如，关于学生的政治自由，可参照本章三之（二）＊（3），关于学生的自我决定权，可参照第七章一之（四））。

（二）公务员的人权

108

有关公务员的人权，最成问题的是，对于国家公务员政治活动自由的限制（《国家公务员法》第一百零二条，人事院规则第十四条至第十七条）以及对于公务员、国营企业职员的劳动基本权的限制（《国家公务员法》第九十八条第二款、《地方公务员法》第三十七条、《国营企业劳动关系法》［现行的为《有关国营企业及特定独立行政法人之劳动关系的法律》］第十七条等）。在初期的判例中，限制公务员之人权的根据，常常被求诸于所谓公共的福利以及"全民的服务者"（《宪法》第十五条第二款）这样的抽象观念。而在其背后，就有特别权力关系论的观念。

然而，仅仅以抽象观念来作为限制人权的根据，毕竟是不够充分的。最高法院为了回应这种批判，在1966年（昭和四十一年）的全递东京中邮案判决中判示，公务员与一般劳动者相同，其基本权也受到保障，不过在其职务的性质上，由保障全体国民之利益的这一见地而受到的制约当然是蕴含于公务员基本人权之中的内在制约。这就放弃了过去以抽象观念为根据的态度。考虑到这一判决的意旨，限制公务员之人权的根据，也应求诸于如下事理才是妥当的，即：宪法将公务员关系的存在与自律性，乃作为宪法秩序的构成要素加以承认的（《宪法》第十五条、第七十三条第四款）。有关公务员的人权限制，有待下文详述（参照第十三章三之（三）、（四））。

（三）在监人员的人权

在在监关系上,传统的特别权力关系理论也已无法通用。将限制在监人员的人权予以正当化,其根据与公务员的情况相同,也来自于宪法将在监服刑关系及其自律性作为宪法秩序的构成要素(参照《宪法》第十八条、第三十一条)来加以承认的这一事理。为了维持宪法所预定的在监关系,可允许对在监人员的权利予以特别的限制,但是这种限制,应该止于为了达成羁押、戒护(逃脱、隐灭罪证、暴行、杀伤的防止与纪律的维持等)以及服刑者的矫正教化之在监目的,而施加的必要且最小限度的限制。因此,即使精神自由的限制,虽然可以说集会与结社的限制等乃是为了达到羁押目的所允许的限制,但对于阅读报纸、图书以及寄信、收信的限制等方面,则由法院进行严格的审查就成为必要。关于这一点,最高法院在 1983 年(昭和五十八年)"淀号"劫机案新闻被除去案的判决*中,就监狱长涂抹新闻报道内容之决定的容许限度,采用了这样的标准:只有在对监狱内的纪律与秩序所可能产生的不可放任程度的危害具有"相当具体的盖然性"的场合下,可以加以禁止或限制。

　　* "淀号"劫机事件新闻被除去案　在昭和四十四年(1969 年)"国际反战日"的抗争活动中被以妨碍公务执行等罪名受到了起诉、并被羁押的犯罪嫌疑人订阅了定期的报纸,由于当时恰逢发生日航"淀号"飞机被劫事件,拘留所所长将有关报道内容全部加以涂抹,为此以该除去处分侵犯了其"知情权"为由提起诉讼,此即本案。最高法院在展开了前述比较衡量的一般理论(参照本章一之3(三)*)之后,指出:对阅读报纸之自由的限制,应该在为达成在监之目的所"确实必要且被认可的限度之内",而至于该种限度,即监狱长除去处分所允许的界限,则判示:必须可以认定存在这样的一种"相当程度的盖然性",即由于准许阅读,就导致妨碍监狱内的纪律与秩序的维持,最后认为该除去处分合法(最高法院大法庭 1983 年 6 月 22 日判决,民集 37 卷 5 号 793 页)。该基准虽然可以说是相当严格的,但是恐怕也是因为考虑了除去处分乃是一种事前抑制的缘故吧。然而,就有关相当程度的盖然性之存在与否、限制的程度等方面的认定判断,该判决则认为应尊重监狱长的裁量判断,只要其合理性可以认定,就将其理解为"必须作为适法加以承认"。在这一点上(即使作为一般论的立场可以肯定),由于因运用情形而异也存在基准的严格性被弱化的可能,因此就留下了问题。

　　另外,也有判决(最高法院 1994 年 10 月 27 日判决,判时 1513 号 91 页)依据上述判例的旨趣,主张基于监狱法第五十条及该法实施规则第一百三十条的"在监人员之书信的查阅",显然不违反宪法第二十一条,并依据海关检查案与"北方期刊"案的判决(参照第九章三之(二)1、2)之意旨,认为其并不相当于宪法二十一条第二款所称的"检阅"。[1][此外,最高法院1999年2月26日判决,判时1682号12页判决,虽然将根据监狱法第四十六条第一款对已被判决死刑的人犯收寄书信所做的不许可处分判定为合法,但附有主张更严格审查的反对意见。]

三、私人间关系中的人权之保障与界限

(一)社会性权力与人权

宪法上的基本人权规定,向来被认为是在公权力关系中用以保障国民的权利与自由的。特别是自由权,通例上被认为是"不受国家干涉的自由",是国民针对国家所具有的防御权。

然而,随着资本主义发展的高度化,社会中出现了很多像企业、劳工组织、经济团体、职能团体等那样的拥有巨大势力、类似国家的私团体,产生了威胁一般国民人权的事态。另外,晚近时期随着城市化、工业化的进展所产生的环境公害、信息社会下大众传媒对隐私权的侵害等也时有发生,并成为重大的社会问题。于是,是否有必要针对这种"社会性权力"所施加的人权侵害来保护国民的人权,也便成为问题。

在战后的宪法中,人权是以个人尊严的原理为轴心、以自然权思想为背景而得到实定化的,为此,其价值乃是实定法秩序中的最高价值,也是包括公法、私法在内的整个法秩序的基本原则,对所有法的领域来说都应是妥当的,故而,宪法的人权规定,对来自私人的人权侵害也就应采取某种形式予以适用。*

　＊ 传统人权观念的历史性　战后诸宪法将自然权加以实定化,在此之下所展开的人权研究明确了:18世纪的人权宣言也是整个法秩序的基本原则;而

---

[1] 在日本,"检阅"作为一个法律用语,特指公权力对那些通过文书、音像等其他形式的表达内容进行强制性审查的行为,以表达内容是否发表为界,可分为事前检阅和事后检阅。通常认为,任何形式的检阅一般均为日本现行宪法第21条禁止。有关内容,同样可参见本书第九章第三相关部分内容。——译者注

将人权理解为只是针对国家的防御权这一传统的看法,则有其历史的缘由,即只是来源于自由主义的国家论[参照第一章五之(三)1]、法律实证主义以及与之相结合的国家法人说的理论(参照第二章一之(二)、第五章一之(三))等思想,为此并非人权之观念当然所伴随的东西。这也推进了人权乃是整个法秩序之基本原则的思想。

(二)人权的私人间效力——两种观点

那么,人权规定在私人间应如何适用?除了极少数人所提倡的不适用说以外,学说上大致可分为间接适用(间接效力)说和直接适用(直接效力)说两大类。[†]

112　　　[†]最近,有观点认为要对不适用理论进行再评价或再建构。其称,人权原本作为自然权利被认为是一种超越实定法的权利,实定法是为了更好保障这样一种权利而产生的。因此,实定法的背后存在的是超越实定法的人权。这种人权是一种谁都可以进行主张的权利。虽然为了保障这一人权而将其纳入到实定法当中,被实定法所包含的人权便会被实定法的性质所约束。被宪法规定的"宪法上的人权",受限于宪法将公权力作为对象这一特质,即变成了以公权力为对象的人权。而被民法所纳入的人权就受到民法这一调整私人之间关系法律的约束,成为了私人之间所应实现的权利。因此,"宪法上的人权"不论是直接还是间接都无法适用于私人之间。后文所说的间接适用理论可理解为是将人权解读到民法90条等条文之中去进行解释的,但其所解读的人权并非"宪法上的人权",而是超实定法的人权。也就是说,所谓人权在私人之间适用的说法,无非是将调整私人之间的法律按照适合于超实定法之人权的精神加以解释而已。最高法院对三菱树脂案(参照＊)的判决,一般认为是采取了间接适用理论的立场,但确切地说可以理解为是采用了不适用理论。

间接适用说的见解是:除了从规定的旨趣、目的或法条文字上直接具有私法上之效力的人权规定之外,就其他的人权(自由权与平等权)而言,应通过对法律中的概括性条款,特别是像(日本)民法第九十条规定违反公序良俗的法律行为无效那样私法的一般性条款,融入宪法的旨趣来加以解释和适用,使之间接地规制私人间的行为。这也是通说和判例的立场。＊如采取这一立场,人权规定的效力,在私人相互之间的场合,就有别于私人和国家权力的关系中发生问题的场合,基于该关系所具备的性质之不同,当然被相对化。与此相反,直接适用说则主张某些人权规定(自由权与平等权,或制度性保障等)对私人相互间也具有直接的效力。在这种情形下,如果也承认人权规定之效力的相对化,实际上几乎无异于间接适用说。　　113

＊ 间接适用说的判例

（1）三菱树脂案

原告在大学毕业后,虽经被告(三菱树脂股份有限公司)招考录取任用,但在三个月的试用期结束时,被告以其在招考面试时就其在学校时从事学生运动的经历作了虚假的申告为由,拒绝予以正式录用。在诉讼过程中,除了人权规定能否适用于私人间这个一般性的问题之外,公司在招考人员时查问应招人员有关思想的事项,是否违反《宪法》第十九条思想自由的规定,以及以应招人员拥有特定思想为理由而拒绝予以录用,是否相当于该《宪法》第十四条中所说的因"信念"不同而实行差别对待,都成为争执的问题。一审和二审中原告虽然胜诉,但是最高法院,针对私人间效力的问题,尽管采取了间接适用说的立场,认为在存在"超越社会上所允许之限度"的人权侵害的情形下,可以通过适当运用《民法》第一条[1]、第九十条及其他有关不法行为的各种规定来解决,但作为具体的解释,则判示:企业拥有雇佣的自由,"即使以应考者拥有特定的思想与信念为由拒绝雇用,也不能视为当然违法";还有,"在决定是否任用劳工时,对劳工的思想、信念进行调查,并为此要求应招的劳工申告与此有关的事项"也不违法(最高法院大法庭1973年12月12日判决,民集27卷11号1536页)。虽然说是私人相互间的问题,但是对于应加以绝对保障的思想、信念的自由,判决的这种见解是有疑问的,学说上对此持批判的立场也颇为有力。

（2）日产汽车案

规定退休年龄为男性六十岁,女性五十五岁的该公司就业规则,以其规定了性别上的不合理差别,而被根据《民法》第九十条判决其无效(最高法院1981年3月24日判决,民集35卷2号300页)。

---

[1]　日本《民法》第一条(总则中仅有此条)原共三款,分别规定了私权遵从公共福利、信义诚实以及禁止权利滥用,被视为该民法的"基本原则";战后1947年被补入"第一条之二",规定该法应以个人尊严和两性平等作为解释的指南;其第九十条则是公序良俗条款。——译者注

（3）昭和女子大学案

本案起因于未告知学校即径自参加反对法案的签名运动,或未经学校许可即径自加入校外政治团体的学生,被校方认为违反了作为校规之具体细则的"生活要录"上的规定,而被要求"在家反省",又因向媒体公开了大学调查学生活动的实情,而受到了学校的退学处分,遂以"生活要录"违反《宪法》第十九条、第二十一条为由,提起诉讼请求确认其学生资格。最高法院在本案判决中,①在引用三菱树脂案的判例,明确表明了间接适用说的立场之后,②阐述道:大学无论是国公立还是私立,都是"以教育学生和研究学术为目的的公共性设施",而"具有约束学生的概括性权能",不过,这种权能也并非毫无限制,"必须与在校关系之设定的目的相联系,而且其内容只有在比照了社会通常观念仍可被认为是合理的范围之内,才能予以承认";从而判示,本案的"生活要录","若斟酌该大学乃是称其学生思想之稳健中正的具有保守型倾向的私立大学",就不能断定其是不合理的规定,退学处分也属于惩戒权者的裁量权范围内,并不违法(最高法院1974年7月19日判决,民集28卷5号790页)。但认为该判决要旨中的①和②未必得到充分结合,因而怀疑将该判决作为人权规定私人间效力的一个判例的见解也颇为有力。然而,由于私立学校也属于"公共性设施",并领受私立学校补助金,所以,其学生规则以及基于该规则之处分的合理性当然也应该依据间接适用说作出判断,而将①和②加以分离考则是不妥当的。

（4）百里基地诉讼

本案系茨城县百里空中自卫队基地建设时,围绕用地买卖合同,国家和两个私人之间发生纠纷的诉讼。最高法院认为,国家与私人以对等的立场所缔结的合同,"只要其成立的经过与内容,在实质上看来不存在可谓与公权力发动之行为相同的那种特别之情形,就不直接适用《宪法》第九条,而只适用私法",在此采取了间接适用说的那种立场,判曰:《宪法》第九条虽然"因为私法自治原则、合同的信义诚实原则、交易安全等私法上的规范而相对化,形成《民法》第九十条所谓的'公共之秩序'内容的一部分",但是,"认为本案买卖合同在昭和三十三年(1958年)缔结的当时,在私法性质的价值秩序之下国家与私人间为了自卫队而缔结买卖合同及其他私法上的合同,乃是社会所不允许的反社会之行为的认识,不能说是作为社会通常观念而得到了确立"(最高法院1989年6月20日判决,民集43卷6号385页)。应注意的是,虽然系国家私法上的行为,但还是可以说其相当于"有关国家事务及其他的行为"(《宪法》第九十八条第一款),为此,在国

家是当事人的情况下,也就与通常的私人间效力之问题有所不同。学界有不少
见解认为,本案的合同岂不就可谓是"实质上看来属于公权力之发动的行为"。　115

(三) 直接适用说的问题所在

直接适用说有以下的问题。

第一,如承认人权规定的直接适用,则私法自治原则这一市民社会原则会被
广为妨害,有可能发生由宪法来大幅度规制私人间行为的事态。诚然,在各种社
会性权力得以巨大膨胀的现代社会,将私法自治的原则加以绝对化并不适当,但
它作为市民社会的基本原则仍然适合于现代社会,当事人的合意、契约自由原则
上应该受到最大限度的尊重。

第二,基本人权原本就曾是主要对抗国家性质的所谓"不受国家干涉的自
由",这在现代仍是人权的本质性取向。虽然私人对人权侵害的危险性在增加,
但是对人权而言,最可怕的侵害者毕竟还是国家权力。特别是在价值观已然多
元化了的现代国家,为了针对拥有政权之权位的多数者恣意而维护少数人的权
利与自由,人权之对国家权力性质(作为防御权的性质)的本质内涵,其重要性也
可谓在日益增强。

第三,如上所述,自由权与社会权的区别已相对化,自由权(如"知情权"那
样)有时也具有社会权的侧面,因此一旦承认直接适用这种具有复合性质的权
利,恐怕反而会使自由权受到限制。例如,若将国民的知情权直接适用于媒体与
市民的关系上,则国民的权利固然可以扩张,可是另一方面,媒体的报道自由就
有受到限制的可能。如果一味承认直接适用说,反而也会产生认可国家权力之
介入的端绪。*

不过,有必要注意的是,也存在像《宪法》第十五条第四款、第十八条、第　116
二十八条等那样,从各项人权规定的意旨、目的或者法条文字上来看可以直接适
用的人权。在此意义上,不能以两者中必取其一的方式将直接适用、间接适用割
裂开来。另外,也有这样的情形,即:针对特定的案件适用实定法规时,必须论
及当事人宪法上的权利,并加以衡量(例如,以侵害隐私权、名誉权为理由请求制
止一定的表达行为的案件)。在这种情形下,即使看似在私人间的争议中直接适
用了人权规定,也并不就是所谓的直接适用说。

　*　**国家的人权保护义务理论**　近期,部分人以如下事理为主要论据,从而
主张直接适用说的见解也颇为有力,即:参照德国的判例和学说,认为日本国宪

法是以个人之间相互尊重而得以共存的社会为前提，国家已被要求确立这种前提，从而，在私人间发生人权侵害的争议，而立法上的保护措施不具备的情形下，作为国家机关的法院就具有介入其中并给予保护的义务。然而，这样的反对论也须加以充分的倾听：国家的保护义务，虽然就一定类型的权利自由而言可予以认可，但如果就所有的权利自由均加以强调，并与直接适用说密切结合，这在日本，反而使人权招致不当限制的危险也不小。

（四）间接适用说的内容

在将人权规定间接适用于私人间关系的场合，把人权侵害行为按照其样态分为如下三类加以考虑，是颇为有益的，那即：①基于法律行为的；②尽管是基于事实行为，但其事实行为本身乃是根据法律法规（也包括学生规则等）的概括性条款或文语的；③基于纯粹的事实行为的。

117   对于①与②的行为，在解释法律法规时，可考虑人权规定的意旨。比如就①的情形而言，对于在企业与劳工的关系中有伴随人权侵害之疑的解雇（法律行为），在考量其是否违反《民法》第九十条"公序良俗"规定的过程中，就可参酌人权规定的意旨。而在对于②的基于法令的侵害人权之事实行为的情形下，在解释和适用概括性条款或文语时，也必须考虑有关人权规定的旨趣。

（五）由事实行为而造成的人权侵害

对于③的因纯粹事实行为而造成人权侵害，间接适用说就不能直接将其作为宪法问题进行争诉。虽然基于《民法》第七百零九条的侵权行为条款存在损害赔偿的救济手段，但那也有一定的界限。

于此，在考虑宪法理论上具有参考意义的，则是美国宪法判例上所采用的"国家行为"（state action）理论。该理论是这样一种理论，即：认为人权规定可以规范公权力与国民之间关系，并以此为前提，在下列情形下，将私的行为视同国家行为，从而直接地适用宪法（被称为"视同国家行为说"）；这些情形就是：

（1）公权力在极为重要的程度上与私人行为产生了结合关系的场合；

（2）私人行使了准国家行为那样高度的公共职能的场合。

作为（1）的例子可举：在公共设施内部经营餐厅的私人，对黑人实行了差别对待；从国家那里接受了巨额的财政援助，并在此范围内服从国家广泛监督的私人团体做出违宪性质的行为，等等。此外，依国家特许而经营具有一定垄断性质

的公益事业那样的企业,实行了违宪性质的行为,而国家的规制对其则有促成的
作用;私人间的违宪性质行为失去了实效性,但经过法院的介入再度恢复了其实　118
效性等情况,也均属于(1)类型的行为,而适用宪法。作为(2)的例子,某公司所
拥有并经营的公司社区(company town)禁止在街头分发宗教文书的行为被判为
违宪的案件,颇为有名。依据这样的理论构成,可以将由事实行为所造成的人权
侵害理解为违宪,而且也可考虑以此去强化《民法》第七百零九条侵权行为之违
法性的根据,或以此去沟通提起国家赔偿请求及其他行政诉讼的救济手段。

第七章　概括性基本权与法之下的平等[1]

---

〔1〕　"法之下的平等"是日本法学的通常用语，与日本现行《宪法》第十四条规定的"法之下平等"以
　　及英文中的 equality under the law 一致。该用语的表述在宽泛的意义上也可译为"法律上的
　　平等"，但考虑到芦部先生本人以及许多主流的日本学者均强调"法"与"法律"的区别，同时极
　　为认同所有人皆在法之下这一"法治"的原理性内涵（法的至上性），所以本书严格将其译为
　　"法之下的平等"。——译者注

一、生命、自由与幸福追求权

（一）幸福追求权的意涵

1.《宪法》第十三条之法的性质

日本国《宪法》在第十四条以下，设置有详细的人权规定。不过，这些人权规定只是列举了在历史上遭受国家权力侵害较多的重要的自由权利，并不意味着已然网罗和揭橥了所有的人权（人权的固有性）。

伴随着社会的变革，作为"自律的个人在人格意义上生存所不可或缺的基本权利与自由"而可认为值得保护的那些法的利益，也被作为"新的人权"而理解为受宪法保障的人权之一种，才是妥当的。而作为其根据的规定，则是《宪法》第十三条所言的"生命、自由及追求幸福之国民权利"（幸福追求权；也有学说将生命权与幸福追求权加以区分考虑）。

该幸福追求权，最初被一般地理解为是《宪法》第十四条以下所列举的个别性人权的总称，而不能从中直接推导出具体的法性质的权利。不过，1960年代以来，社会、经济的剧烈变动产生了诸多问题，对此法上加以对应的必要性就随之增大，因而其意义也得到了重新估量。其结果是，基于尊重个人之原理的幸福追求权，就逐渐被解释为是作为未被宪法所列举的新人权之根据的一般性且概括性的权利。以这种幸福追求权为基础的各种权利，也被理解为可以得到裁判上救济的具体权利，判例也肯定了其具体的权利性。*

* **京都府学联案**　这是在示威游行中，警官为搜查犯罪而拍摄照片的合法性受到争诉的案件。最高法院判示："作为个人私生活的自由之一，任何人在未

得到其允许的情况下,都有不让人随意拍摄其容貌、姿态的自由……无论这是否可称之为肖像权,至少,警官并无正当理由却拍摄个人容貌,就违反宪法第十三条的意旨,而不被允许",承认了肖像权(隐私权的一种)的具体权利性(最高法院大法庭1969年12月24日判决,刑集23卷12号1625页)。不过也有判例(最高法院1986年2月14日判决,刑集40卷1号48页)判示,由自动拍摄违反速度规定之车辆的速度自动监视器拍摄司机的容貌,因为是现场有犯罪行为的情况,有紧急保全证据的必要,该方法也在一般容许的限度下,所以没有侵犯肖像权、隐私权。

2. 幸福追求权的含义

幸福追求权虽然是概括个别性基本权的基本权,但其内容并非概括所有的有关生活领域的行为自由(一般行为自由)*,而是以个人在人格意义上生存所不可或缺的利益为内容的权利之总体(人格利益说)。至于其与保障个别性人权条款之间的关系,则被理解为是一般法与特别法的关系,所以,只在个别性人权不适合适用的场合,才适用《宪法》第十三条(补充性保障说)。

　*　**一般行为自由说**　从个人的自由应得到广泛保障的观点出发,认为例如像着装、饮酒、散步、登山、海水浴、开汽车以及骑摩托车(自行车)等行为也受宪法之保障的学说。不过,据其所言,骑摩托车或留长发这些自由本身也并非就是人权,而作为幸福追求权这一人权所保障的,则是个人自由行为这一意义上的"一般行为的自由",而作为行使该种人权的一种样态,骑摩托车或留长发与否的自由决定,在不侵害他人权利的限度之内则均受保护。然而,即使采用人格利益说,也并不等于实行这些行为的自由就不受保护。要限制或剥夺一部分人的这类自由,本来就必须充分具备实质性的、合理性的理由;其与平等原则、比例原则(自由权利的规制必须止于为去除社会公共障害之所必要的最小限度之内的原则)的关系上,也有可能成为宪法上的问题。

(二) 由幸福追求权所推导出的人权

　　然而,由幸福追求权实际上可推导出哪些具体的权利、以及用怎样的基准来判断这些权利是否可以作为一项新的权利而被承认,则是相当困难的问题。关于这一点,迄今为止,已被主张作为新人权的,有隐私权、环境权、日照权、安静

121

权、眺望权、入滩权[1]、厌烟权、健康权、信息权、接近使用媒体权、和平生存权等,其数已经颇多,但最高法院正面予以认定的,大致也只有上述作为隐私权的肖像权而已。*

此外,就这些权利而言,一旦没有明确的基准,单凭法院来承认其为宪法上的权利,则也有可能变成由法院的主观价值判断而创设权利。为此,能否可说是宪法上的权利,除了特定的行为对于个人的人格意义的生存是否是不可或缺的之外,还应该在考虑下述种种要素的基础上予以慎重决定,包括:是否可认为社会在传统上已将该行为委之于个人自律性的决定;该行为如若多数国民想作出是否就可作出、即使作出是否也没有侵害他人的基本权之虞,等等。

    * **前科照会案**   最高法院在肖像权之外,曾表示"前科、犯罪经历与人的名誉、信用密切相关,其之不被随便公开,乃属于法律上值得保护的利益"(最高法院1981年4月14日判决,民集35卷3号620页),并判令地方公共团体轻易应答律师的查询行为属于违法,而且还表露了可理解为其将前科不受轻易公开的自由认定为一种隐私权的见解。此外,在"北方期刊"案(参照第九章三之(二)1*)中,(最高法院)曾提到"作为人格权的名誉的保护(《宪法》第十三条)",承认了名誉权作为幸福追求权之一种。

（三）隐私权

1. 沿革与含义

隐私权是以幸福追求权为主要根据,并由判例和通说所确认的权利。该权利在美国的判例上,乃以"个人私事不受干预的权利"而发展起来,而在吾国,1964年(昭和三十九年)"宴会之后"案的第一审判决*,将隐私权定义为"私生活不被随便公开之法上之保障或权利",认为这种私法上的权利(人格权),是维护个人尊严、保障幸福追求所不可或缺的,从而认定其是以宪法为基础的权利。同样的立场,也在其后有关名誉、隐私权的裁判中被提出来**。

这种作为私法上的权利而被承认的、作为人格权之一种的隐私权,通过上述京都府学联案、前科照会案等最高法院的判决,也被确立为宪法上的权利。可以说,它广泛地意指那些与个人的人格意义上的生存密切相关的重要私人事项(例

---

[1] 是当年日本民间海滨环境保护运动中提出的一个概念,指的是如垂钓、游泳那样,在海滨、河川、湖泊等地带,享受良好环境的权利。——译者注

如容貌、前科等与自己相关的信息），可由个人自律地加以决定的自由。

但是，这种向来被理解为个人的私领域不被他人无端介入的自由权性质的，从而是消极性质的隐私权，则随着信息化社会的进展，已被视为是"控制关于自己信息的权利"（信息隐私权），† 不惟其自由权的侧面，其那种积极地请求公权力对隐私予以保护的侧面，也受到了重视。这是基于在现代社会，有关个人的资讯（个人信息）已被行政机关集中地加以管理，从而个人要求控制有关自己的信息，并就个人信息可请求阅读、订正乃至删除，均被认为已有必要之故。对于隐私权的保护，本来只是由各地方公共团体以地方性法规加以应对的，但在 1988 年（昭和六十三年），《关于涉及行政机关所拥有之电子计算机处理系统之中的个人信息之保护的法律》得到了实施（不过，该法律不充分之处也不在少数，如在信息利用和提供的限制、公开请求权方面例外规定颇多，只认可订正的申请而不承认订正请求权，等等）。††

　　＊ **"宴会之后"案**　本案争诉的是以参选东京都知事选举并且惜败的原告为原型的小说《宴会之后》（三岛由纪夫著）是否侵害了原告的隐私权的案件。第一审判决（东京地方法院 1964 年 9 月 28 日判决，下民集 15 卷 9 号 2317 页）提出：构成隐私权的侵害，被公开的内容必须具有三个要件：①属于有可能被当作私生活上的事实或类似于事实的事情；②属于以一般人的感受为标准，可认为如果从当事人的立场来看则有可能不愿意被公开的事情；③属于一般人尚未知晓的事情。而作为结论，法院判决本案的行为侵害了原告的隐私权。另外，该案 124 在第二审期间双方达成和解，解决了争诉。

　　＊＊ 人格权与名誉、隐私　对于各个人的人格具有本质意义的生命、身体、健康、精神、自由、姓名、名誉、肖像以及生活等有关利益的整体，被广泛地称之为人格权，很早以前就开始作为私法上的权利而得到承认。名誉和隐私尽管也是人格权之一种，但前者指的是对人的价值的社会评价，而后者所指的则是与社会评价无关的私性质的领域，于此存在两者本质上的互异。又，判例认为对顾客具有吸引力的名人肖像等之中可认可的"形象权"，也是人格权派生出来的（最判平成 24.2.2 民集 66 卷 2 号 89 页）。

　　† 作为信息隐私权的处理方式的判例，江泽民演讲会参加者名单提交事件和居民基本登记簿网络诉讼值得关注。

　　（1）江泽民演讲会参加者名单提交事件

　　中国国家主席江泽民在早稻田大学演讲之际，根据参与护卫的警察的要求，大学将记录有报名参加的学生的姓名、学号、住所、电话的名单复印件擅自交给警察。因此,学生以大学侵犯了隐私权为由要求损害赔偿。最高法院认为,针对本案件的个人信息,"不愿意将此擅自交付其本人不想给的其他人是很自然的事情,对此意愿应当予以保护,所以本案件中的个人信息作为上诉方的隐私属于法律保护的对象",同时本案件中,要获得学生的认可也是很容易的,因此判定其为侵犯了隐私(最高法院判决 2003 年 9 月 12 日判决,民集 57 卷 8 号 93 项)。本案件是私人之间的问题,虽然不援引宪法,但是根据有关人权的私人间效力间接适用理论,可理解为宪法所保障的隐私权透过《民法》七百零九条这一媒介而得到间接适用。

(2) 居民基本登记簿网络诉讼

《居民基本登记簿法》引入了居民基本登记簿网络系统,但其将各个市町村保有的居民基本登记簿上的、本人所确认的信息(姓名、出身年月、性别、住所、居民票号码、变更信息)发送给都道府县的服务器,都道府县再将其发送到全国服务器进行保存,行政机关则可以以确认本人信息为目的对此进行管理和利用。对此,居民认为市町村在将居民信息提供给网络时,会产生由数据核实以及实名等原因造成的侵犯隐私危险,从而要求停止提交或者国家赔偿。最高法院认为,《宪法》第 13 条中提到"作为个人私生活的自由之一,任何人都拥有不无故将个人信息提供给第三方或公示的自由",但在本案中,对于信息被用于个人情报确认以外的目的,已存在基于《居民基本信息登记簿法》上严厉的刑事处罚而被禁止等这样的制度性担保,因而难以认为其引发了侵犯隐私的具体危险,为此合宪(最高法院判决 2008 年 3 月 6 日判决,民集 62 卷 3 号 665 页)。

†† 2003 年,为了保护民间企业家所保有的个人信息制定了《个人信息保护法》,并与此同时将《行政机关保有电子计算机处理中的个人信息保护法》修正为《行政机关保有的个人信息保护法》,强化了惩罚规则,承认了订正请求权等。

2. 违宪审查的基准

个人信息大概可以分为:①可认为任何人都会看成是隐私的信息;②一般来说可认为是隐私的信息;③是否属于隐私则不易明确判定的信息。在个人信息的收集、掌握、利用或公开方面发生有无侵害隐私权之争议的场合,可解为:由于①事关个人人格意义上的生存之根源,所以必须以最为严格的违宪审查基准(即要求立法目的乃是为了必要的、不可或缺的"不得不具有的利益",限制手段则应限定在为达成该目的所使用的必要最小限度之内的那种基准)来判断其合宪性;*而对于②等情形的信息,原则上以采用"严格的合理性"基准(即要求立法目是重要的,而规制手段与目的之间具有实质关联性的基准),方为妥当。

* **严格审查基准的事例**　在前科照会案的最高法院判决(参照前述(二)＊)　126
中,伊藤正己大法官的补充意见阐述道:"前科等等,即使在个人隐私中也属于
最不愿意为他人所知晓的内情之一种……其之公开要得到允许,必须存在优越
于隐私的利益,正如以下情形那样,即:纵然是为了裁判需要而公开,也应严格
限定于乃为了实现公正裁判所必需,且又无其他可替代的立证之手段,而且,即
使在这种情形下,也必须只限于必要且最小限度的范围之内才能予以公开",为
此采用了相当于"不得不具有的利益"基准的严格审查基准。

(四) 自我决定权

如果把隐私权作为掌控自己信息的权利来理解,那么,此外的那些可被认为
是隐私或私生活上自由的东西,例如①是否生育小孩等这样决定家庭问题的自
由(绝育、避孕、堕胎等问题);②打扮(发型、服装)等决定生活方式的自由;③拒
绝治疗、特别是安乐死等决定处理自己生命的自由,等等,凡此这些与个人人格
意义上的生存密切相关的私人事项,在不受公权力介入、干涉的情形下可由个人
自律决定的自由,都可以理解为是不同于信息隐私权的、另一种的宪法上的具体
权利。一般被称为自我决定权(或人格自律权)的,所指即此。

不过,隐私权本来就是作为排除侵入私生活或公开私事的"个人不受干预的
权利"发展而来的,向来被理解为是个人人格意义上的生存所不可或缺的基本权
利,在美国也是以上述①的自由为中心在判例上逐渐形成的,为此,自我决定权
与其说是完全独立于隐私权之外的权利,不如将其理解为与信息隐私权共同构
成了广义的隐私权较为妥当。只是在吾国,至今还没有从正面确认自我决定权
的判例存在,初、高中的校规对发型自由的规制以及乘坐摩托车的自由之规制等　127
等,也只是从其他的观点被提到裁判上进行争诉的。然而,即使将发型、服装的
自由理解为自我决定权之一种,只要得到这样的论证,即:在那些预定存在一定
纪律规则的学校,其规制中具有重要的教育目的,而且规制的形态、程度与其目
的在实质上具有事实上的合理关联性,那么,就可理解为允许进行规制(在一宗
因校规禁止烫发而被勒令自主退学的原私立高中学生以该处分违法为由而提起
争诉的案件中,最高法院作出了这样内容的判示:以"维持符合高中生的发型,
防止不端行为为目的"而被订立的校规,"在社会通常观念上,不能说是不合理
的"。最高法院 1996 年 7 月 18 日判决,判时 1599 号第 53 页)。〔另外还有"耶和
华的证人"的信徒以违反其意愿而被输血,侵害了其自我决定权为理由,提出请

求赔偿的案件。尽管原审判决阐述了输血的同意权是"由于自我决定权"的权利，认可了损害赔偿，但最高法院并没有谈及自我决定权，而是阐述道：作出拒绝伴随输血的医疗行为之意思决定的权利，"应该作为人格权的内容之一受到尊重"，并维持了原审判决（最高法院 2000 年 2 月 29 日判决，民集 54 卷 2 号 582 页）。]

二、法之下的平等

（一）平等观念的历史

与上述的概括性基本权一样，既是个人权又同时兼具人权总则性意义的重要原则，还有"法之下的平等"。此一平等的理念，在人权的历史中，与自由一同，由于尊重个人的思想，常常被视为最高的目的。诚如许多人权宣言所显示的那样（参照第五章一之（二）），自由与平等两个理念彼此深切结合，成为打破身份等
128 级制社会、确立近代立宪主义的推动力，在现代宪法中，依然被理解为是密切关联、相互依存的原理。

然而，回顾历史的经过，自由和平等也有着相互背反的侧面。在从 19 世纪进入 20 世纪的市民社会里，对所有个人在法律上均予以均等对待，并保障其自由活动的所谓形式平等（机会平等），其结果却是产生了个人的不平等。随着资本主义的发展，富人愈发富裕，穷人则愈发陷于贫穷。法上的自由、平等，产生了事实层面上的不自由、不平等。

于是，在 20 世纪的社会福利国家中，对于社会意义、经济意义上的弱者，被要求应给予更为优厚的保护，藉以保障他们与其他国民同等的自由和生存。这种平等的观念，就是实质平等（结果的平等）。可以说，平等的理念，从历史的角度来看，是从形式平等向同时也重视实质平等的方向推移的。

然而，即使说重视实质的平等，也并非意味着从"法之下的平等"原则中就直接产生出国家负有将其加以实现的法性质的义务。因此，以《宪法》第十四条为依据请求国家改善现实的经济不平等之权利，就并不被认可。法性质的义务是与社会权的保障相关联的问题，宪法只是预定通过这一途径使其具体化，但就与平等原则的关系而言，实质平等的实现仅仅是国家的政治性义务。不过，由于法之下的平等中所称的"平等"之含义一旦抽离了实质平等的思想就难以理解，所

以，在认定是否违反平等原则时，常以"合理的差别对待"（也有见解认为是合理的差别）为基准，而在判定是否符合该基准时，必须最大限度地考虑实质平等的意旨（后述（三）之2所涉及的"积极的差别消除措施"，应该从该观点出发加以检讨）。从而，为了达成实质平等而限制形式平等的法律法规，因为这个理由也有合宪的情况。

129

（二）宪法的平等原则

平等原则在宪法上如何规定，因国家和时代的不同而不同。《明治宪法》规定："日本臣民依法律行政法规所定之处之资格，得均等就任文武官及其他公职。"（第十九条），就只是保障了公务就任资格的平等这种形式。

与此不同，日本国《宪法》在第十四条第一款中宣示了法之下平等的基本原则，并进而专门特别设置了废止贵族制度（第十四条第二款）、禁止荣典附带的特权（第十四条第三款）、普遍选举的一般原则（第十五条第三款）、选举人资格的平等（第四十四条）、夫妇平等与两性的本质平等（第二十四条）、教育机会的均等（第二十六条）等规定，以期平等权或平等原则的彻底化，惟世袭天皇制是该原则的巨大例外。

（三）法之下的平等的含义

《宪法》第十四条第一款规定："所有国民在法之下平等，不因种族、信念、性别、社会身份或门第，在政治、经济与社会之关系上，受到差别对待。"有关该规定的含义，存在有几个问题。

1. 法的内容的平等

第一，此处所称的"法之下"平等，若就法律条文作形式性的、机械性的解释，虽然也可理解为仅仅意味着法适用的平等*，即执行、适用法律的行政权、司法权不能对国民实行差别对待，但其实并非如此，它也意味着法内容上的平等，即：法本身的内容也必须根据平等的原则加以订立。这与日本国《宪法》将宪法与法律在本质上加以区别，并承认法院具有法律的违宪审查权，将人权作为包括立法权在内的所有国家权力都不能侵害的权利而加以保障，是相对应的。同时毋庸赘言，如果法的内容含有不平等的规定，则无论如何平等地将其适用，也无法实现平等的保障，个人尊严的原理也有归于无意义之虞。

130

* **法适用平等（立法者非受拘束）说** 这是战前欧陆各国，特别是德国的通说。在欧洲传统上,法律被认为是表明了理性,并合乎正义的规范,具有与宪法并驾齐驱的高度权威,由法院进行的违宪审查制也被否认,因而"法律面前的平等"之规定,就被看成是只能拘束执行法律的行政与司法的原则。这种见解在战后的宪法上被大为改变,法内容平等(立法者受拘束)说已得到了普遍化。

2. 相对平等

第二,所谓法下"平等",乃意味着,以各人的性别、能力、年龄、财产、职业以及人与人的特别关系等各种事实上的、实质上的差异为前提,在法律所赋予的特权或法律所课以的义务各方面,在同一的情况或条件下,都予以平等对待。"平等"之被认为并非绝对的、机械意义上的平等,而是相对意义上的平等,所说的即是此意。为此,恣意性的差别虽不被允许,但在法律上得以设定差别对待的事项(例如赋税、刑罚),其和事实的、实质意义上的差异(例如贫富之差、犯人性格的不同)之关系,只要在社会通常观念看来是合理的,这种差别对待就可认为没有违反平等。比如,在劳动条件上优待女性(产前产后休假、育儿时间、生理休假等)、仅限于对少年所适用的特定法律(禁止未成年人抽烟等)、相应于个人的财力在税额上设定差别(累进课税)、对从事特定职业的人课以业务上的特别注意义务(业务上过失致死罪等)等等,一般都不能说是违宪的。

此外,在美国,对于在历史上长久经受差别对待的群体,尤其是对黑人与女性,在大学入学及一般雇佣上设立了特别框架,通过立法推行给予优先待遇的积极的差别消除措施(affirmative action)。虽然这种做法一旦过度也会构成"逆反差别",从而产生违反平等的问题,但只要不是如此,作为为了恢复机会平等、实现与实际状态相适应的合理性平等的举措,则得到了认可。吾国为消除部落歧视[1]而实施的同和政策,以及对阿伊努民族的保护政策等特别措施,也相当于此(参照本章二之(五)1)。

(四) 违反平等的违宪审查基准

然而,要在各种事例中,具体地区别什么是合理的对待,什么是不合理的差别,实际上并不容易。虽然一般可以说,比照民主主义和个人主义的理念而被认为不合理的差别应禁止,但由于这种民主主义性质的合理性的基准是抽象的,用

---

〔1〕 直至现代,日本社会上还存在一些特殊的或未开化的部落和地区,因封建时期留传下来的偏见而受到歧视或迫害,此即"部落歧视"的问题。——译者注

以在具体的案件中判断违宪还是合宪，就难以说是充分的。为此，《宪法》第十四条第一款后段的列举事由（参照后述（五）），被要求适用严格的基准，而在根据此外的事由（例如财产、学历、年龄等）所实行的差别对待产生了是否违反平等原则的争诉场合，遵从前述"双重标准"的见解，并考量作为对象的权利之性质不同，从立法目的和达成立法目的的手段两方面判断其有无合理性，可被认为是妥当的。

132

　换言之，就有关精神自由及与此相关联的问题（选举权等），被争论是否违反平等原则时，原则上就有必要探讨其立法目的是否必要而不可或缺、达成立法目的之手段是否肯定在必要且最小的限度之内。至于其他问题，特别是有关从积极目的上对经济自由的规制，被争论是否违反平等原则的场合，由于国会被认为具有广泛的裁量权，为此被理解为只要采用这样的基准即可，即：立法目的正当、目的和手段之间存在合理的关联性（不必有事实上的实质性关联性）即可（合理性依据的基准；但在消极目的上规制的场合中，则应适用"严格合理性"基准，立法目的也必须是重要的［这里所说的"重要"有这样的意旨：较之于"正当"而言，其审查更为严格，较之于"不可或缺"而言，其程度则更弱］，而且目的和手段之间也必须有实质性关联性存在。有关积极目的的规制和消极目的的规制之间的区别，参照第十章一之（一）2。在这一点上，围绕在所得税上薪金所得者与产业所得者之间存在不平等而被提起的雇员税金诉讼*，以及争议平等权原则在生存权领域应如何适用的堀木诉讼**，均受关注。

　　**　雇员税金诉讼**　本案系争诉违反《宪法》第十四条第一款规定的案件，理由是：当时的旧所得税法（即在1965年第三十三号法律修正之前的旧法）的薪金所得课税，不承认可扣减必要经费的实际数额，只承认薪金所得扣减这种概算扣减[1]，而且根据源泉征收制度，所得中被课征的追查补征比率，明显高于其他所得比率等等，造成薪金所得者与产业所得者相比，被课以明显不公平的纳税负担。最高法院认为，由于租税法的制定只能委之于立法机关的政策性的、技术性的判断，"只要立法目的正当，并且，除非该立法具体采取的差别形态在与上述目的的关联上明显不合理，不能否定其合理性"，从而其并不违宪；而且判示：产业所得与薪金所得之间所得追查补征比率的差别，亦除非显然违反正义衡平的

---

〔1〕　指当时日本的《所得税法》所规定的收入所得扣减额的一种计算方式，即将收入金额乘以一定的比率，以此算出收入所得扣减额。——译者注

133　观念且长期恒常存在,否则就不能说本案的课税规定违宪(最高法院大法庭 1985 年 3 月 27 日判决,民集 29 卷 2 号 247 页)。即使广泛的立法裁量被认许,但在必要经费远超过概算扣减额的场合,可被理解为构成了适用违宪。[另外,经过 1987 年的法律修改,实际数额扣减的选择被部分地得到认可。]

　　** 堀木诉讼　原告(堀木富美子)作为全盲的视力障碍者,领有残障福利年金,但因作为寡妇养育儿女,为此提出儿童抚养津贴领受资格的认定申请,结果,根据禁止同时领受年金与津贴的有关规定,其申请被驳回。于是,产生了上述的禁止同时给付规定是否违反《宪法》第二十五条、第十四条规定的争诉。最高法院认为《宪法》第二十五条规定的"健康的且在文化意义上的最低限度的生活",乃是极为抽象而相对的概念,有必要通过立法而加以具体化,而基于《宪法》第二十五条的立法措施的选择决定,则应委之于立法机关的广泛裁量(此点参照第十三章一之(二)),为此,尽管根据同时给付禁止规定,在领受残障福利年金者与未受领者之间,产生了有关儿童抚养津贴的差别,但如果以广泛的立法裁量作为前提加以判断,不能说该差别是不合理的(最高法院大法庭 1982 年 7 月 7 日判决,民集 36 卷 7 号 1235 页)。然而,这一判决也受到这样的强烈批判:如考虑生存权就是生活的权利本身,毋宁准同于精神自由的场合,援引"事实上的实质性的合理关联性"基准,基于事实来严格审查差别的合理性。即使如判决所言,残障福利年金与儿童抚养津贴性质基本相同(也有学者认为两者性质不同),在其与具体生活实态的关联上判断有无合理性,也是妥当的。

(五) 平等的具体内容

　　如上所述,所有国民在法的制定及适用上,不受不合理的差别对待,而此"平等"的内容,具体而言,就是"无论种族、信念、性别、社会身份或门第,在政治的、

134　经济的或者社会的关系中,不受差别对待"。

　　《宪法》第十四条第一款后段的这一规定,应理解为是例示性地说明了前段的平等原则,方为正确。即使在不属于此列举事项的场合,只要是不合理的差别,也均可依前段的平等原则而予以禁止。判例也是这么理解的。不过,即使采用例示说,由后段列举的事项所造成的差别,由于根据民主主义的理念,在原则上是不合理的,故而在这些差别的合宪性产生争议的场合,就应如同本章二之(四)所论,适用要求立法目的必须是"不得已"的必要而不可或缺的那种"严格审查"基准,或要求立法目的是重要的"严格的合理性"基准,才可被理解为是妥当

的。作为前者的例子，可认为有基于人种、信念而采取的差别对待，后者则有基于性别、社会身份而采取的差别对待。而在这些情况中，都必须从公权力的侧面来论证其合宪的理由，才可认为是妥当的。

以下概括说明作为《宪法》禁止差别的理由第十四条后段所列举的事项。

1. 种族

种族歧视，就像美国黑人歧视问题所象征的那样，产生政治上的、社会上的严重纷争。在美国，自公立学校种族隔离就学制度的违宪判决（1954年）以来，通过1964年"关于市民权利的法律"等，作为强有力地推进积极的差别消除措施的结果，种族歧视问题得到了大幅度的改变。种族差别的合宪性，其合宪性被依据最为严格的基准进行司法审查（不过，在积极的差别消除措施的合宪性引起争诉的场合，由于也产生了所谓逆反差别的问题，因此依据的是"严格的合理性"基准）。在日本，阿伊努人、混血儿以及归化日本的人的问题也存在争议，特别受到关注的是阿伊努民族的问题。由于1899年（明治三十二年）所制定的北海道原住民保护法已失去了存在的意义，因此振兴阿伊努文化以及关于普及、启发其有关传统的知识的新法律得到了制定（1997年法律第52号）。

2. 信念

所谓信念，显然包含有宗教信仰的意味，但应理解为并不局限于此，而广泛地包括思想上、政治上的主义在内（相同的意旨，可参照最高法院1955年11月22日判决，民集9卷12号1793页）。因此，除了具有以特定的意识形态为存在条件的倾向之企业，一般的企业，例如以共产党员或其共鸣者为理由而采取的解雇，即为无效。

3. 性别

战前日本最严重的性别歧视，从1945年末妇女的参政权得以实现开始，到接受宪法的规定，经过废止通奸罪，并修改了民法上的妻无能力等将妇女置于劣势地位的诸规定等，其状况得到了大幅度的改进。这种男女的平等同权，在其他很多法律（《国家公务员法》第二十七条，《劳动基本法》第四条等）或条约中也被具体化。特别是1981年生效的《消除对妇女一切形式歧视公约》（日本于1985年批准），在进一步推进了《国籍法》的修改（1984年）、《男女雇佣机会均等法》的制定（1985年）等男女的同权这一点上，值得瞩目。

在消除这种性别歧视的动向下，只招收女性的国立大学之存在、民法规定的结婚适龄年龄的区别（男性十八岁，女性十六岁）以及仅被课于女性的六个月待

135

婚期限(《民法》第七百三十一条、第七百三十三条)的合宪性问题,就引发了争诉,*夫妇同姓的原则是否适当也受到了争议。惟在 1996 年法制审议会民法部门会议所决定的修正案要纲之中,结婚适龄年龄的区别已不存在,待婚期限也被缩短了,并且夫妇不同姓还得到了承认。

136   *** 女性再婚禁止期限案件**   这是以因《民法》第七百三十三条[1]其结婚申请的受理被延迟,从而蒙受了精神上的损害为由,要求就国会、内阁的立法不作为[2]而作出国家赔偿的案件。最高法院指出:上述条款的立法意图在于"回避父性之推定的重复,于未然时防止围绕父子关系发生争议",从而判示这不属于先例(最高法院 1985 年 11 月 21 日判决,民集 39 卷 7 号 1512 页,参照第十八章二之(四)2(2))就立法不作为的违宪诉讼的成立要件而所判示的"例外性情形"(最高法院 1995 年 12 月 5 日判决,判时 1563 号 81 页)。

4. 社会身份与门第

关于社会身份(social status),有的学说采狭义理解,认为其是"生来的身份,譬如出身于被歧视的部落等",或认为其是"无法以自己意志脱离的固定地位";也有的将其广泛地理解为"个人在社会上非一时性所占据的地位"(判例的立场);有的则采取两说的中间立场,认为其是"个人在社会上非一时性所占据的地位,该地位无法以自己之力予以摆脱,并就此伴随某种事实上的社会评价"(也有"后天所占据的社会地位,并伴随一定的社会评价"的说法,不过,这将不得不把"门第"广义地解释为"生来而具有的社会地位"这一点上,则存有疑问)。认同《宪法》第十四条第一款后段所列举的事项具有特别含义的立场,乃与狭义说或中间说相结合(在这一点上,非婚生子女的地位(参照*)以及尊亲属、卑亲属的地位(参照(六))就会成为问题,但我还是采中间说,将其也理解为"社会身份")。†至于所谓的门第(family origin),则意味着家世状况,最显著的就是过去的华族,不过其已被宪法明文(第十四条第二款)废止。

无论基于上述何种原因,在何种领域中,即无论在政治关系(例如参政权和司法救济权方面)、经济关系(例如赋课租税、财产权的征用以及工作权方面)以及社会关系(例如居住权、受教育权方面)的任何一种领域中,国民都不受差别对

---

[1] 日本《民法》在该条中所规定的,即为期六个月的所谓"再婚禁止期限"。——译者注

[2] 这里所说的立法不作为,指的是法律(《民法》第七百三十三条)有缺陷而立法上没有予以修改的情形。——译者注

待。所谓"不受差别对待"，就是指在权利上要平等对待。　　137

　　∗ 非婚生子女继承部分之规定的案件　本案是这样一起争诉案件：原告因为在家事法院上的遗产分割裁判中，主张与婚生子女具有均等的继承权，没有得到承认，继而主张，规定非婚生子女对于被继承遗产只能继承相当于婚生子女法定继承部分之一半的《民法》第九百条但书违宪无效，但被高等法院的（即时抗告）驳回，为此进一步向最高法院提出上诉的事件。最高法院（十位法官的多数意见）认为民法既然采用法律婚主义，上述规定的立法理由是以求在尊重法律婚姻与保护非婚生子女中作出调整，这种立法目的具有合理的根据，不能说要求非婚生子女继承婚生子女份额的二分之一与上述立法理由的关联就明显不合理，也不能说立法机关超越了合理裁量判断的界限，因此，该但书并没有违反宪法第十四条第一款的规定（最高法院大法庭 1995 年 7 月 5 日决定，民集 49 卷 7 号 1789 页）。五位持反对意见的法官认为有必要检讨合理的立法目的与其手段之间的实质性关联是否足够合理（即并非以上述 4 中所说的合理根据这一基准，而是应以实质性合理关联性基准进行严格地判断），从这一立场出发，指出"将对于出生不承担任何责任的非婚生子女作为理由而采取法律上的差别对待，超出了尊重、保护婚姻的立法目的之框架，其立法目的与手段之间不具有实质关联性，不能说是合理的"，并且就保护非婚生子女的立法目的，批评性地指出：上述规定正是使非婚生子女劣于婚生子女的这种观念受到社会容认的重要因素之一，从而断定"这一规定已不适应今日社会的状况，欠缺合理性"。为了证明这一结论，社会现实的变化、各国立法的趋势、国内立法修改的动向、被批准的条约（《公民权利和政治权利国际公约》第二十六条、《儿童权利公约》第二条）等立法事实的变化，得到了重视。

　　学说上，认为那是依据婚生还是非婚生这一社会身份而作的不合理差别对待，结论与上述反对意见的要旨相同的见解也颇为有力。法庭意见也有一定道理，但作为宪法理论，应以反对意见为正解。在正文（五）之 3 中所提及的"修正案要纲"上，民法第九百条第四号的但书就已被删去。　　138

　　† 出生后才被父亲或母亲承认的非婚生儿童的国籍确认事件　《国籍法》第二条第 1 号规定"出生时，父亲或者母亲为日本国民时"，他们的孩子可以取得日本国籍。因此，未婚生子的情况下，只要父亲一方进行了"胎儿认领"[1]的话就

---

〔1〕　指孩子未出生时，男方即承认其为孩子父亲。——译者注

可以获得国籍，但如果是出生后才予以承认，则不符合这一条件。民法当中，非婚生子女的承认的效力可以追溯到出生时（《民法》第七百八十四条），《国籍法》则否定非婚生子女承认的追溯效力。另一方面，旧《国籍法》第三条第一款规定，出生时父亲或母亲为日本人的话，孩子出生后"通过父母的婚姻以及承认行为获得嫡子身份"，上报告给法务大臣后可获得日本国籍。因此，虽然进行了出生后的承认，若父亲为日本人、母亲为外国人，但父母因为未结婚而无法取得国籍的孩子，可以违反《宪法》第十四条第一款为理由申请取得国籍。最高法院认为，由于"国籍"法律定位的重要性在于其确保人权等的享有，而且孩子自身无法决定自己是不是嫡子，因此必须进行慎重的审查。因此，父母已婚这一条件在其指定当初虽然具有合理性，但随着立法事实的变化，迄今已经失去了合理性，因为这一条件已经违宪无效了，所以满足剩下的条件就可以取得国籍（最高法院 2008 年 6 月 4 日判决，民集 62 卷 6 号 1367 页）。根据这一判决，《国籍法》第三条被修正，现行法上规定非婚生子女出生后承认同样可以取得国籍。

（六）杀害尊亲属加重刑罚规定的合宪性

因违反《宪法》第十四条规定而发生问题的事例虽然不少，但是杀害尊亲属加重刑罚规定的合宪性问题则特别重要。《刑法》第二百条规定："杀害自己或配偶直系尊亲属的，处死刑或无期徒刑"，比起普通杀人对杀害尊亲属者科以了重罚，[1]这种对杀害尊亲属的特别处置，是否违反法之下的平等原则（是否相当于因"社会身份"而实行的不合理差别对待），就成为问题。

最高法院曾在争议《刑法》第二百零五条第二款有关伤害尊亲属致死罪规定的案件中，认为亲子关系不属于"社会身份"，而是"规范夫妇、父子、兄弟关系的道德，乃人伦之本"，判定该条规定合宪（最高法院大法庭 1950 年 10 月 11 日判决，刑集第 4 卷 10 号 2037 页），对于《刑法》第二百条，也曾根据上述判决的意旨，判示其显然没有违反平等原则（最高法院大法庭 1950 年 10 月 25 日判决，刑集第 4 卷 10 号 2126 页）。然而，这样的判决受到了多数学说的强烈批判，被指出存在下列问题：①《刑法》第二百条是以封建旧家族制度的价值观念为基础的，与日本新宪法的民主主义平等观念难道不是不相容的吗？②将对尊亲属报恩的道德律以法律加以强制，难道不是不妥当的吗？③科以"死刑或无期徒刑"

---

〔1〕 根据日本《刑法》的规定，普通杀人罪的下限为三年有期徒刑（第 199 条）。——译者注

的刑罚,难道不是重罚过当吗? 为了回应这种批判,最高法院在 1973 年曾就《刑法》第二百条作了划时代的违宪判决。* 不过,对于该判决在确认尊重尊亲属这一立法目的之合理性的基础上仅将刑罚过严这一点判定为违宪,仍存在诸多批判。

　　* **杀害尊亲属加重刑罚规定违宪判决**　被亲生父亲强迫产生了形同夫妻之关系的被告,因不堪虐待而杀害亲生父亲,并自首。最高法院认为《刑法》第二百条违宪无效,并适用《刑法》第一百九十九条普通杀人罪的规定,作出了缓刑的判决(最高法院大法庭 1973 年 4 月 4 日判决,刑集第 27 卷 3 号 265 页)。然而,关于违宪的理由,有八位大法官认为:保护对尊亲属的尊重和报恩这种道义的立法目的是合理的,只是刑罚的加重程度过于极端,作为达成立法目的的手段并不合理;但另有六位大法官则主张该立法目的本身是违宪的。依八位大法官的见解,《刑法》第二百零五条第二款"伤害尊亲属致死罪的法定刑……不能认为已逸脱达成立法目的之必要限度"(最高法院 1974 年 9 月 26 日判决,刑集第 28 卷 6 号 329 页),但依其他六位大法官的见解,则其亦属违宪。在学界,支持六位大法官见解的学说,颇为有力。经过 1995 年《刑法》的修改,第二百条、第二百零五条第二款均已被删除。

(七) 议员名额不均衡的合宪性

　　议员名额不均衡的问题,也成为有关《宪法》第十四条的重要焦点。在国会议员选举时,因各选区议员名额分配不均衡,因而就存在这样的问题:在与人口总额(或有选举权人总数)的比例上,各选举人投票价值(每一票的重要程度)不平等的现象是否违宪。　　　　　　　　　　　　　　　　　　141

　　当我们思考这一问题时,应该考虑到:①第一,选举权平等的观念,不仅只包含了过去一般所认同的那种投票数意义上的平等,即一人一票的原则(《公职选举法》第三十六条),而且也包括了每一选票对选举结果所拥有的影响力的平等,即投票价值的平等;②第二,选举权及投票价值的平等,与表达自由一样,是支撑民主政治的重要权利,因此,严格的司法审查是必要的(差额程度之合理性的举证责任在于政府);③第三,由于选举法是以彻底的人格平等原则为基础的,从而投票价值平等的内涵,比一般平等原则之场合的平等内涵,远为更形式化,所以,为使国民意思能得到公正而有效的代表,被考虑的非人口要素(例如,将行政区划作为一种前提所确定的选举区制),也只可在以人口总额比例分配议员名额的大原则范围之内，才能认可。

如此想来，关于众议院议员的选举，具体来说，当选出一个议员所占人口平均数的最高选区与最低人口选区之间，一票的分量产生大约二比一以上的差距，将其理解为已违反了投票价值的平等要求，这乃是妥当的。因为在没有特别合理的依据下，一票的分量在不同选区之间产生两倍以上的差距，将会破坏平等选举（一人一票的原则）的本质。这种二对一的基准尽管在学说上受到广泛的支持，但在最高法院的判例上尚未表明明确的基准（但可参照后文＊(2)判决）。

对于参议院议员名额的不均衡，最高法院当初虽然指出投票价值的平等是宪法上的"期望"，但却认为只要不属于"会对选举人的选举权之享有产生极端不平等"的场合，名额分配就是"立法政策的问题"（最高法院大法庭 1964 年 2 月 5 日判决，民集 18 卷 2 号 270 页），直至 1976 年对众议院议员名额不均衡做出了

142　划时代的违宪判决。这一判决虽然在认定投票价值的平等是宪法的要求，并将议员名额不均衡判定为违宪这一点上受到了很高的评价，但另一方面也在如下诸点上存在不少问题：①什么程度的差距构成违宪，其基准并不明确；②重视人口比例以外的要素（非人口要素），广泛认可立法机关的裁量范围；③将公职选举法附表一所规定的议员名额分配表，视为整部法律的一体不可分割之部分，采取了这样的判断方法，即：将全体判为违宪，但却不将选举作为无效。

其后，1983 年最高法院分别就参议院及众议院的情形做出了判决，并为自1985 年至 1993、1996 年间的各个判决所沿袭。在此中，最高法院虽然积极地面对了议员名额不均衡问题，但是上述 1976 年判决所留下的问题，仍未予以解决，＊其过分强调参议院之特殊性的见解也有问题。＊＊另外，地方议会议员的名额不均衡，是直接有关《公职选举法》第十五条第七款（根据 1994 年法律 2 号改正后的第 8 款）的解释问题，但却被以与众议院议员名额不均衡之场合基本相同的基准加以判断（最高法院 1987 年 2 月 17 日判决，判时 1243 号 10 页）。[不过，最近也有判例由于认可了特例举区，将最大差距程度达到 1 比 3.95 的东京都议会的名额分配判定为合宪（最高法院 1999 年 1 月 22 日判决，判时 1666 号32 页）。]

＊ 众议院议员名额不均衡裁判

(1) 1976 年 4 月 14 日判决（最高法院大法庭判决，民集 30 卷 3 号 223 页）

就 1972 年举行的众议院选举，千叶县第一选区的选民，以其一票的差距高到 4.99∶1，违反投票价值平等为由，提起了选举无效的诉求。最高法院虽然认

为人口数额与议员名额比率的平等,乃是"最重要且基本的标准",但是对投票价值的平等所采取的立场,则是"应在国会可正当考虑的其他政策目的及理由的关联中,调和地加以实现",并以行政区划为主,从居民结构、交通情况、地理状况等方面,到人口的都市集中化现象如何评价,以及"考虑政治安定的需要"而如何将此反映到议员定额分配之中等高度政策性的判断方面,大幅度地认可了非人口要素所具有的功能,而不采用严格的审查基准。然而最高法院提出了这样的基准,即:①在斟酌国会上通常可以考虑的各种要素之后,投票价值的不平等仍未达到一般来说毕竟不可认为具有合理性之程度时;而且,②在可认为宪法要求考虑人口变动状态并于合理期间内进行矫正但却没有得到实行的场合,应认为违宪;为此判定5∶1的投票价值差距(如考虑1964年法律修正后经过八年多仍未修正)已违反选举权平等的要求,并表示该名额分配规定在整体上带有违宪的瑕疵,不过,对于选举的效力方面,则为了回避使整个选举归于无效而产生的不当后果,而将《行政诉讼法》第三十一条所规定的情事判决(在处分尽管违法但可认为如加以撤销则不适合于公共利益之时,所做的确认其违法但驳回请求的判决,故不承认可以准用《公职选举法》第二百一十九条)的法理,解释为"基于一般的法律基本原则"并予以适用,作出仅确认议员名额分配不均衡违法,而不认定选举无效的判决。

因为上述这种名额不均衡的诉讼,并没有法定的特别方法,所以通常乃使用作为民众诉讼(参照第十六章一(三)(1) ＊)的选举无效诉讼(《公职选举法》第二百零四条)进行争诉,但由于一旦确定无效,就必须在"四十天内"实施重新选举,因此为了回避其所可能伴随的混乱,在学术上也在探索是否有什么判决方法,可以使名额不均衡的违宪判断不会直接导致选举无效。虽然在这一点上该判决可以说是划时代的,不过由于不能直接规约国会的怠慢,就有反复确认违宪了事却于事无补的可能性(至于有关确认违法以外的新判决方法,参照第十八章二(五)2 ＊)。

(2) 1983年11月7日判决(最高法院大法庭判决,民集37卷9号1243页)

1980年6月众议院议员选举,投票价值差距达到3.94∶1,引发了合宪性的争诉。最高法院虽然也将该差距理解为违宪状态,但认为1975年的法律修正已使议员名额不均衡的差距缩减为2.92∶1,不平等为此暂时得到消解,这一点可予以好评,并以从修改法律到本案选举之时(从改正法公布开始约五年,名额分配规定的施行开始约三年半)仍处在为消解名额不均衡所认可的合理期间之内为理由,判定本案的名额分配规定合宪。为此,一般认为这一判决的旨趣是:3∶1之内的投票价值差距仍属于宪法所容许的范围。

(3) 1985年7月17日判决(最高法院大法庭判决,民集39卷5号1100页)

针对1983年12月众议院议员选举的投票价值最大差距达到4.40∶1的合宪性问题,最高法院认为1980年6月大选时,投票价值的不平等已达到违宪程度(参照(2)的1983年判决),而且在合理期间内未做修正,因而议员名额分配应视为违宪。但这也只是仍止于确认选举违法而已。

(4) 1993年1月20日判决(最高法院大法庭判决,民集47卷1号67页)

就1990年2月众议院议员选举的最大差距达到3.18∶1的合宪性问题,最高法院判决:该差距处于违宪状态,但由于属于该案名额分配规定自施行之日起经过三年七个月,国情调查的确定数值自公布之日起约经过三年三个月之时点上的不平等的状态,为此并没有超过矫正的合理期间,不能断定名额分配规定违宪。四位法官持反对意见,其旨认为该差距处于违宪状态(就判定基准,则有两倍说和三倍说),合理期间亦被超过,为此违宪,但也仅止于确认选举违法。

[(5) 1999年11月10日判决(最高法院大法庭判决,民集53卷8号1441页)

1994年以前的中型选区制被废止,小选区比例代表并立制(参照第十四章三(二))被引入。作为全部名额为300人的小选区的划分方针,采用了这样的方法,即:以都道府县[1]为单位,首先47个都道府县各分配一个议席,剩余的253个议席按人口比例进行分配,以决定都道府县的议席数,接着采取在都道府县内部按议席数份额形成小选区。为此,制度形成之时就产生了最大为1∶2.3的差距。在就展开争诉的案件中,最高法院认为,名额分配时适当照顾人口少的县的利益,作为立法目的也是被容许的,为此做出了合宪的判断,但也附有主张更严格审查的五位法官的反对意见。]

** 参议院议员名额不均衡裁判

(1) 1983年4月27日判决(最高法院大法庭判决,民集第37卷3号345页)

1977年7月的参议院议员选举,一名议员所对应的选举人数的最大差距达到5.26(神奈川选区)比1(鸟取选区),而且,出现了所谓的逆转现象(选举人多

---

〔1〕 都道府县是一都(东京)、一道(北海道)、二府(大阪、京都)以及43个县的总称,共计47个单位,是日本最大的地方行政实体,其下有市町村,故亦是后者的上一级地方公共团体。——译者注

的选区的议员名额比选举人少的选区要少的现象），其合宪性引起了争诉。最高
法院（在判决中）重视了参议院地方选区（旧）的地域代表性这一特殊性，并且广
泛确认了立法机关的裁量（即解释为：a. 投票价值的不平等到了最终无法忽略
程度的显著状态；b. 并且这种不平等的状态"持续相当的时期"而未采取矫正的
措施，超出了国会裁量权限所容许的界限，才判断为违宪），为此判决合宪。由于
既然采取了半数交替制（《宪法》第四十六条），就不得不出现偶数名额的分配，所
以，在将全国分为若干选区的场合，就无法严格地要求人口比率。但是，强调参
议院除此以外的特殊性，则就像团藤法官的反对意见所说的那样，5.26：1 这一
"异常的差距"，"实际上已任其经过了 27 年之久"，"这一应该说是国会之怠慢的
纯粹不作为，就这样被看作是属于裁量权的行使"的多数意见之见解，是极有问
题的，在学说上也有不少批判。

　　然而，在学说上，关于参议院选举的最大差距到底可允许到什么样的程度，
与众议院的情况不同，从 2：1 说到 5：1 说，分为各种各样的学说。不过，只要
存在为了实现适合两院制之旨趣的"公正且有效的代表"所的确不得不如此的合
理理由，即使可承认参议院选举人口比例的幅度较之于众议院的情形而有若干
扩大的可能性，假如以都道府县为单位的地方选区（旧）人口比例较大地脱离现
状，并且对此进行纠正很困难的话，那么就毋宁有必要重新探讨能贯彻作为宪法
原则的投票价值平等的新选区制。

　　(2) 1996 年 9 月 11 日判决（最高法院大法庭判决，民集 50 卷 8 号 2283 页）
　　1992 年 7 月参议院议员选举，一名议员所对应的选举人数的最大较差达到
6.59：1，并有 8 个府县 24 例所谓的逆转现象，其合宪性引起了争诉。最高法院
承认"是出现了足以产生违宪问题之程度上的、投票价值显著不平等状态"，但是
认为，断定像上述 (1) 判决中所说的 b 那样超越了国会裁量权的可容许界限是困
难的，为此判示：名额分配规定合宪。一位法官的意见则认为，名额为四人以上
的选区（附加分配区）的名额，鉴于根据人口比例原则进行分配的缘由，最大差距
超过 1：4 时（本案选举当时 1：4.54）应归于违宪；还有六位法官的反对意见考
虑了这一点，并认为其乃达到了"难以忽略程度的、显著的"不平等状态，并且"远
远超过了国会为了矫正的合理期间"，为此名额分配规定违宪（不过，仅宣告选举
违法而已）。经 1994 年的法律修正，在 1995 年的选举之时，一位议员所对应的
选举人数的最大差距缩小为 4.97：1。最高法院大法庭判示其合宪（最高法院
大法庭判决 1998 年 9 月 2 日判决，民集 52 卷 6 号 1373 页），但也仍有五位大法

146

147

官表示了反对意见。[另外,对于在同样的名额分配规定之下所实施的1998年参议院议员选举,最高法院的多数意见也仍然维持了合宪判断(最高法院大法庭2000年9月6日判决,民集54卷7号1997页)。]

[(3) 2004年1月14日判决(最高法院大法庭判决民集58卷1号56页)

通过2002年公选法的修改,参议院议员选举的比例代表制被改为非拘束名单式的同时,所选议员的配额也被削减(每个选区6人、比例代表4人),此外还对选区选举的定额分配的偏差也进行了纠正(配额为4的选区中,有3个被改为配额为3)。但结果是,虽然逆转现象不见了,但最大偏差值几乎没有变化,在本案所争议的2001年7月的参议院议员选举时,即为1:5.06。关于这一偏差值,本案的审理若按照多数意见(一共9人),从结果上看是合宪的。但在赞同者中,5名法官重视现行的都道府县的地域代表性和偶数分配制,另外4名则警告称,在这样的现行制度下进行定额分配偏差的纠正是有界限的,如果不在下次选举前找到解决办法,那么就会发生违宪,因此两派意见其实存有分歧。持反对意见的6人认为,偏差值应该控制在1:2以内,或者接近1:1。根据这一判决,国会进行了改正的努力,但没有在下一次的参议院选举前实现改正,2004年7月的参议院选举仍然以旧规定进行。当时选举的偏差值为1:5.13。在这次选举是否有效的争诉案件中,最高法院认为从判决到选举之间不过6个月,即使没能完成纠正,也不能说脱离了立法裁量(最高法院大法庭2006年10月4日判决,民集60卷8号296页)。那须法官在其补充意见中,就偏差值的计算方法提出了应该综合考虑选区选举和比例代表选举的新方法,值得关注。此外,通过2006年公选法的修改,选区选举议员配额为4的栃木县和群马县被改为2,配额为4的千叶县被改为6,配额为8的东京都被改为10。结果,从选举人数上来看,最大偏差值为1:4.84。根据这一分配规定所进行的2007年7月的参议院议员选举,引发了选举无效的诉讼,对此,2009年9月30日最高法院大法庭判决(民集63卷7号1520页)认为最大偏差值1:4.84合宪。]

148　　[(4) 其后判例的动向

在2010年7月11日的通常选举中,最大偏差值达到了1:5。最高法院断定这已达到了"产生违宪问题程度的显著不平等状态",即违宪状态,并且指出,这主要是因为采用了以都道府县为单位分配选区所选议员配额的制度,但是,以都道府县为单位并不是宪法上的要求,因此应该重新审视这一分配方法本身,进行彻底的改正(最高法院大法庭判决2012年10月17日,民集66卷10号3357

页）。接受了该判决的国会,对一部分选区的配额进行了增减(所谓的"四增四减"),偏差仅略微降低(2013 年 7 月 21 日一般选举时为 4.77 倍),远远没有达到对制度框架进行彻底的改革。不过,在根据这一定额分配而举行的 2013 年通常选举是否违宪无效的诉讼中,最高法院认为,违宪状态的认定问题,因为制度改革困难需要时间,2012 年判决提出 9 个月后进行选举,尚未超过了改正的必要合理期间。藉此,最高法院回避了违宪判断(最高法院大法庭判决 2014 年 11 月 26 日,判例集未登载)。]

第八章　精神自由权（之一）：内心的自由

149　　　自由权,是在人权谱系中居于中心位置的重要人权,从大的方面可以分为精神自由、经济自由、人身自由。在此,首先从精神自由之中举出个人内在精神活动的自由(内心自由)加以讨论。内在的精神活动自由,构成了表达自由等外在精神活动自由的基础,在日本宪法上,除了思想、良心自由(第十九条)之外,宗教信仰自由(第二十条)中的信仰自由,学问自由(第二十三条)中的学术研究自由,均属于此。

一、思想·良心的自由

(一)构成精神自由之根本的自由

　　思想·良心的自由,即使在内在的精神活动自由之中也是最根本的自由。在世界各国的宪法上,在信仰自由与表达自由之外,特别对思想自由加以保障的例子,几乎难以见到。这是因为内心的自由被认为是绝对的,并且思想自由与表达自由密切相关,所以被认为只要保障表达自由就已经足够。然而,在吾国,

150　就像从《明治宪法》之下治安维持法的运用中可以看到的那样,将特定的思想视为反国家的东西而加以弹压,这种内心自由受到侵害的事例并不鲜见。日本国《宪法》在有关精神自由的各种规定中,首先开宗明义地特别保障思想·良心的自由,其意味就在于此。

(二)保障思想·良心自由的含义

1. 思想与良心

　　通说和判例认为:有关《宪法》第十九条所保障的"思想"和"良心"的含义,不必加以特别的区别。在各个外国《宪法》上,所谓良心的自由一般指的是信仰

自由,但在日本《宪法》上,另由第二十条来保障信教自由,因此就没有必要将良心自由作狭义的解释。良心,只意味着思想之中伦理性较强的东西,为此,"思想与良心"就可理解为广泛地包括了世界观、人生观、主义、主张等个人的人格意义上的内在精神作用。

2. 保障的含义

这种思想·良心的自由"不可侵犯",指的是：第一,无论国民抱有何种国家观、世界观、人生观,只要其存于内心的领域,就绝对地自由,国家权力不得基于内心的思想而科以不利,或者禁止国民抱有特定的思想。纵然是否定民主主义的思想,只要停留在内心自由的层次,就应该理解为不得受到处罚。

思想·良心自由不可侵犯的第二层含义,指的是无论国民抱有何种思想,都不容许国家权力强制迫使其表白(disclosure),也就是说,有关思想的沉默自由是受到保障的。国家权力对个人内心所抱有的思想进行直接或间接的窥探也是不被允许的。为此,例如江户时代为镇压基督徒而实施"踏像",[1]或关于是否支持天皇制所强制进行的问卷调查等,企图推知个人之内心的做法,都不容许。

151

3. 界限

作为侵害思想·良心的自由而引起争诉的案件中,一个有名的案件争议的是：在法院的判决中,可否判令当事人刊登赔礼道歉的公告。* 关于这一问题,学说上也有对立的见解：①有一种见解重视了谢罪、道歉行为中一定伦理性意涵的存在,因此主张强制刊登赔礼道歉公告乃是违宪的;②另一种见解认为,所谓的思想·良心,可理解为是世界观、人生观等个人的人格形成所必要的或是与此有关的内在精神作用,并不包含谢罪意思表示基础上所存在的道德反省或诚实这种事物是非、善恶的判断,为此,强制谢罪未必是对思想·良心自由的侵犯。的确,①说的旨趣是可以充分理解的,但不可否认,日本很早以来就认为可以容许以判决来强制刊登道歉公告,一般也认为这与人格形成无直接关系。不过,即使存在可理解为并不违宪的情况,但连"在此道歉"都加以要求,这是否妥当,则也有重新检讨的余地。此外,作为判例,三菱树脂案(第六章三(二)*(1))、税理

---

〔1〕　也可意译为"脚踏圣像",指的是日本17世纪上半叶开始实施的一种制度,即官府为了查知和揭发教徒,强迫民众用脚踏基督或玛利亚的圣像。该制度直至安政五年(1858年)才被废止。——译者注

师协会政治献金案件(第五章四(二)＊)和麹町中学档案案＊＊[、拒绝"君之代"钢琴伴奏事件†、拒绝起立齐唱事件††]受到了注目。

　　＊ **强制谢罪公告案**　在众议院选举时,某候选人损害其他候选人的名誉,被法院的判决判令:作为《民法》第七百二十三条所规定的"恢复名誉的适当处理",被告应公开刊登如下内容的谢罪公告:"上述广播及新闻与事实真相不符,有伤阁下之名誉,造成了您的困扰。谨此表示致歉之意",但被告则以强制谢罪乃违反思想·良心之自由为由,而又提出争诉。最高法院判示:谢罪公告中虽然也存在这样的情形,即:如果加以强制执行,就会导致"无视债务人[加害人][1]的人格,明显损害其名誉,不当地限制其意思决定的自由和良心的自由",但像本案这样的情况,如果"单单仅仅止于表明事态的真相表示道歉之意的程度",那么,通过代替执行加以强制,也属于合宪(最高法院大法庭 1956 年 7 月 4 日判决,民集 10 卷 7 号 785 页)。所附的少数反对意见则认为,该判决之中,以判决的形式判令将有关事物是非辨别之判断的事项对外加以表明,又或强制迫使将谢罪、道歉等伦理性的意志对外公开表示,乃是侵犯了良心自由的违宪行为。对此表示支持的学说也颇为有力。

　　＊＊ **麹町中学档案案**　一位申请入读高中的学生,因为其档案中有"(该生)在校时曾以麹町中'全共斗'[2]的名义,发行过机关报《砦》。在学校文化节之际,高喊'粉碎它'并伙同他校学生冲入校内分发传单。参加了大学生 ML 派[3]的集会。不听学校当局的指导劝说,分发传单或在墙上涂写"的记载等原因,导致其所有参加的入学考试均不合格,遂以此为由,依据国家《赔偿法》提起请求损害赔偿的诉讼。最高法院针对其所提出的违反《宪法》第十九条的主张,阐述道:"所有记载,显然均非记载上告人的思想信念,通过上述记载上告人的外部行为,也无法了解其思想信念,并且毕竟也无法解释该档案就是将上告人的思想信念作为高中入学选拔的资料加以提供",为此予以驳回(最高法院 1988 年 7 月 15 日判决;判时 1287 号 65 页)。不过,对该判旨也有这样的疑问:在档案中记载

―――――――――――――

[1]　在日本的民法(学)上,与德国的情形相同,债权的概念也被抽象到了意指可请求他人为一定行为的权利这一层面,故而,要求他人赔礼道歉的权利也是一种债权,而从本案的加害人的角度而言,此即为一种债务。——译者注
[2]　全称为"全校共斗会议",是 1968—1969 年日本(受中国"文革"以及世界各国左派潮流影响而展开的)全国性学生运动中在各校所出现的一种激进组织。——译者注
[3]　指马列派。——译者注

"参加了 ML 派的集会"等那样让人直接推知本人思想、信念的事实,岂非宪法所不容许。

　　† **拒绝"君之代"钢琴伴奏案**　市立小学音乐专科的教师被校长要求在入学仪式上伴奏"君之代",但因没有接受这一职务命令而受到了警告处分。在其所提出的撤销处分的诉讼中,针对职务命令侵害了教师的思想和良心自由而无效的主张,最高法院认为：钢琴伴奏与有关"君之代"的历史观和世界观一般而言并非是处于一种不可分的关系,因而强制钢琴伴奏未必意味着历史观和世界观的强制,而且,在开学仪式上进行"君之代"的伴奏对于音乐专科的教师来说应当是可以预想的情景,并不会被认理解为是一种表明特定思想的行为,强制伴奏并非是要强制接受某种特定思想,因而合宪(最高法院判决 2007 年 2 月 27 日,民集 61 卷 1 号 291 页)。

　　†† **拒绝起立合唱案**　关于"日之丸、君之代",对那些在举行毕业式等仪式时因违反校长所发出的面向国旗起立合唱国歌的职务命令的教员作出的惩戒处分也引发诸多争诉。职务命令本身在拒绝钢琴伴奏案的判决被认为是合宪的,但基于对违反命令的行为作出惩戒处分等不利益对待的严厉性,无论如何都是严重制约了国民对于"日之丸、君之代"可以抱有的思想、良心自由,因此存在逾越、滥用惩戒处分等裁量权的可能。最高法院 2011 年 5 月 30 日判决(民集 65 卷 4 号 1780 页),判定对于退休后的非常勤兼职人员等在再就职录用考试中因此给予不合格的结果,只是间接地限制了其思想良心自由而已,仍在可以容许的范围之内。另外,有判决认为对不遵从起立合唱国歌命令的公立保育学校的教职员工减扣工资的处分超出了裁量的范围(最高法院 2012 年 1 月 16 日判决,裁集民事 239 号 253 页);也有判决认为基于违反起立合唱命令而对公立保育学校教员做出停职处分超出了裁量的范围(最高法院 2012 年 1 月 16 日判决,裁集民事 239 号 1 页)。由这些判决中可以看到,违反命令的行为在何种程度上妨碍了仪式、是否属于之前受过同样处分的人的再度违反行为、处分等的严厉性对内心自由具有何种程度的限制效果等诸种情形已通过综合的利益衡量得到了判断,其结论取决于案件的具体情况,但对裁量权进行一定程度的控制似乎已在设想之中。

153

二、宗教信仰自由

近代的自由主义乃产生于中世纪对宗教压迫的抵抗,经过其后鲜血淋漓的殉教历史而形成。正因如此,宗教信仰的自由成为了确立所有精神自由的推动力,在历史上有着极其重要的意义。从而,宗教信仰的自由可算得上人权宣言中的名角,各国宪法均有所保障。

(一)《明治宪法》的宗教信仰自由

《明治宪法》当然也保障了宗教信仰自由(《明治宪法》第二十八条),并且与其他自由权不同,不附加法律保留,其界限是以"不妨碍安宁秩序,不违背臣民的义务为限"这一基准的形式,在宪法上进行了规定。然而,这一基准反而成为认可这种解释的依据,即只要符合这一规定,就可不依法律,而只凭行政法规也可限制宗教信仰自由。而且在实际上,"神社"被看成"不属于宗教"的东西,神社神道(又称国家神道)得到了被作为国教(从国家那里享有特权的宗教)看待的优遇。相反,其他宗教则受到冷遇,像基督教、大本教那样受弹压的教会也为数不少。从而,宗教信仰自由只在与神社的国教地位能共同并存的限度内才受到了容许,其之完全的实现,从根本上受到妨碍。随着国粹主义的抬头,赋予神社的国教之地位及其意义,成为国家主义或军国主义的精神支柱。

否定神道的这种特殊性,要求确立日本宗教信仰自由的,是 1945 年 12 月由盟军总司令部所发布的,命令"神道从国家分离,消除源于神道教义的军国主义、超国家主义的思想,从学校之中排除神道教育"的"国教分离指令"(又称"神道指令")。根据依此指令而发布的天皇的人类宣言(参照第三章三(一)),天皇与其祖先的神格也被否定,支撑神道特权地位的基础被明确地消灭。日本《宪法》经过这样的沿革,不仅优厚地保障个人的宗教信仰自由,同时也将国家与宗教的分离加以明确化。

(二)宗教信仰自由的内容和界限

1. 内容

《宪法》第二十条第一款前段规定,"任何人的宗教信仰自由,都应予以保障"。这里的宗教信仰自由,包含信仰的自由、宗教行为的自由、宗教结社的自由。西欧各国则将后两者合而为一，一般多称之为礼拜的自由或宗教实践的自由。

（1）所谓信仰的自由，指的是对于信仰宗教或不信仰宗教、选择所信仰的宗教或变更所信仰的宗教，个人可任意决定的自由。这属于个人内心的自由，绝对不允许侵犯。作为其结果：①将内在的信仰自由表达到外部的信仰表白之自由，当然可被承认。不允许国家强制个人表白信仰（如江户幕府为了禁止压制基督徒实施宗门改定），或者强制个人作违反其信仰的行为（如脚踏圣像），即使因为与宗教无关的行政上、司法上的要求，也不能要求个人提出属于哪一个宗教团体等信仰的证明（不过，这里所称的"强制"，不限于直接性的或物理性质的"强制"，也包括对个人宗教信仰自由所课以的间接性的、附随性的负担）。②不因信仰或不信仰，而接受特别的利益或不利益的自由（这与宪法第十四条的因"信条"不同而实行差别对待的禁止相交叠）。③父母以自己所偏好的宗教去教育子女、让子女入读自己所偏好的宗教学校的自由，以及接受或不接受宗教教育的自由（也有将宗教教育自由视为是宗教行为自由之一种形态的学说），都是由信仰自由派生而来的。

（2）所谓宗教行为自由，指的是有关信仰的事项，个人可单独地或者与他人一道，任意进行诸如设置祭坛、做礼拜或祈祷等宗教上的祝典、仪式、活动以及其他传教等的自由。包括不为宗教行为的自由、不被强制参加宗教行为的自由（《宪法》第二十条第二款重复强调此点）。至于宣传、普及宗教教义的自由（传教的自由），可直接成为表达自由的问题。

156

（3）所谓宗教结社的自由，指的是以宣传特定宗教，以及共同实行宗教行为为目的，结合成团体的自由。将此种自由理解为包含于宗教行为自由之中的学说也颇为有力。但无论如何，在结社自由（《宪法》第二十一条）之中，对于宗教结社自由，也被作为宗教信仰自由的一部分而受到保障。*

　＊　**宗教的含义**　《宪法》第二十条第一款前段以及第二款"宗教信仰自由"条文中所称的"宗教"，有广义和狭义之分。广义的"宗教"，可被广泛理解为诸如"确信有超自然的、超人本质（即绝对者、造物主、至高无上的存在等，尤其是神、佛、灵等）的存在，并加以敬畏、崇拜的心情与行为"（后述（三）2＊（1）的津市奠基仪式案二审判决）；与此不同，将《宪法》第二十条第三款的政教分离条款中所称的"宗教"，理解为被限定为更为狭窄的含义、诸如"拥有某种的具备了固有教义体系组织背景的宗教"，则是妥当的。不过，主张应该一元性地加以理解的学

说,也颇为有力。

2. 界限

宗教上的行为自由与信仰自由不同,就像国际人权公约(自由权公约)第十八条所规定的那样,服从于"为保障公共安全、公共秩序、公众的健康和道德以及他人的基本权利与自由所必要"的制约。不过,这并不容许轻易地以安全、秩序、道德等一般原则来加以限制,而必须采用为达成必要不可或缺之目的最小限度的手段。宗教法人法之所以一方面规定不能将其(任何条款)解释为限制"个157 人、集体或者团体"的宗教行为自由的东西(第一条第二款),另一方面又规定对于"作出了可以被明确认定为违反法令、明显有害于公共福利的行为"或"作出了明显脱离宗教团体之目的的行为"的宗教法人,可通过法院命令其解散(第八十一条第一款),就应该在这一旨趣上加以解释。虽说是宗教行为自由的规制,但却是与内在的信仰自由深刻关联的问题,为此就要求必须予以慎重处理。在这一点上,下述四个案件尤其受到注目。*

* 有关宗教行为的判例

(1)教会活动案件

该案件为:两名具有侵入建筑物、预备集合械斗之嫌疑的高中生,在追捕逃亡中,教会牧师受其父母之恳求,让他们在教会住宿一个星期后,说服两人向警察局自首,而警察机关以简易裁判的方式追究牧师藏匿犯罪嫌疑人的刑事责任,牧师对此不服,诉求正式裁判。判决认为,教会活动(通过对个人之精神的关心服务于社会的宗教活动)形成了"礼拜自由的一项内容",属于外部的行为,对其之限制有可能会在事实上侵犯信仰自由,因此,该限制要求"最大限度的慎重考虑":为此判示,本案有关的教会活动在目的上没有超过适当的范围,其手段方法也为适当,因此"在整体上没有违反法秩序的理念,作为正当的业务行为不构成犯罪"(神户简易法庭,1975年2月20日判决;判时768号3页)。

(2)星期日教学参观案

该案件为:两名小学儿童的父母因担任牧师职务而出席了他们所主持的教会学校,为此该两名儿童与父母都没有参加该他们所入读的公立小学在星期日举办的教学参观活动,被学校作出了在《指导要录》上记录"缺席"的处分,于是向法院提起诉讼,要求学校撤销记录处分,并作出损害赔偿。判决认为,在《指导要录》上纪录"缺席",是将学生的出席状况告知给负责教师的事实行为,并没有课

以法律上的不利益,在此基础上,判决认为:免除参加宗教行为的儿童出席教学
参观,"对于维护公共教育的宗教中立性而言,并非可被期望的事",并解释道:
"在公共教育上具有特别必要性的教学日之调换范围内,即使与宗教团体的集会
有所冲突,法律也会将其作为基于合理的根据而不得不施加的限制而予以容认" 158
(东京地方法院判决 1986 年 3 月 20 日判决,行裁例集 37 卷 3 号 347 页)。对于
本案有两种见解:一种注重宗教信仰自由,认为不应以缺席处分;另一种认为既
然缺席纪录只是构成轻微的不利益,还是要以国法上的义务为优先。这两种见
解构成了对立。对于国法上义务的不可欠缺性、实施宗教行为而蒙受的不利益
的程度以及对宗教信仰自由的影响等,还是有必要慎重地加以比较探讨并作出
判断。

(3) 拒绝学习剑道实用技术的案件

这是神户市立工业高等专门学校的一名学生,根据所信仰宗教("耶和华的
证人")的教义,拒绝学习必修科目体育的剑道实用技巧,而受到留级、退学的处
分,为此提起诉讼,认为上述处分侵害了宗教信仰的自由,要求予以撤销的案件。
一审判决(神户地方法院 1993 年 2 月 22 日判决,判时 813 号 134 页)认为,如果
采取代替剑道的单位认定措施,则会成为"以宗教信仰自由为理由的有利处理",
为此"可能与公共教育的宗教中立性相抵触"(请求停止执行留置原级的处分的
案件也是同样的意旨,大阪高等法院 1992 年 10 月 15 日判决,判时 1446 号 49
页)。上诉审判决(最高法院 1996 年 3 月 8 日,民集 50 卷 3 号 469 页)认为:
①"剑道实用技巧的履修难以说是必须之事,体育科目之教育目的的达成,由修
习其他体育种类来代替",这也"在性质上是可能的";②拒绝参加学生剑道实用
技巧的修习,其理由"和信仰的核心部分真正密切相关",在这种情况下,学生所
遭受的不利益(留置原级、退学处分)"极其之大",并且学生是以自由意志选择了
采用剑道实用技术修习的学校,因此,给予这种"明显的不利益",当然也不被容
许;③以不会对其他学生产生不公平感的适当方法、样式,采取替代措施,"既不
能说其在目的上就具有宗教性的意涵,具有对特定宗教进行援助、推动、促进的
效果,也不能说具有压迫、干涉其他宗教人士或者无宗教人士的效果";④"对当
事人所说明的宗教上的信条与拒绝修习之间的合理关联性是否可被确认的程度
的调查""不能说违反了公共教育的宗教中立性"。从而该判决判示,从以上几点
来考虑,则学校方面的措施,是"在社会观念上显然欠缺妥当性的处分","逾越了
裁量权的范围,构成违法",并且肯定了与该判旨意思相同的原审判决。从正文

已阐述的"为达成必要而不可或缺之目的最小限度的手段"的观点来看，可将该判决评价为是正当的。

159　　（4）宗教法人奥姆真理教解散案

该案是奥姆真理教被以将大量杀人作为目的，有组织有计划地大量生产沙林毒气，从而作出了《宗教法人法》第八十一条中所说的"可以被明确认定为违反法令、明显有害于公共福利的行为"，或"作出了明显脱离宗教团体之目的的行为"为理由，请求命令解散其宗教法人的案件。对此，最高法院认为，解散命令的制度是"完全依据世俗目的的，并非基于干涉宗教团体以及信徒的精神上、宗教上的方面的意图"，而本案的解散命令，即使对奥姆真理教及其信徒的宗教行为产生障碍，也只是伴随解散命令的间接性事实上的问题，属于"必要且不得已而为之的规制"，为此作出了不违反《宪法》第二十条第一款的判决（最高法院1996年1月30日决定，民集50卷1号199页）。即使有解散命令，由于并不妨碍其不具有法人人格的宗教团体仍然存在，或重新结成宗教团体，为此，在严格的要件下做出解散命令的制度，不能说是违宪的。

（三）国家与宗教的分离原则（政教分离原则）

《宪法》第二十条第一款后段规定，"任何宗教团体都不得从国家那里享有特权，也不得行使政治上的权力"，同时第三款规定，"国家及其机关不得从事宗教教育以及其他宗教活动"。这些规定，旨在禁止从国家之处享受特权的宗教，明确表明了国家的宗教上的中立性。（不过，就"特权"的解释也存在争议）*。判例将此理解为所谓的制度性保障（参照第五章三（三））的规定，但"制度的核心"却未必明确。在财政层面上对政教分离加以保证的是《宪法》第八十九条的规定，即禁止公共资金支持"宗教组织或团体"（参照第十七章一（五））。

　　*　特权　指的是与其他的宗教团体相比较，或与一般的国民、团体相比较所具有的特别的利益。有学说认为，法人税法、地方税法上的对于宗教法人的不课税措施，相应的税额部分由公共资金来补助，即是违宪的，但是一般认为，由于公益法人、社会福利法人都是免税的，所以不属于特权；而认为鉴于宗教所具有160 的意义、作用，这种措施在立法政策上是可被容许的学说也颇为有力。"政治上的权力"指的是立法权、课税权等统治性的权力，不是政治活动本身。关于"宗教教育"，则可参照《教育基本法》第九条。

1. 政教分离的主要形态

国家与宗教的分离原则,常被称之为政教分离原则,其与传统人权的宗教信仰自由有着密不可分的关系。不过,国家对宗教采取何种态度,往往因国家和时代不同而有所差异。其主要的形态有：①英国型,名义上有国教制度,但对于国教以外的宗教,则采取广泛的宗教宽容;②意大利、德国型,使国家与宗教团体分离,同时确认国家与教会在各自固有的领域内相互独立,对于彼此发生竞合的事项,则缔结政教条约(Konkordat,也称为教会条约或亲睦条约)并须据此来处理;③美国型,以将国家与宗教严格分离,互不干涉为主义。日本《宪法》上的政教分离原则属于美国型,规定了国家与宗教的严格分离。

2. 政教分离的界限(目的与效果基准)

虽说国家与宗教要严格分离,但这并不意味着要将国家与宗教的一切关联都予以排除。这如果从现代国家作为福利国家,对于宗教团体也与对于其他社会团体一样,存在着必须给予平等的社会性给付的情形(如支付宗教团体设置的私立学校补助金的情形)来看的话,就很明显。然而,国家与宗教的关联可以被允许存在于什么样的情况中以及到什么样的程度,则进而成为问题。

在美国的判例上,关于这种问题,向来适用了所谓的"目的与效果基准"。这一基准是通过对以下三个要件作个别性的检讨,来判断是否违反宗教分离的原则,即①有争议的国家行为,是否具有世俗性的目的(secular purpose);②该国家行为的主要效果(primary effect),是属于振兴宗教还是抑制宗教;③该国家行为是否将促使国家与宗教产生过度的关联(excessive entanglement);只要其中一个要件不清楚,该国家行为就属于违宪。在吾国,当判定某一公权力行为是否属于《宪法》第二十条第三款所禁止的"宗教活动"时,虽然上述基准稍有变貌,但在津市奠基仪式案最高法院判决等判例中也适用了这样的基准。*

该基准虽然在会导致认可国家与宗教之间的宽松式分离的可能性(像津市奠基仪式最高法院判决那样,连行为者的宗教意识都作为考虑要素的话,这种可能性就很大)这一点上还是有问题的,但如果能像到1980年代为止的美国判例那样,将上述的①②③基准内容严格地加以适用(如对于①所说的目的,不是重视行为者的宗教意识等主观的要件,而是重视客观的意义;对于②的要件,基于该国家行为的性质、受其影响的宗教团体的目的与性质等,严密地检讨该国家行为是否会赋予特定的权威,导致与该宗教产生象征性的联结等;而就③而言,则应慎重考虑,由于该国家行为,是否有可能发生国家的行政上的监督成为必要的那种关系或政治上的分裂),则可被认为是可以得到广泛应用的基准。关于这一点,在围绕地方公共团体给靖国神社或护国神社支付了玉串[1]费用而发生争议的诉讼中,严格适用上述基准从而推出违宪结论的判决,以及对内阁总理大臣正式参拜靖国神社表明了违宪疑义的判决,就受到注目。** 遑论支付玉串费用,总理大臣以代表国民的形式正式参拜曾是国家神道的一个象征性存在的宗教团体——靖国神社,即使其目的是世俗性的,由于在其效果上具有会产生国家与宗教团体之间的深切关联的象征性意义,导致动摇政教分离原则的根本,为此与出席奠基仪式、丧礼仪式或法事,不可同日而语。若考虑②和③的要件,不能不说是违宪的***。

* 有关政教分离的判例

(1) 津市奠基仪式案

这是三重县津市在市立体育馆起建时举行神道式的奠基仪式并为此支出公款,该行为被争议是否违反了《宪法》第二十条、第八十九条的案件。二审判决(名古屋高等法院 1971 年 5 月 14 日判决,行裁例集 22 卷 5 号 680 页)以神道式的奠基仪式并非单纯的习俗上的活动而是宗教上的活动为由,做出了违宪判决。最高法院(八名法官的多数意见)一方面对宗教分离的原则作了宽泛的解释,另一方面适用目的、效果基准,认为《宪法》第二十条第三款所禁止的"宗教上的活动",指的是参照吾国社会、文化上的各种条件,在确保宗教信仰自由这一制度的根本目的的关系上"逾越了被认为是适当限度"的活动,即仅限于"该行为的目的具有宗教性的意味,并会造成支援、助长、促进或压迫、干涉等效果那样的行为"(没有明示美国判例上所称的"过度的关联"基准,也没有采用对三要件进行个别性检讨的方法),并且力陈,对其判断"不可拘泥于主办单位、行为仪式等外在的形式,而必须考虑行为的场所、一般人的宗教上的评价、行为者的意图和目的以及宗教意识,以及对一般人的影响等各种情况,并根据社会通常观念客观地加以做出,"最后认定:神道式的奠基仪式,其目的是世俗性的,其效果既非支援、助长神道,也未对其他宗教加以压迫、干涉,为此不能称之为是宗教性活动,没有违反政教分离原则(最高法院大法庭 1977 年 7 月 13 日判决,民集 31 卷 4 号 533页)。不过,五名法官的反对意见则严格地解释了政教分离,认为由所谓"神官"的神职人员通过神道的作法而进行的仪式即是"宗教性活动",因此属于违宪。

---

[1] 日本的神社在祭神时所用的一端缠着布条和纸条的杨桐树枝。——译者注

(2)箕面市忠魂碑诉讼

箕面市政府为扩建国民小学,将属于遗族会所有的忠魂碑迁移并重修到其他的属于市所有的土地上,被认为其所需的费用以及无偿使用市有地的借贷行为违反了政教分离原则,为此被提起了居民诉讼。一审判决(大阪地方法院1982年3月24日判决,判时1036号20页)认定忠魂碑为宗教上的设施,并依据目的与效果基准,判示市政府为忠魂碑的财政支出,违反了宗教分离的原则,是违宪的行为。此外,在争议教育局长列席参加慰灵祭的另一宗诉讼中,局长被判决列席参加的行为属于私人行为,但应将其相当于所费时间的薪金退还市公所(大阪地方法院判决,1983年3月1日,判时1068号27页)。但忠魂碑诉讼的二审判决(大阪高等法院1987年7月16日判决,行裁例集38卷6、7号561页)则认为,忠魂碑是为了祭慰、彰显战争牺牲者的纪念碑,并不是宗教的设施,遗族会也不是《宪法》第二十条第一款规定中的"宗教团体"或《宪法》第八十九规定的"宗教组织或团体"(其含义参照第十七章一(五)),因此判示市公所的行为并不违宪。而教育局长出席慰灵祭参拜,献上玉串并烧香,也是属于与职务有关的社会上的礼仪行为,依照目的、效果基准,不属于"宗教的活动",从而推翻原判决。最高法院也确认了这种见解(最高法院1993年2月16日判决,民集47卷3号1687页)。

(3)拒绝自卫官合祀诉讼

殉职的自卫官的遗孀是基督徒,因为其亡夫被合祀于山口县护国神社,有违自己的宗教信仰,认为推进并申请该合祀活动的自卫队山口地区联络处(简称地联)和社团法人队友会山口县支部联合会(简称队友会)的行为违反政教分离原则,侵害了其亡夫不在违反自己意志的情形下被作为祭神加以合祀的自由(宗教上的人格权),提起请求损害赔偿的诉讼。一审判决(山口地方法院1979年3月22日判决,判时921号44页)断定:申请合祀的行为是地联与队友会的共同行为,具有宗教上的意义,是助长、促进神社的宗教的"宗教活动",判示其侵害了原告"在静谧中对于亲人的死依其宗教上的立场采取行为的利益"(宗教上的人格权),属于违法的行为。二审判决(广岛高等法院1982年6月1日判决,判时1063号3页)也支持一审判决。最高法院否定了共同行为性,认为:只是协助了队友会单独申请行为的地联行为,依照目的、效果基准,不能称为"宗教活动",为此判示由神社进行的合祀并未妨害死者遗孀的自由,没有侵犯其法的利益(最高法院大法庭1988年6月1日判决,民集42卷5号277页)。该判决受到学说上的强烈批判。以如下内容为主旨的伊藤正己大法官反对意见应认为是正当的:"地联与队友会共同做出的合祀申请,与合祀有着密切而不可分的关系,依照目的、效果基准,应属于宗教活动,违法地侵害了宗教上心情静稳的法的利益。"

[(4) 有关即位大典、大尝祭[1]的裁判例[2]

在天皇更替之际,因为即位之礼本身就是国事行为,而大尝祭尽管属于皇室的私行为,但也具有公事的性质,从而都为此支出国费。因此很多诉讼被提起,争议这些仪式是否违反了政教分离原则,但在下级审阶段中,则存在合宪判断和违宪判断的对立。大阪高等法院1995年7月3日的判决(行集46卷2、3号250页),尽管驳回了禁止支出国费、确认违宪、赔偿损害的请求,但在附论中阐述到:即位大典和大尝祭具有宗教的色彩,不能一概否定其违宪的疑义。顺便值得一提的是,大阪高等法院1998年12月15日的判决(判时1671号19页)则对近江八幡市在为宫中的新尝祭而募集献贡的米、粟的献谷祭中支出了公共资金一事,认定其带有浓厚的宗教色彩,从而判定其违反了政教分离。另一方面,福冈高等法院宫崎支部1998年12月1日的判决(判例地方自治188号51页),认为依照目的、效果基准,知事出席大尝祭的行为合宪。还有,东京地方法院1999年3月24日的判决(判时1673号3页)就都知事出席即位大典的行为,一方面认为即位大典的正殿仪式具有宗教的色彩,但另一方面判示,依照目的、效果基准,列席参加该部分活动的行为合宪,同样,列席参加大尝祭的行为也合宪。从这些裁判的推移中,可以读出裁判例的以下倾向,亦即认为:即使仪式本身具有宗教色彩,但是作为社会性的礼仪,为表示敬意、祝愿而出席参加仪式之事,并不违反政教分离。最高法院也对于知事以公费列席参加这些仪式的行为给与了合宪的判断(最高法院2002年7月11日判决,民集56卷6号1204页)。

(5) 空知太神社事件

当地居民认为市政府将该市所有的土地无偿地给予连合町内会作为神社设施用地使用,违反了政教分离原则,从而提出了地方自治法第二百四十二条第二款规定的住民诉讼。最高法院认为,提供公共财产予以利用这一行为是否违反

---

[1] 天皇即位后最初举行的一种祭祀仪式,由新天皇亲自将当年的新谷物献给神,属于一世一度的大型祭祀。——译者注

[2] 在日本司法实务中,下级法院,尤其是地方法院的判决,只被称之为"裁判例",以区别于在上级法院,尤其是在最高法院这一层次上所形成的那种具有指导意义的"判例"。——译者注

《宪法》第八十九条甚至第二条第一款,要看其是否属于超越了确保信教自由制度根本目的的相当限度之情形,且必须从"该宗教设施的性质、该土地无偿提供作为该设施用地的整个经过、无偿提供的形态、对此普通人的评价等各种情况进行考虑,按照社会一般共识综合地"进行判断。根据这一判断框架,最高法院判决,本案属于"《宪法》第八十九条禁止的提供公共财产予以利用的情形和《宪法》第二十条第一项后段禁止的给予宗教团体特权的情形"(最高法院大法庭 2010 年 1 月 20 日,民集 64 卷 1 号 1 页)。本判决在判断和宗教的关系是否超出了相当的限度时,并没有言及迄今的先例所适用的目的效果基准,而是阐述了综合判断方法,值得注意。]

165

** 靖国神社诉讼

(1) 岩手靖国神社诉讼

这是争议岩手县议会以公费支出靖国神社玉串费用行为的居民诉讼。本案一审判决(盛冈地方法院 1987 年 3 月 5 日判决,判时 1223 号 30 页)认为,此"乃作为为战死者慰灵的社交性礼仪(死者礼仪)而实施的赠与,不属于宗教行为",判示从该支出的意旨和目的来看,并不违反政教分离原则。但是二审判决(仙台高等法院 1991 年 1 月 10 日判决,行裁例集 42 卷 1 号 1 页)却认为,"奉纳玉串费用与该靖国神社宗教上的活动有直接的关联,是宗教性质浓厚的行为,鉴于其效果,可认定其激起了对特定宗教的关心,并是对靖国神社宗教活动的援助",为此违反政教分离的原则;同时,在如下这一点上也采取了与一审判决正好相反的立场,即认为:由于天皇、内阁总理大臣正式到靖国神社参拜,会造成"逾越国家与靖国神社在政教关系上应有的适当限度"之结果,乃为《宪法》第二十条第三款所禁止,所以县议会所作的希望他们正式参拜靖国神社的决议是违法的。县议会方面虽然提出特别上诉,但最高法院裁定,县议会在判决主文上已属于胜诉,因此欠缺提起上告的利益,以不合法为理由予以驳回(最高法院 1991 年 9 月 24 日决定)。

(2) 爱媛玉串费诉讼

这是争议爱媛县知事向靖国神社和县护国神社支出玉串费(前后共 22 次合计 16 万 6000 日元)的居民诉讼。一审判决(松山地方法院 1989 年 3 月 17 日判决,行裁判集 40 卷 3 号 188 页)判示:"不仅其目的具有宗教上的意义,而且本案的支出费用也达到了象征县与靖国神社有关联的功能,具有支援、助长、促进靖国神社宗教活动的效果,属于违宪"。而二审判决(高松高等法院 1992 年 5 月 12

166

日判决,行裁例集 43 卷 5 号 717 页)则认为,玉串等费用的支出"并非基于对神道的深厚的宗教心情",其额度也只是"社会礼仪程度"上的微薄数目而已,依照目的、效果基准,应属于合宪。不过,最高法院(10 名法官的多数意见)则根据津市奠基仪式判决中的目的、效果基准,认为:①玉串费的奉纳不能说是社会性礼仪,奉纳者也不得不抱有这本身就有宗教意义的意识,从而使爱媛县有意识地仅与特定宗教团体拥有了特别的关联;②其结果是,给一般人产生了靖国神社乃特别之存在的印象,唤起了他们对特定宗教的关心,从而判示属于"宗教活动"(最高法院大法庭 1997 年 4 月 2 日判决,民集 51 卷 4 号 1673 页)。一位法官的意见认为,由于向宗教团体支付了公共资金,从而就违反了《宪法》第八十九条;另两位法官的意见认为,由于目的、效果基准极其模糊,所以应该理解为,只有提出完全分离乃属于不可能也不适当的理由,例外才可得到认可,但玉串费不属于例外,故构成违宪。此外,该判决还附上与二审判决抱有同样立场的两位法官的反对意见。

(3)内阁总理大臣正式参拜违宪诉讼

1985 年 8 月 15 日,中曾根康弘首相变更了过去内阁的解释,作为国家的机关而正式参拜了靖国神社,并支出三万日元的公费作为供花的充抵费用。对此,以佛教、基督教徒为主的部分战死者家属,以其侵害了宗教信仰自由、宗教上的人格权或宗教上的隐私权为由,提起了要求赔偿损害及慰藉金的诉讼。一审判决以不存在权利侵害为理由予以驳回,但二审判决(福冈高等法院 1992 年 2 月 28 日判决;判时 1426 号 85 页)虽然也认为本案的参拜不能说是公认或强加了靖国神道的信仰,不存在侵害宗教信仰自由(宗教上的人格权不是具体的权利,不具有法的利益),不过却在附论中表明:若正式参拜在制度意义上被继续进行,即使不以神道仪式参拜,也会产生"支援、助长、促进"靖国神社的效果,因此有违宪的疑惑。此外,大阪高等法院判决(1992 年 7 月 30 日;判时 1434 号 38 页)尽管也认为不存在具体权利的侵害,但阐述到:靖国神社是宗教团体,正式参拜在外观上和客观上具有"宗教活动"的性质,对其的肯定没有得到国民的公意,可能引起宗教团体和其他方面的反对以及亚洲各国的反弹,并且也不能称为是礼仪性的、习俗性的行为,如综合以上等各项事实加以判断,其违宪的嫌疑颇为重大。这种附论在附随审查制(第十八章二(三))的基础上是否被允许以及是否妥当,则是另外的问题。

    *** **认同(endorsement)基准**   目的、效果基准在 1990 年代美国的判例上发

生了变化，重新形成了被称为"认同"（endorsement）基准的、较之于过去略为缓和的基准。据此，之前的目的审查有必要"明确政府的实际目的是否有意识地传达认同或不认同宗教的信息"，并且，之前的效果审查则要求"与政府的实际目的无关，而须追究被付诸审查的行为，在事实上是否具有认同或不认同宗教的效果"。对以上任何一点的回答如果是积极正面的话，政府的行为就构成违宪。这里的"认同"指的是，向不属于特定宗教信奉者的人，传达对方乃是政治共同体的外部者、而非正式构成人员这种信息，随之，向上述特定宗教的信奉者传达对方乃是政治共同体内部者、是受到优遇的构成人员这种信息；而"不认同"则指的是传达其相反的信息。

三、学 问 自 由

168

《宪法》第二十三条规定"学问自由应予以保障"。保障学问自由的规定，在《明治宪法》中并不存在，而且在世界各国宪法中，以单独的条款来保障学问自由的例子也不多见。然而，基于像在明治时代里 1933 年的滝川事件（京都帝国大学的滝川幸辰，因其刑法学说过于自由主义，被政府下令停职，该校教授团体集体辞职抗议、抵抗的事件），以及 1935 年的天皇机关说事件（参照第二章一（二））等那样，学问的自由或学说的内容直接被国家权力所侵害的历史经验，学问自由被特别地加以了规定。

学问自由的保障，其旨趣在于不仅保障作为个人之人权的学问自由，而且特别保障大学中的学问自由，也包含了为担保大学学问自由的"大学自治"的保障。

（一）学问自由的内容

学问自由的内容，有学术研究的自由，学术发表的自由以及教授的自由三个方面。

学问自由的中心，是以发现、探究真理为目的的研究自由。这是内在精神活动的自由，构成了思想自由的一部分。并且，由于如果研究的结果无法发表，研究本身最终则是无意义的，因此学问自由当然就包括研究发表的自由。研究发表的自由，是属于作为外在精神活动自由的表达自由的一部分，但应理解为也受到《宪法》第二十三条的保障。

在教授（教育）的自由方面，则有较大的争议。从前的通说和判例（后注（三）

169

2 ** 的东大"泡泡乐"案件最高法院判决)只承认,教授的自由限于大学及其他高等学术研究教育机构的教授,而对于小学、中学以及高中的教师则不予承认。这种观点,可以说是因为重视学问自由在传统上,特别在欧洲大陆各国是以大学自由(academic freedom)为中心发展而成的这一历史沿革所致。不过,在今日,承认初等、中等教育机构中也具有教育自由的见解,已居于支配性地位。

不过,一旦肯定初等、中等教育机构具有教育自由,那么,国家对教育内容、教育方法等方面设定统一的标准或者实行教科书检定是否侵害教育自由的问题,也可受到诘问。该问题,在有关教科书检定之合宪性的所谓"教科书裁判"(家永诉讼)以及争议文部省所实施的全国性学力考试之适法性的案件中,尤其受到了争论。家永诉讼(其中第二次诉讼)的一审判决(东京地方法院 1970 年 7 月 17 日判决,行裁判集 21 卷 7 号)表明了如下的判断,并受到了注目,即:以《宪法》第二十三为根据,"即使是下级教育机构的教师,基本上也不可否定其教育自由",(另参照第九章三(二)3)。其后,在旭川学力考试案中,最高法院也承认了在普通教育中"一定范围内的教授自由也受保障",但判示:由于存在确保教育的机会均等以及全国性教育水准的要求等原因,为此"承认完全的教授自由,毕竟不被允许"(最高法院大法庭 1976 年 5 月 21 日判决,刑集 30 卷 5 号 615 页,并可参照第十三章二(二))。

170 **（二）保障学问自由的含义**

(1)《宪法》第二十三条,首先第一点指的是,国家权力不得就学术研究、研究的发表、学说内容等学术性的活动及其成果进行弹压或禁止。尤其是学术研究,其在性质上就不是应该受到外部的权力、权威加以干涉的问题,而要求在自由的立场上进行。绝对不允许像战前的天皇机关说事件的情形那样,因为不适合当下政府的政策,就由政府加以干涉。必须理"以学术研究为使命的个人或机关所进行的研究,可推定为是为了真理的探求"。*

(2) 第二,《宪法》第二十三条意味着,作为学问自由的实质意义上的保证,对于在教育机构中从事学术的研究者,必须承认其职务上的独立,保障其身份,即不仅教育内容,并且教育行政也应该被保护不受政治的干涉。在此意义上,《教育基本法》(参照第十条)上规定的教育自主与独立,具有特别重要的意义。

　　＊ 尖端科学技术和研究的自由　　然而,近时的尖端科学技术的研究也带来了重大的威胁和危险(例如,由于基因组合试验等基因技术以及体外受精和器官

移植等医疗技术的研究进展对生命和健康所产生的危害等，动摇了人类尊严的根基)，为了对应这些威胁和危险，像迄今这样仅仅将研究的自由在其与思想的自由具有同质性的侧面上加以理解，就变得极为困难。目前，如下的见解颇为有力，即：对此仅依赖研究者和研究机构本身的自制是不够的，为了保护那些与研究的自由相对立的人权以及重要的法的利益(隐私权以及生命、健康权等)，通过法律科以必要且最小限度的规制，也是被容许的。

（三）大学自治 171

学术研究的自主性，尤其要求承认大学中的"大学自治"。大学自治的观念，肇始于欧洲中世纪以来的传统，是为了充分保障大学研究教育的自由，将大学的内部行政由大学自主决定，并排除外部势力对大学内部问题的干涉。这是大学自治的题中应有之意，也可说是"制度性保障"之一种(参照第五章三(三))。

作为大学自治的内容，特别重要的是，校长、教授及其他研究人员之人事的自治，以及管理学校设施与学生之管理的自治这两个方面。除此之外，将预算管理的自治(财政自治权)也作为自治的内容加以重视的学说，近来颇为有力。†

1. 人事的自治

校长、教授及其他研究人员的人事，必须基于大学的自主性判断而决定，由政府或文部省干涉大学的人事则不被允许。1962年极其政治问题化的大学管理制度改革，虽曾力图实现以强化文部大臣对国立大学校长的选任和监督权为目的的法制化，然而，作为对已被确立的大学自治之惯行的否定，则遭到大学方面强烈的批判而受挫。

2. 学校设施和学生之管理的自治

管理大学的设施和学生*也必须基于大学的自主性判断。有关这一点特别成问题的是，大学自治和警察权之间的关系。

警察权介入大学内部的情况有各种各样。首先有为了搜查犯罪而进入大学校园的情况。大学毕竟不是治外法权的场所，对于依据正规令状的搜查，大学方面不但不能拒绝，毋宁应视其必要和情形给予积极的协助，这一点自不待言。不 172 过，由于借搜查之名而进行警备公安活动也并不是没有可能的，所以，搜查应在大学有关人员在场的情况下进行。其次，则有大学校园内发生了不可预见的不法行为，而不得不由大学请求警察力量援助的情形。在此情形下，原则上应该由大学方面作出有责任感的决定，以判断是否让警察进入校园执行任务。从而，警察方面根据独自的判断进入大学校园,应视为违反保障大学自治的意旨。

最成问题的是,警察为警备公安活动而进入大学校园的情况。所谓警备公安活动,指的是"为维持公共安宁秩序,以备预防及镇压犯罪而收集、调查各种信息的警察活动"。这由于是通过对将来有可能发生犯罪的危险进行预测而展开的警察活动,所以极有可能以维持治安之名阻碍自由的学术研究。从而,警察为了进行警备活动在未得到大学当局谅解的情况下进入大学校内,应理解为原则上不被允许。有关这一点,最高法院对东京大学"泡泡乐"案**的判决,将警察进入大学校内进行调查活动会对大学自治造成怎样的危险置之不问,在这一点等方面就受到了强烈的批判。

* 大学的自治与学生的定位　大学自治的承担者,传统上虽然被认为是教授以及其他研究者的组织(教授会议或评议会),但是以 1960 年代的大学学生运动为契机,学生也应该作为自治承担者的议论得到了加强。诚然,将学生完全作为营造物(为公共目的而使用的设施)的利用者加以认识的看法(东大泡泡乐案最高法院判决的立场)是不妥当的,但学生的地位、作用与教授不同,对其作出如下理解的学说是适当的,即:作为大学中不可或缺的构成人员,拥有"对大学自治的运作提出期望、批判或者反对的权利"(仙台高等法院 1971 年 5 月 28 日判决,判时 645 号 55 页)。

173

** 东大"泡泡乐"[1]案　由东大学生社团"泡泡乐剧团"主办的戏剧演出会正在东大校内的教室中举行的过程中,学生发现观众中有便衣警察,遂要求警察提交警察手册,由于被指在此时实行了暴力行为,便因违反有关暴力行为等处罚的法律而受到起诉。案中的警察担任警备公安工作,曾长期经常进入东京大学校园,进行信息收集活动。一审判决(东京地方法院 1954 年 5 月 11 日判决,判时 26 号 3 页)阐述道,"即使在大学校内的秩序有被扰乱之虞的情形下,只要该行为与学生和教员的学术活动与教育活动的核心之间存在关联,那么,大学内部秩序的维持,除非不得已的紧急情形,都首先必须在大学校长的责任上,在其管理下予以处理,听任其采取自律的措施",从而认定被告学生的行为属于防卫大学自治的正当行为,并做出了无罪判决。二审判决(东京高等法院 1956 年 5 月 8 日判决,高刑集 9 卷 5 号 425 页)也支持一审法院的判决。最高法院则判示:如

---

〔1〕　日文原名采用的是外来语音译的片假名,估计取之于意大利语 popolo,意为"人民"或"人们"。在中国大陆学界对该案的介绍中,曾被译为"泡泡乐",在此沿用。——译者注

果从"泡泡乐剧团"的戏剧演出会并非以学术研究为目的,其内容也取材于当时被视为非常有问题的松川事件(1949 年 8 月在福岛县东北干线松川车站附近所发生的火车颠覆案件。被起诉的二十名工会成员中五名被判死刑、五名被判无期徒刑的一审判决,在 1959 年最高法院的判决中被推翻,改判全部被告无罪的重审判决于 1963 年确定)等情由来加以考虑,其乃属于"现实社会的政治、社会活动",并且也由于是公开或准公开的集会,因此不享有大学的自治(最高法院大法庭 1963 年 5 月 22 日判决;刑集 17 卷 4 号 370 页)。这一判决,特别在①没有考虑本案警察的行为属于其长期收集情报活动的一部分;②区别学术活动还是政治社会活动常常极为困难,却没有尊重允许大学经正规程序借用教室的判断,在这些方面疑问颇多。

　　†大学自治的变迁　国立大学的大学自治情况,应以 2003 年国立大学法人法制定后大学法人化为契机加以重新审视。此前的国立大学作为国家的行政机关之一,被置于文部科学省之下,服膺适用于行政机关的各种规则。在这个法的框架之内,惯行性地确立了以部门教授会为基础的大学自治。大学自治具有对外(和国家的关系)和对内(大学内部的治理)两方面。一方面,法人化之后在对外的方面,例如编制预算和费用之间的挪用等预算管理方面的自治提高了。但是,也被追加了说明责任机制,同时,虽然在大学自治的关系上进行了必要的修改,但被适用于独立行政法人的"中期目标制定——中期计划制定·认可——成果评价"这一整套规划机制也被导入了进去。其修改的要点是,中期目标的期间为六年,文科大臣提出中期目标时,尊重大学方面提出的方案,文科省设立的评估委员会在成果评估时,尊重此前所进行的大学评价、学位授予机构所进行的评价。通过这些,极力防止对大学教师研究教育内容的干预。但是,大学预算的核心——运营费交付金的数额由于国家财政状况的原因在逐年递减,而且,成果评估的结果在交付金额上反映出来,从财政的方面来看,大学自治对外的方面存在被压制的危险。另一方面,在与大学内部治理的关系上,国立大学法人法追求向以校长为中心的大学中央机构的权限集权,以此为目标,设计了校长领导下的自上而下的管理运营方式,与以前的以部门教授会自治为基础的自下而上的惯例产生了一定的紧张。例如,校长的实质性任命,按规定是由校长选任会来决定的,但在选任过程中,过去很多大学所采用的教师投票如何纳入,如何调和两种管理运营方式,就成为一个焦点。作为基本的框架,大学在经营上采用自上而下的方式,在研究教育上则采用自下而上的方式,但目前各大学都在教师的学术自由与校长领导之间最佳的调和方式上进行着摸索和试错。

174

第九章　精神自由权（之二）：表达自由

一、表达自由的含义

（一）表达自由的价值

内心的思想或信仰，只有表明于外部、传达于他人，始能发挥社会性的效用。在这种意义上，表达自由是尤其重要的权利。

支撑表达自由的价值有两个方面：一是个人意义上的价值（自我实现的价值），即个人通过言论活动，可发展自己的人格；另一是有助于民主政治的社会意义上的价值（自我统治的价值），即通过言论活动，国民参与政治意思决定。表达自由尽管对于个人的人格形成也是重要的权利，但却尤其是构成了国民为亲自参与政治所不可欠缺的前提性权利。

（二）表达自由和知情权

1. 从传递者的自由到接受者的自由

表达自由虽然是发表、传达思想与信息（以下简称信息）的自由，但是在信息
化如此进步的现代社会，必须在其观念中加入知情权的观点进行重构。

表达自由，就是让信息相互沟通的自由，本来就以"接受者"的存在为前提，含有保障知情权的内容。不过，在 19 世纪的市民社会，还没有必要将接受者的自由视为重要的问题。然而，到了 20 世纪，对社会具有巨大影响力的大众传媒发达起来了，从这些媒体单方面地流放出大量的信息，作为信息"传递者"的大众传媒与作为信息"接受者"的一般国民，就明显地分离开来。并且，信息在社会生活中所具有的意义也飞跃性地得到了增大。于是，将表达自由从一般国民的这一方面上进行再构成，为保障接受者的自由（听的自由、读的自由、看的自由）而

将这些理解为"知情权"，就成为必要。于是，正如《世界人权宣言》第十九条所阐述的那样，表达自由也就被理解为"不受干涉而拥有自己意见的自由"和"包括寻求、接受以及传达信息和思想的自由"的东西。

2. 知情权的法的性质

知情权虽然是"不受国家干涉的自由"的那种传统的自由权，但却不限于此，也扮演参政权(参与国家统治的自由)的角色。因为个人必须通过知道各种各样的事实与意见，始能有效地参与政治。

进言之，知情权是可积极地要求政府信息等公开的权利，在此意义上，具有要求国家实施一定措施的国务请求权和社会权(由国家给予的自由)的性质，这点正是其最大的特征。不过，为使这些权利成为具体性的请求权，信息公开法*等的制定则有必要。†

　*　**信息公开法**　制定《信息公开条例》的地方公共团体的数量年年有增，遂　177
有待于国家的法律之制定。1996 年 11 月，由行政改革委员会下的行政信息公
开部门会议所撰写的《信息公开法要纲》被公布，籍此于 1998 年 3 月向国会所提
出的法案，预见可于 1999 年的通常国会上通过。[法案于 1999 年被通过成立，
自 2001 年 4 月开始施行。]

　†　**表达的自由和国家援助**　表达的自由以"国家不干预的自由"为核心，属
于要求排除来自国家妨害的权利，并不是请求国家积极作为的权利。当然，国家
有政治责任来通过实行各种措施使得国民享有表达的自由，而国民如果要拥有
可以请求特定措施的具体权利，则一般必须有相关法律对此加以规定。要求政
府信息公开的权利就是其中一例，从更为一般的意义而言，这可理解为"政府援
助"的问题。政府为了将公共资源(原本属于人民)提供给人们使用，会采取分
配、供给、给付等多种方式，其具体内容必须根据各自的特性由法律来规定。与
表达自由相关的而言，比如公共论坛场所(公园、道路、公会堂等)的管理、协助学
术和艺术、图书馆的建设和维护等，都可以从这种意义上加以理解。以何种形式
提供这种资源，原则上属于宽泛的立法裁量，但关键的是，就已决定提供的资源
而言，有关其内容必须存在基于宪法的一定框架。特别是被强烈要求必须运用
内容上的中立原则。另外，各"项目"的运营方法则根据法律以及法规命令来规
定，但经常发生的问题是，这些规定是给予了国民具体的请求权，还是单纯地作
为管理运营规则，由此国民所获得的利益是不是仅是"反射性利益"而已。

作为思考这个问题的一个意味深长的事例，是公立图书馆中的图书管理问

题。图书馆是使公民获取各类信息的重要设施,因此,不允许其偏重特定的倾向去收集图书。然而,因为预算和储存空间有限就必须进行取舍,即使希望采取内容中立的方针,但是否适合图书馆馆藏的判断必然涉及馆藏内容。由此,在购入
178 图书方面,就必须将宽泛的裁量权(必须使其拥有避免来自专家和政治的压力的自由)委托给管理者。但是,在管理购入图书方面,裁量的幅度在变小。比如,在将特定图书加以不公开处理或者废弃的情形下,与其说是"提供"图书,不如说更像是妨碍自由利用(接受表达的自由),因而必须根据明确的规定,通过严格的审查来进行(参照东京地方法院 2001 年 9 月 12 日判决,对违反《少年法》第六十一条的图书的不公开管理属于管理者的裁量范围一案,〈判例集未登录〉)。此外,图书馆的规则即使并没有为利用者提供了何种具体权利,但公立图书馆及其馆藏图书属于"公共设施",根据《地方自治法》第二百四十四条居民被赋予了图书利用权(参照图书馆利用者就图书馆将涉及天皇形象的拼贴式版画加以不公开处理所提出的诉讼案,名古屋高金泽地方法院 2000 年 2 月 16 日判决,判时 1726号 111 页)。虽然没有明确规定有要求作者向使用者公开的权利或者请求不要废弃的权利,但是最高法院在著作者争议公立图书馆废弃图书的案件中认为,该废弃行为以作者的思想和信仰为理由而作出,因此作者享有其在诉讼中提出的"值得法律保护的人格利益"(最高法院 2005 年 7 月 14 日判决,民集 59 卷 6 号1569 页)。

(三) 媒体接近权

与知情权相关,针对大众媒体的接近权(right to access)也得到主张。所谓的 access 权,本指的是接近的权利,被用于各种场合,例如将裁判请求权称为对法院的 access(接近)权,还有,对政府信息的 access 权,则指的是请求政府信息公开的权利。从而,在这种场合,就与知情权同义。于是,所谓 access 权,一般指的是针对大众媒体的知情权,即多在以下的意义上使用:作为接受者的一般国民向作为传递者的大众媒体要求提供发表自己意见的场所(具体而言,像刊登意
179 见公告、回应性的新闻报道,或参加新闻讨论或上电视节目等)这种意义上使用。然而,对于采取了私人企业之形态的大众媒体,不可能直接从《宪法》第二十一条直接导出具体性的接近权,为此,为使其成为具体性的权利,则也必须制定特别的法律(多被称为"反论权法")。* 而这种法律可否成为具有不会侵害报道机关的编辑自由,不会对批评性报道产生自我限制的萎缩性效果那样内容的东西,则

是一个问题。[†]

　　* 产经新闻报案件　本案是媒体的接近权成为争议问题的著名案件。日本共产党认为，日本自民党在产经新闻报上所刊登的意见公告，对该党造成了名誉损害，因而要求产经新闻报免费提供同样大小的版面，不做任何修改地刊登其反驳文章。对于此，最高法院力陈这种反论权的制度，乃是"对发行、销售报纸的业者，强迫其必须承担腾出若干纸面的负担，这种负担可能造成报社对刊登批评性报道，特别是刊登有关公共事务的批评性报道有所顾虑，甚至多少有可能造成间接侵害表达自由的危险；在民主主义社会中，新闻等的表达自由具有极其重要的意义，而反论权会对此产生重大影响，因此，除了名誉受到损害的不法行为已成立的情况可另当别论之外，在没有具体成文法的情况下，反论权不能被承认"，从而判示：由于本案的情形是政党之间的批判与评论，涉及事关公共利害的事实，其目的完全是为了公益(参照本章二(二)(2)**)，为此不法行为不成立(最高法院 1987 年 4 月 24 日判决，民集 41 卷 3 号 490 页)。

　　† 传播法第四条规定的订正播放请求案　NHK 的晨间节目以《妻子发来的离婚状·因突然分手而不知所措的丈夫》为题播放了特辑节目，其中提到的离婚与事实情况有误，当事人提出名誉和隐私被侵犯，根据《传播法》第四条(现第九条)第一款规定要求修改后重新播放。最高法院认为，本规定"属于针对传媒经营者课予了其对全体国民负有自律地订正其播放内容等公法上的义务，并没有赋予被害者在私法层面要求订正播放等的请求权"，因而驳回当事人的请求(最高法院 2004 年 11 月 25 日判决，民集 58 卷 8 号 2326 页)。如果损害名誉成立，可根据《民法》第七百二十三条可以请求公开道歉，但与此不同，本案则涉及基于《传播法》第四条是否可以认定当事人拥有订正播放请求权的问题，如可认定，则将意味着这是法律规定的一种接近权。而最高法院对此作出了否定。

二、表达自由的内容

　　表达自由涵盖所有通过表达手段的表达，演讲、报纸杂志及其他印刷物、广播、电视固不待言，绘画、摄影、电影、音乐、戏剧等表达也受到保障。集会、结社因为通常也伴以集体、团体的思想与意见的表明，所以与传统的言论、出版自由(狭义的表达自由)密切相关，是与此同样性质的、发挥几乎同样机能的权利。在欧洲各国的宪法中，集会、结社的自由与言论、出版的自由在沿革上被区别考虑，

180

通常被规定于不同的条文，不过，日本《宪法》仿效美国宪法，将两者都作为广义的表达自由加以保障，其中也包含集团行动的表达自由。如果考虑到在信息传递者和接受者显著分离的现代社会，集团行动乃是处于信息接受者地位上的国民表明自己思想的极其重要的手段，那么可以说，这也具有充分的理由（有关其界限，参照本章四（二））

在言论、出版自由中，作为迄今曾引起讨论的主要的表达活动，可举出以下几种。

181　**（一）报道自由**

1. 意义

报道虽然是让人知道某种事实，而不是用于表明某种思想，但是报道的自由也包含在表达自由的保障之中。这无论从为了报道需要编辑报道内容的知识性工作，使传递者的意见得到表明这一点而言，还是进而从报道机关的报道作为服务于国民知情权的存在而具有重要意义这一点而言，均没有异议。最高法院在博多车站（电视录像带提交命令）案* 中指出："在民主主义社会中，报道机关的报道为国民参与国政提供重要的判断资料，服务于国民的'知情权'"，这就确切地表述了现代媒体的重要性。†

　　* 博多车站（电视录像带提交命令）案　参加反对美国核航空母舰停泊运动的学生与镇压暴动的机动队在博多车站附近发生冲突，机动队一方在事后被以存在警备过剩之虞为由而提起交付裁判的请求（对于有关公务员的滥用职权罪，在检察部门决定不起诉的情况下，可请求审查其是否妥当[1]）。福冈地方法院命令电视台公司提交其拍摄的冲突情形的录像带作为证据，但电视台公司则认为该命令将侵害其报道自由，从而提起争议。最高法院认为，应该将基于公正裁判要求而作出命令的必要性，与采访自由受妨碍的程度以及该命令对报道自由产生影响的程度等情状加以比较衡量之后作出决定，并进一步指出，本案的录像带，在判定警备是否过剩上，达到了"基本上可认为是必须的"程度，具有"证据上极其重要的价值"，同时也本是为了播放而准备的、含有已播放之部分的录像，因而断定本案提交命令合宪（最高法院大法庭 1969 年 11 月 26 日决定，刑集 23 卷 11 号 1490 页）。该决定在进行比较衡量之际，虽然言及在不得不以将其作为

---

〔1〕　此乃日本《刑事诉讼法》第二百六十二条规定的一种诉讼制度。——译者注

刑事裁判的证据加以使用的情形下,应考虑到不使媒体的不利益超过必要的限度,但是在本案中却表示"媒体所蒙受的不利,并非报道自由本身,而只是将来的采访自由有受妨碍的可能而已"。对危害程度仅仅做了这种过低评价这一点,是颇有问题的,也受到了强烈的批判。有关作为人格权的名誉权(《宪法》第十三条)与表达自由之间比较衡量的判例,参照本章三(二)1＊的《北方杂志》案。 182

　　† **根据《少年法》第六十一条对犯罪报道的限制**　犯罪报道一般可认为是关系到公共利害的事情,犯罪报道的自由无论在其与名誉损害(参照《刑法》第二百三十条之二),还是在其与侵犯隐私的关系上,都被认为应受到充分的保护。但是,关于少年犯罪,《少年法》第六十一条规定"从名字、年龄、职业、住所、容貌等可以推知到案件本人的内容或照片不能够在报纸及其他出版物上刊登"。虽然这是考虑到少年将来"浪子回头"的可塑性,但其没有明确是否赋予了少年不被那样报道的权利。遵守这项规定有赖于报道机关的自主性,即使违反也没有罚则,仅可能影响到侵权行为的产生。针对是否违法,根据最高法院的说法是"依据报道内容等,不特定多数的普通人是否可以推知出案件本人来作为判断基准",其中"不特定多数的普通人"中指明是"与少年未谋面的普通人"。参照最高法院判决(最高法院2003年3月14日,民集57卷3号229页)判决,鉴于未谋面的不特定多数的普通人中,没有人能通过案件中的报道内容推知出案件本人,该判决否定了损害赔偿的要求。

2. 采访自由

　　(1) 对于报道自由是否包含采访自由与隐匿新闻来源(news source)的自由,各方意见不一,判例的立场也不明确。最高法院在博多火车站案决定中,仅阐明"为报道而进行采访的自由,也应依照《宪法》第二十一条的精神,值得充分尊重"。该立场在日后有关采访自由的判例中,也受到了一贯的遵从。对于法庭旁听人的记录自由,同一理论也被引用。＊

　　然而,在学说上,更积极地将采访自由视为报道自由的一部分,受《宪法》第二十一条保障的见解,则颇为有力。这是由于,报道是由采访、编辑、发表等一连串的行为而成立,所以采访成为报道所不可或缺的前提,为此,采访活动必须具有不受公权力干预的自由,必须充分确保媒体和信息提供者之间的信赖关系。只有这样,国民的知情权才是充分的。 183

　　(2) 然而,虽然做这样理解,但不意味着可以否认:为了保障实现公正裁判,在"媒体采访所得到的新闻信息,可认为必须作为证据"的例外情况下,"采访自由也不得不蒙受某种程度的制约"(博多车站案决定)。判例上认为,检察官和警察查封、扣押媒体采访的录像带,对于实现公正裁判是不可或缺的,在有"实施适当、迅速的搜查要求时",应得到承认(参照最高法院对日本电视台公司录像带扣押案的决定,1989年1月30日刑集43卷1号19页;最高法院对TBS录像带扣押案的决定,1990年7月9日刑集44卷5号421页)。不过,法院毕竟不同于搜查机关,必须慎重检讨。

关于隐匿新闻来源的自由,也可以采取同样的看法。判例虽然在刑事案件上否认新闻记者就有关新闻来源具有证言拒绝权**,但是新闻来源的隐匿不仅仅是立法政策的问题,还应理解为与采访自由相关联,也存在受到宪法上保护的情形。†

(3)此外,关于采访自由,当关系到国家秘密时其界限何在,则是一个问题。最高法院在外务省秘密泄露案***(西山记者案)中表示,如果采访"目的确实在于报道",而"手段、方法比照法秩序整体的精神也属相当,在社会观念上可被认可"的话,即可谓"正当的业务行为",但是,像与被采访对象(女性事务官)发生男女肉体关系[1]等这样的"明显蹂躏人格的尊严"的采访行为,属于"依照法秩序整体的精神以及在社会观念上毕竟无法认同的不适当的行为",为此违法(最高法院1978年5月31日判决,刑集32卷3号457页)。

184

   * **法庭记录案**　是否允许旁听人(在法庭上)记录,被规定为是裁判长的法庭警察权的自由裁量事项,通常一向都被禁止。但在1989年,最高法院以与博多车站案相同的逻辑,将收集信息的自由定位为表达自由的派生原理,判定:法庭记录的自由作为表达自由的辅助行为,依照《宪法》第二十一条的精神应给予尊重,除非有可能妨碍公正且顺利地进行诉讼的特殊情形,否则不可无故地加以阻碍(最高法院大法庭1989年3月8日判决,民集43卷2号89页)。学术上有力的见解认为,在公开的法庭作记录,是行使知情权,属于表达自由。另外,有关记录行为和裁判公开原则(第八十二条第一款)的关系,可参照第十六章二(七)。

   ** **石井记者案**　本案系有关发出逮捕证的消息事前被报道在报纸上,涉及该报道的记者被法院传唤,以查证其是否泄露信息,但其拒绝作证从而被起诉的

---

〔1〕 指外务省秘密泄露案中的男记者(姓西山),当时为了获得外务省的秘密,与一位并无深交的外务省外务审议官随从女事务官(姓莲见)在数日内多次发生了肉体关系,其间反复要求后者带出秘密文件,得手后即中断这种亲密关系。——译者注

144

案件。最高法院甚至没有进行利益衡量,就判示不能牺牲证言义务来认可新闻　185
来源的隐匿(最高法院大法庭 1952 年 8 月 6 日判决,刑集 6 卷 8 号 974 页)。然
而,在争议新闻报道损害名誉权的民事诉讼中,也有判决认为,虽然在与公正裁
判的实现关系上具有一定的界限,但采访来源的隐匿属于《民事诉讼法》第二百
八十一条(现行一百九十七条)第一款第(三)项中所说的"职业秘密",为此承认
了记者具有一定的证言拒绝权(札幌地方法院 1979 年 5 月 30 日判决,判时 930
号 44 页)。因为,这是在《民事诉讼法》的解释上将博多车站案最高法院决定中
的思想加以具体化,所以在高等法院上也被支持,但最高法院则驳回了该案的特
别上诉(最高法院 1980 年 3 月 6 日决定,判时 956 号 32 页)。

***外务省秘密泄露案　每日新闻报的记者从外务省的女性事务官手中获
取了 1971 年 6 月被签署的有关返还冲绳协定的外务省机密电文,并流传给社会
党议员,因此该事务官被控违反《国家公务员法》第一百条第一款的规定、该记者
被控违反同法第一百一十一条(教唆泄露秘密罪)的规定的案件。一审判决(东
京地方法院 1974 年 1 月 31 日判决,判时 732 号 12 页)认为,相当于"教唆"的采
访行为也有例外地出现违法性被阻却的情形,并具体地加以利益衡量,最后作出
无罪的判决。但二审判决(东京高等法院 1976 年 7 月 20 日判决,高刑集 29 卷 3
号 429 页)在对"教唆"罪作出了严格的合宪限定解释的基础上,判决有罪。最高
法院则采取了与此二者均不相同的进路。另外,国家秘密的概念虽然并不明确,
但通常指的是军事或外交的情报中、其之公开会危害国家安全的信息(国家机　186
密),用于广义上包含此外职务上秘密的场合也很多。

†嘱托证人讯问证言拒绝案　NHK 报道了 A 公司因为隐藏收入遭到日本
国税局的追缴征税,同时涉及隐藏收入的利益被输送到在美国的相关公司,并因
被该公司高层人员挪用而遭到美国国税局的追缴征税的新闻。经过 NHK 报道
后,美国新闻也在第二天进行了报道。由此导致股价下跌、股份减少等损失的美
国相关公司认为,报道的原因是美国国税当局的职员在没有权限情况下,把虚假
的情报提供给了日本税务官,因而向美国要求损害赔偿。在这个诉讼的证据开
示程序中,根据司法互助的规定,日本法院被委托对 NHK 报道记者进行证人讯
问。报道记者以《民法》第一百九十七条第一款、第三款的"职业秘密"为根据拒
绝提供与采访源有关的证言。最高法院认为采访源的秘密属于职业秘密,至于
是否具有保护价值的秘密而言,"因为秘密的公开产生负面利益与因为拒绝证言
而导致真相无法发掘以及影响裁判公正这两者相权衡来决定",进而判定本案件

中的秘密属于具有保护价值的秘密（最高法院判决 2006 年 10 月 3 日，民集 60
卷 8 号 2647 页）。与民事案件相关部分，下级审判中承认拒绝提供采访源的案
例（札幌高级法院判决 1979 年 8 月 31 日，下民集 30 卷 5-8 号 403 页）已经存在，
最高法院也有以"职业秘密"为由加以拒绝的情况。

3. 播放自由

（1）无线电媒体的报道自由，被特别地称之为播放自由。播放通常指的是
"以公众直接接受信息为目的的无线电通信信号的播送"（《播放法》第二条第
（一）项），但由于《有线电视播放法》（1972 年）规定有线播放也准用《播放法》所
规定的一定规制，因此两者被作为广义的播放同样对待。

这种播放，被课以了对报纸、杂志等印刷媒体所不被允许的特别规制。例
如，关于无线播放，根据《无线电法》（1950 年）的规定，无线电台的开设实行许可
执照制度（第四条），而根据《播放法》的规定，播放节目的编辑被要求必须服从如
下准则：①不得有害公共安全及善良风俗；②在政治上必须公平；③报道不能
歪曲事实；④对于有对立意见的问题，必须多角度地阐明论点；同时还要求⑤应
保持教养、教育、报道和娱乐这四种节目之间的相互调和（第三条之二第一款、
第二款）。而播放节目审议会的设置，也被作为其一项义务（第四十四条之二、
第五十一条）。

（2）作为将这种公共规制加以正当化的根据，过去被认为有以下理由：①供
播放之用的无线电是有限的，可以利用于播放的频道数也是有限度的，所以，为
了防止混台，并有效和适当地利用这种有限的无线电资源，采用由国家制定频率
分配计划，并认可适合于从事播放行业的特定人拥有无线电的排他性使用权的
制度（广播电台的许可执照制）就成为必要；②由于播放乃直接侵入家庭的日常
生活，其在通过即时且同时伴有动感画面和声音的映像让人进入视听这一点上，
给接受者带来了其他媒体所不能产生的强烈影响；进而，③民间播放（民放）因为
可将节目以时间为单位卖给广告买主（sponsor）（而 sponsor 则支付制作费、无线
电费），为此，一旦放任于自由竞争，节目的编成就很有可能单一化地成为大众容
易接受的通俗作品，而这个情况也特别被认为是支持保持节目比率之调和准则
的理由。

然而，一方面随着无线电技术的显著发展，可以利用的频率带域被扩大，卫
星播放、CATV 等各种新媒体不断产生，将通信卫星发出的电波通过 CATV 发
送至各个家庭的那种播放与通信的融合系统也得以出现，并推进了多频道化的

发展,凡此等等显著变化的状况,均使①的无线电有限论发生了很大的动摇。但另一方面,社会对于无线电的需要也不断增大,需要者的数量超出了可被利用的无线电量的状态仍得不到解决。另外,有力的意见认为,②所言的播放对社会的影响力只是相对的,不能单独成为规制节目正当化的论据。因此,在晚近,如下一种从新观点出发的学说正成为有力说之一,其认为:如果认同对播放进行公共规制的意见,例如对印刷媒体采取完全自由,而仅对播放媒体施加公共规制之制度的话,那么,通过二者之间微妙的平衡,或少数人的意见被纳入播放,或对播放的过度规制受到抑制,为此反而会使充实的思想自由市场得到确保。这就在美国被称为部分规制论的学说。

不过,在日本,订立了节目准则的规定,通常只是在伦理性的意义上被解释和运用,并且相应于媒体的特性,而逐渐去除其规制。　　　　　　　　　188

[**4. 互联网上的表达自由**

一直以来在大众传媒的表达活动中,报纸新闻广播等都是信息单向流通,表达者与接收者相互分离,大多数的国民不得不甘于处在接收者的地位。与此不同,互联网可以是双向的信息流通,国民也可以是表达者。然而,在与表达自由的关系上也提出了以前所不存在的问题。以前关于表达自由的各种理论,是以出版媒体为基础形成的,在传播媒体的基础上又进行了必要的修正,基本上是以大众传媒的表达为核心。通过大众传媒进行表达的人,表达是其职业,人们对其具有职业人的知识和节操抱有一定程度的期待。然而,在互联网领域,一般的国民都可以自由地表达,此事本身是很了不起的,但结果却是所有各种信息的泛滥。其中甚至存在涉及犯罪的现象。互联网以外不被允许的表达在互联网上被允许,这在原则上是不成立的。但是,即使同样的规制,对于互联网的特性而言,其规制的方法、范围、程度也可能不同。例如,对猥亵表达进行规制时,信息源头在国外的情形中,如果不同国家猥亵的标准不同,该如何处理？如果仅由日本来规制存在困难,倒不如强化使得青少年保护得以可能的柔性方面。此外,侵害隐私和损毁名誉的表达在互联网上,被害程度可能非常大。尽管如此,从表达自由　189
的原则而言,对于损毁名誉,首先应该考虑平等反驳言论,如果说在互联网上发表平等反驳言论比迄今更为容易,那么就应该考虑这一特点来进行规制(对于互联网上的损害名誉,一审法院认为考虑到平等反驳言论的存在机会,名誉损害不成立,最高法院则认为"相当性法理"同样适用互联网,认定了其责任。参照最高院 2010 年 3 月 15 日决定,刑集 64 卷 2 号 1 页)。如此,各种各样的问题被提了出来,有必要对其今后如何发展加以关注。]

(二) 性表达与损害名誉的表达

(1) 由于发布、贩卖猥亵图书罪和损害名誉罪作为自然犯罪在《刑法》上已被规定,因此,性表达与损害名誉的表达,曾一向被认为不属于宪法所保障的表达自由的范围。然而,若持这种见解,那么,就会产生这样的结果,即:本应由宪法保障的表达,则会因为猥亵图书、名誉损害等概念如何被确定,而可能被置于宪法保障之外。为此,将猥亵图书与名誉损害的概念界定本身作为宪法论加以重新检讨的看法就趋于有力。即这样一种立场:将其理解为包括在表达自由之内,在此基础上,划定该种表达的、最大限度保护所及于的范围。从而,就性表达而言,即力求通过对其与猥亵图书罪的保护法益(有力的学说将此理解为保持作为社会环境的性风俗的清洁,保护抵抗力较弱的青少年)之间的衡量,在表达自由的价值上赋予一定比重,以此对猥亵图书进行严格定义,并借此尽可能限定法律对表达内容的规制。这被称为"附定义衡量"(definitional balancing)论。对于性表达的规制,从查泰莱夫人案判决以来,最高法院一贯认为《刑法》一百七十五条关于发布、贩卖猥亵图书罪的规定合宪*,但其后也在试图努力将猥亵的概念加以明确化。

(2) 名誉损害性质的表达,特别是在公务员以及著名人士(公众人物)成为对象的场合,也是与国民的知情权关系重大的问题。最高法院对有关《刑法》第二百三十条之二关于损害名誉罪的规定,从确保表达自由的观点出发,提出了严格划定其界限的解释。**†[相反地,对于非公众人物,则重视保护其名誉。参照认可了非"公众人物"主张小说原型侵害了其名誉及隐私的最高法院判决(最高法院 2002 年 9 月 24 日判决,裁集民事 207 号 243 页)]。

    * **性表达判决**

(1) 查泰莱夫人案

即劳伦斯(D. H. Lorence)所著《查泰莱夫人的情人》一书的日文版翻译者和出版社社长,被起诉违反《刑法》第一百七十五条的案件。最高法院将"猥亵图书"定义为:①完全使人的性欲兴奋或受到刺激;②有害普通人正常的性羞耻心;③违反善良的性道德观念。并据此判决,《刑法》第一百七十五条是为了保护性秩序、维持最小限度的性道德这一公共利益所作的限制,应属于合宪(最高法院大法庭 1957 年 3 月 13 日判决,刑集 11 卷 3 号 997 页)。

(2)《恶德之荣》案

萨德(Marquis de Sade)所著的《恶德之荣》一书的日文版翻译和出版社社长,被控违反刑法第一百七十五条而受到起诉的案件。最高法院的多数意见虽然沿袭查泰莱夫人案的判决,但认为猥亵性应在与图书整体的关联上加以判断(最高法院大法庭 1969 年 10 月 15 日判决,刑集 23 卷 10 号 1239 页)。五名法官表示了少数意见,其中田中二郎法官倡言"相对性的猥亵概念"的意见颇受注目,其认为：具有高度艺术性、思想性的图书,其猥亵性可被相对减轻,不属于刑法第一百七十五条所称的"猥亵图书"。

(3)《四叠半隔窗的底子》案

191

传言乃永井荷风所著的戏作[1],被控违反刑法第一百七十五条而受到起诉的案件。最高法院虽然维持查泰莱夫人案判决中的三要件,但强调对猥亵性的判断,有必要就整部作品检讨其性描写的程度、手法、占据全书的比重、与图书中所表达的思想等的关联性、图书的构成与展开以及因其艺术性与思想性而使性刺激得到缓和的程度等(最高法院 1980 年 11 月 28 日判决,刑集 34 卷 6 号 433 页)。对此,伊藤正巳大法官在最高法院 1983 年 3 月 8 日判决(刑集 37 卷 2 号 15 页)中的补充意见受到了瞩目。一方面正面评价了上述判决,另一方面则强调表达自由的规制立法应要求具有"高强度的明确性",主张采用这样的定义和判断的方法,即把猥亵的概念限定于明显的淫秽书籍、图画(所谓的 hard core pornography)以及虽然不属于此,但猥亵性要素颇强的东西(准 hard core pornography)。

《晚刊和歌山时事》案 《刑法》第二百三十条之二第一款(1995 年法律第九十一号修正前的规定)规定,即使是损害了他人名誉的行为,在属于"有关公共利害的事实",并且以"谋求公共利益"为目的的场合,在"能证明其为真实"时,则不予处罚。最高法院在本案中变更了过去的判例,将该条款解释为"即使在无法证明其为真实的场合,在行为者误信其为真实,且经过对照确实的资料与依据而

---

[1] 永井荷风(1879—1959),是日本负有盛名和成就的小说家,别号"断肠亭主人",生前对欧化文明的世态持批判态度,文学上追求唯美主义倾向,后期专志于创作"花柳小说",故以拟古的文体和煽情的笔致描写男女情事的短篇小说《四叠半隔窗的底子》即被传为系其所著。本案被告自然不是当时已故的永井本人,而是涉及将该作品刊登于月刊杂志《面白半分》1972年第 7 期之上、据统计同年 6 月初即卖出 28457 册的株式会社面白半分的董事长(佐藤)及该杂志主编(野坂)二人。——译者注

有相当的理由之时,该罪不成立"(最高法院大法庭 1969 年 6 月 25 日判决,刑集 23 卷 7 号 975 页。侵权行为法上的名誉损害也被作出了同样的解释,参照最高法院 1966 年 6 月 23 日判决,民集 20 卷 5 号 1118 页)。另外,在《笔锋月刊》案的判决中,最高法院也承认,吾国有名的宗教团体会长的行为,虽属"私生活上的品行",但根据情形也可认为是属于"有关公共利害的事实"(最高法院 1981 年 4 月 16 日判决,刑集 35 卷 3 号 84 页)。

不过,这些判决与美国判例法上所谓的"现实的恶意"(actual malice)理论有所不同。该理论是这样一种见解,即:对于损害公务员(public official)或著名人士(公众人物 public figures)之名誉性质的表达,或是行为人本身明知其表达虚假但仍作出,或是无视其是否虚假却毫不在意地作出,公务员或公众人物均必须加以证明。这就大幅地强化了对表达自由的保障。也有学说主张日本应引入该理论,但可否纳入《刑法》第二百三十条之二的解释,仍有讨论的余地。

†最高法院判例将有关名誉损害区分为"事实指摘"型与"评论"型。在揭示事实而损害名誉的情形下,"晚刊和歌山时事"案件的判决是妥当的,但如果没有揭示事实,只进行名誉损害的评论,该理路则不妥当。然而,即使在没有揭示事实,但评论缺乏公正性的情形下,名誉损害的侵权行为责任也可以成立,最高法院判例认为,在评论型的场合,"可以证明作为评论前提的事实的有关重要部分具有真实性",或者具备足以相信其具有真实性的"充分理由",就可以免责。并且,事实指摘型和评论型的区别在于,前者是"可以根据证据来决定是非"的内容,后者是"不适合依据证据等加以证明的有关事项的价值、善恶、优劣方面的批评及议论"。(参照最高法院 2004 年 7 月 15 日判决,民集 58 卷 5 号 1615 页)。

（三）营利性言论的自由

表达自由中是否包含营利性的言论(commercial speech)虽然颇有争议,但即使像广告这样营利性的表达活动,普通国民作为消费者,也可通过其获得各种各样的信息,鉴于其这种重要性,近时期学说上一般均认为值得将其在表达自由中加以保障。不过,由于表达自由的重点乃在于自我统治的价值,所以营利性言论自由的保障程度一般被理解为低于非营利性(即政治性)言论的自由＊。

＊ **广告的自由和违宪审查基准** (在日本)并没有将判定营利性言论即广告的规制的合宪性的基准加以明确化的判例。将全面禁止针灸适应症状的广告判定为合宪的判例(最高法院 1961 年 2 月 15 日判决,刑集 15 卷 2 号 347 页)乃

是关于广告自由的唯一判例,但却没有将其作为表达自由的问题来处理。关于这一点,作为判定营利性言论的内容规制之合宪性的基准,美国联邦最高法院在1980年所提出的四步骤准则值得参考,其乃检讨如下内容的基准：①属于有关合法活动的真正事实并且不致人误解的表达；对于这种表达,②被主张的规制利益必须是实质性的(substantial)；③规制能直接促进此种利益；并且④并非超出为达成此种利益所必要程度之上那样的广泛。

三、表达自由的界限

(一) 双重基准理论

虽说表达自由,但并非不受制约。其界限,必须具体地检讨表达的形态、规制的目的与手段等才能加以决定。在其之际,最重要的是整理出判定规制表达自由的立法是否合宪的基准。

作为应运而生的指南而被广泛支持的见解,就是先前所提到的(参照第六章一(四))"双重基准"(double standard)理论,即主张对于规制以表达自由为中心的精神自由立法的合宪性,应特别采取比限制经济自由立法更为严格的基准的那种理论。

1. 理论的依据

支持该双重基准理论的根据有很多种,但以下两项是重要的。

第一是与构成统治机构之基础的民主政治过程的关系。尽管经济自由对人类的自由和生存来说也是极为重要的人权,但是有关经济自由的不当立法,只要民主政治过程发挥其正常的机能,就有可能在议会中被改正,而且这也是适当的。与此不同,支撑民主政治过程的精神自由则是"容易破碎容易受伤"的权利。这种权利一旦受到不当的限制,国民的知情权就无法获得充分保障,民主政治过程也会受到伤害,因此,法院积极地介入并恢复民主政治过程正常的运转就成为必要。对于规制精神自由的立法,法院之所以必须严格审查其合宪性,其意就在于此。

第二是与法院审查能力的关系。就经济自由的规制而言,其中很多都关系到社会、经济政策的问题,作为对政策之妥当与否缺乏审查能力的法院,除非可以认定为特别明显的违宪,一般被期望采取尊重立法机关之判断的态度。与此

194

不同,对于精神自由的规制,法院的审查能力则问题不大。

2. 理论的内容

尽管说是双重基准,但是立足于现代国家的人权状况来考虑的话,这并不意味着,精神自由和经济自由的保障程度在等级上全然不同,两者也存在保障程度大致相同的领域(对于表达自由的时间、地点、方法的规制,与职业自由的消极目的的规制即警察许可规制,有关其合宪性的判定基准,可参照后述三(五)、第十章一(二))。另须注意的是,对表达自由的规制立法所采用的严格审查也不尽相同,其因表达的种类或规制立法的形态之不同而不同。

表达自由的规制立法大致可分为四种形态:①检阅、事前抑制;②浑然不明确或过度广泛的规制;③表达内容的规制;④表达内容中立规制。关于其中的③和④,因为在区别上就存在有力的不同观点,因此有必要先说明其含义。

(1)所谓表达内容的规制,指的是以某种表达所传达的信息为理由而进行限制的规制(例如,禁止以颠覆政府的文书进行煽动的(seditious libel)、禁止公布国家的秘密情报、禁止提倡暴力颠覆政府的言论等)。性表达、名誉损害性质表达的规制(前述二(二))也属于此,不过在美国,这些通常与营利性言论(前述二(三))、憎恶性表达(被称为 hate speech,像种族歧视的表达那样可认为是对少数人有害的攻击性言论)† 一起,被视为是价值较低的表达,以区别于上述例示的政治性表达(价值较高的表达)。

对于价值较高的表达内容的规制,美国判例法上所采用的"明显且即刻的危险"基准(后述三(四)),以及必要不可或缺的公共利益(compelling public [governmental or state] interest)基准值得参照。这是要求满足如下两个要件(并且举证责任在公权力一方)的严格审查基准,即:立法目的必须具有迫不得已的必要且不可或缺的(即最重要的)公共利益;规制手段则"必须严格地加以规定"(即务必是为达成立法目的所必要的最小限度的手段),以使得仅仅将该公共利益加以具体化。

† 在日本,以前作为歧视言论而成为讨论对象的,主要是歧视部落的言论。[1] 近期成为问题的则是游行示威中伴随着对在日朝鲜人歧视性表达的仇

---

〔1〕 在日本,"部落",指的是由历史上因特殊身份或社会性的原因而遭受强烈歧视的人们群体性地居住在一起所形成的村落或地域,一般形成于江户时代。明治时期,部落居民受歧视的身份即已在法律上被解放,但其所受到的社会性歧视迄今仍未被根绝。——译者注

恨言论。废除人种歧视条约寻求规制和处罚对不同的人种进行歧视的言论。日本也在1995年批准了该条约。但是，和美国一样，日本作了一个保留，即这种言论在不违反宪法所保障的集会、结社以及表达自由限度内可以接受，而且，迄今为止，条约所要求的义务应通过既有的法律来落实，而无需特别的规制性立法。在欧洲各国中的诸多条约批准国，制定了处罚歧视犹太人为目的否定大屠杀存在的言论等的法律，但在附加了一定保留条件而批准了该条约的美国，最高法院则判决：对黑人等所作出的仇恨言论只要还在表达的限度之内即仍受宪法的保护，对此进行规制的立法构成违宪。针对日本最近对在日朝鲜人的歧视言论增多这一情况，联合国人种歧视废除委员会在2014年对日本政府发出了限制仇恨言论的劝告。如以现有的法律来进行应对，刑事上可适用侮辱罪、名誉损害罪、威力业务妨害罪等，[1]民事上则可考虑适用基于侵权行为的损害赔偿，现实中最高法院也曾作出了认可损害赔偿的判决(最高法院2014年12月9日判决，判例集未登载)。但是，限制仇恨言论与保护表达自由之间的协调，现有的法律规定得是否充分，则存有争议。

(2) 所谓表达内容中立规制，指的是对表达加以与其所传达的信息内容、传达效果并无直接关系的限制之规制(例如，限制医院、学校附近的噪音、禁止在一定地区、建筑物上展示广告、限制一定选举运动的自由等)。在美国法上，这类规制的形态被分为二种，即①对时间、地方、方法的规制；②对象征性表达的规制或对伴随行动的表达(speech plus)的规制,†并分别采用了不同的违宪审查基准。不过，根据近时期的判例，对②的规制所被适用的严格程度最弱(承认广泛立法裁量)的合理关联性基准(奥布莱恩准则)*，由于也被适用于从前主要是采用被称为中间性审查基准的"限制性程度更小的其他可供选择之手段"基准(所谓的LRA基准，参照后述三(五))的①的规制之场合，为此，内容中立规制的违宪审查基准正发生动摇。

但内容中立规制不仅也存在着与内容规制无法明确区分的情形，而且也存在威胁表达自由之保障的可能，在此方面，就可以说其与内容规制基本无异，为此，如果适用严格程度最弱的基准(尽管在日本判例上也可以看到这种倾向)，那

197

---

[1] 威力业务妨害罪，指的是通过一定程度的胁迫、暴力等威力手段妨害他人业务的犯罪。作为其一个案例，某高中教师因反对在毕业典礼上合唱"君之代"而呼吁大家不起立，被判构成该罪。——译者注

么,双重基准理论的本来意义就将失去。特别是在议会制民主主义未成熟的状况下,这种可能性就很大。从而,由于内容中立规制的中心类型乃是对时间、地点、方法的规制,因此就有必要在原则上适用像 LRA 基准那样的,法院的实质性审查可成为可能的、基本准于内容规制情形下所适用的那种基准。

以下概要说明对于表达自由规制立法所适用的严格基准。

* **奥布莱恩准则** 通过一定的行动向外部表达思想和主张的行为(例如,为倾诉反战的意见,在很多人面前焚烧征兵卡的行为),作为"象征性表达",包含在表达自由之中,对其加以规制的立法的合宪性,应采用由以下三个要件构成的基准(1968 年奥布莱恩案件判决[1]首次提出的原则)加以审查:①立法目的在于促进重要的(substantial or important)公共利益;②与表达自由的压制没有直接关系;③规制手段对表达自由所产生的附随性效果(间接性影响)不超过为促进其立法目的所务当必要的(essential)限度。尽管三个要件本身相当严格,但实际上由于其中③的要件只是被如此运用,即在立法目的和规制手段之间只要存在合理的关联即可的那种形式性的(即对立法机关极其礼让)形态下展开是否"务当必要"的审查,所以,也被批评为是无法起到有利于保障表达自由之作用的基准。关于猿拂案判决所曾采用的与该原则相类似的"合理关联性"基准,可参照后述三(五)。

198　　　　† 在如何理解①和②的区别这一点上存在微妙之处,但①指的是对表达的时间、地点、方法的规制,而②则可理解为并非以表达的规制为目的,而是以行动的规制为目的,但最终表达又受到附随性的、间接性的规制的情形。例如,侵入他人住所罪不是以规制言论为目的的,但以表达为目的擅自进入他人的居所,则存在适用该规定的可能性。而作为适用侵入他人住所罪的附随性的、间接性的效果,也产生了表达的规制(有判决曾判定为向他人住宅的邮箱投递政治传单,未经许可进入他人管理的用地是有罪的,参照最高法院 2008 年 4 月 11 日判决,刑集 62 卷 5 号 1217 页,最高法院判决 2009 年 11 月 30 日,刑集 63 卷 9 号 1765 页)因此,在规制侵害某种法益的行为时该行为竟然是以言论为目的的,而且对于听众来说也是被理解为是以表达为目的的情形下,可以称为"象征性表达",并涉及表达自由的保障。奥布莱恩准则中所说明的案件即是其例子。

---

〔1〕　即 United States v. O'Brien, 391 U. S. 367(1968),所谓的"奥布莱恩准则",即取之该案当事人奥布莱恩(O'Brien)之名。——译者注。

(二) 事前抑制的理论

表达活动,不允许在事前加以抑制。《宪法》第二十一条第二款"禁止检阅"[1]的原则,是在汲取了明治宪法时代经验的基础上对此加以确认的。

1. 检阅的概念

所谓"检阅",迄今被理解为是"公权力对于应可对外发表的思想之内容预先加以审查,认为不适当时则禁止其发表的行为"。对于这个检阅的概念,应注意以下几点。

(1) 检阅的主体是公权力。其主要(甚至可以说完全)是行政权,不过由法院事前制止言论同样也构成检阅的问题。但通过法院的场合,由于其程序是依据公正的法律程序进行的,与行政权的检阅不同,在例外的情形下(如言论一经发表就对他人的名誉与隐私产生无法回复的重大伤害的情形),也有在依据严格且明确的要件下得到容许的情况。虽然结论与此没有什么不同,但是判例认为,检阅若是由行政权进行的事前抑制,则绝对予以禁止;而法院的事前抑制(制止),则根据《宪法》第二十一条第一款保障表达自由的规定,原则上予以禁止,从而将两者在概念上加以区分*(有关检阅的概念,参照下一节 2)。

(2) 检阅的对象过去一般被理解为是思想内容,但在现代社会,将其理解为是广泛的表达内容是妥当的。对报纸错别字的审查等,也会构成检阅的问题。

(3) 检阅的时期,向来根据在思想内容发表之前或之后来进行判断(即在发表前进行抑制则应认为是检阅),不过,若采取以知情权来构成表达自由之中心的立场,则毋宁以接受思想、信息之时作为基准,将接受之前的抑制,或对思想、信息的发表产生重大抑制效果的那种事后规制,也理解为可构成检阅的问题,则是妥当的。在这方面,除战前书籍销售查禁制度以外,现在的海关货物检查(又称海关检查)以及依据《青少年保护条例》的不良书籍指定制度** 等,都成为问题。

　　***《北方杂志》案**　本案系 1979 年北海道举行知事选举时,《北方杂志》刊

[1]　日语汉字即采"检阅"二字,在此予以保留。之所以如此,因为该词是日本法律上的一个特定用语,窃以为很难单纯译为中文的"检查""审查"等语。另外,在现代汉语中,"检阅"一词的通常用法虽与此有所不同,但其实在汉语传统中,"检阅"二字即可用于指预先查看书籍文字之意,如元代周密《齐东野语》(之十)《洪景庐》中即云:"苏学士敏捷亦不过如此,但不曾检阅书册耳。"另外,我国宋、明、清时亦曾将"检阅"作为官名,其职即为执掌点校书籍。——译者注

登了批评攻击某个预定申请成为候选人者的报道，发售前被以损害名誉为由受到制止的案件。最高法院认为，以临时处分（旧《民事诉讼法》第七百五十六条—七百六十条下的临时处分）的方式而实行的事前禁止，虽然不属于检阅，但由于就是事前抑制，为此必须有明确而严格的要件；并判示：在属于涉及批评公职选举候选人之表达行为的场合，由于那通常是有关公共利益的事项，其表达含有优先于私人之名誉权的社会性价值，因此事前禁止在原则上不被允许，惟当"①表达内容显然不真实，并且显然不是专门以谋求公共利益为目的；加之②受害人有可能蒙受重大且显著难以恢复的损害时，则可例外地准许事前制止"（最高法院大法庭 1986 年 6 月 11 日判决，民集 40 卷 4 号 872 页）。而作为例外准许事前制止的条件，判决的要旨对此认为：根据债权人（名誉权被侵害的预定候选人）所提出的资料，①、②的要件相当明确的情形可另当别论，原则上应该举行口头辩论或债务者（出版者）的询问，赋予举证主张表达内容真实性的机会。

**岐阜县青少年保护条例案　本案系该条例规定知事可将"显然地刺激了性感情，或严重地助长残忍性，从而有可能妨碍青少年健康成长"的图书、黄色写真与刊物指定为"有害图书"，并禁止将其销售、发布、租借给青少年或置入自动售货机，而其合宪性受到争议的案件。就该案的指定处分与"检阅"的关系，最高法院判示，按照海关检查案（参照下一节 2）和《北方杂志》案判决的意旨，此乃明显不属于检阅（最高法院 1989 年 9 月 19 日判决，刑集 43 卷 8 号 785 页）。同时，就其与表达自由的关系，该判决认为，"有害图书"会容许或助长青少年性越轨行为或残虐行为的风潮，此"已成为社会共通的认识"，而在自动售货机的场合下，因购买容易，为此弊害也大，甚至可能在指定为有害图书前就已经售出；根据这些理由，判决认为，对青少年的关系自不必说，即使在对成年人的关系上，此也是为达成健全培育青少年之目的的"必要而不得已的限制"，并不违反《宪法》第二十一条第一款。

该判示在简单地认识"有害图书"与青少年行为不良化之间的因果关系这一点上存在着问题，至少"产生青少年不良行为等弊害的相当的盖然性"（伊藤正己法官的补充意见）有必要得到具体的明确。并且，即使如判例那样狭义地理解检阅，在"有害图书"的指定并没有依据明确的基准并通过公正的程序进行的时候，由于也有可能出现对表达自由产生萎缩性效果，或者成人的知情自由被不当侵害的情形，因此在这种情形下，即使是发表后的规制，也应将其视同事前规制加以考虑。而在这一点上，伊藤正己大法官的补充意见则主张：如果考虑以下等事项,即：对于成人尚留有通过其他方法接触这类图书的机会,而且指定的基准 明确(关于"明确性"的问题,参照后述(三)**(3))、规制的目的乃在于青少年的 保护,为此,虽有事前抑制的性质,但仍可说是合宪的。　　201

2. 海关检查

一向被认为很可能抵触禁止检阅的原则而倍受争议的,是海关检查的制度。

《关税定率法》第二十一条第一款第(三)项[现行第(四)项]规定,"不得进口""将危害公共安全及善良风俗的书籍、图画、雕刻及其他物品",根据这一规定,海关当局在书籍等的进口中对其内容实行检查。这由于是属于根据"危害公共安全及善良风俗的书籍"这一不明确的规定,而对表达媒介物所进行的、在国内完全不被允许的事前抑制,并且是在国民接受书籍等之前,就针对表达内容所进行的规制,因而被指具有较大的违宪之嫌疑。然而,也有见解认为,规制的对象是在国外制作的出版物和电影,而且海关的检查并非以思想内容,而是以货物的检查为目的的,因此应属于合宪。最高法院曾判示,海关检查并非属于"检阅",而且可以将对"危害风俗的书籍、图画"的进口规制,限定解释为是对淫秽表达媒介物的规制,因此并无欠缺明确性之处(最高法院大法庭 1984 年 12 月 12 日判决,民集 38 卷 12 号 1308 页。有四名法官表示了反对意见,认为这一规制由于存在了将淫秽物品之外受到宪法保障的表达也被解释为对象的余地,不但不明确,而且也失之宽泛,从而违宪无效。有关此点,参照后述(三)**(1))。

　　* 海关检查合宪判决　最高法院(多数意见)认为：①"检阅"应定义为"以行政权为主体,以思想内容等之表达的媒介物为对象,并以禁止其全部或一部之发表为目的,对作为对象的表达媒介物,于其发表前对其内容进行网罗式的一般性审查,在此基础上对于认为不适当者发表予以禁止的行为"；②在海关检查的场合,表达媒介物在国外已经发表,即使被禁止进口也并不会完全剥夺其发表 202 的机会,而且检查作为关税征收程序之一环,并非是以网罗性地审查、规制思想内容为目的的,对于禁止进口的处分也仍给予司法审查的机会。判决举出以上等各点作为海关检查不属于"检阅"以及"事前规制"的理由,并且认为,为了维持和确保健全的性风俗,在国境分界上阻止国外淫秽物的流入,其结果虽然也使发表自由和知情自由显著地受到限制,检查本身也带有了"事前规制的侧面",但这也是迫不得已的。关于该判决中的检阅概念,主体这一点姑且不论,就其将对象限定为以"思想内容等之表达的媒介物",并将此限定于"网罗式的一般性的"审查之场合等而言,则被强烈批判为失之狭窄。同时,其所揭示的将"事前抑制"和"具有事前抑制的侧面"这两者加以区别,彼此的审查在严格程度上存在差别这一点,也受到注目(参照1 ＊《北方杂志》案判决和(三)＊ 教科书裁判)。[另外,最高法院1999年2月23日的判决(判时1670号3页),认可了海关将梅普尔索浦[1]的写真集认定属于"淫秽"的判断,但所附的两名法官的反对意见认为:并非司法专家的海关职员所可进行事前审查的,应限于可容易判断是否属于"淫秽"的情形。]

3. 教科书检定

现在,教科书如未经文部省检定合格,则被规定为不能作为教科书出版(参照《学校教育法》第二十一条)。于是,这种检定制度是否属于"检阅"就成为一个问题,在所谓的教科书裁判中受到争议。

文部省曾指出,"作为教学科研之主要教材"的教科书,必须具有合乎确保教育机会均等、维持教育水准向上、保障教育内容适当等要求的这种特殊性,而即使检定不合格的图书,作为一般图书的出版也是可能的,以此来说明教科书检定的合宪性。与此不同,学说上有力的意见认为,即使是对作为教科书而撰写的图书的查检,只要涉及思想内容的审查,即属于检阅,而且几乎在所有的情形下,其若不作为教科书则就无法刊行(也就是说,经检定不合格的图书,除非作者自费出版,否则接受其作为一般图书出版发行的出版社事实上皆不存在),因此不能说不属于禁止发表。由于为了充分满足孩子的学习权,教科书被要求具有一定的水准、公正的立场、适应孩子发展阶段的组织排列等,因此就像教科书裁判＊(其中第二轮诉讼)的一审判决所说的那样,可允许对错写、错字以及其他客观的明显错误、装订制本及其他的技术性事项,还有教科书内容是否在教育课程大纲的框架之内等诸点进行检定。但是,容许对广泛的思想内容进行审查的解释,尤其是像第一轮诉讼中高等法院判决那样,连对思想内容进行网罗式的审查都予以肯定的见解,无论认为教科书如何有其特殊性,也未免过于轻视教科书的出版自由,从这一点上而言,不能不说极有问题。

---

[1] 即Robert Mapplethorpe(1946—1989),欧洲著名摄影艺术家,20多岁即开始活跃于欧洲摄影界,其作品多大胆地表现静物与男性人体,包括男性黑人人体、性虐待、同性恋等极有争议性的主题和内容,曾席卷西方各国,并强烈冲击20世纪人们的视觉、审美趣味及价值观念。其本人于1989年死于艾滋病,年仅43岁。——译者注

＊**教科书裁判**　原东京教育大学教授家永三郎,对其所著的《新日本史》教科书检定不合格的处分,提起诉讼,请求①撤销该处分；②赔偿损害,总称为家永诉讼或教科书裁判。有关①的诉讼被称为第二轮诉讼,其一审判决(东京地方法院 1970 年 7 月 17 日判决,行裁例集 21 卷 7 号别册)判示,教科书的检定,只要不涉及思想内容就不属于"检阅",检定制度本身亦是合宪的,但由于本案中的检定涉及了对思想内容的审查,故构成违宪。二审判决(东京高等法院 1975 年 12 月 20 日判决,判时 800 号 19 页)虽未论及宪法论,但也以该不合格处分逾越了裁量范围乃属于违法为由,维持了原审判决。然而最高法院则认为,由于 1976 年 4 月开始实施新的学习指导纲要,原告是否具有诉的利益就有必要加以具体地探讨,为此将该案发回重审(最高法院 1982 年 4 月 8 日判决,民集 36 卷 4 号 594 页)。重审法院的重审判决(东京高等法院 1989 年 6 月 27 日判决,行裁例集 40 卷 6 号 661 页)判示,由于学习指导纲要已被全面修正,诉的利益已然失去。　　204

与此不同,有关上述②的诉讼被称为第一轮诉讼,其一审判决(东京地方法院 1974 年 7 月 16 日判决,判时 751 号 47 页)指出,由于教科书检定制度原本非以审查思想为目的,且并未禁止可就已经在市面上出售的图书提出检定申请,以及将审定为不合格的原稿作为一般图书加以出版,也不是预先审查的制度,为此不属于"检阅"；另外,因为不将教科书的记述内容加以审查就无法判定是否合格,因此其应作为由公共福利所加以的限制而予以忍受,从而判定本案的检定为合宪。本案二审的判决(东京高等法院 1986 年 3 月 19 日判决,判时 1188 号 1 页)也判示,虽然教科书检定构成"将思想内容加以网罗式的一般性的审查",但却"欠缺检阅所应具备的发表前加以审查或禁止发表的特质"。最高法院援用旭川学力测试案的判决(参照第十三章二(二)＊)认为国家在"可认为必要且适当的范围"之内拥有决定教育内容的权能,在此基础上强调了上述正文中所阐述的教科书的特殊性,并基于海关检查判决所提出的检阅概念,以与一审判决同样的理由,否定了检定的检阅性质,认同了其合宪性(最高法院 1993 年 3 月 16 日判决,民集 47 卷 5 号 3483 页)。此外,最高法院还认为,通过检定而对表达自由的限制,并非禁止其进入思想自由市场的事前抑制措施,因此只要属于合理的且不得已的必要程度之内(参照第十六章一(三)＊),就不违反宪法第二十一条第一款；并进而主张：具体性的检定"根据事项的性质,委任于文部大臣进行合理的裁量……"只有在"检定时的有关学说状况、教育状况的认识"等方面上存在"无法忽视的过失或错误",才属于违法,而本案的各个处分则不存在这样的违法状况。

另外,在就争议 1980 年代的检定处分而被提起的损害赔偿请求诉讼(第三轮诉讼)中,一审判决(东京地方法院 1989 年 10 月 3 日判决,判时临时(判例时报临时刊)1990 年 2 月 15 号 3 页)判定检定制度合宪,本案中有一处的检定处分违法,而二审判决(东京高等法院 1993 年 10 月 20 日判决,判时 1473 号 3 页)则认定三处的检定处分违法。最高法院虽遵从上述 1993 年判决的宪法观点,但进而判定另有一处的检定处分违法,同时附有两位法官认为还有两处检定处分违法的意见(最高法院 1997 年 8 月 29 日判决,民集 51 卷 7 号 2921 页)。

205　　**（三）明确性理论**

认为规制精神自由的立法必须明确,此即明确性的基准。法条文意浑然不明确的法律法规,原本在刑罚法规中特别成为问题。根据罪刑法定主义(在日本《宪法》上乃由第三十一所保障),刑罚法规范有必要达到如下两点:①法规范的内容对于国民来说必须是明确的,为公平地处罚违法行为,必须给予事前必要的"公正告知";②限制作为法规范执行者的行政恣意裁量权。不过,即使是刑罚法规范,在其属于限制表达自由的情形下,其之浑然不明确性就不仅会产生①、②这样的程序正当之问题,而且还会引起③,即:对表达行为造成萎缩性效果(使原本可合宪实行的表达行为也受到干扰的效果)的实体正当问题。于是,除非通过合理的限定解释(其有严格的框架)除去法条文意的浑然不明确性,否则,即使受到争议的行为可理解为在该法规范的合宪适用范围之内,原则上在该案件中,法规范本身也是违宪无效的(字面上无效)。即使法条文意尚属明确,但规制范围相当广泛、有可能被违宪地加以适用的法律法规,在其存在本身对表达自由产生重大威胁这一点上,乃与不明确的法规范的情形无异。通常,前者被称为"因浑然性而无效",后者被谓以"因过度的广泛性而无效"。尽管两者在概念上必须加以区别,但在有关表达自由的规制立法的情形下,实际上常常因相互重合而成为问题。

在与表达自由的关系上,因法条文意不明确而被争议的最初的重要案件,是德岛市公共安全条例案*。最高法院认为,除非"以具有通常判断能力的一般人的理解,就具体的情况,对该行为是否适用相关法律规范,无法读出可能加以判

206　断的基准",否则像"维持交通秩序"这一条例所规定的许可条件(对违反者有相

应的罚则)那样,即使"法条文字抽象,作为立法措施显然有欠妥当",也可以将该规定"理解为是命令应该避免、防止导致特别的交通秩序之阻碍的行为",为此判定其合宪。其后,仿效该判决意旨的判例为数不少**。

＊ 德岛市公共安全条例案　德岛市条例所规定的"维持交通秩序"的许可条件,被一审、二审判定为不明确,但被最高法院推翻,原因是后者作出这样的判断：只要是具有通常判断能力的一般人,在经验上均"容易想到","蛇形的行进、旋涡式的行进以及静坐等占据道路一部分的所谓法国式游行,均相当于导致特别的交通秩序之阻碍那样的行为",为此,读出维持秩序的有关基准并非不可能(最高法院 1975 年 9 月 10 日判决,刑集 29 卷 8 号 489 页)。

＊＊ 明确性受到争议的其他案件

(1) 海关检查案判决,判示《关税定率法》第二十一条第一款第三项[现行第四项]所规定的"危害风俗的书籍、图画"中的"风俗",不能说是因不明确而无效,有关该判决已作介述(前述(二)2),然而该判决阐述了以下的判旨："被容许对规制表达自由的法律规定作限定解释的,乃限于这样的场合,即：通过该种解释,成为规制对象者与没有成为规制对象者被明确地得到区分,并且,只有可合宪地加以规制者才能成为规制对象,这一点也得到明确,根据一般国民的理解力,能从这些规定中读出规制的基准,从而据此在具体的情况下,判定特定的表达媒介物能否成为规制的对象。若没有付诸该种制约,那么,由于规制的基准不明确或过于广泛,则不仅导致表达自由被不当限制,甚至也会导致产生这样的效果,即国民畏惧该种规定的适用,以至连原本可自由实行的表达行为也加以节制。"不过,该判决也有以下值得注意的反对意见："①对表达自由进行规制的立法作限定解释,存在比其他情形更为严格的框架,应限于从其与规制目的、文理及与其他条款的关系中可以合理地加以推导出来的情况；②'风俗'一词是多义性的,将其限定解释为性风俗,超越了上述的界限。"

(2) 尽管不是表达自由的问题,但针对未满十八周岁的青少年的保护而规定禁止其实行"淫乱行为"的福冈县青少年保护条例,其明确性也曾受到了争议,此即淫乱行为处罚条例案。最高法院断定,只要将"淫乱行为"的含义加以限定解释,那么就"不能说处罚的范围不当过宽或不明确",但也附有指其超越了解释界限的反对意见(最高法院大法庭 1985 年 10 月 23 日判决,刑集 39 卷 6 号 413 页)。

(3) 在岐阜县青少年保护条例案(前述(二)1＊＊)中,"有害图书"定义的明确性也受到争议。对此,最高法院完全未说明理由,仅判示"不能说是不明确

207

的"。伊藤正己大法官则在补充意见中说明：虽然仅就条例规定的要件而言未必可谓明确,但可理解为与施行细则、告示以及通达等下位规范相配套,其具体的基准已被定立,如一并考虑青少年的保护这一社会利益,则无法判断为违宪。

(4)《关于确保新东京国际机场安全的紧急措施法》(成田新法)禁止从事暴力主义性质活动的破坏者在规制区域内使用工作物,被争议其是否侵害了集会自由。在该案中,最高法院判示,该法第二条第二款所称的"可认为实行暴力主义性质的破坏活动、又或有实行之嫌的人",如果与其他条款一并加以考虑,可以限定解释为"正在实行暴力主义性质的破坏活动的人或者实行之盖然性较大的人",为此"不能说是过度地采行了广泛的规制,也不能说其规定的要件不明确"(最高法院大法庭1992年7月1日判决,民集46卷5号437页)。关于成田机场和集会自由的关系,可参照后文四(一)2(1)。

[(5)在广岛市暴走族驱除条例一案(最高法院2007年9月18日判决,刑集61卷6号601页)里,对暴走族的集会进行规制的条例在定义规定中,由于把"暴走族"定义为"以飙车为目的的结成的团体以及在公共场所穿着给公众带来不安或恐怖的怪异服装或者显示集体名字的衣服,进行集会或者游行示威的集体"(同条例第2条第7号),把宪法保障的集会自由也作为了规制对象,因而被认为这一定义宽泛且不明确。不过,多数意见认为综合地看条例整体的主旨及实施规则中确认的限定对象,得出规制对象仅限定于暴走族这一合宪解释是可能的。附加的反对意见则认为合宪性限定解释超越了解释的界限为此是不允许的。]

(四)"明显且即刻的危险"基准

在违宪审查基准之中也尤其有名的,是美国宪法判例上所采用的"明显且即刻的危险"(clear and present danger)基准。* 该基准要求,只有在以下三项要件的存在可被论证之时,才可以规制某种表达行为：①该表达行为在最近的未来时段里,引起某种实质上危害的盖然性是明显的；②其实质性的危害极其重大,而该重大危害的发生在时间上是极其紧迫的；③该规制手段对于避免危害是必要不可或缺的。

由于"明显且即刻的危险"基准是极其严格的基准,而上述要件(特别是危害的重大性和紧迫性的存在与程度)也难以判断,因此用于(审查)规制一定表达内容的立法(例如,处罚煽动行为的法律)可认为是适当的**(在这一点上,*注中记载的布兰登堡法理(Brandenburg Theory)值得参照)。虽然也有有力的学说主张将该基准适用于所有表达自由的规制立法,但这样使其一般化则不太妥当。然而在吾国,虽然下级法院的判决中采用该基准的实例为数不少,但在最高法院的判例上还未被采用(不过,吸收了该基准之意旨的判例是存在的。参照后述四(一)2(1)　＊)

　　＊ **美国判例的理论变迁**　"明显且即刻的危险"基准,始于霍姆斯大法官在1919 年的 Schenck v. United states 案中所提出的如下主张：对言论的限制,只有在某种话语的使用状况和性质将产生国会有权加以阻止那种程度上的实质性危害,既只有产生明显且即刻的危险的情况下可以进行。这终于在 1940 年代确立为判例理论,成为广为适用的原则。本来,它是在解释和适用通过刑罚等禁止一定表达的法律法规时为判断某种特定的表达是否触及了禁止(条款)的基准,但在四十年代以后,也被用于作为判定相关法律法规是否违宪的基准,随此,基准的内容也如同正文所述(参照①—③)的那样被精密化。然而,在五十年代东西冷战的体制下,判例又发生改变,原本的含义已被抽掉了重要内涵,至 1969 年的布兰登堡案(Brandenburg v. Ohio)判决,则再生为新的基准(紧迫性的要件仍保留,重大性的要件则限定为"不合法行为"),即：对于暴力行使或违法行为的倡导,"除了这种倡导倾向于煽动紧迫的不合法行为或者使之产生,并且具有煽动那种行为或使之产生的盖然性的情形",否则宪法上则不能予以禁止。这也被称之为布兰登堡法理,并受到关注。不过,在现今的判例上,除了在上述情形之外,"明显且即刻的危险"基准也被用于这样的情形,即判断对那种让"抱有敌意的听众"进入激愤状态而导致混乱的演说和侮辱法院的言论所进行的规制的合宪性。

　　＊＊ **煽动罪规定的合宪判决**　现行法上,对煽动(这里包括"教唆"和"煽动"两种意思)犯罪或者违法行为的表达加以处罚的规定为数不多(《破坏活动防止法》第三十八条、第四十条;《国税犯法取缔法》第二十二条;《国家公务员法》第一百一十条、第一百一十一条;《地方公务员法》第六十一条、第六十二条;《地方税法》第二十一条等)。判例上认为,煽动是指"刺激人们产生实行犯罪行为的决心或者助长其业已产生的决心的行为",这便既承认其具有表达活动的性质,但又持有其属于"对于社会而言乃是危险的行为,为此违反公共福利,不值得受到表达自由的保护"的立场(参照最高法院大法庭 1949 年 5 月 18 日判决,刑集 3 卷 6 号 839 页;最高法院 1990 年 9 月 28 日判决,刑集 44 卷 6 号 463 页)。而且,以文书、言行等所进行的表达如果具有"怂恿[劝诱]国民不履行其法律上应负担的重

209

要义务",就被认为是属于"煽动"。然而,有必要考虑到的是,这种的煽动行为本
210 身并不是直接侵害法律利益的东西,而政治言论多多少少总是包含着煽动性的
要素。

(五)"限制性程度更小的其他可供选择之手段"基准

这是指,对于那些立法目的与表达内容没有直接关系,为此可被认为是正当
的(十分重要的),但在规制手段过于广泛这一点上则存在问题的法律法规,须具
体地、实质性地审查其为达成立法目的所需的限制性程度更小的手段(less
restrictive alternatives)是否存在,如可认为其有存在,则将该规制立法判断为违
宪的基准(略称 LRA 基准)。公权力一方负有证明规制手段之正当性(即无法利
用限制性程度更小的其他可供选择之手段)的重大责任。例如,为保持风景美观
或防止危害公众等目的而规制户外广告物时,不问大小、场所对广告牌一律予以
禁止的法律法规,依据该基准就可被判定为违宪。

换言之,该基准就是要求为达成立法目的的最小限度规制手段的基准,其在
讨论规制表达的时间、地点、方法(表达内容中立规制)的合宪性时颇为有效。它
虽已经被若干的下级审判决所采用,但最高法院并没有在这一领域的规制立法
中适用 LRA 基准,而是适用所谓的"合理关联性"基准,即:只要在目的和手段
之间存在抽象性的、观念性的关联性即可。这种合理关联性基准主要被用于判
断那种对言论的要素和非言论的要素结合在相同行动中的表达行为(也可称为
"伴随行动的表达"speech plus)所进行规制的合宪性的场合。在吾国的判例中,
这被认为必须检讨下述三点,即:①规制目的(立法目的)的正当性;②规制手段
211 (达成立法目的的手段)与规制目的之间的合理关联性;③通过规制所得到的利
益与所失去的利益之间的均衡。该基准是在对全面禁止公务员参与政治活动
(表达内容规制)进行审查中,首次被作为合宪性审查的基准而提出来的。不过,
这个判例在将言论和行动加以区别、并认为目的和手段之间的关联是抽象的即
可(由于具体的、实质的关联如无必要,预防性的规制也就被容许)以及其利益衡
量只是形式性的、名义性的(认为规制的目的乃在于防止伴随行动的表达中非言
论要素所产生的弊害,而为此对言论要素所波及的制约只不过是"间接性的、附
随性的",所以所得到的利益为大,会使利益失去均衡)等方面,均存在很多问题
(前述(一)2(2)),学说上有很大的异议 *(参照第十三章三(四)* 的猿拂案件
判决)。

　　＊ 有关表达的时间、地点、方法的规制之判例

　　(1) 户外广告物条例案

　　这是禁止在桥墩、电线杆、电信杆等上面标示、展现广告的大阪市条例的合宪性受到争议的案件。最高法院认定其保持风景美观和防止危害公众这一立法目的是正当的，在此基础上，以"此种程度的规制是属于为了公共福利而对表达自由所进行的可被允许的必要且合理的限制"这样简单的论旨，承认了其合宪性，并且判示其他与营利无关的广告也一律可以成为规制的对象(最高法院大法庭 1968 年 12 月 18 日判决，刑集 22 卷 13 号 1549 页)。因为，在街道旁的树木支架上绑挂政党演说会公告的牌子而被控违反大分县条例的案件中，最高法院也完全重复了同一论旨(最高法院 1987 年 3 月 3 日判决，刑集 41 卷 2 号 15 页)。惟伊藤正已大法官的补充意见，则阐述了与判例不同的看法，颇受关注。其要旨是："根据各个案件的具体情形，综合考量广告物所展示的场合具有何种之性质，其周边是何种之状况，所展示的广告物的数量、形状以及展示的方式等，并比较衡量该地域风景美观的受侵害程度与广告物展示之内容所具有的价值"，在其结果是后者的利益优于前者的利益时，科以条例所规定的刑罚，则"在适用法律法规上构成违宪"。

　　(2) 选举运动规制案

212

　　禁止发布、展示法定之外文书图画的《公职选举法》第一百四十二、一百四十三、一百四十六条的合宪性受到争议之际，最高法院认为，表达自由"在为公共福利所必要情形下，就其一定的时间、地点和方法等方面，当然也可有合理的限制存在"，并从这一立场出发判示：若放任其毫无限制，则"会给选举运动招致不当竞争，为此反而危害选举的自由公正，可能造成难以保持选举公正的结果"，所以，为了防止这种弊害而进行一定程度的规制，乃是"宪法所允许的必要且合理的限制"(最高法院大法庭 1955 年 4 月 6 日判决，刑集 9 卷 4 号 819 页)。一方面像这样通过那种预设弊害产生之虞的观念性、形式性理论推导出结论的手法，在《公职选举法》第一百三十八条有关分别上门访问禁止规定的案件中，也被如法采用。不过，其后的判决则引用猿拂案判决中的"合理关联性"基准(第十三章三(四)＊)，认为禁止分别上门访问"只是一种伴随"意见表明的"手段方法之限度内的间接性、附随性的制约。而另一方面由禁止所得的利益，比起所丧失的利益则远为更大"，而且还强调立法机关的裁量，认为"是否一律禁止分别上门访问，属于完全基于确保选举自由和公正的立法政策的问题"(最高法院 1981 年 7 月

21 日判决，刑集 35 卷 5 号 568 页）。如果在选举运动的自由上置于较大比重，并谋求其与选举公正原则的调和，那么，除了审查立法目的的正当性之外，根据那种要求对达成立法目的的限制性程度更小、更宽松的规制手段是否存在（例如，作为分别上门访问所伴随的弊害，可举①（该制度）成为收买、利害诱导等不正当行为的温床；②有害于选举人生活的平稳；③候选人的费用导致增大等，但这是否存在实质性的证据，即使存在，是否可以通过事后处罚或限制访问时间的手段来达成立法目的，等等）进行具体性、实质性审查的 LRA 基准，来判断其合宪性，才是妥当的吧。不过，也有有力的学说认为，由于这乃是对分别上门访问等强有力的选举运动的全面性规制，为此可理解为属于对表达内容的规制，应该根据更为严格的基准加以判断。

213　　另外，对于很久以来其合宪性就一直受到争议的《公职选举法》第一百四十八条第三款第一项（1）的规定，最高法院则没有适用"猿拂"型的"合理关联性"基准，而是将上述条款的罚则规定（第二百三十五条之二第（二）项）中所说的"有关选举报道或者评论"的含义，限定解释为"可能对特定候选人的得票产生有利或不利作用的报道、评论"，并进一步提出如果属于"真正公正的报道、评论"，则其违法性可被阻却，为此将其判断为合宪（最高法院 1979 年 12 月 20 日判决，刑集 33 卷 7 号 1074 页）。

四、集会、结社自由，通信秘密

（一）集会自由

1. 含义

一定数量的人抱有对有关政治、经济、学问、艺术、宗教等问题的共同目的，在一定的场所聚集，称为集会。集会的场所，可以是从公园、广场等户外的地方，到公共会堂等户内的地方各处。将那种并非特定场所的，而是如集团行进、集团示威活动（游行）那样移动的情形也包含在内加以考虑的学说（参照后述（二）），也颇为有力。

集会自由作为表达自由的一种形态，具有重要的意义。判例也曾阐述道："集会作为国民通过接触各种各样的意见或信息，形成和发展自己的思想或人格，并且相互传递、交流意见或情报的场合，乃是必要的，而且，由于它还是对外表明意见的有效手段,因此《宪法》第二十一条第一款所保障的集会自由,作为民主主义社会中重要的基本人权之一,应特别地受到尊重"(最高法院大法庭 1992 年 7 月 1 日判决,民集 46 卷 5 号 437 页)。

2. 界限

然而,由于集会自由是以一定数量的人集合于某一场所为前提的表达活动,也有伴随行动的情形,所以极有可能与他人的权利或利益相互矛盾和冲突,而为了对此进行调节,则不得不接受必要不可或缺的最小限度的规制。在这一点上,除了公共安全条例的规制(参照后述(二))之外,还有以下两种情况成为问题。

(1) 第一是,对其使用公共设施的拒绝之可被容许的限度。

公共设施必须得到管理者的许可才可使用。但由于使用公共设施进行集会,应理解为是宪法所保障的国民的自由权利,因此,为了维持使用目的所采取的必要不可欠缺限度上的许可制(参照后述(二)2＊),尽管其本身不能说是违宪的,但是否允许利用,就不完全属于管理者的自由裁量。对于地方公共团体的设施,《地方自治法》上有关"除非有正当的理由,否则不能拒绝居民利用公共设施",而"对于居民利用公共设施,不能不当地差别对待"(第二百四十四条第二款、第三款)的规定,可以说就明确了这一意旨(另外,什么是"正当的理由",则根据该法第二百四十四条之二第一款,由不同的地方公共团体通过条例加以规定)。

这一点对于国家的公共设施也是一样的。在曾就可否允许使用皇宫前的广场举行"五一"国际劳动者纪念集会而发生争议的案件中,最高法院认为："管理者应根据该公共福利用的财产[后来改称公共用财产]之种类,省察其规模与设施,正当行使其之管理权,使之充分实现其作为公共福利用财产之使命,而若错误地行使管理权,妨碍了国民利用该设施,则难免其违法之所系"(最高法院大法庭 1953 年 12 月 23 日判决,民集 7 卷 13 号 1561 页)。

如从这种观点考虑,最高法院在如下一个案件中所作的判示,则可评为是适当的。这是将公共设施(市民会馆)的使用许可申请,作为条例中所规定的"有扰乱公共秩序之虞的情形",从而作出的不许可处分,被争议违法、违宪的案件。在本案中最高法院认为,上述的事由"应限定解释为指的是,较之于保障在本案会馆中集会自由的重要性,回避和防止由在本案会馆中举行集会而导致的人的生命、身体又或财产受到侵害、公共安全受到损害之危险的必要性更为优越的场

214

215

合",并且判示,这种危险性,根据客观事实加以判断,有必要是这样的,即:"明显而且紧迫的危险的发生乃是可被具体预见的"(最高法院 1995 年 3 月 7 日判决,民集 49 卷 3 号 687 页)。

然而,也有判例采用了单纯的比较衡量的基准,将规定了运输大臣可以禁止"被提供或有可能被提供于一定数量的暴力主义破坏活动者集合之用的工作物"的使用这一内容的特别立法(所谓的成田新法),认定为是"因公共福利的必要且合理的规制"(最高法院大法庭 1992 年 7 月 1 日判决,民集 46 卷 5 号 437 页)。这也可能是由于和涉及许可制的市民会馆案在事案上有很大的差异的缘故(也有认为其基准过于宽松的批判)。

(2) 第二是,对于进行暴力主义破坏活动的团体,是否可允许禁止其在一定期间、场所内集会、集团行进以及集团示威运动。学说上有力的意见认为,《破坏活动防止法》(1951 年法二百四十号)虽然将此限定为"当有充分之理由足以认定有明显之可能不断或反复地乃至将来以团体活动之方式进行暴力主义破坏活动时",但给予公共安全审查委员会禁止的权限(第五条第一款第(一)项),则有违宪的嫌疑。

　　* **泉佐野市民会馆案**　该案系基于市民会馆条例,对于申请使用《地方自治法》第二百四十四条中所称的作为公共设施的市民会馆,做出了不许可处分的案件。最高法院认为,公共设施的管理者"尽管未将利用认定为不适当,但仍然可以拒绝提供利用的,除了(复数的)利用的请求发生了竞合的情形之外,就只限于若将设施提供给集会利用,其他的基本人权将被侵害、公共福利将被损害的情形";而这种限制作为必要且合理的规制是否可以得到肯定,则必须通过衡量集会自由的重要性与因集会而被侵害的其他人权的内容以及侵害发生的危险性程度等来予以决定。在提出了这个比较衡量基准的基础上,该判决阐述到:如果对市民会馆条例第七条第一项加以正文所述的合宪限定解释的话,则其不违反《宪法》第二十一条、《地方自治法》第二百四十四条,并且判示,本案的不许可处分,并非以集会的目的、主办团体的性质本身作为理由,从客观的事实来看,"可被认为是以这样的情况作为理由的,即不仅俱乐部的成员,而且本案会馆中的工作人员、通行者、附近居民人等的生命、身体或财产遭受侵害之事态的发生,已经被具体明确地预见",为此最后判定该处分并不违宪、违法。

216

(二) 集团行动的自由

1. 性质

虽然将集团行动(集团行进、集团示威运动[游行示威])的自由作为"动态的公共集会"而包含在集会自由中加以理解的见解是有力的,但是,也可以将它看成是已包含在《宪法》第二十一条所言的"其他一切的表达自由"之中。而无论如何,其为《宪法》第二十一条所保障,则是没有疑义的。

不过,集团行动与纯粹的言论不同,常附带着一定的行动,因此特别有必要与其他的国民权利与自由相协调。为此,集团行动的自由要服从与纯粹的言论自由有所不同的特别的规制。当然,这种规制在目的上必须是必要不可或缺的、在手段上必须是必要最小限度的。

2. 公共安全条例

作为对集团行动自由的规制,其合宪性最受强烈争议的就是,各地的地方公共团体所制定的公共安全条例。例如,《东京都公共安全条例》规定"在道路或其他公共场所集会或集团行进时,又或不问其在何种场所举行集团示威运动,均必须得到东京都公共安全委员会的许可"(第一条),对集会、集团游行、集团示威运动,将公共安全委员会的许可作为要件*。

这样的公共安全条例为了能够合宪,第一,规制的主要目的,有必要是为了回避与公众利用道路、公园等社会生活之不可欠缺的需求相互冲突的可能性以及因集会的重复、竞合所引起的混乱的可能性,而进行的事前调整(交通警察)。在这一点上,曾将东京都公共安全条例的立法意图完全看作是在于治安的维持,并认为其合宪的最高法院的判决**,就招来了强烈的批判。

第二,如果这样理解规制的目的,那么,规制的手段原则上也应认为运用登记制就已足够。所谓登记制,就是依下列要件而成立的制度:以集团行动本身完全自由为前提、行使该自由只要通知公共安全委员会就已足够、公共安全委员会负有原则上应予受理的义务、只能对此采取对应的交通整理等措施。为此,在采取许可制的公共安全条例的场合,条例的内容有必要如此,即:许可的标准明确而又严格地受到了限定,几乎达到了在实质上可以说是登记制那样的程度,而司法裁判的救济程序也得到了整备。

　*　**许可制**　这个制度,在都立足于作为许可对象的行为乃属于国民的自由这一前提之上,与登记制无异,然而在如下这一点上又与登记制不同,即它是这

217

169

样一种制度：若放任这种行为难免产生弊害，因此就普遍地铺下禁止的法网，规定未经许可不得实施该行为，仅在实施该行为并不产生弊害的特定情况下，个别地解除禁止，作出允许实施该行为的处分的内容。不过，在专门基于公物管理权来决定是否允许使用公共用财产的许可制度的场合，尽管管理权人的自由裁量受到明显的限制，但在含有以维持社会公共安全和秩序为目的而实行的警察许可的意图的场合，行政机关的裁量性判断则发生作用。为此，这就要求许可基准必须明确，规制必须在必要最小限度之内。有关这一点，最高法院曾在新潟县公共安全条例案件中提出了以下几个值得关注的原则：①不允许设定普遍性的许可制，对集团行动进行事前抑制；②但对特定场所和方式设定合理且明确的基准，并在此基础上设立许可制，则不违反宪法的意旨；③而且可以规定这样的内容：在可预见将对公共安全产生明确且即刻的危险时，不予许可（最高法院大法庭 1954 年 11 月 24 日判决，刑集 8 卷 11 号 1866 页）。

** 东京都公共安全条例案　即东京都公共安全条例的合宪性受到争议的案件。最高法院认为，集团行动的特性在于，集团的潜在力量"在极端之时可在瞬间变为暴徒化"，并力主这"从群众心理的法则以及现实的经验来看，乃是明了的"。从该立场出发，尽管该判例中许可的基准（特别是新潟县公共安全条例判决中所称的②的基准）欠缺明确性，并将许可的认定委任于公共安全委员会的裁量，而且问题（例如，没有设置在没有许可或不许可的处分时的许可推定条款等救济规定）很多，但该判决却认为，如果依据条例中有关"除非能明确地认为该集团行动将直接危害公共安宁的维持，否则必须予以许可"这一条款（第三条），"不许可的情形已受到严格的限制"，为此"实质上与登记制并无不同之处"，并判示该条例合宪（最高法院大法庭 1960 年 7 月 20 日判决，刑集 14 卷 9 号 1243 页）。这被有力说批评为强辩。

自该判决以来，出现了很多的下级审判决，力图通过以下这样的手法来实现救济：①由于条例上附加条件，超越了作为条件所被容许的界限，为此违反该条件的部分是无罪的；或②条例和所附加的条件均合宪，但由于被认定为违反了条件的行为欠缺可处罚的违法性，所以是无罪的（例：东京地方法院 1967 年 5 月 30 日判决，判时 483 号 15 页）。

3. 依据《道路交通法》的规制

在没有公共安全条例的地区，集团行动的自由也被视为《道路交通法》第七十七条第一款第（四）项所规定的行动之一，即"以对一般交通造成明显影响的通行形态或方法而使用道路的行为、又或因多数人聚集于道路对一般交通造成明显影响的行为"之一,从而受到该法的规制(须有辖区内警察署署长的许可)。而在具有公共安全条例的地方,则也有可能与道路交通法一同形成双重规制(在此场合下两者的关系,参照第十七章二(三)2(2))。判例曾判示,《道路交通法》第七十七条第二款"揭示了明确且合理的基准,严格限制了不许可在道路上进行集团游行的场合",而该法的许可制"作为依据公共福利而对表达自由所加以的必要且合理的限制,在宪法可被认可"(最高法院 1982 年 11 月 16 日判决,刑集 36 卷 11 号 908 页)。学说上也有见解强烈质疑这是否满足了新泻县公共安全条例判决所揭示的基准(前文 2 ＊ ②)。

(三) 结社自由

1. 含义

所谓结社,指的是一定数量的人,与集会相同,抱有政治、经济、宗教、艺术、学术或社交等各种共同的目的,持续性地结合起来的行为。该自由亦有被(宪法)其他条文重复保障的情形(关于宗教团体的第二十条、关于工会的第二十八条)。政党之宪法上的依据,则在于第二十条(参照第十六章一(四)4(3))。

结社自由,除了结成并加入团体的自由、该团体作为团体进行活动的自由自不必说以外,还包括不结成或不加入团体,或者从已加入的团体中退出的自由。不过,对于像律师协会、税理师协会、公认会计师协会那样,要求有专业技术并具有公共性质的职业团体,出于为了维持该职业的专业性和公共性之必要,并且因基于该团体的目的和活动被限定在提高会员的职业伦理、改善他们的职务的理由,可被允许采取强制设立和强制加入制。对于工会实行组织强制和团结强制之所以被认可,则由来于所谓"团结权"这一权利的特殊性。不过,工会的加入和退出,则应委之于劳动者的自由意志。

基于结社自由和团结权而结成的团体,尽管具有内部统制权,但并非是无条件的(例如,尽管工会开展支持特定候选人的政治活动是可被认可的,但工会超出劝告、说服的范围,将与其意志对抗的申报作为候选人的工会成员加以除名,则是不被容许的。最高法院大法庭 1968 年 12 月 4 日判决,刑集 22 卷 13 号 1425 页。有关法人和会员权利的关系,参照第五章四(二))。

2. 界限

与集会自由一样,结社也要服从一定的内在制约。例如,尤其可以举出的

220

是,以犯罪为目的的结社是不允许的。此外,也有学说指出,在抽象意义上可以说"以通过暴力破坏宪法秩序之基础为目的的结社"也不属于被保障的对象。不过,提出"宪法秩序的基础"这种过度广泛且不明确的原则来规制结社自由的尝试,虽然也视规制的对象、理由、方法、时期等方面到底如何,但一般而言,这反而有较大的导致支撑宪法的立宪民主主义崩溃的危险。可以想到,在冷战中的美国,对组织提倡通过暴力推翻或破坏政府的结社,或对明知其目的还成为其会员的行为加以禁止的法律的合宪性,就曾经引起了激烈的争议。

在吾国现行法律中最成问题的是《破坏活动防止法》,除了上述的集会自由等限制(参照四(一)2(2))之外,接着还规定了公共安全审查委员会可以制定解散有关团体的内容(第七条)。

221　　对于以"明显具有以团体活动的形式实行暴力主义破坏活动的可能"为理由,除了限制机关杂志的活动和集会的自由以外,还连否定结社本身都予以认同的做法,异议颇为有力。

(四) 通信秘密

1. 含义

《宪法》第二十一条第二款后段对通信秘密进行保障,乃基于通信(通过明信片、书信、电信和电话等所有的方法而进行的通信)是向他人传递意思的一种表达行为,而且还可理解为,那里也蕴涵着这样一种考虑,即:断绝公权力探查通信内容的可能性,是与政治性表达自由的保障紧密相连的。

但是在各国的宪法中,用不同于表达自由的另外独立的条文来(对通信秘密)加以保障的,则是通例(如可参照意大利《宪法》第十五条、德国《宪法》第十条。《明治宪法》亦由第二十九条规定表达自由、第二十六条规定书信[被广义理解为通信之意]的秘密)。这是由于,通信秘密一向被理解为是以保护私生活自由,即以保护特定人之间交流的内容不让其他人知道为主要目的的。在这种意义上可以说,通信秘密与基于《宪法》第十三条的隐私权以及第三十五条规定的住宅不受侵犯的原则(参照第十一章二(二)),具有相同的意旨。

这种通信秘密的保障,通信的内容自不必说,其范围还涉及发信人和收信人的名字、住所以及通信的时间、数量等所有有关通信的事项。《刑法》对开拆他人信封科以刑罚(第一百三十三条)、邮政法禁止"邮件的检阅"(第八条),并命令从事通信业务的工作人员要保守职务上所获知的他人秘密(第九条。电力通信行

业法第四条具有同样的意旨），即是其体现。 222

2. 界限

不过，通信秘密也不是绝对的。作为现行法上的限制，例如：《刑事诉讼法》上有邮件的扣押（第一百条、第二百二十二条）、《破产法》上有寄给破产者的邮件、电报由破产清算人开示（第一百九十条）、《关税法》上有邮件的查封（第一百二十二条）、《监狱法》上有对在监人收发信件的检阅等限制（第四十六条至第五十条，施行规则第一百三十条）的规定。

对于这些限制是否符合宪法所允许的必要最小限度的要求，则存在着争议（如对《刑事诉讼法》第一百条，认为其合宪性有很大疑问的学说也颇为有力）。最成问题的是所谓窃听电话等的通信旁收行为。尽管法律上没有明确的根据，但现实中在对组织性兴奋剂的搜查中，根据搜查令就可以实行这种行为（作为将其判定为合法、合宪的判决，东京高等法院 1992 年 10 月 15 日判决，高刑集 45 卷 3 号 85 页）。传统上居于支配地位的学说认为，即使依据法院机关发出的令状（参照《宪法》第三十五条），但由于对象的特定化是困难的，所以不被允许。对此，最近有力的见解认为，在以下等五个严格的要件下，可以例外承认依据令状所进行的窃听、旁收，即：①限定于重大的犯罪，特别是对人的生命、身体造成直接危害的犯罪；②在犯罪搜查上有极其强烈的必要性和紧急性；③特定的犯罪已经发生，或者当下有可能发生；④作为对象的事项、人物以及使用的电话或场所的特定性较强；⑤此外，有关旁收的期间和执行令状后的救济措施等，均已有了特别的考虑和安排。有关的法制化活动，也已开始出现（1998 年 3 月，承认通信旁收的法案已被提交国会†），然而，对于这种立法是否适当以及内容如何，则有必要加以特别慎重地检讨。

　　†**《通信旁收法》** 1999 年，《通信旁收法》（关于为犯罪搜查的通信旁收的法 223
律）被制定。该法律认可了在限于药物关联犯罪、枪支关联犯罪等特定犯罪的情
形下，可依据法院发出的旁收令实行通信旁收，但也被指摘其对于旁收所被允许
的范围、样态的特定以及事后救济措施的考虑并不充分，其运用的方式受到
关注。

第十章　经济自由权

224 　　选择职业的自由、居住与迁徙的自由以及财产权,总称为经济自由权。这些权利是近代市民阶级排除封建性的拘束,为进行自由的经济活动而主张的权利,在市民革命初期,被视为不可侵犯的人权而受到优厚的保护。不过在现代,经济自由毋宁被理解为是受到社会性拘束,并被法律所广泛规制的人权。

一、选择职业的自由

(一) 含义与界限

　　《宪法》第二十二条第一款所保障的选择职业的自由,指的是决定自己所从事的职业的自由,包括从事自己所选择的职业的自由,即营业的自由。唯营业自由本身又因包含了行使财产权的自由,所以也与《宪法》第二十九条具有密切关系。至于选择职业自由的界限,则问题很多。

1. 规制的根据

225 　　如前所述,经济自由比起精神自由应受较多的规制(参照第九章三(一)所提到的"双重基准"理论)。《宪法》第二十二条所特别加诸的"以不违反公共福利为限"的保留,就显示了其受公权力限制的要求较强这一意旨。此乃由于,一方面,职业在性质上,社会意义的相互关联性较大,所以如果允许无限制的职业活动,很有可能会对维持社会生活所不可或缺的公共安全与秩序产生威胁;另一方面,为了实现现代社会所要求的社会国家理念,基于政策性的考虑(例如保护中小企业)而加以积极的规制,认为这种积极规制是有必要的情形也为数不少。

2. 规制的类型

　　作为规制的手段,有下列种类:①登记制(理发美容业等);②许可制(风俗性行业、餐饮业、借贷业等);③资格制(医生、药剂师、律师等);④特许制＊(电力、煤气、铁路、公共汽车等公益事业）等；还有⑤被定为国家垄断（［旧］邮政业、以前的烟草专卖制等）的行业。

这些规制，根据规制的目的，可以区分为消极目的规制和积极目的规制。所谓的消极目的规制，主要是为了防范、消除或缓和对国民生命与健康的危害而课以的规制，通常被称为"警察性规制"。这种消极性的、警察性目的的规制，必须基于行政法上所说的警察比例原则（即规制措施必须与对社会公共福利的障碍之大小形成比例，并止于为达成规制目的之所需的必要最小限度的原则）。各种营业许可制，基本上均属于消极目的的规制。

所谓积极目的规制，是基于福利国家的理念，为确保经济的协调发展，特别是保护社会性质、经济性质上的弱者而进行的规制，是作为社会性、经济性政策的一个环节而被采取的规制（判例上也如此解释）。例如，从为了保护中小企业而针对大型超市等的巨额资本所实行的竞争规制，或对中小企业相互间的过分竞争的限制，到④的特许制等，都是积极目的规制的典型例子。

226

＊**特许制**　与许可制不同，特许制的前提是以国民原来就没有自由从事该行业的权利，经营这些行业的权利乃为国家所独占。然而，在存在具备经营这些行业能力的主体，或让其从事这些行业符合公益的情形下，国家赋予该特定人经营这些行业的特权。从而，国家通过行业规划的制定义务、费用认可制、改善指令等其他种种形式，加以控制。

（二）规制之合宪性的判定基准

通常适用"合理性"的基准。这一基准是就立法目的及达成立法目的的手段这两方面，以一般人的立场为标准来审查其合理性可否被认可，由于它是以立法机关所下的判断具有合理性为前提（合宪性推定原则），为此可以说是比较宽松的审查基准。

该"合理性"基准，根据规制职业活动的目的，被分为两种来适用：对于消极的、警察性的规制（消极目的规制），采用"严格合理性"的基准，即法院基于立法事实（参照第十八章二（三）2）审查规制的必要性与合理性以及有无"同样可以达成目的的，更为宽松的规制手段"；而对于积极的、政策性的规制（积极目的规制），则适用所谓的"明显原则"。"明显原则"指的是"只有该限制措施明显极为不合理时，才将其定为违宪"的方法，即承认立法机关广泛的立法裁量，对规制立法是否具有"合理性"实施宽松的审查（但不能看作是意味着排除违宪审查）。

227 　明确揭示了这两种基准的最高法院判例*,是1972年有关零售市场适当分布规制的合宪判决,以及1975年有关药店适当分布规制的违宪判决。

＊ 选择职业自由的判例

(1) 零售市场距离限制案

《零售商业调整特别措施法》第三条第一款规定,作为开设零售市场(将一个建筑分隔为一个个小空间,出租或转让作零售店店铺之用)的许可条件,课以适当分布(要求与既存的市场之间保持的一定距离[如在大阪府是相隔700米]以上,即所谓的距离限制)的规制,而对此规定的合宪性提起争议的案件。最高法院,①将经济活动的规制区分为积极目的规制和消极目的规制;②主张对积极目的规制采取"明显原则"是妥当的;③认定本案规制的目的是属于为保护经济基础薄弱的小零售商避免由于互相之间的过度竞争而同归于尽的积极目的的规制,从而判示该规制合宪(最高法院大法庭1972年11月22日判决,刑集26卷9号586页)。也有判例援引该案的判决,将香烟贩卖业的许可制以及适当分布规制(《烟草行业法》第二十二条、第二十三条第(三)项)判定为合宪(最高法院1993年6月25日判决,判时1475号59页)。

(2) 药店距离限制案

对药店的开设要求做到适当分布的旧《药事法》第六条第二款以及广岛县条例的合宪性被提出争议的案件。最高法院,①对于消极目的的规制(采取许可制的警察性规制),认为有必要审查规制的必要性、合理性,检讨用更加宽松的手段是否可以达到相同的目的;②认定了药店的距离限制乃属于为了防止对国民的生命、健康产生危害这种消极目的;③认为"开设药店的自由→药店偏于集中→竞争激烈化→部分药店经营不稳定→出售不良医药品的危险性"之间的因果关系,由于无法依据立法事实加以合理证明,所以规制的合理性和必要性的存在不被认可;并且④论述到,立法目的可以通过更宽松的规制手段,即通过强化行政上的监管也可充分实现,从而判定适当分布的规制构成违宪(最高法院大法庭1975年4月30日判决,民集29卷4号572页)。

以上两个判例所展开的理论——依据积极目的的、消极目的之不同而将规制加以类型化,并对应不同的类型区别使用不同的违宪审查基准的理论,在学说上也受到了广泛的支持,但认为仅仅根据规制目的就可以判断一切,是不恰当的。

228 积极目的与消极目的区别是相对的,这是因为,像各种环境污染规制、建筑规制那样,在一向被视为消极目的规制的领域之中,含有积极目的要素的规制也正在不断增加,这乃是实情。像公共澡堂的距离限制这样,尽管被认为是消极目的规制,但随着情形的变化,发展到被理解为是积极目的的规制,这种情况亦有存在*。因此,一方面将规制的目的作为一项重要的指标;另一方面则不仅如此,也有必要将规制的形态——何种行为是如何被作为规制对象的,等等——合并加以考虑。例如,即使同样是消极目的的规制,对新加入某种职业的限制(对选择职业自由本身的限制),一般而言必须受到比对营业行为(从事已经选择了的职业的自由)的限制更加严格的审查†;对于加入的限制也是如此,不是通过一定的资格或考试那样的要件,而是通过与本人的能力无关的条件,即以本人的能力也无可奈何的要件(如限制竞争的规制)进行限制,在这样的情形下,有必要像最高法院对药店距离限制案的判决那样,严格地审查其合理性。

此外应该注意的是,也存在这样的情形,即无法将规制目的简单地断定为是消极的还是积极的,并将违宪审查基准与其恰好相对应。在最高法院承认酒类销售许可制合宪的判决中,就可以看到这样的例子**。而否定目的二分论的学说也在趋于有力化。

* **公共澡堂距离限制案**　要求公共浴室的开设要适当分布(限制距离)的《公共澡堂法》第二条以及基于该法而被制定的福冈县条例的合宪性被争诉的案件。最高法院于1955年就本案阐述道,如果放任业者自由设立公共澡堂,则可能造成因澡堂偏于聚集而导致利用不便,以及因为滥开澡堂而导致竞争过当,经营不合理,卫生设备不足等。因此,为了保持国民健康和环境卫生,防止发生以上的情况,判示上述距离限制并不违反宪法第二十二条的规定(最高法院大法庭1955年1月26日判决,刑集9卷1号89页)。

不过,若理解为消极的警察性规制,论证可支持距离限制合理性的立法事实存在则极为困难。其后,特别是进入1970年代,为确保没有家庭浴室的居民可利用作为卫生设施的澡堂,力图使澡堂经营安定化的必要性趋于增大,有鉴于此,最高法院在1989年的判决中,将上述规制的立法目的,解释为是属于为防止澡堂经营者因经营困难而停业或转行这一积极的、社会经济政策性质的规制,因而适用"明显原则",判定前述规制合宪(最高法院1988年1月20日判决,刑集43卷1号1页)。不过,也有判决以其兼具消极性的、警察性的规制目的与积极性的、政策性的规制目的为理由,依据合理性基准认定合宪(最高法院1988年3月7日判决,判时1308号111页)。

229

** 酒类销售许可制的案件 这是本案当事人在提出酒类销售行业的许可申请时，被以"经营基础薄弱"为理由作出不许可决定（根据《酒税法》第十条第（十）项），遂对规定了许可制和许可要件的《酒税法》之合宪性提起争议的案件。最高法院于 1992 年就本案作出了这样的判决：①引用药店距离限制案的判决，一方面认为许可制的情形"必须是为了重要的公共利益所采取的必要且合理的措施"，另一方面也依据雇员税金诉讼判决（参照第七章二（四）＊），揭示了以下一般性论点，即："为了租税之正当且确实的课赋与征收这一财政目的而实行职业许可制，以此所进行的规制，除非立法机关对其必要性和合理性的判断逾越了政策性、技术性的裁量范围，存在明显的不合理，否则就不违反宪法第二十二条第一款的规定"；②关于《酒税法》经过 1938 年法律第 48 号修正而规定的许可制，认为，虽然随着社会状况的变化，酒税在全部国税中所占的比例可以说已呈下降趋势，但该案的处分之时还尚不能说已失去了其合理性，加之考虑到酒税是应向消费者转嫁负担的税目，并且酒类因为是具有致醉性的嗜好品，为此为了维持销售秩序而不得不受到规制等情由，则无法断定立法机关认为许可制应该继续存在的判断，逾越了裁量的范围，乃是显著不合理的（最高法院 1992 年 12 月 15 日判决，民集 46 卷 9 号 2829 页）。

该判决整体的论调实质上亦有依据"明显原则"之观，不过，就如园部大法官的补充意见所说的那样，由财政目的而实行的规制，也可能由于其性质上的互异而具有警察性、消极性的规制和社会政策、经济政策性质的积极规制之两面，为此就不能沿用零售市场距离限制案的判决。坂上大法官的反对意见则重视了通过许可制而实行规制这一点，从而作出违宪的结论。与本案判决同样意旨的，还有最高法院 1998 年 3 月 24 日的判决（刑集 52 卷 2 号 150 页）。

230

† 违反《司法代书师[1]法》案件 《司法代书师法》第十九条第一款规定，禁止司法代书师以外的人从事有关登记手续的代理等业务，违反者加以处罚。违反了该规定的行政代书师[2]主张该法违反《宪法》第二十二条的规定，从而提起

---

[1] 日文中称"司法书士"，指的是专门从事根据他人委托而为其代写向司法机关、司法行政机关提交的文书，或代理有关登记、提存的手续或审查手续等特定法律事务的职业人。与律师一样亦属于法律服务人员，须通过专门的资格考试（司法书士考试）或其他条件才能执业，其社会地位及经济收入颇高，一般仅次于律师，但依法律规定不能超出业务范围而代理诉讼、介入案件或诉讼。——译者注

[2] 日文中称"行政书士"，专门从事根据他人委托而代写向行政公署提交的文书的职业人，亦须通过专门的资格考试或具备其他严格条件才能执业。——译者注

争诉。对此,最高法院引用药店距离限制案等判决,做出了合宪的判断。最高法院 2000 年 2 月 8 日判决,刑集 54 卷 2 号 1 页。(该判决)虽然没有特别明示"目的二分论",但可理解为是(将本案)作为通过资格制而实行加入限制的事例,以及消极目的规制的事例,做出判断的,但对于其是否进行了与案件本身相对应的严格程度的审查,则还存有议论。

二、居住与迁徙的自由

(一)内容和性质

《宪法》第二十二条也保障居住和迁徙的自由。这一自由,是以自由地决定自己的住所或居所,以及移动为其内容的,包括了旅行的自由。

居住与迁徙的自由,基于其发展的历史背景,即从其被制约的封建时代进入到得以确立的近代社会,资本主义经济的基础性条件开始得到整备这样的历程来看,可被列为经济自由之一种。然而,因为居住与迁徙自由具有解放身体之拘束的意义,所以与可称为是自由权之基础的人身自由(第十一章)亦密切相关,并且在现代,也是人们为获得广泛的知性的接触机会所不可欠缺的,因此又可结合精神自由的要素予以理解。从而,这一自由的界限,也应该根据各种各样不同的情况加以具体的检讨。

231

(二)海外出行的自由

(1)与居住、迁移相关联,海外出行的自由(海外旅行的自由)之保障颇成问题的焦点。关于其依据,虽有种种之见解,但是多数学说及判例都认为,其作为类似于移居外国的自由,应受《宪法》第二十二条第二款的保障,但将该自由包含在第一款居住与迁徙自由之内的学说也很有力,并且还有学说将其理解为第十三条幸福追求权的内容之一。关于居住与迁徙自由,如果考虑到虽然第一款中有"公共福利"的规定,但还是不能认可对其进行随意的政策性规制的话(参照(一)),那么,宪法上根据的不同虽然不是事关结论的问题,但由于移居国外也是为了定居国外的海外出行,因此也可理解为其中亦包含了一时性的外国旅行。

(2)海外出行被课以持有护照的义务。关于这一点,《护照法》第十三条规定了外务大臣对于"有相当充分的理由足以认定可能从事明显且直接危害日本利益或安全之行为的人"，可以拒绝签发护照，曾被争议是否违宪。判例 * 上尽管认为其为合宪，但海外旅行的自由既然具有精神自由的层面，则以这种不明确的法律条文进行规制是有较大的违宪之嫌疑的（参照第九章三（三）所提到的明确性理论）。即使不能视为法律法规违宪，但既然海外旅行具有精神自由的层面，则当上述所规定的危害之发生在客观上不存在相当的盖然性时，所作出的拒绝处分，至少应该理解为构成了适用违宪，才是适当的。而护照乃是政府为了从公的立场证明海外出行者与护照持有者之间具有同一性，并请求外国予以保护所签发的身份证明书，而不是可以认可从政策性的观点上加以制约的出国许可证。

232

在日本居留的外国人也有出国的自由，但是对于再次入境的自由，则存在争议（参照第五章四（三）1）。

＊ **帆足计案件** 1952 年 2 月，前参议院议员帆足计，为出席莫斯科召开的国民经济会议而申请护照，却被外务大臣拒绝的案件。最高法院判定，《护照法》第十三条第一款第（五）项规定对于外国旅行的自由可加以"公共福利"的合理限制，因此并不违宪（最高法院大法庭 1958 年 9 月 10 日判决，民集 12 卷 13 号 1969 页）。该判决的意旨就这样被后来的案件所确认（最高法院 1985 年 1 月 22 日判决，民集 39 卷 1 号 1 页）。然而，在学说上也有一种有力的见解采用了限定解释（在法条上却是相当勉强的解释），认为上述条款的意旨是仅限于从事违反刑法的内乱罪、外患罪以及毒品取缔法之犯罪行为危险性极为显著的人，才可拒绝签发护照，为此可解为合宪。

（三）脱离国籍的自由

国籍是表示归属特定国家的资格，以个人的自由意志脱离之，在明治宪法时代的国籍法中是不被允许的，原则上必须得到政府的许可。在此意义上，现今《宪法》第二十二条承认脱离国籍的自由，可谓是划时代的。然而其仍不包含成为无国籍的自由。《国籍法》规定"取得外国的国籍时，即失去了日本的国籍"（第十一条第一款），就是这一意旨。然而，近来急速的国际化动向，已打破了一向基于"唯一国籍原则"而严格防止双重或多重国籍之观点的平静。

三、财产权的保障

233

（一）观念的变化

从历史上看，在18世纪末的近代宪法中，财产权被理解为个人不可侵犯的人权。1789年法国《人权宣言》第十七条所谓"所有权是神圣不可侵犯的权利"的规定，即表明了这种思想。然而，随着社会国家思想的发展，财产权转而被理解为应受社会性约束的权利。1919年《魏玛宪法》第一百五十三条第三款规定"所有权伴随义务。其之行使必须同时有益于公共福利"，正是表达了这种思想的范例。第二次世界大战后的宪法，几乎全部基于这种思想来保障财产权。

（二）财产权保障的含义

《宪法》第二十九条第一款规定"财产权不可侵犯"。这一规定，具有保障个人现有具体之财产上的权利与保障个人享有财产权的法律制度即保障私有财产制这两个方面。

私有财产权制度的保障，即所谓将财产权作为制度加以保障。在财产权的不可侵犯性已被否定的现代，财产权保障的主要含义，就可理解为即在于将取得和拥有财产的一般性权利作为法制度来加以保障的层面。

在将财产权的保障理解为制度性保障（参照第五章三（三））的情况下，制度的核心不能通过法律加以侵害，但是这一核心为何，则成为争议的问题。向来的多数学说认为，此即生产手段的私有制，主张若要改变为社会主义则必须修改宪法。另外也有有力的学说认为，私有财产制度的核心乃在于人为过上值得人过的生活所必要的物质手段之享有，只要这些物质手段不受侵犯，则不用修改宪法也能实现社会化。

234

（三）财产权的一般性限制

1. 因公共福利而加以的限制

《宪法》第二十九条第二款规定"财产权的内容，由法律规定之，以适合于公共福利"。这是明确了第一款所保障财产权的内容可以由法律加以一般性制约这一意旨的规定。

这里所称的"公共福利",不只是意味着以各个人之权利的公平保障为目标的自由国家性质的公共福利,同时也意味着以确保每个人合乎人性尊严的生存为目标的社会国家性质的公共福利。换言之,财产权除了服从内在的制约以外,还必须服从积极目的的规制(政策性的规制),使之与社会公平互相协调 。*†

　　* **消极目的规制、积极目的规制和违宪审查基准**　曾经判定《森林法》第一百八十六条(规定"虽有民法第二百五十六条第一款之规定[1],森林的共有人不得请求分割其共有的森林。但依据各共有人所持份额的价格,过其半数而请求分割的,则不在此限")属于违宪的判例(最高法院大法庭 1987 年 4 月 22 日判决,民集 41 卷 3 号 408 页),虽然认为上述第一百六十八条的立法目的,在于"通过防止森林的细分化,以谋求森林经营之安定……以资促进国民经济之发展"这

235　种一看上去即可谓属于积极目的的规制,但却采用了与有关选择职业自由的药店距离案件判决(参照本章一(二) *(2))几乎相同的手法,严格地审查了规制手段的必要性和合理性。据此,有力地学说认为,在财产权的案件中,对应于消极目的规制、积极目的规制的形态而采用二分的违宪审查基准之见解,已有欠妥当,而应转而适用"合理性"这一单一的基准。然而,该判决之所以采用了"严格的合理性"基准(参照本章一(二)),若考虑到《森林法》一百八十六条的沿革和实质(该条是沿承 1907 年[明治 40 年]制定的森林法的意旨,于 1951 年[昭和 26年]所制定的,从中无法可透见福利国家之理念),则难言是属于向来的判例所主张的纯粹的积极目的之规制,毋宁可认为是因判断了其消极目的之规制的要素较强所致。从而,不能仅仅依据该判决,就断言判例已对限制选择职业自由与财产权采取了不同的审查立场。其意旨可见诸判决中的如下所指之处,即:在财产权的规制中,从"促进社会公共的便利、保护经济弱者等社会性政策以及经济政策上的积极的东西","到为保障社会生活的安全,维持其秩序等消极的东西,含有不同的内容"。

　　† **最高法院判例的新动向**　最高法院大法庭在关于证券交易法(现行的金融商品交易法)第一百六十四条第一款(员工·主要股东的短期买卖差益提供义务)的判决(最高法院大法庭 2002 年 2 月 13 日判决,民集 56 卷 2 号 331 页)中,表明了对于"规制目的二分论"似乎抱有消极态度的见解。上述法条规定,为了防止内部信息的不正当利用,上市公司的主要股东在大量买入或大量卖出股票

---

[1] 系共有物分割请求条款,规定了共有人随时可请求分割共有物。——译者注

后 6 个月以内,因为大量买入或卖出行为获得利益时,公司可以向其要求提供利益。其中,并不以具体的交易过程中内部信息的不正当利用或者一般投资者的损害发生为要件。因该规定而被要求提供利益的人则主张,自己与本案抛售的相对方的代表者及股东都是同一的,不存在内部信息的不正当利用或损害一般投资者利益,对此抛售行为如果适用本条款则违反了《宪法》第二十九条。对此,最高法院根据下述内容判断其没有违反宪法,即:"财产权的种类、性质等是多种多样的,另外因为社会性理由或目的有必要规制财产权,从基于推进社会公共便利、保护经济弱势者等的社会政策及经济政策的内容,到维持社会生活中的安全保障及秩序等的内容是多样化的,因此对于财产权的规制可以采取多种的样态。由此,针对财产权的规制是否适用于《宪法》第二十九条第二款所说的公共福祉,要比较衡量规制的目的、必要性、内容,规制的财产权种类及性质,还有规制的程度等来判断。"

236

上述引用的部分和森林法违宪判决中运用的内容几乎是相同的。但是,关于规制目的,森林法判决中存在的"积极的""消极的"用语被小心地除去了。众所周知,药事法违宪判决提出了根据规制目的属于消极的还是积极的情形,审查的严格程度上是不同的,但是森林法违宪判决没有明确采用这种方法,只是将规制目的的不同作为比较考量的一个考虑要素来对待。因此,学说上存在两种对立的观点,一种认为最高法院放弃了规制目的的二分论,另一种认为,与职业自由不同,可能不适用于财产权。本案也是财产权的判例,因此,哪种理解妥当,这一争论也并未终结。不过,不再使用消极、积极这两个用语也许暗示了一定的方向。实际上,最高法院判决(最高法院 2000 年 2 月 8 日判决,刑集 54 卷 2 号 1页)对于司法代书人法禁止司法代书人以外从事登记程序代理业务是否违法了职业自由的争议,引用了药店距离限制违宪判决,但在没有认定立法目的是消极的还是积极的情形下,作出了合宪判断。此外,在农业灾害补偿法规定的"强制加入"农业共济组合是否侵害了职业自由的争诉案件中,最高法院判决(2005 年4 月 26 日,判时 1898 号 54 页)引用了小商品买卖市场判决,适用了明确性原则作出了合宪的判决,其中亦未触及目的是消极的还是积极的问题。从这些判决中断定司法判决已放弃规制目的二分论也许为时尚早,但无疑其射程范围已被严格限定。

2. 可否依据条例加以限制

237

财产权的内容可以由"法律"加以规定,是否意味着不能以条例限制财产权,此在判例*上也成为问题，在学说上也有各种的看法。由于财产权成为全国性的交易对象之情形居多，所以主张应以统一的法律加以规定的学说也颇为有力，不过，条例是由各个地方公共团体的议会通过民主的程序制定出来的法，为此，特别是依地方特殊情形所制定的条例，否定可以据其对财产权进行限制，是不妥当的。现在，正如各地所制定的公害规制条例等那样，条例对财产权的规制，实际上已经在"法律范围内"这一制约[2]（《宪法》第九十四条）下（参照第十七章二（三）2(2)），频繁地得到进行，其宪法上的疑义，事实上已被消解。

* **奈良县储水池条例案件** 县内拥有为数颇多的储水池的奈良县，曾于1954年制定地方条例，规定为防止储水池的破损、决堤等灾害于未然，禁止在储水池的堤上种植农作物等行为。一向在堤上耕作的被告，因为在本条例施行后继续耕作，从而被以违反本条例为由而受到起诉。本案二审判决判示，不能以地方公共团体的条例来限制财产权。此后最高法院则认为，尽管本条例几乎全面禁止行使使用池堤等财产上的权利，但由于这属于当然应该忍受的制约，因此，导致储水池破损、决堤的使用行为，乃是在宪法、民法所保障的财产权之行使的范畴之外，从而判示被告的行为可依条例加以禁止和处罚（最高法院大法庭1963年6月26日判决，刑集17卷5号521页）。

（四）财产权的限制以及补偿之需否

《宪法》第二十九条第三款规定"私有财产在正当补偿下可为公共目之使用"。该规定明确表示，私有财产可以因公共目而被征用或限制，同时表示，征用和限制时有必要予以"正当补偿"。本条款成为争议问题的，有下列各点（关于正当补偿，参照后述（五））。

1."公共目的之使用"的含义

所谓"公共目的"，不仅指医院、学校、铁路、公园、水库等建设性的公共项目之目的，而且像战后为创设自耕农为目的而征购农地那样，即使在特定的个人成为受益者的情形下，只要征收的整体目的乃广泛为了社会公共之利益（公益），也是可以的。而所谓"使用"，则指的是强制地限制或征收财产权而言。

2.补偿之需否

在何种情况下有必要进行补偿，存在很多讨论。

---

[2] 日本《宪法》第九十四条中规定，地方共同体"可在法律的范围内制定条例"。

（1）作为向来之通说的"特别牺牲说"认为，除了相邻关系（为调节邻接的土地和房屋等之使用，由所有人或使用人限制各自之权利、协同互助的关系）的制约，以及内在于财产权的社会性制约的情况不需要补偿之外，其他的在对特定的个人加诸特别牺牲的情形，都需要给予补偿。

至于是否能称为"特别牺牲"，则须综合考虑下述两项要件：①形式要件：侵害行为的对象是广泛的一般人还是特定的个人或集团；②实质要件：侵害行为是在财产权内在的社会性制约所应忍受的限度之内，还是超越了该限度，达到了几乎侵害财产权之本质内容的强度。

（2）与此不同，新近有力的学说则认为，应以特别牺牲说所称的实质要件为中心来判断是否需要补偿。依据该学说，①对于剥夺财产权或妨碍财产权本来效用之发挥的侵害，除非存在财产权人必须忍受的理由，否则当然需要予以补偿；②对于未达这种程度的规制，（Ⅰ）在该财产权的存在可认为乃是为保持其与社会共同生活之调和所必要的情形下，此作为财产权内在制约之表现，可不需要补偿（例如，基于《建筑标准法》的建筑限制）；（Ⅱ）在其他的因为特定的公益之目的而被偶然地加诸的、与该财产权本来的社会性效用并无关系的限制之情形下，则有补偿的必要（例如，为保护重要文物而加以的限制等）。

（3）关于特别牺牲说所言的形式要件，是存在限制对象之间的一般人与特定人的区别，乃具有相对性的问题，故以实质要件为中心而进行考虑的第（2）说，应予注目。 239

此外应注意的是，晚近，特别是土地的合理规划之利用的必要性增高，与此相伴随，土地利用的社会性之限制变得难以避免，对于土地利用的规制，被确定作为内在制约之表现而不需要予以补偿的事案颇多。

（4）补偿请求，通常是依据相关法规的具体规定来进行的（如可参照《土地征用法》第六十八条以下）。不过，即使在法律法规上欠缺补偿规定情形下，也可以将《宪法》第二十九条第三款作为直接依据而请求补偿。判例亦作这样的解释（最高法院大法庭1968年11月27日判决，刑集22卷12号1402页）。

与此点相关联的是，因接种疫苗导致的健康危害（后遗症或死亡事故等），是否可以依据第二十九第三款提出补偿请求，则被作为争议的问题。虽然存在否定说，但肯定说比较有力。肯定说中也包括两种说法：①一种说法认为这种危害，是伴随实施接种疫苗而产生的，可以视为是为了公共目的的特别牺牲，这种牺牲是对生命、身体产生危害，若做出比财产权的特别牺牲更加不利的对待，则完全没有合理的理由，因此应承认可以类推适用《宪法》第二十九条第三款的规定；②另一说法认为，既然侵害财产权都能实施补偿，则对本来不可侵犯的生命、身体的侵害，当然更要加以补偿，因此应对第二十九条第三款采取当然解释。

240   采用肯定说的下级审判决，既有运用①说的，也有运用②说的（东京地方法院1984年5月18日判决，判例时报1118号28页，大阪地方法院1987年9月30日判决，判例时报1255号45页）。最近的判决（东京高等法院1992年12月18日判决，高民集45卷3号212页）采用了否定说，但承认了国家的过失责任。

（五）正当补偿

1. 两种见解

关于对财产权的规制所予以的"正当补偿"究竟何意，向来存有完全补偿说和适当补偿说的对立。完全补偿说认为应该全额补偿该财产的客观市场价格，

241   相当补偿说则认为只要合理算出该财产的适当价格，即使低于市场价格也可谓是"正当补偿"。

这一问题在战后不久的农地改革中围绕着农地征购价格，而引发了很大的争议。最高法院采用了适当补偿说，判示极为低廉的农地征购价格属于"正当补偿"（最高法院大法庭1953年12月23日判决，民集7卷13号1523页），对此表示支持的学说也很多，但是，这应将农地改革事件乃是基于盟军占领中的占领政策而来的这一极为特殊的情事考虑在内加以检视。

损失补偿制度本来就是以这样的内容为目的的制度，即：不将因合法的权力之行使所产生的损失作为个人的负担，而是通过平等的原则，将其转换为国民的一般性之负担。从而，例如为了拓宽马路而征收土地那样，在根据该特定财产的使用价值而实行征收时，应以市场价格而进行完全补偿（最高法院1971年10月18日判决［民集27卷9号1210页］也曾判示，依据《土地征收法》第七十二条［1967年法律第74号修正前的法律］所说的应予以补偿的适当价格，即属于"完全补偿"之意旨）。只有像农地改革这样，对构成既存的财产法秩序的某种财产权（如地主的土地所有权）的社会性评价发生了根本性的改变，而据此这种财产权乃为公共目的所使用这一例外的情形下，才可理解为"适当补偿"即可。

2. 生活权补偿

在完全补偿的情形下，除了被征用财产的市场价格以外，本来还包括搬迁费

用以及营业上的损失等附带的损失（参照《土地征用法》第七十七条、第八十八条），但关于是否更进一步地包括重建生活秩序的生活权补偿，在学说上则存在将其理解为宪法之要求的学说以及依立法政策进行补偿的学说之间的对立，实际上，依立法来进行补偿的事例，不在少数（例如，《城市规划法》第七十四条、《水源地域对策特别措施法》第八条）。

第十一章　人身自由

242 　　在专制主义统治的时代，由于非法的逮捕、监禁、拷问以及恣意性刑罚权的行使，人身自由（又称身体自由）受到了不当的蹂躏。不过，由于若无人身自由之保障自由权就不可能存在，为此近代宪法鉴于过去苦难的历史，一般都设有保障人身自由的规定。《日本国宪法》在第十八条也规定了可谓是人权保障之基本的免受奴隶性质之拘束的自由。在《宪法》第三十一条以下，更设有在外国宪法上几乎难见其例的详细规定，其目的就是为了彻底地排除明治宪法之下搜查机关对人身自由过于严酷的限制。

一、基 本 原 则

（一）免受奴隶性质之拘束的自由

　　《宪法》第十八条规定"任何人，均不受任何奴隶性质之拘束。除因犯罪而受处罚以外，不服从违反其本意之苦役"，倡明弃绝违反人类尊严、非人道性质的对自由的拘束。

243 　　这里所谓"奴隶性质的拘束"，指的是身体的自由已达到与自由的人格无法并立程度的拘束状态（例如，战前日本采矿等劳动者的"监狱房"）。"违反其本意之苦役"则泛指违反本人意思而强制的劳役（例如，强制从事土木工程）。不过，为消防、防水、救助以及防范灾害的发生，或为防止这些灾害的扩大，在紧急必要时从事应急措施的作业，则不违反本条的规定（参照《灾害对策基本法》第六十五条、第七十一条；《灾害救助法》第二十四条、第二十五条等）。然而，征兵制度作为一种"违反本人意思的强制劳役"，却无法否定。

　　本条规定在私人之间也具有直接的效力（参照第六章三（三））。

（二）正当程序

1.《宪法》第三十一条的含义

《宪法》第三十一条规定"任何人非依法律所规定的程序，不得被剥夺其生命和自由，或被科以其他刑罚"。这一规定是对人身自由的基本原则加以的规定，肇源于可称之为美国宪法中权利法案一大支柱的"法的正当程序"（due process of law）条款*。在程序上约束公权力，在程序上保障人权，这样的思想是英美法的显著特征，不可忽视的是，这种"自由的历史大部分就是程序性保障的历史"的思考立场，对人权保障来说乃是极为重要的观点。

第三十一条在法条文字上，似乎可解读为只是要求程序要由法律来规定，但实际上不止于此，通说认为，其可解释为**：①在法律上所规定的程序必须是正当的（如以下所说的告知和听证程序）；②实体也必须以法律来规定（罪刑法定主义）；③在法律上所订立的实体规定也必须是正当的。对于这一解释，尽管也存在有力的不同观点，但通说的立场与美国正当程序条款的解释一致，从强化人权程序性保障的观点来看，应该说是基本妥当的。 244

　* **正当程序条款**　指的是美国宪法修正案第十四条（1868 年）第一节中的如下条款："……任何州，非依法的正当程序，不得剥夺任何人的生命、自由和财产。"

　** **正当的具体内容**　构成程序正当之内容的主要原则，虽详细规定于《宪法》第三十三条至三十九条之中，但接受告知和听证的权利，则由第三十一条予以保障。而实体的正当，则是指法律之"规定的明确性"原则（犯罪构成要件的明确性、规制表达自由立法的明确性）、"规制内容的合理性"原则、"罪刑的均衡"原则以及"不当差别的禁止"原则等。

2. 告知和听证

作为第三十一条的正当程序之内容，特别重要的是获得"告知和听证"（notice and hearing）的权利。所谓"告知和听证"，是指在公权力对国民科以刑罚或其他不利的处分时，必须将其内容事先告知当事人，并给予当事人辩解和防御的机会。此种权利构成了刑事程序的正当性之内容，这亦已得到了判例*的承认。

　* **没收第三人所有物的案件**　被告企图走私货物而被判决有罪时，作为附加刑,其走私的货物被判决没收,不过在没收的货物中混杂了被告以外的第三人所有的货物。因此,被告主张,为在事前没有给予所有者的第三人以维护其财产权的机会就径直没收的行为,违反了宪法。最高法院认可了这一援用第三人的权利侵害而提出的违宪主张的适格性,认为"对于所有物被没收的第三人,也有必要给予告知、辩解和防御的机会",断定未给予这种机会而作出的没收之判决违反了《宪法》第三十一条、第二十九条(最高法院大法庭 1962 年 11 月 28 日判决,刑集 16 卷 11 号 1593 页)。

3. 第三十一条和行政程序

正如从"不得……被科以其他刑罚"这一用语中也可知道的那样,第三十一条乃是直接针对刑事程序所作的规定。不过,本条一般也被理解为可准用于行政程序(例如,为进行税务调查等行政调查而要进入办公场所、依据《少年法》而实施的保护处分、依据[旧]《预防传染病法》而实行的强制收容等这些被广泛称之为行政强制的程序),并且解释为亦可适用于行政程序的学说也颇为有力。至1970 年代,只要是关涉《宪法》第三十五条、第三十八条,判例原则上就承认其也可及于行政程序*。而在 1992 年的成田新法案件(参照第九章四(一)2(1))中,最高法院则阐述道:不能单以行政程序并非刑事程序为理由,就判断其当然不属于《宪法》第三十一条所保障的范畴,但是,在即使可理解为受到该条之保障的情形下,由于行政程序与刑事程序性质不同,且其种类多样,所以是否给予事前告知、辩解和防御的机会,则应综合考量由于行政处分而受到限制的权利或利益的内容、性质、限制的程度,以及基于行政处分所欲实现的公共利益的内容、程度、紧急性等再作决定,并非总是有必要给予这种机会(最高法院大法庭 1992 年7 月 1 日判决,民集 46 卷 5 号 437 页),但在附以这样的限定之后,还是从正面肯定了第三十一条可以适用或准用于行政程序。

不过,在学说上,另一种说法也颇有力,即主张第三十一条是关于刑事程序的规定,而行政程序的正当性(特别是获得告知与听证的权利)之根据,应求诸保障幸福追求权的《宪法》第十三条规定,或可对宪法中的法治国原理加以程序法意义上的理解,从而推导出适用的根据。实际上,由于《行政程序法》(1993 年法律第八十八号)的制定,获得告知、听证的机会已终于得到了保障。

* 川崎民商案件 被告因拒绝依据旧所得税法上的质问检查权(税务征收官在调查税务时,可以质问纳税义务者等、检查其账本等物件,而拒绝接受的被调查者将被适用一定罚则的制度)所实行的调查,从而遭到起诉,但主张质问检查违反了令状主义(《宪法》第三十五条)与沉默权的保障(《宪法》第三十八条)。最高法院原则上肯定了第三十五条及第三十八条可及于(适用于)行政程序(沉默权"不仅只在纯粹的刑事程序上,而且在其他的程序中,在凡是实质上一般具有直接与那种为追究刑事责任而实行的资料之收集、取得产生连动之作用的程序中,也同样可以适用"),但对于质问检查权,则以如下四个理由,即:①并不是以追究刑事责任为目的的程序;②实质上,一般不具有直接牵涉到资料的收集或取得,据以追究刑事责任的作用;③强制的程度低,未达到与直接性的、物理性的强制可以相提并论的程度;④为实现公平征税的公益目的,有实效性的检查制度也是不可或缺的,判示本案质问检查并不违宪(最高法院大法庭1972年11月22日判决,刑集26卷9号554页)。

二、犯罪嫌疑人的权利

对于侦查过程中的嫌疑人的权利,宪法首先主要规定了免受非法的逮捕、羁押、拘留的自由,以及住所不受侵犯等(第三十三条到三十五条)。

(一) 免予非法的逮捕、羁押、拘留的自由

(1)"任何人除了作为现行犯而被逮捕的情形之外,非依有权的司法机关所发出的且明示了成为其理由之犯罪的令状,不受逮捕"(第三十三条)。

对因犯罪而进行逮捕,之所以有必要依据司法机关(即法官)所发出的令状(逮捕证、羁押证、拘留证),是为了防止对人身自由的恣意侵害(参照《刑事诉讼法》第一百九十九条、第二百条)。不过,对于逮捕之后不久才发出令状的所谓紧急逮捕(同法第二百一十条),虽然也存在异议,但一般被理解为是合宪的。＊

　＊ **紧急逮捕的合宪性**　最高法院曾判示,"在严格的制约之下,仅就一定罪状严重的犯罪而言,限于紧急的迫不得已的情况,以逮捕后立即接受法官审查,并请求发出逮捕证为条件,承认可对嫌疑人进行逮捕,此并不违反宪法第三十三条规定之旨趣"(最高法院大法庭1955年12月14日判决,刑集9卷13号2760页)。

(2)"任何人非经立即告知理由,并且立即给予委托律师的权利,则不受羁押或拘留。又,若无正当理由,任何人不受拘留,如本人提出要求,则必须立刻将

247

其理由在有本人及其辩护人出席的公开法庭上予以明示。"（第三十四条）

在身体的拘束中，一时性的称为羁押，较为持续性的称为拘留。与《刑事诉讼法》中所言的逮捕、拘押相当的关押属于前者，留置和鉴定关押则属于后者。在拘留的情形中，必须在公开的法庭上出示其拘留的理由，以期防止不当的拘留。《刑事诉讼法》所规定的公开出示留置理由的制度（《刑事诉讼法》第二十八条以下），就是对此旨趣的具体化*。

* **人身保护令**（habeas corpus）　在英美法上，法院对拘捕人的机关所发出的、命令其将被拘捕者当面提解至法院之前的令状，被称为人身保护令。法院可审查拘捕的理由是否正当，在不当时可命令释放。（日本）《宪法》第三十条虽然并不完全要求人身保护令制度，但明显来源于此。为贯彻这种精神，（日本）现今已制定了人身保护法，其"以通过司法裁判，使正被不当剥夺了的人身自由，迅速且简易地得到恢复为目的"。

（二）住所等不受侵犯

正如"各个人的住所是其的城堡，风能进、雨能进，国王不能进"这一法律谚语所表明的那样，住所乃是人民私生活的中心，自早以来，其之不受侵犯就已是一切人权宣言所保障的（在这一点上，可理解为是与通信秘密并列构成私生活自由或广义隐私权的一种权利）。对于"住所、书籍及所有物"，日本国《宪法》禁止了恣意的"侵入、搜查及扣押"（第三十五条第一款）*。

然而，①根据"基于正当理由而被发出了明示搜查场所和扣押物之令状"的情形，以及②"宪法第三十三条的情形"，则属于例外。①情形下的令状，必须由司法机关（法官）就各个的搜查场所与扣押物分别发出（同条第二款）[3]。而②的"第三十三条的情况"，依据判例的见解，乃指"依据宪法第三十三条的不受逮捕之保障并不存在的情形"（最高法院大法庭1955年4月27日判决，刑集9卷5号924页。还可参照《刑事诉讼法》第二百二十条）。从而，在依据第三十三条进行合法逮捕之时，无论其是否是现行犯，只要是在与逮捕相应的合理范围之内，就无须本条所定的令状，而可实行侵入其住所等行为。相反，如果在收集证据的程序中，存在埋没了令状主义之精神的重大违法情形，其证据能力则被否定（最高法院1978年9月7日判决，刑集32卷6号1672页）。

---

[3] 即日本《宪法》第三十五条第二款。——译者注

＊ **对非刑事程序的适用**　由于本条在川崎民商案件判决（参照本章一（二）　249
3＊）中被认可了可适用于行政程序，所以没有必要将住所不受侵犯理解为是专
门在与犯罪搜查的关系上而被保障的原则。

三、被告人的权利

由于刑罚乃是对人的自由所加以的重大限制，所以，其内容自不必言，科以
刑罚的程序亦须慎重且公正。宪法为保障被告人的权利，设有下述有关刑事裁
判程序的规定（《宪法》第三十七条到三十九条）。

（一）接受公平之法院迅速且公开裁判的权利

《宪法》另就接受裁判的权利与裁判公开的原则，做出了一般性的规定（第
三十二条、第八十二条）。而为了将刑事被告人的权利特别予以明确化，明定了
必须满足公平、迅速、公开的要件（第三十七条第一款）。

（1）这里所谓的"公平之法院"，依据判例，应该指的是"从组织及其各方面
而言，均无偏颇之虞的法院"（最高法院大法庭 1948 年 5 月 5 日判决，刑集 2 卷 5
号 447 页），法官的除斥、避忌以及回避之制度，为此而被设置（《刑事诉讼法》第
二十条以下、第三百七十七条）。

（2）"迅速的裁判"之所以受到保障，是因为不当地延迟裁判就等于"拒绝裁
判"。然而，由于向来的判例采取了这样的立场，即：若以裁判已被延迟为理由，
而撤销原判发回重审的话，则裁判将会被进一步延迟，为此裁判之延迟不能作成
撤销原判之理由，从而致使第三十七条的保障失去了实效性。然而，最高法院在　250
高田案件的判决（1972 年 12 月 20 日，刑集 26 卷 10 号 631 页）中表示，在因为审
理已被严重延迟（审理中断长达 15 年），其结果是产生了可认为是被告人的权利
受到了侵害的异常事态时，即使无相关之应对的具体规定，也应理解为可以依据
第三十七条的规定，采取停止诉讼的非常救济手段，从而作出了免诉的判决（不
过在此之后，也有对于审理中白费了近十年时间的案件，判示并不违反迅速裁判
的判例）。

（3）所谓"公开裁判"，则是指在公开的法庭上进行审问及判决的裁判（参照
第十二章一（二）、第十六章二（七））。†

† 刑事诉讼法为了保护作为证人的犯罪被害者等,加入了包括避免证人与犯人直接面对面而采取遮蔽措施(刑诉第 157 条之三)、让证人待在法庭之外的房间通过视频进行寻问(刑诉第 157 条之"四")的内容。在争论该内容是否违反了公开裁判的案件中,最高法院判定其不属于裁判的非公开(最高法院 2005 年 4 月 14 日判决,刑集 59 卷 3 号 259 页)。并且,在该案件中,关于审问证人之际,由于无法直接观察证人,是否会侵害下一个陈述的证人审问权,最高法院判定律师可以直接或通过视频进行观察,因而是合宪的。

(二) 审问证人权、传唤证人权

"刑事被告人被充分赋予审问所有证人之机会,并享有使用公费通过强制性程序而为自己寻求证人之权利"(第三十七条第二款)。

251　　(1) 本条款前段的审问证人权,保障了以下意旨的直接审理之原则,即:若未充分给予被告人审问的机会,则证人证言的证据能力不被承认。基于这一原则的制度,就是刑事诉讼法上规定的禁止传闻证据的原则(《刑事诉讼法》第三百二十条,其例外在该法第三百二十一条以下)。然而,判例并未将此条款理解为是对于进行严格直接审理的要求,并且认为其意旨也未必是要求采用英美法上的交互讯问(最高法院大法庭 1948 年 7 月 19 日判决,刑集 2 卷 8 号 952 页;最高法院 1950 年 3 月 6 日判决,刑集 4 卷 3 号 308 页)。

(2) 后段在于保障传唤证人的权利,但根据判例,法院不必传唤被告人所申请的所有证人,只要传唤为裁判所必要的、适当的证人即可。并且,虽说是"公费",但如果判决被告人有罪时,判令被告人承担诉讼费用之负担,亦未尝不可(最高法院大法庭 1948 年 7 月 29 日判决,刑集 2 卷 9 号 1045 页;最高法院大法庭 1948 年 12 月 27 日判决,刑集 2 卷 14 号 1934 页)。

(三) 委托律师的权利

"刑事被告人在任何场合下均可委托有资格的辩护人。被告人本人不能委托时,由国家提供之"(第三十七条第三款)。

有关本条的具体内容,在《刑事诉讼法》上得到了规定(第三十条以下。有关犯罪嫌疑人的律师委托权,《宪法》第三十四条中有规定)。

（四）自我归罪的拒绝

《宪法》第三十八条第一款规定："任何人均不被强制作出不利于本人的供述。"

（1）其意指的是，对于犯罪嫌疑人、刑事被告人以及各种证人，在其回避作出不利之供述（可成为科以刑罚或更重刑罚之根据的事实供述）的情形下，禁止给予处罚或其他法律上的不利处分，此源自于美国宪法修正案第五条拒绝自我归罪的特权（priviliege against self-incrimination）。《刑事诉讼法》对于犯罪嫌疑人及被告人，保障了其所谓的沉默权（第一百九十八条第二款、第二百九十一条第二款）。

（2）在与本条的关系上，有争议的问题是，那些行政法规规定了主管取缔或监督的政府机关，为了各种目的，可对公民课以记账、报告或答辩的义务，而对未履行者则处以一定的刑罚。判例曾以如下不同的理由，即：①关于麻醉药品取缔法中麻醉药品的不当使用与在账簿上记账的义务之关系，应认为被许可使用麻醉药品的人，其当然"承诺服从"取缔法规所命令的"一切限制或义务"，将此拟制为是沉默权的放弃（最高法院 1954 年 7 月 16 日判决，刑集 8 卷 7 号 1151 页）；②关于汽车驾驶人报告交通事故的义务，以被要求报告的"事故之内容"并不包含"可能被追究刑事责任的事故原因及其他事项"，乃是以行政上的目的为根据（最高法院大法庭 1962 年 5 月 2 日判决，刑集 16 卷 5 号 495 页）；③关于税务官员就有关所得税所进行的质问检查，则以其实质上并非"具有一般直接牵涉资料的收集或取得，并据以追究刑事责任的作用"为理由（本章一（二）3＊的川崎民商案件判决）；〔④关于医师在检查尸体时发现异常情况下的报告义务，最高法院认为，"据此，不能够强制报告人供述，比如报告人和尸体的关系等构成犯罪行为的事项"，另外，"医师执照在授予医生从事直接左右人们生命的医疗行为资格同时，也课以了其相应的社会责任"，"医生在履行这一义务时，面对搜查机构，出现可能证明自己犯罪的线索内容，即使要承担一定的不利，但那也是伴随着医师执照而来的具有合理依据的负担"（最高法院 2004 年 4 月 13 日判决，刑集 58 卷 4 号 7 页）〕，分别作出了不违宪的判决。

（五）自白

《宪法》第三十八条第二款规定"以强迫、刑讯或威胁所取得的自白，又或经过非法的长期羁押或拘留之后的自白,均不得将其作为证据",明确表示了对犯罪嫌疑人或被告人所作的非任意性的自白之证据能力的否定原则(排除自白的法则)。该条第三款又规定,"任何人在对自己不利的唯一证据是其本人的自白之情形下,不得被认定有罪,或被科以刑罚",揭橥了即使有任意性的自白,除非另有其他可对其进行补强的证据,否则就不能作为有罪的证据这一补强证据的法则,*讲究确保第一款之旨趣的方法。

* 公审法庭上的自白是否属于"本人的自白" 最高法院曾断定,被告在公审法庭的自白,具有任意性,法院可以不待其他证据的补充,而径直判断其真实性;以此为理由,公审法庭上的自白不包含在宪法三十八条第三款中的"本人的自白"之内(最高法院大法庭1948年7月29日判决,刑集2卷9号1012页)。不过,反对意见的数量也逐渐增加,在其后的判例(最高法院大法庭1952年6月25日判决,刑集6卷6号808页)中已多达7位大法官。

(六) 事后法与"双重危险"的禁止

254 《宪法》第三十九条规定"任何人在实施当时为合法的行为……均不得被追究刑事上的责任",禁止了事后法(或称溯及处罚),同时还规定,"任何人……对于已经被判无罪的行为,不得再被追究刑事上的责任。又,对于同一个犯罪,不得被重复追究刑事上的责任"。

关于本条前段与后段之间的关系,由于规定有所模糊,所以在以下各点上见解也有所分歧:①两者是否合并规定了英美法上所谓的禁止"双重危险"(double jeopardy)的原则;②两者是否一同规定了大陆法性质的刑事裁判中"一事不再理"原则;③是否前段规定了一事不再理,而后段规定了双重处罚的禁止原则。不过,无论采取何种说法,在结论上不会产生太大的差别。

例如,如采取①说,由于在英美法,原则上,检察官对无罪或有罪的下级审判决提起上诉,要求判决有罪或加重刑罚时,就会违反"双重危险"原则,而前段"已经被判无罪的行为"指的是无罪判决已经确定的行为,因此,采取"所谓危险,可视为是,在同一案件中从诉讼程序开始到终了为止的一种持续状态"(最高法院大法庭判1950年9月27日判决,刑集4卷9号1805页)的立场,也应该理解为是可被允许的(在美国,这样的见解虽在少数,但却非常有力),而作如此理解,则检察官的上诉,也可以说是"并非使被告陷之于双重危险,因此不算是违反《宪法》第三十九条而重复追究刑事责任"(上述1950年的判决)。从而,即使是①

说，也与②说极其相近（上述 1950 年的判决，也未严格区分①说和②说）。

（七）酷刑的禁止

《宪法》第三十六条规定，"绝对禁止公务员施行刑讯及酷刑"。

（1）刑讯作为从犯罪嫌疑人或被告人那里取得其自白的手段，在各国均曾 255 被施行。在日本，《明治宪法》时代法律上虽然对其也加以禁止，但实际上则常常施行，为此，现行宪法上才特别加以"绝对"禁止（参照《刑法》第一百九十五条）。

（2）所谓"酷刑"，判例将其解释为"以不必要的精神、肉体的痛苦为内容的、在人道上可被认为是残酷的刑罚"（最高法院大法庭 1948 年 6 月 30 日判决，刑集 2 卷 7 号 777 页）。关于死刑是否相当于酷刑，颇有争议，但判例指出，宪法上存在了设想和认可在刑罚上设定死刑的规定（《宪法》第十三条、第三十一条），并认为：执行方法如是用火刑、磔刑等"在相应的时代和环境中，从人道的角度，一般可被认为具有残虐性的情形"则另当别论（此乃酷刑），而至于以绞刑来执行的死刑，[4]则并不属于酷刑（最高法院大法庭 1948 年 3 月 12 日判决，刑集 2 卷 3 号 191 页）。其实质性的理由在于，"通过死刑的威慑力，形成一般犯罪预防，通过死刑的执行，断绝特殊的社会之恶的根源，以此防卫社会"。然而，这种实质性的理由，亦为近期的死刑废止论而被迫重新思考。

---

〔4〕　日本现行所采用的死刑的执行方式，是现代化的绞刑，法律规定在监狱内执行。——译者注

第十二章　国务请求权与参政权

一、国务请求权（受益权）

国务请求权或受益权，被称为是确保人权的基本权，因其能进一步确实地保障人权而受到认定。

（一）请愿权

请愿权是历史上，面对专制君主的绝对统治，作为国民要求确保自己权利的手段，逐步发展而来的权利，也曾是国民表明政治意思的有力手段。但在现代，以国民主权为根本的议会政治发达起来，言论自由受到了广泛的认可，请愿权的意义相对降低。尽管如此，作为国民的意思表示的重要手段，请愿权仍发挥着"参政权"性质的作用。

《宪法》第十六条规定"任何人对损害的救济；公务员的罢免；法律、行政法规、规则的制定、废止和修订以及其他有关事项，均有和平请愿的权利"。这里的请愿，指的是向国家或地方公共团体的机关，陈述有关国务之希望的行为，为此，请愿权的保障，仅课以接受请愿的机关负有诚实地处理请愿之义务（请愿法第五条），并不对其审理、判定请愿的内容，产生法的拘束力。

（二）接受裁判的权利

（1）接受裁判的权利，指的是所有个人可要求独立于政治权力的公平的司法机关，平等地给予其自由权利的救济，并且不受这种公平法院之外的机关裁判的权利。这种权利与近代立宪主义密切关联，特别是在采用由法院进行违宪审查制度的日本，更成为确保人权保障、实现"法的统治"之不可或缺的前提。

（2）《宪法》第三十二条规定"任何人在法院接受裁判的权利，均不得被剥夺"。明治宪法对此也曾以"接受法律所规定的法官裁判的权利"（第二十四条）而加以保障，二者在如下意义上，并没有什么不同，即均指的是一种在对有关案件拥有法律上之正当管辖权的法院，接受对该案件拥有审理权限的法官裁判的权利，但在战前，司法的概念仅限于民事和刑事的裁判，而在现今的日本国宪法中，行政案件的裁判也被包含在《宪法》第三十二条的"裁判"之中。

（3）而且，随着福利国家思想的发展，在家庭案件、土地房屋租借案件等需要国家担负监护作用的领域内，过去通过诉讼程序处理的案件，现在则作为非诉案件来处理的所谓"诉讼的非诉化"现象正与日俱增，因此，本条的"裁判"，就应该作如下理解，方为妥当，即：不仅只限于依据《宪法》第八十二条，公开、对审（指的是作为诉讼当事人的原告和被告，在法官面前口头彼此陈述各自主张的方式）、判决这样原则上受到保障的诉讼案件之裁判，而且也应包含非诉案件的裁判，即尽管始终以诉讼案件的裁判为原则，但也应包含像家庭法院的家事裁判那样，虽不属于确认实体性的权利义务是否存在的纯粹诉讼案件，但却是为了解决国民之纠纷，在法院中，且在适合于该案件正当程序的保障下所进行的非诉案件的裁判＊。

（4）所谓接受裁判的权利"不得被剥夺"，指的是：在民事案件与行政案件中，当自己的权利和利益受到非法侵害时，可要求法院对受到损害的权利予以救济的权利，即裁判请求权或诉权受到保障之意，为此意味着不允许法院"拒绝裁判"；而在刑事案件中，指的是保障非经法院的裁判不被科以刑罚。刑事案件中接受裁判的权利，乃是自由权之一种，其在《宪法》第三十七条中重复受到保障。

　　＊ **以非诉程序裁判的家事裁判的有关案例**　判例认为，《宪法》第三十二条所规定的"裁判"，以及《宪法》第八十二条所规定的"应在公开原则下以对审和判决进行的裁判"，仅限于"纯粹的诉讼案件的裁判"（最高法院大法庭 1960 年 7 月 6 日判决，民集 14 卷 9 号 1657 页），从而将其与以非诉程序进行裁判的"裁判"加以严格区别。如此一来，例如《家事裁判法》第九条第一款乙类第一项规定的有关夫妇同居义务的裁判，就被理解为并非确定实体性权利义务本身（这属于诉讼案件），而是旨在以夫妇同居义务的存在为前提，就同居的时间、场所、样态等方面确定其具体的内容。并且，本条同款同类第三项所规定的有关结婚费用之分

258

担的处分，也被理解为只是具有将分担额度加以具体地形成和决定而已，至于确定分担义务是否存在，则属于纯粹的诉讼案件，另有以通常诉讼来提起争议的途径（最高法院大法庭 1965 年 6 月 30 日裁决，民集 19 卷 4 号 1089 页 1114 页）。不过，这种严格区分的理论，毕竟失之僵硬，虽尚能适应诉讼的非诉化这一现代性的要求，但在将《宪法》第三十二条的精神加以活性化上则存在困难。

259 （三）国家赔偿与补偿请求权

（1）《宪法》第十七条保障了对于公务员的侵权行为有请求损害赔偿的权利。[†] 该权利在明治宪法上没有保障的规定，在实务上，损害赔偿请求是否可能曾经也并不明确。赔偿请求权详细的具体内容，现由《国家赔偿法》加以规定。

（2）《宪法》第四十条规定，在刑事程序中被羁押或拘留的被告人被判无罪的情形下，为了填补被告人所遭受的损失，其拥有刑事补偿请求权。该权利在明治宪法上也未规定，现实中的补偿也极不充分，因此在现行宪法上被特别加以规定（详细的参照《刑事补偿法》）。

> [†] **特别送达邮件损害赔偿责任之免除的违宪之判决** 《邮政法》第六十八条、第七十三条限制或免除了有关邮件的丢失和损坏的损害赔偿责任，但是这种责任的限制和免除，甚至适用于特别送达（民事诉讼法上规定的实施诉讼法上之送达的方法）中的挂号邮件。对此，判决将此部分判示为违反了《宪法》第十七条（最高法院大法庭 2002 年 9 月 11 日判决，民集 56 卷 7 号 1439 页）。

260 二、参 政 权

（一）含义

作为主权者，国民拥有参与国家政治的权利。这种政治参与主要是通过选举议会议员的权利以及被选为议会议员的权利来实现的。而在设定有国民投票制[5]的情形下通过投票参加的权利（国民投票权），以及成为公务员的权利（与其说是权利，不如说是资格或能力），也可理解为包含在广义的参政权之内。*

参政权在近代立宪主义宪法中，是普遍受到保障的重要权利。日本《宪法》

---

〔5〕 指的是各种类型的全民投票制，即俗称的所谓"公投制"。

第十五条第一款也规定"选定以及罢免公务员**是国民固有的权利"。此外,有关国民投票制,则有最高法院大法官的国民审查制(第七十九条第二款)、宪法修正的国民投票制(第九十六条)、地方特别法上的居民投票制(第九十五条)之规定。***

　　公职就任权　因为该权利具有参政权的性质,所以不少学说或是从宪法第十五条第一款寻求其依据,或将其理解为包含在第十四条"在政治关系上不受差别对待"的规定之中。但是如果在实质上加以考虑,认为其属于选择职业自由的说法也是可以成立的,而认为其《宪法》上的根据在于第十三条(幸福追求权)的学说也颇为有力。

　　公务员的含义　泛指承担有关立法、行政、司法的国家以及地方公共团体之事务的职员。《宪法》第十五条第一款的旨趣,并不是规定所有这些公务员都必须由国民直接选定以及罢免,而是指必须确定相应的程序,使公务员的选定以及罢免,能直接或间接地基于主权者国民的意志。

　　***由法律设定的国民投票制之采用**　作为探求国民对重要国家政策之意 261 志的国民投票制度,是否可以由法律来设定? 由于宪法将国会作为"唯一的立法机关"并且采用间接民主制的原则,所以姑且不论国民投票作为咨询性、建议性之存在的情形,仅就其拘束国会的那种形态,没有通过宪法修正,则是不能被采用的(参照第三章二(二)2)。

(二) 选举权的法意义上的性质

　　在国民的参政权中,以选举议员的选举权最为普遍而重要。然而,关于这种选举权的性质,则颇多争议,或将其视为公民居于选举人之地位而参与公务员之选举的"公务",或将其视为是对国民所保障的参加国家政治的"权利",但多数说则将以上两者合并起来加以理解(被称为二元说)。选举权在发展到了被作为人权之一的参政权之行使这一意义上,无疑是一种权利,但是,由于其是选定公务员这种国家机关的权利,与纯粹的个人权利具有不同的侧面,为此理解为附带有公务的性质则是妥当的*。

　　在《公职选举法》上,禁治产者[现行的成年被监护人]、服刑人员(但缓刑中的人除外)、因选举犯罪而被判刑者等,均被规定为不得行使选举权(第十一条)。凡此这些,都可视为是基于选举权属于公务之特殊性质而加以的必要最小限度的限制**(亦有学说认为应认可服刑人员的选举权)。†

* 选举与选举权　所谓选举，指的是由选举人的集合体（选举人团），选定承担国会议员等公务的人员（作为所谓公务员的国家机关）的集合性行为。而选举权（投票权），指的就是各选举人可以通过投下一票而参加上述那种行为的权利。

262　　**** 停止选举犯罪判刑者之选举权的案件**　最高法院作出了如下意旨的判决：由于《公职选举法》第二百五十二条所规定的选举犯罪者[6]，"在现实中损害了选举的公正……让其参与选举则有所不适合"，因此在一定期间内"排除其参与公职选举，乃是适当的"，这既非违反法理的差别对待，亦无不当地剥夺其参政权（最高法院大法庭 1955 年 2 月 9 日判决，刑集 9 卷 2 号 217 页）。但这是否属于采取了二元说的判决，则不明确。

† 成年被监护人和服刑人员的选举权　在选举权的限制方面，后文将提到的，有判决认为限制定居国外日本国民选举权是违宪的，应进行严格的审查。公职选举法第十一条第一款原第（一）项否认了成年被监护人的选举权，然而，东京地方法院 2013 年 3 月 14 日判决（判时 2178 号第 3 页）认为，成年监护制度与选举权限制的意旨是不同的，对成年被监护人一律否定其选举权，并不是不得已而为之的，其应具有选举人的地位。国会据此也废除了相关规定。另外，在一起因公职选举法第十一条第一款第（二）项否定服刑人员选举权而无法参加参议院议员通常选举的服刑人员所提出的请求国家赔偿的诉讼中，大阪高等法院 2003 年 9 月 27 日判决（判例集未登载）认为，现今服刑人员可以通过不在家投票等方法行使选举权，技术上已不存在困难，并不具有不得已的理由，因此是违宪的。但是，法院认为该规定未修正这一不作为并不构成国家赔偿法上的违法，驳回了赔偿请求。败诉的原告未提起上诉，判决生效。因为，该判决并不是最高法院的违宪判决，所以国会并没有立刻修正法律的动向。

（三）选举权的要件

近代的选举法，为实现选举的自由与公正以及有实效性的代表，迄今采用了若干有关选举的基本原则，此即①普遍选举；②平等选举；③自由选举；④秘密选举；⑤直接选举。从选举权的要件这一观点来看，其中①和②最为重要。

---

〔6〕这里所谓的选举犯罪者，指的是曾经实施过由选举法所规定的特定犯罪的人，根据本条中的规定，一般在裁判确定之日起五年之内，停止行使选举权和被选举权。

1. 普遍选举

所谓普遍选举，在狭义上是指不以财力（财产或纳税额）为选举权之要件的制度。相反，以财力为要件的制度则称为限制选举。日本尽管在 1925 年首度实施了普遍选举制，但只承认 25 岁以上的男性拥有选举权。普遍选举在广义指的则是除了财力以外，也不以教育、性别等作为选举权之要件的制度，重要的是，特别在战后，其已发展到了被认为包括了妇女的参政权。这种意义上的普遍选举制，在日本是于 1945 年，通过承认所有 20 岁以上的国民都拥有选举权才得以实现的。日本国《宪法》第十五条第三款规定"保障成年人的普遍选举"，确认了此一原则，同时不仅就选举权[†]而且还就有关被选举权[*]的资格之平等，作出了具体规定（第四十四条）。

* **被选举权的性质** 将被选举权理解为被选举的资格，而非可以主张被选举的权利之学说颇为有力。不过，被选举权也是广义的参政权之一种，并非不具有权利的性质。判例认为，"被选举权，尤其是参与候选的自由"，作为与"选举权的自由之行使构成互为表里之关系的存在"，一般说来是受宪法第十五条第一款所保障的权利（最高法院大法庭 1968 年 12 月 4 日判决，刑集 22 卷 13 号 1425 页）。与这一点相关联而成为争议问题的，是所谓连坐制度的规定，据此，因选举活动的总指挥者等人或有组织的选举活动的管理者等人的选举犯罪行为，其候选人的当选无效，参与候选亦被禁止（《公职选举法》第二百五十一条之二、三）。但判例上认为，此乃为了达成选举之公明、正当这些极其重要的法益所必要且合理的规制（最高法院 1996 年 7 月 18 日判决，判例时报 1508 号 92 页；相同的还有，1997 年 3 月 13 日民集 51 卷 3 号 1453 页）。

† **海外日本国民的选举权** 行使选举权需要在选举人名单上进行登记，登记以市町村的居民基本登记簿的记录为基础进行，长期在外国的人无法登录，就不能行使选举权。对此，1998 年公选法进行修改，新加入了在外选举人名单，在此登记的人就可以被认可行使选举权。但是，作为参加对象的选举在目前只限定于众议院以及参议院的比例代表选举，众议院小选区和参议院选举区选举方面，则仍然不能够行使选举权。因此，在外日本国民提出①确认在这些选举中拥有选举权，②就无法参与 1996 年（上述法案修改以前）举行的众议院议员选举，请求基于立法不作为的国家赔偿。最高法院认为，关于①项，要允许对选举权行使进行限制的话，必须是"不得已的理由"，本案中不存在那样的理由，因此修正法当中的限定选举对象违反了《宪法》第十五条第一款，确认在下一次选举

时,"在外选举人名单登记后就拥有投票资格"。另外,关于②项,"为了确保权利行使的机会所需的立法措施是必不可少的,在显而易见的事实面前,国会长期无理由地对此怠惰",确实在国赔法上要受到违法评判,本案符合这一内容(最高法院 2005 年 9 月 14 日判决,民集 59 卷 7 号 2087 页)。以立法不作为为理由要求国家赔偿当中,最高法院认为本次判决与之前的先例——在宅投票制相关的判决的理由并非是不同的,但也有人质疑两个判决的协调性。在本案中,法律上否定选举权的行使,以及从认同选举权行使的 1984 年内阁提出的修正案被撤销以来到 1996 年的选举的 10 多年时间,没有尝试任何的立法措施这件事被受到重视。此外,在宅投票制诉讼中,一直存在这样的主张,即残障人士的选举权不应停留在形式上的法律保护层面,而是要实质性的保障,但最高法院认为选举权不包含那样的实质性保障。对此,在因精神上的原因无法前往投票站投票的选民以立法不作为为理由提出要求国家赔偿的诉讼中,最高法院认为,根据在外日本人选举权违宪判决,承认此选举权应当有实质性的保障(最高法院 2006 年 7 月 13 日判决,判时 1946 号 41 页),在结论上,作为选举权的限制被理解为可被正当化,但值得关注的是对选举权的看法正在发生变化。

265

2. 平等选举

所谓平等选举,指的是否定复数选举(承认特定的选举人可投两票以上的制度)和等级选举(将选举人分为特定的若干等级,由各等级分别选出代表的制度),而以选举权之价值的平等,即一人一票(one person, one vote)为原则的制度(《公职选举法》第三十六条)。这作为选举权数量上的平等原则,在战前的选举法上也有规定,但是在如今,平等选举,已发展到被理解为包含了投票价值之平等的要求。在这一点上,议员定额的不均衡,就成为有争议的问题*(参照第七章二(七))。

* 其他有关选举的原则

(1) 自由选举

自由选举(或自由投票)指的是,即使弃权也不受罚金、停止公民权或公布姓名等制裁的制度。如果考虑到选举的公务性质,对没有正当理由而弃权的选举人加以制裁,也并非没有道理,但弃权率的降低应该期待政治教育等途径来实现。

(2) 秘密选举

秘密选举(或秘密投票)指的是,把投票给何者加以秘密处理的制度。这只要是为了确保在社会上处于弱势地位国民的投票自由,乃为各国所广泛采用的原则。日本国宪法保障投票的秘密,规定选举人"关于其选择,不被追究公的或私的责任"(第十五条第四项)。至于用何种方法保障秘密选举,则规定于《公职选举法》之中(第四十六条第四款、第五十二条、第六十八条、施行细则第三十二条等)。对投票归属的调查,①不仅在确定当选效力的程序中;②并且在有关欺诈投票等犯罪的刑事程序中,也是被理解为不被允许的。(判例认为②的情形是可允许的。最高法院 1948 年 6 月 1 日判决,民集 2 卷 7 号 125 页;同 1997 年 3 月 28 日,判例时报 1602 号 71 页)。

(3) 直接选举

直接选举指的是选民直接选举公职人员的制度。由选民先选举出选举人(electors),再由选举委员选举出公职人员的间接选举制,虽然在美国的总统选举上被采用,不过,由于该制度是一种并未完全信赖选举人的制度,为此随着民主政治的发达,实质上已转变为直接选举制。此外,已被选举出担任公职的人(如都道府县的议会议员)来选举公职人员(如国会议员)的制度,则称为准间接选举制(或复选制)。间接选举中的选举人,在选举结束时,其地位也归于消灭,但在复选制下则不然。宪法第四十三条中的"选举"虽可理解为包含了间接选举,但复选制则由于与国民意思的关系过于间接,故而不包含在"选举"之内。[关于比例代表制是否违反直接选举的原则的争论,请参照第十四章三 2(一)"十"字印记。]

266

第十三章　社　会　权

267　　　　日本国《宪法》保障了生存权（第二十五条）、受教育的权利（第二十六条）、勤劳的权利（第二十七条）、劳动基本权（第二十八条）等社会权。社会权是进入 20 世纪之后，基于社会国家（福利国家）的理想，为了特别保护社会性、经济性的弱者，实现实质的平等，而受到保障的人权。其内容在于保障国民营构值得作为人的生活。从法的意义上来看，它是对国家要求一定行为的权利（作为请求权），在这一点上，其性质有别于以排除国家介入为目的的权利（不作为请求权）——自由权。当然，社会权中也存在自由权的侧面。*

　　　　由于社会权受到保障，国家就负有了必须作为社会国家而努力实现国民之社会权的义务。例如，《宪法》第二十五条第二款所规定的"国家必须就一切生活领域和层面，努力提高和增进社会福利、社会保障以及公共卫生"，即是这一意旨。

　　　　＊ 社会权的自由权性质之侧面　　如同前述（参照第五章三（二）（1）），在社会权受到了公权力不当侵害的情形之下，也就兼具了作为可请求法院对此加以排除（不作为）的自由权之侧面。教师的教育自由之所以在《宪法》第二十六条上形成争议的问题，也与此点有关。而在社会权中，劳动基本权所具有的自由权之性质则是最强的。

268　　　　　　　　　　　# 一、生　存　权

（一）《宪法》第二十五条

　　　　《宪法》第二十五条第一款规定"所有国民，均享有营构在健康和文化意义上最低限度生活的权利"。这一生存权的保障，是社会权中的原则性规定，也是将任何国民都能过上有人性尊严的生活作为权利而对外宣示。

为了实现此第一款的意旨,如前所引,第二款对国家课以了努力使生存权具体化的义务。基于此,生活保护法、儿童福利法、老人福利法、残疾人福利法等各种社会福利立法,以及国民健康保险法、国民年金法、民生年金保险法、雇用保险法、老人保健法、看护保险法等各种社会保险立法等所构成的社会保障制度得以设立,并且,保健所法、食品卫生法、环境基本法、大气污染防治法等有关公共卫生的制度也被谋求予以整备[*]。

　　[*]《**宪法**》**第二十五条第一款和第二款的关系**　堀木诉讼(参照第七章二(四)[**])的上诉审判决(大阪高等法院 1975 年 11 月 10 日判决,行裁例集 26 卷 10、11 号 1268 页)对此解释道:"第二款是宣明了国家必须努力形成事前性的积极防止贫困政策的义务,而第一款则是宣明了,对于那些尽管有第二款的防止贫困政策之实施,但仍未得幸免者,则国家具有应作出事后性的、补足性的且个别性的济贫措施之责任";至于以何种济贫政策、实施到何种程度的决定,则认为乃属于立法机关的裁量。这种把第一款和第二款严加区分的解释,将第一款理解为是以确保"最低限度的生活之保障"这一绝对基准为直接目的的,并提示了要进行严格的司法审查之意旨,在这一点上值得评价,然而,在将第一款的济贫政策限定于依据生活保护法所作的公共救助,而将其他施策均作为防贫政策而委之于广泛的立法裁量这一点上,则颇有问题,亦受到了普遍强烈的批判。其虽为若干下级审的判决所沿用,但在最高法院的判例中未被采用。

269

(二)生存权的法性质

　　(1) 然而,如前所述(参照第五章三(一)(3)),生存权虽然是可以要求国家积极关切的权利,但并不是"具体性的请求权"。因此,多数的主张认为,宪法第二十五条,只是对国家课以必须确保国民之生存的政治性的、道义性的义务,而不是对各个国民保障具体性的权利。这种见解一般被称为"纲领性规定说"。

　　的确,因为生存权的内容是抽象且不明确的,所以要以宪法第二十五条为直接依据来推导出请求生活救助的权利,是有困难的,从而不得不认为生存权乃是要通过将其具体化了的法律才能成为具体的权利。不过,即使是这种内容的权利,称之为"权利"也是可能的,没有任何问题(作如此理解的学说一般称之为抽象权利说)。依据抽象权利说,《宪法》第二十五条课以了国家通过立法与预算来实现生存权的法律义务。将这种见解进一步推展开来,那么,在《宪法》第二十五条的生存权通过像《生活保护法》这样的施行立法而被具体化的情形下，就可以将《宪法》与《生活保护法》作为一体理解，以此来论述生存权的具体权利性。

270 　　（2）虽然《宪法》第二十五条可理解为是对立法机关课以必须进行将生存权加以具体化立法的法的义务，但如果说，既然如此，当国会怠于履行该义务时，可否向法院提起请求作出不作为违宪确认诉讼呢，则应该说，这在诉讼上颇为困难，且有诸多问题点（参照第十八章二（四）2（2））。

　　（3）从以上的立场思考将生存权加以具体化的《生活保护法》，那么，像最高法院对朝日诉讼的判决* 那样，完全将最低限度生活水平的内容委之于厚生大臣裁量性质的决定，这种解释究竟是否妥当，就颇成问题。由于最低限度的生活水平为何，在特定时代的特定社会中，某种程度上是可以客观地加以决定的，为此，如果厚生大臣所设定的基准较此更低，则应理解为具有违宪、违法的情形。†

　　* **朝日诉讼** 本案是有关在 1956 年当时每月 600 日元的生活救助费是否足以维持健康和文化意义上最低限度的生活水平，被争诉的案件。一审判决（东京地方法院 1960 年 10 月 19 日判决，行裁例集 11 卷 10 号 2921 页）采纳了原告人（朝日茂）的主张，认为"健康和文化意义上的生活水平"，之具体内容虽然并不固定，但理论上，在特定国家的特定时期，大体上应该能够客观地加以决定，为此将厚生大臣设定生活保护基准的行为认定为是应该服从司法控制的羁束行为，并判示：如本案这样对维持上述生活水平之程度有欠保护的情形，乃违反了《生活保护法》第三条和第八条第二款，同时实质上也违反了《宪法》第二十五条。不过，在本案向最高法院上诉的过程中，因朝日茂死亡，其养子夫妇主张继承诉讼，但最高法院则判示，由于生活保护受给付权乃是本人一己所专属的权利，故因本人死亡，则诉讼终止，但同时又以"尚者，为慎重起见"的表述，附加了如下意旨的意见：①《宪法》第二十五条第一款，只是宣明了国家有责任运营国政，以使全体国民能营构其健康和文化意义上的最低限度生活，而非直接赋予各个国民以具体权利（纲领性规定）；②何谓"健康和文化意义上的最低限度生活"，其判断应委之于厚生大臣进行裁量（最高法院大法庭 1967 年 5 月 24 日判决，民集 21 卷 5 号 1043 页）。奥野健一法官的补充意见，则采取了与一审判决基本相同的立场，

271 认为第二十五条第一款"设想存在不被当下政府施政方针所左右的客观最低限度生活水平，而赋课国家［为生存权之实现采取一定措施］的责任"，从而，将《生活保护法》上的受给付权，理解为也是"可受依据上述的恰当之保护的基准而所予以保护的权利"，指出厚生大臣保护基准的设定行为应受此羁束。此可认为是

一种值得倾听的见解。

堀木诉讼判决（最高法院大法庭 1982 年 7 月 7 日判决，民集 36 卷 7 号 1235 页）亦阐述道："健康和文化意义上的最低限度生活"的具体内容，"应该在其与每个时期的文化发达程度、经济和社会条件、一般国民生活状况等相互间的关系上来加以判断决定"，在通过立法来进行具体化时，"不能无视国家的财政状况，而且有必要进行涉及多方面的复杂多样的，且又具有高度专门技术性的考察，以及以此为依据的政策性判断"，从而判示"具体采取什么样的立法措施之选择决定，应委于立法机关的广泛裁量"（有关与《宪法》第十四条的关系，参照第七章二（四）＊＊）。

**　† 废止老龄加算制度违宪诉讼**　　学术界存在这样一种有力的学说：即使在最低限度生活水平的决定上，劳动和社会保障大臣拥有广泛的裁量权，但其对有关迄今为止已被认定的生活水平进行降低方向的修正，则仅具有狭窄的裁量空间，并应受到一定程度的严格审查。在就基于生活保护法上的生活扶助所规定的 70 岁以上高龄者的老龄加算制度被废除之际，随之不得不接受了生活保护变更决定的人提出了撤销处分的诉讼请求，并提出了这一问题，但最高法院未采纳了上述学说的思路，将逸脱、滥用裁量权仅作为综合判断时的要素之一进行考虑（最高法院 2012 年 2 月 28 日判决，民集 66 卷 3 号 1240 页）。

（三）环境权

在 1960 年代高速发展时期，大气污染、水质污染、噪音、震动等公害大量发生，环境显著恶化。伴随于此，为了保护环境，使国民能在优良的环境中生活，作为新的人权，"环境权"也被提倡。这是基于以下的认识，即：为维持人类的生命与健康，在由环境的破坏而对个人或地区居民产生现实危害之前，排除或减少（认可排除或预防妨害的请求权）作为危害之原因的公害，就相当重要。

然而，环境权的概念却是见仁见智，一般被理解为是享受作为维持健康舒适生活之条件的良好环境，并加以支配的权利。在此情形下，又有两种看法，一种是将其限定于大气、水、日光等自然环境；另一种则是将古迹、寺院或公园、学校等文化性质的社会环境也包括在内加以理解。但在后一种看法中，环境权的内容过于广泛，其权利性反而被弱化，为此，较为忠实于环境权出现之前的沿革的前一种看法，则是妥当的（多数说）。

正因如此，环境权就是为了预防和排除环境的破坏而被主张的权利，在其享

272

有良好环境不受妨碍的侧面上乃属于自由权，因此可以将其理解为是构成了《宪法》第十三条幸福追求权之内容的一部分，与人格权（参照第七章一（三））相互连结。不过，环境权的具体化和实现，也需要公权力采取积极的环境保护和改善之措施，为此在这一侧面上，则又可作为社会权加以定性。而在其与社会权侧面的关联上，《宪法》第二十五条也可理解为环境权的根据。然而，尚无最高法院的判例*正面承认过以环境权为名的权利。

  * 环境权裁判 在其裁判中，著名的案例之一就是大阪机场公害诉讼。本案起因于大阪机场周围的居民，为飞机升降的噪音所困扰，就以人格权与环境权为根据，对作为机场管理者的国家提起了诉讼，要求赔偿损害，并禁止飞机在晚上九点以后升降。二审判决（大阪高等法院 1975 年 11 月 27 日判决，判例时报 797 号 36 页）认为"有关个人的生命、身体、精神以及生活之利益，乃是个人人格中的本质部分"，故"其之整体可谓为人格权"，认可了基于人格权而作出的有关妨害的排除和预防的禁制请求。最高法院则认为，在民事诉讼中，提出限制飞机之升降的这一有关航空行政权的请求，是不符合法律的，据此驳回禁制请求，仅承认居民就其过去遭受的损害所提出的损害赔偿请求（最高法院大法庭 1981 年 12 月 16 日判决，民集 35 卷 10 号 1369 页）。颇值得注意的是，其中有四名大法官提出的反对意见，认为禁制请求作为民事请求乃是符合法律的。然而，在厚木基地公害诉讼中，有关自卫队飞机之飞行规制的民事禁制请求，也被断定为是不符合法律的（最高法院 1993 年 2 月 25 日判决，民集 47 卷 2 号 643 页）。

二、受教育的权利

  教育，构成了个人为形成其人格，并在社会中过有意义生活所不可欠缺的前提。《宪法》第二十六条规定，"所有国民，均享有依据法律之规定，适应其能力而平等地接受教育之权利"。

（一）学习权和国家之责任

  受教育的权利，在其性质上，乃是对儿童加以保障的。该权利的内容，被理解为保障了儿童的学习权*。

  与儿童的受教育权相对应，负有使儿童接受教育的责任者，在第一次元上乃是父母亲或亲权人，《宪法》第二十六条第二款规定"所有国民，均负有根据法律

之规定,使其保护之子女接受普通教育的义务",就是对此的明示。同时,作为受
教育的权利之社会权的侧面,国家应负有维持教育制度、整备教育条件的义务。　274
基于这种要求,《教育基本法》†以及《学校教育法》得到了制定,以中、小学义务教
育为主的教育制度也得到了设立。

　　＊ 儿童的学习权　最高法院对旭川学力测试案的判决(参照后述(二)＊)
曾就《宪法》第二十六条阐述道,"该规定的背后存在了这样的理念:每个国民,
均拥有为了成长和发展成为一个人以及一个市民,完成和实现自己的人格所必
要的学习这一固有的权利。特别是无法自己学习的儿童,具有要求大人对其实
施教育,以满足其学习要求的权利"(最高法院大法庭 1976 年 5 月 21 日判决,刑
集 30 卷 5 号 615 页)。

　　† 2007 年教育基本法的修改得到了实行　作为教育目标,旧法中所没有的
道德教育(第二条第(一)项"培养丰富的情操和道德心")和爱国心教育(第二条
第五款"尊重传统和文化,热爱孕育了它们的祖国和家乡……要培养这样的态
度")被加入了进去,以及强调教育应根据法律的规定来进行(第 16 条),这些方
面都受到了关注。今后,具体的内容将基于新法案及相关法案来决定,但其中特
别重要的是学习指导要领及各类通告。无论其规定的方式如何,均可能会发生
干涉儿童及教师内心自由的事态。在新法制定以前,围绕如何对待教育现场的
国旗・国歌,已经存在严峻的对立,并出现了承认在入学仪式或毕业仪式上以职
务命令课以面对国旗起立齐唱国歌的义务构成对思想良心的自由的侵犯的下级
审判决(东京地方法院判决,平成 19・9・21,判时 1952 号 44 页)。而最高法院
则认为,根据音乐专科的教谕以职务命令要求教师为合唱"君之代"钢琴伴奏并
合唱是合宪的(参照第八章一(二)3(三)的"†"印记)。这样进行爱国心教育采用
了错误的方式,如果将是否养成了"爱国爱家乡的态度"作为成绩评定的对象,则
有可能提出了严峻的宪法问题。

(二) 教育权的归属
275

　　有关受教育的权利,受争议的重要问题是有关所谓的教育权之归属的问题,
即:认为国家就教育之内容拥有参与和决定之权能的学说("国家教育权"说),
与主张对儿童之教育负有责任的乃是以父母及受父母亲之托付的教师为主的全
体国民,国家仅负有整备教育条件之责任的学说("国民教育权"说),究竟何者正
当的问题。

这一争论，除了曾在教科书裁判中引起争议之外，在学力测试案件*中也曾被讨论，但两种学说之妥当与否，则不能斩钉截铁地加以决定。基于维持教育的全国性水准之必要，国家虽然被理解为可以决定教学科目、授课时数等等的教育之大纲，但国家对教育内容的过度介入，则可理解为会侵害教育的自主性，故不被允许。

　　* **旭川学力测试案件**　1961年，反对文部省所实施的以全国中学二、三年级学生为对象的全国统一学力测试（学测）的教师，因试图阻止学测之实施，被以妨碍公务执行罪等罪名而受到了起诉。在裁判过程中，文部省实施学力测试是否违反了《教育基本法》第十条等规定，则成为争议的问题。最高法院认为，无论是国家教育说还是国民教育说均是"极端且片面的"，故予以否定，而肯定了教师在一定范围内的教育自由之保障，但同时也认为，对这种自由的完全认肯，则又基于以下理由而不被允许，此即：儿童学生并不具有批评教育内容的能力，教师影响力过强；儿童方面缺乏选择学校与教师的余地；在全国性层面上确保一定的教育水准之要求较为强烈，等等。作为结论，判决肯定了国家之广泛的介入权，即对于教育内容，可以"在可被认为是必要且适当的范围之内"加以决定，并判学力测试合法（参照本章（一）*所引用的最高法院大法庭1976年5月22日判决）。尽管有力地意见认为判决主张由国家、教师、父母三方的分担来实现教育较为妥当，但学说对于判决肯定了国家可广泛地介入教育内容，批评颇多。

276　　## （三）义务教育的无偿

　　《宪法》第二十六条第二款规定，"义务教育无偿实行之"。所谓无偿，一般理解为指的是"不征收学费"之意（参照最高法院大法庭1964年2月26日判决，民集18卷2号343页，教育基本法第四条、学校教育法第六条），但也有学说认为就学所需的一切金钱与物品均应无偿。不过，自1963年以来，依据法律的规定，教科书均是免费分发的（参照《关于义务教育诸学校之教科书免费措施的法律》）。

三、劳动基本权

　　在19世纪资本主义的发展过程中，劳工因失业或恶劣的劳动条件，不得不过着严苛窘迫的生活。于是乎，为使劳动者实现值得作为人的生活，保护劳动者、容许劳工运动的立法,开始得以制定。经过这一历程,日本国《宪法》在第二十七条保障了勤劳的权利,宣明了勤劳与纳税(第三十条)、受教育(第二十六条)一同为国民之义务(并不意味着国家可以依据法律强制国民勤劳),并规定了法定的劳动条件,与此同时,还在第二十八条保障了劳动基本权。

(一)劳动基本权的内容和性质

在契约自由的原则被认为是完全正当的情形下,由于现实的劳资双方实力　277
的差距,劳动者相对于雇用方不得不居于不利的地位。保障劳动权的目的,就在于使居于劣势地位的劳动者,能与雇用方立于对等的立场之上。

《宪法》第二十八条规定"勤劳者的团结权、团体交涉以及其他团体行动的权利,受到保障"。这里所谓"勤劳者"指的是提供劳动力取得对价而生活的人,与劳动者(《工会法》第三条)含义相同。而劳动基本权,具体而言,就是由团结权、团体交涉权、团体行动权(争议权)这三者构成的,其也称为劳动三权。

1. 三权的含义

所谓团结权,指的是组织劳动者团体的权利(工会结成权),是使劳动者团结起来,立之于同雇用者相对等之地位上的权利。所谓团体交涉权,乃是劳动者团体与雇佣方就劳动条件进行交涉的权利,经过交涉所缔结的就是劳动协约(《工会法》第十四条)。而所谓团体行动权,则是劳动者团体为谋求实现其劳动条件而进行团体行动的权利,其主要方式是争议行为。

2. 三权的性质

劳动基本权,首先①作为社会权,意味着可以要求国家采取保障劳动者之劳动基本权的措施,而国家则负有实施该措施的义务;其次②作为自由权,则意味着禁止国家的对其加以限制的立法或其他的国家行为(在这一点上,《工会法》第一条第二款所规定的争议行为的刑事责任免除,乃是重要的);并且③在雇佣者对劳动者的关系上,以保护劳动者的权利为目的,为此在性质上,雇佣方负有尊重劳动者行使劳动基本权的义务。换言之,劳动基本权的保障,在私人关系上也可直接适用(在这一点上,《工会法》第八条所规定的争议行为的民事责任免除,　278
也是重要的)。

(二)劳动基本权的限制

由于劳动基本权的行使具有较大的社会影响力,仅此一点,服从限制的可能性也较强。不过,劳动基本权乃是作为劳动者生存的权利而加以保障的,因此关于对其进行规制的立法,如果过度重视立法机关的裁量则不妥的,而有必要进行一定程度的严格审查。在与双重基准理论的关系上,劳动基本权居于精神自由与经济自由的中间位置,以 LRA 基准(参照第九章三(五))来考量其合宪性,才比较妥当。

（三）公务员的劳动基本权

关于劳动基本权的限制,争议颇为激烈的是公务员劳动基本权的限制问题。在现行法上,①警察人员、消防队员、自卫队员、在海上保安厅和监狱机关供职的人员的所有劳动三权;②非现职的一般公务员的团体交涉权与争议权;③邮政等部门的现职公务员的争议权,均被分别否定(对国铁等原公共企业团体职员的争议行为的禁止,则随着 1986 年公共企业团体的民营化而得到了解除)†。

关于限制公务员劳动基本权的根据,早期判例曾举出"公共福利""全民公仆"这些抽象的原则。然而,(对其进行)人权限制的最终根据,必须求诸宪法将公务员关系这一特别法律关系的存在以及其自律性,作为宪法秩序的构成要素,加以了承认这一点(第十五条、第七十三条第四项)(参照第六章二(二))。

279 　　不过,虽说都是公务员,但其职务的性质也是多样的,从事与一般劳动者同样性质之勤务的人也为数不少。为此,对劳动基本权的限制,可理解为必须考虑其工作的性质、差异等方面,并止于必要最小限度的范围之内。在这一点上,认为惟有"基于保障国民生活全体利益这一立场的内在制约"才是可允许,从而揭示了严格条件的 1966 年全递东京中邮案件判决(最高法院大法庭 1966 年 10 月 26 日判决),就受到了注意。不过,迄今的判例*的发展动向,则已从尊重公务员劳动基本权的判决,向积极地将现行法上严格而全面的限制,判断为合宪的判决推移。

＊ 公务员劳动基本权判例的发展动向

（1）全递东京中邮案件〔7〕

这是全国递信工会的干部因教唆东京中央邮政局职员从事争议行为,而被

---

〔7〕 "全递"是日本邮政部门职员的工会组织——全国递信工会(1946 年成立)的简称;"东京中邮"则是东京中央邮政局的简称。本案的案情梗概是:1958 年,全国递信工会的干部(被告人),说服东京中央邮政局的职员,在所谓"春季斗争"(这是日本劳动争议的独特方式,指的是每年春季,由工会部门所举组织的全国性共同要求给工人加薪的斗争活动,又简称"春斗")期间的 3 月 20 日上班时间参加员工大会,结果导致当天东京中央邮政局有 38 职员数小时离开工作岗位,被以《邮政法》第七十九条第一款所规定的邮件不处理罪的教唆罪而受起诉。

起诉的案件。在本案中,《公共企业团体劳动关系调整法》(简称《公劳法》)第十七条(现行的《国营企业劳动关系法》[经过 1999 年的修正,现为《国营企业以及特定独立行政法人劳动关系法》]第十七条)是否合宪,以及正当的争议行为是否可以免除刑事责任的问题,成为争议的焦点。最高法院提出下述四个条件作为判断劳动基本权限制的合宪性基准:①应该比较衡量尊重并确保劳动基本权的必要与维持并增进国民生活全体之利益的必要,并将保证两者之间的适当均衡作为目标来决定,但(对该权利的)限制不能逾越其合理性之可被认定的必要最小限度;②应限于为了避免可能对国民生活造成重大障碍而所必要的且不得已的情形;③对限制的违反所课以的不利,不得逾越必要之限度,刑事制裁尤其必须限于必要而不得已的情形;④应采取代偿的措施。比照这四个条件,该判决判示《公劳法》第十七条第一款合宪,但主张对于正当的争议行为可适用《工会法》第一条第二款,应予免除刑事责任,从而判处被告无罪(最高法院大法庭1966 年 10 月 26 日判决,刑集 20 卷 8 号 901 页)。

(2)东京都教职员工会事件

这是《地方公务员法》(第三十七条第一款、第六十一条第四项)因禁止争议行为,并将其教唆行为列为处罚对象,而引起其合宪性争议的案件。最高法院认为,由于前述禁止规定如果依据条文的文义解释,则有违宪之疑,所以要将其解释为合宪,就有必要采取合宪限定解释(即将法律条文的含义限定为能符合宪法那样而进行解释)的方法,从而对可作为处罚对象的行为,加上了"双重限缩"的限制,即将其限于违法性较强的争议行为与教唆行为,最后判决被告无罪(最高法院大法庭 1969 年 4 月 2 日判决,刑集 23 卷 5 号 305 页)。

(3)全农林警职法案件[8]

这是与地方公务员法具有同样内容的国家公务员法因禁止争议行为,而受到争诉的案件。最高法院对公务员所承担的供职内容并无区别这一点,即公务员地位的特殊性与职务的一般公共性加以了强调,并重视了其对全体国民利益的影响,举出下述理由,判示全面统一地限制争议行为乃是合宪的,从而变更了

---

[8] "全农林"是日本农林部门职员的工会组织——全国农林工会的简称;而"警职法"则是"《警察官职务执行法》"的简称。本案起因于 1958 年全国农林工会的干部说服农林部的职员参加反对《警察官职务执行法》的修改活动,故得名。

从前的判例。而这些理由是：①公务员的工作条件是由国会所制定的法律与预算来定的（财政民主主义），因此与政府展开争议行为，并无中的；②公务员的争议行为不同于私营企业的情形，不具有市场抑制力；③以人事院为主，制度上被整备的代偿措施已得到了采取。（最高法院大法庭 1976 年 5 月 21 日判决，刑集 27 卷 4 号 547 页）。此后，跟从这一判决的意旨，岩手教职员工会学力测试案的判决（最高法院大法庭 1976 年 5 月 21 日判决，刑集 30 卷 5 号 1178 页），推翻了有关《地方公务员法》的东京都教职员工会案件的判决，进而，全递名古屋中邮案件的判决（最高法院大法庭 1977 年 5 月 4 日判决，刑集 31 卷 3 号 182 页），也推翻了有关《公劳法》第十七条的全递东京中邮案件的判决。其结果，地方公务员法以及对国营企业职工之争议行为的全面禁止，均被认定为合宪。在此之后，对于禁止地方公营企业的争议行为，也以同样意旨被判决合宪（最高法院 1988 年 12 月 8 日判决，民集 42 卷 10 号 739 页）。［另外，在全农林警职法案件判决中，人事院劝告制度作为代偿措施之一虽然也受到了重视，但在关于对抗议冻结实施人事院劝告的争议行为所做出惩戒处分受到争诉的案件中，最高法院认为，尽管劝告的实施被冻结，但未必等于代偿措施完全没有发挥机能，从而作出了断定惩戒处分合宪的判决（最高法院 2000 年 3 月 17 日判决，判例时报 1710 号 168 页）。］对于这一连串判例的见解，学术界的批判相当强烈。

281　　† 被称为"三公社"（国铁、电信电话、专卖）、"五现业〔9〕"（邮政、林业、印刷、造币等）领域中的公务员曾属于类型③的范畴，受《公共企业体等劳动关系调整法》规定的调整，但此后，三公社被民营化，成为特殊公司，从而从规制中被排除。另外，关于"现业"的法制也将相关团体改制为特定独立行政法人或日本邮政公司等，现受《特定独立行政法人等劳动关系相关法》规制。此外，邮政公司在 2007 年 10 月以后成为日本邮政股份公司，不再适用该法律。

（四）公务员政治活动的自由

　　与公务员的劳动基本权相提并论而被争议的问题，是对公务员政治活动之自由的限制（参照第六章二（二））。

　　在这种情形下，也应该从宪法将公务员关系的自律性作为宪法秩序的构成要素加以承认这一点中寻求限制的根据。换言之，在政党政治下，只有行政的中

---

〔9〕 这里的"现业"，指的是国家或地方公共团体的专管企业。

立性得到保持,公务员关系的自律性才能得以确保,行政的连续性与安定性也才得以维持,为此,限制其一定的政治活动,应可被允许;然而,公务员也是一般的勤劳者和市民,因而对其政治活动自由的限制,应理解为仅限于为达成行政中立性的目的所必要的最小限度之内,方为妥当。如果采取这种立场,那么,就要求应考虑公务员的地位、勤务的内容和性质等之不同,以及其他各种情况(在工作时间以内还是以外,有无使用国家设施,政治活动的种类、性质、样态等),在此基础上进行具体的、个别性的审查。而作为其审查基准,如果同时也考虑到公务员乃是处于与公权力(国家或地方公共团体)的特别法律关系中的一方(第六章二(一)(二)),那么,采用"限制性程度更小的其他可供选择之手段"的基准,则比较适当。而现行法上的限制,则是对所有公务员的政治活动加以一律的全面的禁止(在这一点上属于对表达内容的规制),而且还科以刑罚,这就具有违宪的嫌疑。不过,判例*则做出了遵从全农林警职法案件判决之立场的判断。† 禁止法官进行积极的政治运动的《法院法》第五十二条,也被认定为合宪。**

282

　　＊猿拂案　本案是北海道猿拂村的邮局职员,因将众议院议员选举海报张贴在公营的公告栏里,并另加分发,为此涉及违反国家公务员法而被起诉的案件。一审判决(旭川地方法院 1968 年 3 月 25 日判决,下刑集 10 卷 3 号 293 页)认为,对于从事机械性劳务的现职国家公务员,如果连其在上班时间以外,没有利用国家设施,也没有利用职务便利所实行的行为,均适用刑事处罚,则不能谓为必要最小限度的限制,从而判定违宪。二审判决也支持了采用 LRA 基准(参照第九章三(五))作出判断的一审判决,而跟从这一判决的相同意旨的判决也不下十个。但最高法院则根据以下理由作出了合宪的判决,即:①规制的目的是正当的,乃在于为了确保行政的中立运营以及国民对此的信赖;②为了此目的而对政治行为所实行的禁止,与其目的之间具有合理的关联性;③因禁止而获得的利益与丧失的利益之间,能得到均衡。(最高法院大法庭 1974 年 11 月 6 日判决,刑集 28 卷 9 号 393 页)。

　　这一判决,还就第②点解释道:"即使其禁止并没有区别公务员的职务种类、职务权限、上班时间以内还是以外、有没有利用国家设施等因素,或者没有限定于直接、具体地损害了行政中立运营的行为,上述的合理关联性也并没有丧失"(据此,只要目的正当,所有的手段都可说成是具有合理关联性的了);同时认为,第③点中所说的"可能丧失的利益",并不是对公务员的政治活动这一"伴随行动的表达"之中的"意见表明本身"的制约,而是在为"防止行动所造成的弊害"

的限度之内对表达行为所采取的"仅仅是间接的、附随的限制而已"，因此，因限制所可获得的利益这一方，就更为重要（如此一来，所可获得的利益通常总是优先，所谓的利益衡量也就成为形式化的、名义性的存在了）。可以说，以这种抽象的、观念性的"合理关联性"即可充足的基准，与经济自由规制立法中所使用的"明显原则"（参照第十章一（二）），并没有实质的差异。

** 寺西候补法官警戒案　本案是参加了反对《通信旁收法》法案（参照第九章四（四）2）的集会，并作了大意为"即使从反对的立场发言也不认为相当于是积极的政治运动，但作为问题提出者的发言则予谢绝"之发言的候补法官寺西，对283其所受的警戒处分提起争诉的案件。最高法院认为，积极的政治活动，是"能动地进行有组织、有计划或持续性的政治之活动的行为，有危害法官的独立、中立和公正之虞"，并指出，对其的禁止"仅仅在合理且必要的不得已的限度之内"，因此并不违宪，而断定本案的发言已超出了个人意见之表明的界域，本应严加避免，因而乃相当于积极的政治活动。（最高法院大法庭1998年12月1日裁决，民集52卷9号1761页）。有五名大法官则提出了认定为不相当于此的等反对意见。

† 从堀越诉讼中可见的新倾向　堀越诉讼是无管理职务和裁量权限的公务员，在履行职务时间以外并远离其自己的家且不为他人知其为公务员的地方发放特定政党的政治传单，而被争议是否属于违反公务员法所禁止的"政治行为"，从而被提起诉讼的案件。这一案件在很多方面与猿拂案是类似的，但是猿拂案件中所未提起的争议要点，即：即使在本案涉及的禁止规定所保护的法益（公务遂行的政治中立性和国民对此的信赖保护）未受到侵害的情形下，是否仍可以作为"政治行为"加以限制，在这一争议点上和猿拂案件是不同的。原审判决以不存在法益侵害为由认定为"适用违宪"，因此无罪。与此不同，最高法院则将法律规定的"政治行为"解释为"可实质性地认定具有有损公务员职务遂行的政治中立性之虞"，但认为本案行为不符合构成要件，以其他理由作出了维持原审的无罪判决结论（最高法院2012年12月7日判决，刑集66卷12号1337页）。判决要旨认为由于本案与猿拂案事实存在不同，故与猿拂判决并无矛盾，但其特点是在审查方法上没有沿袭猿拂判决所提示的判断框架（①规制目的的正当性；②与目的的合理关联性；③所获利益与失去的利益之间的均衡），而是依据了"淀号"判决的方法。

第三部分　统治机构

第十四章　国　　会

287

一、权力分立的原理

（一）总论

1. 传统含义

近代宪法是由权利宣言和统治机构两部分组成的。统治机构的基本原理，是国民主权与权力分立。权力分立的制度，是因为国家权力如果集中于单一国家机关，权力就有可能被滥用，国民的权利与自由就会存在受到侵害的疑惧，故而依据国家诸作用之性质，将权力"区分"为立法、行政与司法，并将之"分离"而由不同机关执掌，以确保这些权力相互"牵制与均衡"。而其目的则在于维护国民的权利与自由。正因如此，权力分立又被称为优越的"自由主义的政治组织之原理"。

不过，由于民主主义与民主政治（国民主权）应理解为是以保障人权为最终目的的原理与制度（参考第三章一（二）），因此必须注意的是，权力分立与民主政治并不矛盾，可融合起来构成统治机构的基础（因而西欧型的民主政治，被称为"立宪民主主义"）。

288

2. 历史性

权力分立制度是历史形成的制度，其方式乃因时代与国家的不同而有所不同。下面两点特别值得关注。

（1）第一，国家之法的作用，虽然有"制定"及其"执行"这样的大致区分，但负责执行的行政与司法的区别，则根据各国的行政机关与司法机关之间的关系或是两者在国家机关中所占的地位，而各不相同。换言之，在法国或德国，由于君主制传统较为强大，在制定现代宪法时，政府与法院相互反目，或一般人对法院的信赖较低。这就与受"法之统治"原理支配、法院权威较高的英国以及继受了其法制的美国不同,其司法权只意味着民事及刑事的裁判,行政法院所管辖的行政诉讼,被定为从属于行政权(参照第十六章一(二))。

(2) 第二,议会作为国民的代表,在近代立宪主义国家产生之际,其所扮演的角色在各国也并不相同,因此权力分立也随之产生不同的形态。美国型是在《宪法》之下,将三权视为地位平等的存在而法国型则是采用以议会为中心的立法权优越的权力分立。详言之,美利坚合众国,是通过同英国议会所颁布的暴政法律及侵犯人权的州法相抗争而得以形成的,对立法权有强烈的不信任。其结果是,三权被认为在宪法之下应拥有平等之地位。而在欧洲大陆各国(特别是法国),则是通过同君主的暴政统治及法院的助纣为虐相抗争,才演变产生出近代立宪主义的国家,因此三权并非平等,而是由立法权居于中心地位。故而,同样是权力分立原理,在欧洲大陆各国,曾被用来作为否认法院违宪审查权的最大理论根据。而在美国,则被用来作为支持违宪审查权的理论与思想支柱之一(参照第十八章二(一))。

日本《宪法》以国会为"国权最高机关",采用议会内阁制,以内阁对国会负连带责任为大前提,但同时也承认法院的违宪审查权,说来还是采用了同美国型较为接近的观念。在这一意义上,可以说日本宪法的统治机构,乃是由国民主权(参照第三章二)、法的统治(参照第一章五)以及权力分立共同架构而成的。 289

（二）权力分立制在现代的变化

权力分立制度在现代国家里,已与当初的制度大为不同。其变化有下面几点:①伴随着 20 世纪积极国家、社会国家的要求,行政活动的任务飞跃增加,行政权肥大化,行政机关作为法的执行机关,在形成与决定国家基本政策时,事实上扮演中心角色的"行政国家"现象十分显著;②政党作为国民与议会之间的媒介,愈益发达,在形成国家意思时,由政党事实上扮演主导角色的"政党国家"现象,也已产生。传统的议会与政府之间的关系,也在功能上转变为政府、执政党与在野党之间的对抗关系。其结果,传统议会内阁制的各种特征,如政府对议会承担连带责任以及由国会立法监督行政等原则,其所具有的政治意义大为变化,规范与现实间未必一致,议会主义的再生受到了期待;③由法院负责的违宪审查制已经建立,司法权控制议会与政府活动的"司法国家"现象,也在进展之中。

在这些状况下,就必须对权力分立的状态,作现代性的再审视,但即使在这种情形之下,维持与确保人权的权力分立制这一根本思想,对于防止国家权力的强大化,仍然是重要的。

（三）政党

290

在使权力分立发挥机能方面起决定性作用的是政党。政党的数量与构造左右着政治体制的存在方式。

从历史上来看,各国对于政党,最初采取的是敌视或无视的态度。但继参政权的扩大和代议制的发达之后,议院内阁制随之确立。以此为基础,政党的重要性逐渐增大,其之存在获得了承认,并开始多少受到了规制。在第二次世界大战后一些国家的宪法中,有的已将政党纳入了宪法制度。*

日本国《宪法》并未就政党作出规定,并赋予其特殊地位。但由于宪法保障结社的自由并采用议院内阁制,所以当然预想了政党(这里的政党,指现行法上的"政党及其他政治团体")的存在。例如,《国会法》所规定的"会派"(第四十六条)主要就是政党,《公职选举法》也承认了政党的存在(第八十六条之二——第八十六条之七)。另外,《政治资金规正法》将"以推进、支持,或者反对政治上的主义作为本来目的的团体""以推荐、支持,或者反对特定的公职候选者为本来目的的团体"等,称为"政治团体",而将其中①从属于该政治团体的众议员或参议员有五人以上,以及②在最近一次进行的选举中该政治团体的得票总数占该次选举有效投票总数的百分之二以上的团体,称为"政党",并制定了规制(收支的公开、汇款的限制等),以"谋求政党活动的公开,确保选举的公正"(参照第一条、第三条、第二十条至第二十二条之九等)。

特别是在 1994 年,作为政治改革立法,同选举制度改革(确立众议院议员选举中小选举区比例代表并立制)及政治资金规制强化(政治团体、公职候补者必须提出政治资金收支报告书,公开其要点,禁止向候选者个人汇款,限制企业献金,强化责罚等)并行成立的《政党援助法》,以"鉴于议会民主政治中政党机能的重要性,国家通过政党给付金对政党提供帮助"为根据,试图切断流向政党的不明资金,谋求"民主政治的健全发展"(第一条)。它不仅承认了政党的存在,而且十分重视其公共化的特征及机能。这也可以看作是政党乃"建构议会制民主主义所不可欠缺的要素",而且是"形成国民意思之最有力的媒介"(最高法院大法庭 1970 年 6 月 24 日判决,民集 24 卷 6 号 625 页)这些道理的具体化。但是,如果因为这种援助,对政党的自律性存在及运营产生了重大阻碍,或在实施过程中变得只对大政党有利,那么便会产生违宪的问题。

　　* **政党之为宪法所纳入**　作为其代表性的例子,可举:1949 年《德意志联邦共和国基本法》第 21 条规定:"(1) 政党协助国民的政治意志之形成。其设立自由。其内部秩序,必须符合民主原则。政党必须就其资金来源和用途以及资产作公开报告;(2) 作为政党,其目的或党员的行为如在于侵害或废除民主的基本秩序,又或危害德意志联邦共和国之存立,则属于违宪。其违宪的问题,由联邦宪法法院决定之;(3) 其详细由联邦法律规定。"1958 年法兰西《第五共和国宪法》第 4 条规定:"政党及政治团体,通过选举协助意志表明。此等组织可自由结成,自由开展活动。此等组织必须尊重国民主权与民主主义的原理。"

　　虽然情形乃因国家而异,然政党一旦如此被纳入宪法,使其公共性机关的性质被强化,则像上述引用的德国基本法中所显示的那样,会在所谓"战斗的民主主义"的名目之下,或通过法规制党内民主主义,或排除反民主主义的政党。由于民主主义的概念是多义性的,其结果,也可能出现政党的自由和健全的发展受到阻止和妨碍的疑惧。

二、国会的地位

　　日本国《宪法》是以代议民主制度为基本的。这可以从《宪法》前文中所讴歌的"权力由国民的代表行使之"明确看出。代议民主制是以议会为中心的政治,又可称为议会制民主主义或议会主义。在议会制民主主义中,国民的意思由议会代表,通过议会公开讨论,来决定国政的基本方针。在这一意义上,国会无论是在宪法上还是在实际政治中,都占据着十分重要的地位。

　　国会在宪法上具有以下三重地位:①国民的代表机关;②国家权力的最高机关;③唯一的立法机关。

(一) 国民的代表机关

　　《宪法》第四十三条规定,国会(两议院)由"被选举产生的代表全体国民的议员"组成。但是,就"全体国民的代表"的含义而言,自始便有种种议论。

1. 政治性的代表

　　通说认为,这里所说的代表,并非指代表机关的行为在法意义上被视为被代表者(国民)之行为,这一旨趣的法意义上的含义,而是指国民通过代表机关来行

292

293

动,代表机关被视为反映民意的机关,这一旨趣上的政治性含义。具体来说:
①构成议会的议员,并非选举区或后援团体等选举母体的代表,而是全体国民的
代表,因此②议员在议会中仅依自己的信念而展开言论、表决,不受选举母体即
原选举区后援团体的委任之约束,这即意味着,像近代宪法成立以前的身份制会
议(由贵族、僧侣、平民三种身份的人构成的会议)构成人员那样受选举母体训令
的约束、一旦不遵守训令便将会被召回的命令委任(强制委任)制,是被禁止的。
这种表决的自由(自由委任原则),才是政治性代表所具有的本质特征。*

　　然而,政治性代表这种观念,并不将国民的意思与议员的意思之间是否实际
一致视为问题。议员只要拥有为国民而活动的意思,便已足够。尽管国民的意
思与议会的意思之间存在不一致现象,但这种国民代表的理论,仍将其主张为仿
佛是一致的,正因如此,也就被批评为掩盖实际上之不一致,并带有浓厚的意识
形态性质。

　　**　*　自由委任与党议的约束**　　政党政治发展之后,特别是在政党纪律(party
discipline)得到强化之时,议员事实上会受到党议的约束,被强迫依从党议的指
示而行动。虽然有人认为这同自由委任的思想并不相适,但在现代政党国家里,
议员是通过遵从所属政党之决定而行动,并发挥其作为国民代表的实质作用的。
因此,将党议约束作为"自由委任框架之外"的问题来理解似为妥当。不过,如果
可以否认议员变更所属政党的自由,或可以开除党籍使之丧失议员资格,这就与
自由委任的原理相矛盾了。尽管如此,也有少数学说认为,在议员的自发性党籍
变更或党籍脱离范围之内,可以设置规定使之丧失议员资格。[通过 2000 年的
法律修改,众议院及参议院中通过比例代表制被选举出来的议员在变更了其所
属政党的情形下,议员的地位既归于丧失(《国会法》第一百零九条之二、《公职选
举法》第九十九条之二)。该规定甚至将议员资格的丧失限定于自发的党籍变更
情形,在与自由委任之原理的关系上含有问题]。

　　与这一点相关联,发生了这样的案件:原告在参议院(通过比例代表制选举
产生)议员选举中,被列入某政党的候选人名单,但之后落选,而在大约一年之后
因被该党开除,随后该党的参议院议员尽管出现两名缺员,但其名单记载顺序在
其下位的人,则被确定为当选,原告为此针对其中央选举委员会的决定提起争
诉。值得关注的是,最高法院对此认为,开除处分是否适当,应该委之于司法介
入不可为的政党之自律的解决,判定:以其不存在或无效为理由的当选无效,不
能被认可(最高法院 1995 年 5 月 25 日判决,民集 49 卷 5 号 1279 页)。

2. 社会学意义的代表

于是乎,尤其是在第二次世界大战之后,伴随着经济的发展,社会构造的复杂化,国民的价值观也变得多元化。在这种状况的基础上,议员的地位应通过国民的意思(具体是选举)加以正当化的想法,就逐渐得到了强调,国民意思与代表者的意思在事实上的类似受到重视,摄取社会学的观点来构成代表观念的看法,也得到了提倡。日本宪法中的代表观念,也应在政治的代表这一意义之上,加入含有社会学之代表的涵义来构成,方为妥当。故而,具体说来,能够将国民多样化的意思,尽可能公正而忠实地反映到国会中去的选举制度,已为宪法所要求。*

    * 半代表的理论　在法国,与那种以"国民主权"为前提的古典代表(纯粹代表)理论相区别的、强调议会应在制度上尽可能正确地反映与代表人民之意思的这种加入了直接民主制之要素的代表观念(此以人民主权为前提),被称为"半代表"的理论。虽然它未必与社会学意义之代表的概念相同,但两者颇多重叠。　295

(二) 国家权力的最高机关

《宪法》第四十一条规定:"国会,为国家权力的最高机关。"所谓的"最高机关",乃是政治上的美称,强调国会是由主权者国民直接选任的,借此与国民相连接,并由宪法赋予其立法权等重要权能,使之居于国政中心地位的机关。虽然考虑到国会既不是主权者,也并不是统治权的总揽者,又受到内阁解散权与法院的违宪立法审查权的抑制,那么在法的意义上,要把国会理解为具有最高决定权或是总揽国家政治全局的机关,毕竟不大可能。然而,法律定立权能应归属于哪个国家机关有所不明,而国会具有直接代表国民的高度权威,这一点可成为法律定立权能应该推定归属于国会的依据,但这尚不足以成为国会在法的意义上具有最高机关性的理由。

(三) 唯一的立法机关

明治宪法中,议会只不过仅可协助天皇的立法权,但在日本国宪法中,国会"是唯一的立法机关"。这意味着立法权乃由国会所垄断。

1. 立法的含义

凡是"立法"都具有两种含义:①制定作为国法形式之一的"法律"(由国会制定的法规范)这一含义(由于是不问规范的内容为何,而只将法律这一形式作　296

为问题的概念,故称之为形式意义的立法);②制定"法规"＊(Rechtssatz)这一具有特定内容的法规范的含义(由于是不问规范的形式是法律还是命令,而只将内容作为问题的概念,故又称之为实质意义的立法)。而第四十一条中所说的立法,乃是②的实质意义的立法。但是,"法规"在19世纪立宪君主制时代,被理解为是"直接限制国民的权利,课以义务的法规范",在民主主义的宪法体制下,则应将"实质意义的法律"做更广义的理解,认为凡是一般性的、抽象性的法规范,其统统包括在内,方为妥当。

这种法律的一般性、抽象性(也可统称为一般性),意味着法律是可以针对不特定的多数人、在不特定多数场合及案件中加以适用的法规范。不论是受法律规范的人,还是受法律规制的场合与案件,也都是以不特定多数为对象,籍此,法律对谁均被平等地加以适用,案件的处理也满足预测可能性,从而经济社会的发展得到了促进。这也是适合法治主义思想的观念。＊＊

＊**"法规"** 传统的、古典的"法规"概念,显示了德国君主立宪制宪法之如下特色的观点:在一般的、抽象的法规范之中,只将限制国民"自由与财产"的法规范的制定权作为议会的权限加以保留,从而对法律事项加以了狭窄限定。当时德国的民主势力弱小,只能将有关"自由与财产"——这种同国民利益有最深切联系的事项,从君主手中夺取,移交于议会而已。

＊＊**处分性法律(措施法)** 战后,伴随着社会国家政策的进展,特别是在德国,为个别具体事件而制定法律的事例颇多出现,被称为"处分性法律"或"措施法"(Maßnahmegesetz),并引起颇大议论。德国的通说与判例认为,这种法律,若不危害权力分立的核心、未严重破坏议会与政府在宪法上的关系,并且其制定的宗旨,若合乎社会国家的实质的、合理的不同措施时,则并不违反权力分立与平等原则。在吾国,亦存在同样的有力说。

2. 唯一的含义

所谓国会是"唯一"的立法机关,是指实质意义上的立法,必须专门由国会(用法律这一形式)加以制定。换言之,①除宪法另有特别规定(议院规则、最高法院规则)之外,国会立法以外的实质意义上的立法,均不被允许(国会中心立法原则);②国会立法的成立,不以国会以外之机关的参与为必要(国会单独立法原则)。

明治宪法中,就①而言,曾广泛地允许(《明治宪法》第八条、第九条)不经议会参与,仅由行政权制定却同法律具有同等效力的立法(独立命令、紧急赦令)。而在②点上,则承认天皇对法律拥有赋予可拘束国民的潜在性效力的裁可权(《明治宪法》第六条)。然而在日本国《宪法》下,内阁所颁发的政令,则必须是为了执行法律的规范(执行命令),或者以基于法律的具体委任的规范(委任命令)(在有个别的、具体的委任时,可在其限度内以政令制定实质意义的立法)* ,天皇对此无裁可权。"法案除本宪法有特别规定外,经两议院决议时方成为法律"(《宪法》第五十九条第一款)。**

再者,虽然内阁有法律提案权,但基于以下这些理由,不被认为违宪。即:《宪法》第七十二条前段所言的"议案",可理解为也包含了法案;在议会内阁制之下本就要求国会与内阁的合作;况且国会能够自由修改与否决法案。***

　　* **委任立法**　在社会福利国家,由于国家任务的增大,①有关专门性、技术性事项的立法;②必须适应情势变化并加以灵活应对的有关事项之立法的要求在增多;③有关地方特殊情况的立法;④不适合由政治力量在发挥重大作用的国会来全面处理的,特别被期待为客观公正的立法的需要也在增多。委任立法(又可称为立法的委任)可以理解为是基于这种实际的必要,而在法理上受到了肯定。不过,日本《宪法》在第七十三条第六项的但书中,设有以委任立法之存在为前提的规定,明示了委任立法之形式的根据。《内阁法》第十一条规定"政令若无法律委任,不得设立课以义务或限制权利的规定"(《国家行政组织法》第十二条第四款也同此旨趣)。　298

由是否可以说是属于个别具体的委任而受到争议的最著名的例子是:限制公务员政治性行为的《国家公务员法》第一〇二条第一款,虽有例示的规定,但像"不得为人事院规则中所规定的政治性行为"这样,将被禁止的"政治性行为"到底为何几乎全部委任于规则(《人事院规则》第十四条—第十七条)最高法院在猿拂案判决中(参照第十三章三(四)),认为此乃"委任将属于具有损害公务员之政治中立性可能的行动类型的政治性行为加以具体规定的事项",从而判断为合宪,但在学说上,将这种委任视为还是白纸委任的见解,居于支配地位。

　　** **第五十九条与公布及施行的关系**　(《宪法》第五十九条所规定的)"成为法律",是指已确定为法律、因此潜在地产生拘束力。而对国民产生现实的拘束力,则是从"施行"之日(对此做出具体决定的是国会的决议)开始。由于施行必须使一般国民对法律的内容有正确的了解,因此通过官方公报加以"公布"。公布是由天皇依据内阁的建议与承认进行的(《宪法》第七条第一项)。因此,公布　299

虽然是施行的要件,但却并非因公布而对国民发生拘束力。不过,公布日即施行日的法律,其公布与施行重合。在这种场合,公布可理解为官方公报到达了一般希望阅览的人如欲购买、阅览就可如愿的最初场所(大藏省印刷局官报科或东京都官报销售所)那一时点。(最高法院大法庭 1958 年 10 月 15 日判决,刑集 12 卷 14 号 3313 页)。

　　*** **内阁所提出的法案**　《内阁法》规定"内阁总理大臣代表内阁,将内阁的法案、预算及其他议案提交国会"(《内阁法》第五条),这明示内阁有草拟法案并向国会提案的权利。由于内阁主导型的政党政治之发达以及行政权的肥大化,因此内阁所提出的法案,几乎占据了全部重要法案的倾向颇为明显。而议员或委员会所作成的法案,俗称"议员立法"(也有将这种法案得以成立情形下的法律称为"议员立法"的情况)。议员立法的强化,受到期待。

三、国会的组织与活动

(一) 两院制

1. 类型

国会,由众议院和参议院构成(《宪法》第四十二条)。各国的议院中,采用一院制和两院制的约各居半数。日本国《宪法》修改了麦克阿瑟草案中的一院制,仿习西欧民主政治的主流,并承接明治宪法的传统,采取了两院制。两院制通常是由民选议员组成的下议院与上议院共同组成的。上议院的构成,可大致分为①贵族议院型(如明治宪法);②联邦型(如美国);③民主的第二院型(如法国第三共和与第四共和制)。日本的参议型则属于第③种类型。

2. 存在的理由

虽说就民主政治而言,代表国民意思的机关,只要一个就已足够,但之所以设立两个议院,主要可举以下理由:①防止议会专制;②缓和下议院与政府的冲突;③避免下议院之轻率的行为与过失;④忠实地反映民意等。而第二院存在的主要理由,伴随着第二院的组织从贵族型向联邦型进而向第二院型过渡的趋势,也由①、②推移转变到③、④。

3. 两院的关系

针对众议院与参议院之间的相互关系,日本国宪法特别允许众议院有内阁不信任决议权(《宪法》第六十九条)、预算先议权(《宪法》第六十条第一款)*,并在法律与预算的议决、条约的承认以及内阁总理的提名等场合,承认众议院的优越地位(《宪法》第五十九条、第六十条、第六十一条及第六十七条)。**

在对于法案、预算案以及条约案、内阁总理的提名等方面上两院的意见出现对立时,为谋求妥协方案的成立,则设有两院协议会(参照《国会法》第八十四条至第九十八条)。

　　*　**预算先议权**　从 19 世纪的君主立宪制度时代开始,由于预算终究是要归于国民负担,因此,对预算的用途有强烈关心的、直接代表国民的众议院,就被认为有优先加以审议的权限。日本国宪法对两院虽然同样采取由国民选举的原则,但由于其任期不同(《宪法》第四十五条、第四十六条),而且只有众议院有解散制度存在,因此众议院才是更能直接代表国民意思的机关,故而被理解为可允许其有预算先议权。

　　**　**法律上的优越性**　作为此类事例,有国会的临时会议、特别会议的会期之决定,国会会期之延长(《国会法》第十三条),对审计院审计官之任命的同意(《审计院法》第四条)等。

(二) 选举制度

国会议员通过选举*而产生。选区、投票方法等详细情形,则由《公职选举法》规定。

1. 选区

是指以了区分选举人团的为基准的区域,可分为小选区(选出一名议员之选区)与大选区(选出两名以上议员的选区)。日本众议院议员的选举,则长期采取一个选区可选出 3～5 名议员的制度(虽然通称为"中选区制",但正确地说,乃是大选区的一种),但作为平成六年(1994 年)政治改革的一个部分,开始采用融入了比例代表制的小选区制†(在总定额为 500 人[在平成 12 年(2000 年)的修改中变更为 480 人]之中,300 人由小选区产生,200 人[在平成 12 年(2000 年)的修改中变更为 180 人]通过比例代表加以产生。《公职选举法》第四条第一款、第十二条第一款、第十三条)。同时,关于参议院议员的选举,战后一直采用的是以各个都、道、府、县为单位作为选区和以全国作为一个选区的全国选区(均采用单记投票制度),但经过昭和五十七年(1982 年)的修改,已改为全国选区制采用名单式比例代表制**,向来的地方选区所选出的议员被称为由选举选出的议员,而

301

全国选区所选出的议员则被称为通过比例代表选出的议员（在总定额为 252 人［经 2000 年的修改变更为 242 人］之中，前者 152 人，后者 100［经 2000 年的修改，前者变更为 146 人，后者变更为 96 人］。《公选法》第四条第二款、第十二条第二款、第十四条）。

　　* **选举**　宪法虽然将议员任期届满或议院解散而重新选举议员的选举，广泛地称为"总选举"（《宪法》第七条第四款），但在公职选举法中，只有在众议院的情况下才称为"总选举"，至于随参议院议员任期届满而举行的选举（半数改选），则称为一般选举（《公职选举法》第三十一条、第三十二条）。

　　** **全国选区制的改革问题**　为了通过公选的原则而构成互为异质的两个议院，在战后选举法中被考虑的参议院全国选区制，曾产生了如下等许多问题：①参议院随着选举次数的增加，逐渐政党化，因此在全国选区制中要期待其发挥功能、进而能组成与众议院不同构成的议院，就变得相当困难。其结果，参议院被挪揄为有如众议院的"分店"或"复印件"一般，独自性变得很淡薄；②若非像官僚、劳工出身者那样有组织背景的人，其当选就颇为困难，因此造成参议院的利益代表化；③必须花费巨大选举费用；④从众多的候选人中，选民很不容易妥切适当地选择出一个人加以投票，经过常年的讨论，才改革如现制。但是，在参议院采用促进其政党化的比例代表制，与众议院的选举制度综合加以考虑，在促使两院制的妙处得以发挥方面，是一大问题。［此外，参议院的比例代表制最初是采取拘束式名单制，而 2000 年修改为非拘束式名单制。在拘束式名单制中，政党根据事先的排序提出候选人名单，根据这一排序来决定当选人，而在非拘束的名单制中，事先并不决定名单上候选人的排序，而是根据各候选人的得票数来决定。对于这种非拘束式名单制的比例代表制，下述宪法问题被提了出来：①在这个制度中，想要投票给名单上的特定候选人，但不想投给其所属的政党，然而如果投给了这样一个候选人，那么其政党也算获得选票，这在产生了违反选举人投票意愿的结果这一点上，是否侵犯了选举权（《宪法》第十五条）。②候选人在获得了多于当选所必须的票数时，超过的部分可能被挪用到其他候选人的身上，是否违反了直接选举的原则（根据《宪法》第四十三条）。对此，最高法院认为，关于①的情况，名单式比例代表制是选择政党的制度，因此即使在非拘束式名单制的比例代表制下记录候选者名字，也当然等同于投票给政党，所以不能说侵犯选举权；关于②的情况，是否直接选举要根据投票人的意愿和当选人的决定之间是否存在其他意志介入来判断，在非拘束名单式比例代表制中，选举人的投票结果自动决定当选人,所以已满足了直接选举的要求(最高法院 2004 年 1 月 14 日判决,民集 58 卷 1 号 1 页)。]

　　† **小选区比例代表并立制**　由于选举人分别对小选举区和比例代表进行投票,现行的这种在小选区制中加上了比例代表制要素的制度,被称为"小选区比例代表并立制"。对这一制度以下宪法问题曾被提了出来:①采取拘束名单式比例代表制,投票是针对政党进行的,这是否违反了直接选举的原则。②由于采取了同时承认小选区和比例代表的候选人的重复候选制度,因此可能出现在小选举区落选而在比例代表中当选的情况,这一构造可能违反了在小选区投票的选民意愿,这是否侵犯了选举权。③小选举区的死票率[1]很高,这是否违法了国民代表的原理。最高法院认为,关于①的情况,"根据名单排列顺序决定当选人的方式,是根据投票的结果即选民的总体意愿来决定当选人,与选民直接投票选举候选人的方式没有区别",就是说,当选人由投票结果自动决定,不存在投票后政党介入的情况,所以不违反直接选举原则;关于②的情况,选举制度的构造根据国会的广泛裁量结果显示,同时进行的两个选举中,同一候选人的重复候选是否得到认可,是可以由国会通过裁量来决定,在该制度下"在一个选举中没有当选的人在其他选举中当选是当然的结果",并不违反《宪法》第十五条第一款。在此,最高法院判决将有关选举制度的裁量优先于选举权(最高法院 1999 年 11 月 10 日判决,民集 53 卷 8 号 1577 页);关于③的情况,判决认为,"不可否认,小选区制度下确实容易产生死票的情况,但死票是任何制度下都会发生的。不能说各选区的最高得票人没有显示出选民的总体意愿",所以"小选区制作为一种合理的方法,通过选举将选民意愿反映到议席,由此选出的议员与全国民代表的性格并不矛盾,采用小选区并没有超越国会的裁量范围"(最高法院 1999 年 11 月 10 日判决,民集 53 卷 8 号 1704 页)。

304

　　在现行制度中,还存在选举运动不平等的问题。根据公职选举法在关于小选区候选人的规定,拥有 5 位以上议员或者在最近一次的国政选举中有效得票率达到 2% 以上的政党所推出的党内候选人可得以认可,同时,这种推出候选人的政党,除了参与候选人本人的选举活动之外,也可以另外举行一定的选举活动,还可以播放候选人本人无法播放的政见节目。因此,推出候选人的政党的公认候选人,与其他候选人相比,具有获得政党支援的优势。对此,最高法院认为,

―――――――――

〔1〕 死票率,指的是投给没有当选的候选人的票的比率。——译者注

与候选人一样,推出候选人的政党之所以也被认可举行选举运动,是因为选举制度的目标是政策本位和政党本位,那样的立法政策不能说超越了裁量权的界限,如果这样的话,在结果上不可避免产生的选举活动上的差异,也就没有超越国会裁量的范围。但是,就有关政见节目的差异而言,考虑到其影响的大小,判决承认"在属于推出候选人政党的候选人与不属于此的候选人之间所设定的仅仅超出了程度上的差异而形成的结果"。然而,判决断言,"政见节目只不过是选举运动中的一部分而已,就其余的选举活动而言,不隶属于推出候选人政党的候选人同样可以充分参与,其政见很难说无法充分传达给选举人,仅仅因为政见节目这一件事情,而质疑选举运动规定中候选人之间的差异的合理性是难以被认定的"(最高法院 1999 年 11 月 10 日判决,民集 53 卷 8 号 1704 页)。关于这一争论点,当时也有反对意见认为"如果认为隶属于推出候选人政党的候选人所获得利益不过是该政党被认可参与选举运动中的很小一部分,那就过于低估了。属于和不属于推出候选人政党的候选人之间,其在选举运动上的差异不能说属于合理性的范畴之内"。

305

2. 代表的方法

依据选区与投票方法的组合,代表的方法会随之变化,民意反映到议会的方法也会有所不同。代表的方法颇多:①由选区中投票人的多数派选出议员的多数代表制(其典型为小选区制);②由投票人的少数派也可能选出议员的少数代表制(除了大选区[包含所谓的中选区制]单记投票制之外,大选区限制连记投票制)。多数代表制,除了可能使多数派独占议席外,也会产生很多死票。而少数代表制则也会产生由无法确实保证、由少数派选出议员的所谓"同志相争"的问题。其他重要的代表方法则是③针对多数派与少数派等各派,用以保障依得票比例选出议员的比例代表制*。也有将小选区与比例代表制,并列或合并采用的制度,这是将议员的当选名额分给小选区与比例代表两类,选民在前者投票给候选人个人,在后者则投票给政党所提出的名单的投票制度(在吾国,两个选区的选举即使有人重复参加候选,也可彼此独立进行的情形,被称为并立制;而通过比例代表制的选举决定各政党获得议席的数量,在此数量的范围内优先将小选举区中当选的人作为议员,但其数量如超出此范围则被加算,这一德国所采行的比例代表制中心的制度,则被称之为并用制。不过,并立制像日本的现行制度这样,是以小选区制为中心的)。

* **比例代表制的方法** 依当选所必要且充足之基数(Quota)的决定方式,

以及如何将超越基数之票(死票)移让给其他候选人的方法之间的联结方式之不同,可产生种种类型,但主要可分为:①单记移让式与②名单式两大类。①的单记移让式是指:由选举人对候选人标明顺序并加投票,然后从选票的第一顺序人开始计票,达到基数者则作为当选人,其死票则依顺序转移给其他候选人的制度。在承认选举人有选举自由方面,该制度是有其长处的,但因程序复杂,在国政选举中相当困难。②的名单式,一般说来是指由选举人针对政党或其他政治团体本身所确定的、已标有顺序的候选人名单进行投票,依各名单的得票数来决定当选人数的制度(名单限制式)。而依据决定当选基数方式的不同,其计算的方法也各不相同。还有,就是在名单式中融入了选举人的选择自由(不作票的移让)的制度。

3. 选举制度的比较

何种选举制度最为理想,因各国政治制度或文化传统不同,不可一概而论。因此,如果不联系各国具体的政治、社会环境做出深入思考,而仅对之进行公式化的一般性划分,例如,认为"多数代表会产生两党制,有利政治安定,而比例代表则使政党破碎化,不利政权之安定",或认为"由于在小选区制的选举中下一时期的政权委之哪一个政党会被争论,以政党为中心的政策讨论就可充分展开",那就会产生问题。然而,在判断选举制度是否适当时,的确必须特别注意以下两点:① 使政治安定的安定型政权的理论;② 使国民的意思,能正确而有效的反映到国会的民主代表理论。就①而言,小选举区制在发挥有助两大政党制倾向之成的功能方面有其优点,但须注意的是,比例代表制在不少情形下也可通过平衡多元化的国民之意志,而发挥整备安定型政权前提条件的功能(除了英国和法国,西欧各国均采行某种形式的比例代表制)。不过,小选区制在第②点上大有问题(对第三党之后的少数党会发挥大为不利的作用),遑论像英国这样的社会均质性程度较高的地方(在那里,新近也被指出有颇多问题),在国民的价值观念多元性分化的国家,则未必适切。不过,即使小选区制,两回投票制的情形则另当别论。*在比例代表制(尤其是严格的拘束形名单式)之下,名单所记载的候选人的顺序被委于党干部的决定,受党内的较强规制,选民不能自由选择,为此,在一定情形下,也可能产生对政治的兴趣趋于淡薄的疑惧。

　　* **小选区两回投票制**　如经第一回投票没有获得过半数的候选人,则进行第二回投票的制度。在传统上为法国所采用,但由于在第二回的投票中,取得相

306

307

对多数之得票的候选人被作为当选人，为此就需要政党之间在选举上的配合互助。与一回投票制不同，被认为具有催生多党制的倾向。

（三）国会议员的地位

国会议员，因作为全体国民的代表者行使重要的权能，所以可以有多种特权。自古以来在各国法制中能共同见到的，是以下两种（对地方议会议员则不被承认）。

1. 不受逮捕的特权

《宪法》第五十条规定："两议院议员，除法律另有规定外，在国会会期中不得被逮捕。会期前被逮捕的议员，如经其议会要求，应于会期中释放。"保障这种特权的目的有两点：①保障议员身体自由，以使议员执行职务不受到政府之权力的妨碍；②确保议院的审议权。参考各国见解，若将此两点仅限定为其中一方，则失之过狭。

条文中所言"法律另有规定"，是指议院外的现行犯的情况（不当逮捕的可能性较少），以及经议员所属的议院之同意的情况（《国会法》第三十三条、第三十四条）＊。

　　＊ **准许附期限逮捕**　虽然许可逮捕，但对其加以一定期限限制的附期限许可逮捕是否可被承认，则有不同的见解。多数说认为，（i）保障不被逮捕之特权的目的，应理解为是为了防范因不当的逮捕而使议员的人权有受到侵害的危险（本文上述①的目的）；（ii）议院对准许逮捕的请求，既然可以全面拒绝，因此附期限或条件也未必违法。但认为既然采取了（i）的解释，那么（ii）就无法承认，因此认为许可必须是无条件的看法也十分有力。如果将保障特权之目的的重点，放在确保审议权的立场来考量，就很可能同可以准许附期限逮捕的解释，衔接起来。东京地方法院1945年3月6日判决，（《判例时报》第22号3页）曾采用了消极说。此解释应为妥当。

2. 发言的免责特权

《宪法》第五十一条规定："两院议员在院内所为之演说、讨论或表决，对院外不负责任"。这一规定的目的，是为了保障议员执行职务的自由。因此，其所保障的特权就不仅限于严格意义上的"演说、讨论及表决"，而且也包括议员在国会内所为的、可视为意见表明的行为以及附随于职务的行为。不过，暴力行为应

308

不包括在内。* 此外,所谓"责任",可理解为除了民事、刑事责任外,也包括律师等人的惩戒责任。不过政党对该党所属之议员,就其发言、表决以及除名等追究责任,则不受其影响。另外,如果议员因与职务无关或不当的目的而使国民的名誉受到毁损,在这种特别事件得到确认的情况下,依据国家《赔偿法》第一条第一款,可以要求国家赔偿(最高法院 1997 年 9 月 9 日判决,民集第 51 卷 8 号 3850 页)。

　　* **议院的告发之需否**　在第一次国会乱斗案(东京地方法院 1962 年 1 月 22 日判决,《判例时报》297 号 7 页)与第二次国会乱斗案(东京地方法院 1969 年 12 月 17 日判决,《判例时报》582 号 18 页)中,就议员职务行为附随发生之犯罪(暴力行为)的追诉,有无议院告发的必要,曾引起了争议。虽然也有有力学说认为,应尊重议院的自律权,而采用积极说,但这将对议院承认新的特权,并不妥当。前引的判例亦作了消极的理解。

（四）国会的活动

309

1. 会期

（1）国会行使宪法上的权能,被限于一定的期间之内,这一期间称为会期。日本宪法将会期分为通常会议(每年一次定期召开的会议)、临时会议(应临时需要而召开的会议)*、特别会议(众议院解散举行总选举之后召集的会议)三类(《宪法》第五十二条、第五十三条、第五十四条第一款)。会期的延长,对通常会议只限一次,对临时会议与特别会议只限两次,经两院的一致决议而被认可(《国会法》第十二条)。

　　各个会期原则上彼此独立开展活动,在一个会期中未能议决的事案,** 在下一个会期就不再连续,此即所谓的会期不连续原则,乃由《国会法》所规定(《国会法》第六十八条)。由于这一原则是由《国会法》所规定的原则,因此效仿国外,将选举到总选举之间的过程,看作是一个"立法期"或"选举期",将其改变成不把这期间的每一个会期作为独立部分加以考虑的制度,是有可能的。

　　（2）如果采用会期制来限制国会的活动,就会产生必须延长会期的情况。不过,若为避免延长会期经常引起混乱而增多会期次数或使会期长期化,则与会期的常设制(即可由国会任意自由决定其活动期间的制度)没有区别,然而,常设制也被指出有如下问题:①政党之间的纷争激烈化;②议会中的争论,使国内政治的不安持续化;③立法趋于增多;④使行政效率被降低,等等。故此,为了应对因会期延长而产生的国会混乱,不过分严格地适用会期不连续的原则,在允许议案可于下次会期继续(《国会法》第六十八条但书规定,以常设委员会和特别委员会经各议院的决议而特别在闭会中审查过的"议案以及纪律惩戒案"为限,可到下次会期连续),同时就延长会期而言,则被期望应确立这样一种惯例,即可限于至少主要政党意见一致的情形下予以认可。

310

* **临时会议** 采用会期制的国家,一般在通常会议之外也会允许临时会议。不过在日本国宪法下,国会实质的召集权属于内阁(《宪法》第七条第二项),为尊重少数派对会期的意见,仿照《魏玛宪法》等先例,规定"若全体议员的四分之一以上提出要求,内阁必须做出召集决定"(《宪法》第五十三条后段)。由此,在有召集临时会议之要求的情况下,如果内阁借口未及准备议案或其他政治理由,而不当地拖延召集,则违背了该制度的宗旨。曾经有过国会改革案的提案,要求设立限制,规定"国会闭会之次日起五十天内,不得提出要求",这种限制的增强,应理解为不被宪法所许可。

** **事案** 即可在议会上成为审议对象的一切事项。除议案(通常指具备成案,可成为议院决议之对象者。包括像内阁不信任决议案等一院议决之原案在内)与动议(通常指不必具备成案,而是对有关议事运营上必要之事项,由议员提案而付诸讨论决议者。例如,修正议案的动议、将议员移送纪律惩戒委员会的动议、停止会议公开的动议等)之外,也包括请愿在内。

2. 紧急集会

在解散众议院、举行总选举到召集特别会议之间,发生了制定法律、修改预算或其他要求国会开会的紧急事态之时,为了对应此需要,参议院代理行使国会职权的,就是参议院的紧急集会制度。

(1)紧急集会只有内阁才能请求(《宪法》第五十四条第二款)。有关紧急集会的程序、集会中议员之不受逮捕特权、议员之提出议案请愿之权利、宣告闭会之权利等,则由《国会法》做出具体规定(《国会法》第九十九条以下)。

311 　(2)紧急集会时所采取的措施,都是临时性的,因此"在下一届国会开会的后十日以内,若未经众议院的同意即失其效力"(《宪法》第五十四条第三款)。

3. 会议的原则

(1)定足数 合议体开展活动之必要的最少限度的出席人数,称为定足数。定足数可分为为召开会议、进行审议所必要的议事的定足数,以及合议体做出意思决定所必要的决议的定足数。日本《宪法》同《明治宪法》(第四十六条)相同,规定议事及决议之定足数,应为"全体议员"的三分之一(《宪法》第五十六条第一项)*。

就全体议员的含义而言,有两种对立的学说:①说认为,若将死亡、辞职与除名等缺额也算入全体议员,则缺额者也会产生对议事与议决持一定态度的效果,极为不妥,所以应扣除缺额,而以现在在任员数额为全体议员;②说则认为,规定定足数的意图,即在于防止由少数议员决定大事,因此,与外国宪法相比,日本现在已采用了较为宽松的三分之一作为定足数,故而应该严格理解为法定的议员人数。两院的先例遵从了②的学说。

　　* **委员会等的定足数**　委员会的定足数为"其委员的半数",两院协议会的定足数为各院协议委员会的三分之二(《国会法》第四十九条、第九十一条)。

(2) 表决人数　除宪法有特别规定的情况(《宪法》第五十五条、第五十七条第一款、第五十八条第二款、第五十九条第二款、第九十六条第一款)之外,表决都必须依据"出席议员的过半数"而为之。可决与否决为同数时,则依据议长的决定(《宪法》第五十六条第二款)。

这里所说的"出席议员",是否包括弃权人、空白票及无效票在内,则有积极与消极两说。如果可以算入在内,则会导致将弃权票全部作为反对表决处理;但是,如果不算入在内,则会将出席与参加议事者,视同缺席或者退场处理。何者更为妥当,难以速断。多数学说及先例均采用可以计算在内的积极说。

(3) 公开　两议院的议会要"公开"。不过,在经出席议员的三分之二以上多数决议之时,可以召开秘密会议(《宪法》第五十七条第一款)。所谓公开,不但有旁听的自由,而且也应允许报道的自由。与全院大会不同,委员会不以完全公开作为原则(《国会法》第五十二条)。

基于会议公开的旨趣,两院"必须保存其会议记录,除秘密会议的记录中可被认为特别需要保密的内容以外,应加以公表,且一般加以颁布"(《宪法》第五十七条第二款)。

4. 委员会制度

日本国会运作的最大特征,是从明治宪法的院会中心主义,到仿照美国的国会制度,转变为委员会中心主义(委员会的审议原则上左右议案能否成立的制度)。委员会包括常任委员会与特别委员会,其详细规则,规定于国会法之中(《国会法》第四十条以下)。

312

四、国会与议院的权能

国会的权能，在日本宪法中被大为强化，其主要权能有：宪法修正的动议权（《宪法》第九十六条）、法律的议决权（《宪法》第五十九条）、条约的承认权（《宪法》第六十一条、第七十三条第三项）、内阁总理大臣的提名权（《宪法》第六十七条）、弹劾法院的设立权（《宪法》第六十四条）、财政的监督权（《宪法》第六十条、第八十三条以下）等。

313　　　议院的权能也被强化。其主要的权能有：法案的提出权、议院规则的制定权（《宪法》第五十八条第二款）、国政调查权（《宪法》第六十二条）、议员资格诉讼的裁判权（《宪法》第五十五条）、议员的惩戒权（《宪法》第五十八条第二款）等。

（一）国会的权能

1. 修改宪法的提案权

容后再述（参照第十八章三（一））。

2. 法律的议决权

如前所述（参照第十四章二之（三））。

3. 内阁总理的提名权

容后再述（参照第十五章二（三））。

4. 弹劾法院的设立权

为裁判受到由两议院议员组成的追诉委员会之罢免追诉的法官，可以设立同样也由两议院议员所构成的弹劾法院（详见《国会法》第一百二十五条至第一百二十九条、《法官弹劾法》，以及第十六章二（三））。

5. 财政的监督权

容后再述（参照第十七章一）。

6. 条约承认权

（1）所谓条约，是指国家间通过文书的形式达成的合意。*此条约的缔结，被作为是内阁的权能（《宪法》第七十三条第三项）。这是基于在传统上，过去外交关系被视为是专属于政府（以往是君主）的权能，而在实际中最适合与相对国进行交涉的，也是政府。内阁的条约缔结行为，在原则上是通过内阁任命的全权委员的"签订"（署名）以及内阁的"批准"（审查已成立的条约，予以同意并使其效力最终确定的行为。以文书的形式进行)而完成的。

(2) 但是,内阁缔结条约,"有必要在事前,或根据时宜在事后经国会的承
认"(《宪法》第七十三条第三项)。这一国会的承认,可理解为是条约在国内法及 314
国际法意义上有效成立的要件。在这种意义上,可以说条约的缔结是内阁与国
会的合作行为。**

(3) 然而,关于"事后"(亦即依署名而成立的条约在"署名后",依批准而成
立的条约在"批准"后)未能得到国会之认可的条约的效力,有不同的见解相互对
立:①说认为在法律上可有效成立,只是会发生内阁的政治责任问题;②说认
为,在国内法上虽然无效,但在国际法意义上则为有效;③说则理解为在国内法
与国际法意义上均无效;④说认为,国会承认权之规定的具体含义,如果可理解
成在外国也是"周知的"要件,那么这种情况下,于国际法意义上亦无效力。

这些对立的学说之妥当与否的判断,尽管相当困难,但在重视条约认可权的
同时,亦取得国内法与国际法之平衡的④学说(附条件无效说),最为妥当。

另外,《维也纳条约法公约》(在日本于 1981 年生效)第四十六条规定,"任何
国家,均不能将有关受条约拘束的同意在违反了有关缔结权能之国内法的规定
而被表明的事实,作为把该同意认定为无效的根据加以援用。但如果违反情形
明显,且涉及具有基本重要性之国内法的规则时,则不在此限"。这虽是附条件
有效说的规定,但其宗旨在结论上,可理解为同④说具有基本相同的立场。

    * **条约的含义**   依据《宪法》第七十三条第三项的规定,须经国会承认的条
约,包括了所有实质意义的条约(依 1974 年 2 月的政府见解,这种条约包括法律
事项与财政事项之国际约束,以及"日本与相对国间以及国家相互间,就一般基
本的关系在法律加以规定的意义上,成为政治上重要的国际约束,且以此批准为 315
生效要件者"),而无论有无条约之名称。但是,为执行这些条约所需的技术性
的、细节的协定,以及基于条约的具体委任而制定的政府间协定(通常称为行政
协定),原则上应不包括在内。《宪法》第九十八条第二款所规定的条约,是将这
些包含在内的广义概念。此外,同款中的"既已确立的国际法规",是指不论成文
或不成文,现实上在国际中受到承认,并具有实效性的国际法规。

    ** **国会的条约修正权**   在宪法显著强化了国会对条约缔结行为的参与程
度的基础上,国会在行使承认权之时,可理解为允许对条约加以修正。不过,由
于条约是经相对国合意而成立的,所以即使是国会的修正,也应由内阁来承担全
部义务。因此,①在依事前承认的程序而进行修正时,如果即使内阁努力与缔约

相对国交涉以实现国会修正,但相对国仍不予回应,则因导致未获得国会的承认,故条约不成立;②依事后承认的程序而修正条约时,如若内阁要求修改已经成立的条约,而相对国却不答应时,条约仍就此成立。在②的情况下,若修正涉及重要事项或牵涉广泛时,也可理解为内阁视之为(国会)不承认。关于这种情况下条约的效力,参照正文(3)。

(二) 议院的权能

1. 议院自律权

所谓议院自律权,是指各议院不受内阁与法院等其他国家机关或其他议院之监督及干涉,就有关其内部组织或运营,具有自主决定的权能。

(1) 关于内部组织的自律权,①对会期前被逮捕议员的释放要求权(参照本章三(三)1);②议员资格诉讼的裁判权(《宪法》第五十五条);③负责人的选任权(《宪法》第五十八条第一款)等,均属于此项权利。②的裁判权,是以将议员资格有无的判断,完全委任于议员的自律性审查权为宗旨的,其结论不能在通常的法院内争诉。至于③的权限,"负责人"的意义才是问题之所在,其究竟是指在议院运作上具有重要地位的人员,还是泛指一般议员,并不明确。

(2) 关于运作的自律权 这被称为是议院自律权的中心内容。其中以议院规则制定权及议员惩戒权(《宪法》第五十八条第二款)最为重要。

① 议院规则制定权 各议院就内部事项能够自主地制定议事规则,是由于各议院能够独立就议会事项加以审议与议决,而成为理所当然。19 世纪以来,各国宪法也都对此加以承认。日本国《宪法》将"有关议会其他程序以及内部规定"的事项,除在宪法上由法律所管辖者之外,均委于两院的自主立法,在未预定国会法的存在这一点上,与《明治宪法》的观念有着根本区别(该《宪法》第五十一条规定"两议院得制定本宪法及议院法所列举以及为处理内外事宜所必须之诸规则")。

但是,在实际上国会法被制定,* 并且其中不仅规定了有关两院与政府等外部机关的关系,以及两院间相互关系的事项,而且也规定了属于议院内部固有规则的管辖事项。因此,在国会法与议院规则发生矛盾、抵触的情况时,其效力关系如何思考,则产生问题。虽然规则优位说也较为有力(这其中,就与一般国民的权利义务有关的事项而言,也有见解认为法律优位),但法律优位说占据支配地位。不过,片面割裂的思考方法并不足取,即使是以法律为优位,也必须树立这样的惯例,即在国会法的修改过程中不适用众议院优位原则的惯例,以及就本来属于议院规则所管的内部事项,应尊重规则,修改法律以使之能适合于规则的惯例。

② 议员惩戒权　两院"可惩罚扰乱院内秩序的议员"。这种惩罚,是为了使各议院组织体的秩序能够得以维持、并使其功能得以顺利运作,而自律地科处的惩戒。虽然合乎惩戒事由的行为由《国会法》(第一百一十六条、第一百一十九条、第一百二十条、第一百二十四条)及议院规则(《众议院规则》第二百三十八条、第二百四十四条、第二百四十五条,《参议院规则》第二百三十五条、第二百三十六条、第二百四十四条、第二百四十五条)所规定,但却并不详尽。所谓"院内",并不限于议事堂这一建筑物之内,议场外的行为,也同议会的运营相关联。此外,以议员身份做出的行为,如若伤害到议员品格,与扰乱院内秩序具有相当因果关系的,也应成为惩罚的对象。因此,在议场外进行的且与议院之运营无关的个人行为,则不能成为惩戒事由。

　　* **国会法的制定**　由于麦克阿瑟草案采用的是一院制,因此未预想到国会法的制定。不过,既然两院制已经设立,也就产生了制定两院协议会等两院共同之规则的需要,再加上明治宪法已萌发了议院法的意识等,这均成了促使国会法制定的理由。

　　(3) 议院自律权与司法审查的关系　容后再述(参照第十六章一(四)1)。

2. 国政调查权

《宪法》第六十二条规定,"两院各自调查国政,与此相关,可要求证人出面以及提供证言又或提供记录"。《明治宪法》中没有国政调查权的规定,并且在实际中的国政调查也有各种制约。日本《宪法》新设国政调查权作为议院的权能,并且通过赋予其要求出面作证、提出记录的强制权,对此加以了强化。不过,就这种权能的性质、范围与界限而言,存在着种种问题。

　　(1) 国政调查权的性质　第一,国政调查权,究竟是基于《宪法》第四十一条所规定的"国家权力的最高机关"之性质的、为了总揽国家权力所设的独立的权能,还是只为了使议院有效行使宪法所赋予的权能,而加以认可的辅助性权能,则首先成为问题。有关这两说的恰当与否,以1949年(昭和二十四年)的浦和案件* 为契机,受到讨论。

　　然而,将国会视为总揽机关的想法并不恰当,加之辅助性权能说,乃是英、美、德、法的学说、判例所普遍认可的原则，因此考虑到这种沿革以及日本对此全盘继承的历史经过，除非有必须作出与外国不同解释的积极理由，否则在日本也以采用相同理解为妥。更何况，即使是做此解释，由于国会的权能，特别是立法权涉及广泛之事项，除去与国政毫无关联的纯粹私人事项，国政调查权所涵盖的范围几乎也已涉及国政之全盘。

（2）国政调查权的范围与界限　　然而，作为第二的论点，应注意调查权具有一定严格的界限。由于国政调查权是一种辅助性的全能权能，因此调查的目的，必须是使议院能有效行使立法、预算审议、行政监督等宪法上的权能。** 调查的对象与方法，也应如下所述，受到权力分立与人权原理的制约。

　　* **浦和事件**　　因丈夫不务正业而对前途感到悲观的母亲（浦和充子），试图母子一起寻死，但杀死孩子后却不能自杀，于是投案自首。地方法院判处监禁三年缓期三年执行。当时进行了"有关检察及裁判之运作的调查"的参议院的法务委员会举出本案，并作出了此案量刑不当（畸轻）的决议。最高法院对此提出了强烈异议，指责法务委员会的措施是"侵犯司法权的独立，已确实超越了宪法所允许的国会调查国政的范畴"。法务委员会则反驳道，国政调查权是基于国家最高机关的性质而为的，对司法权亦具有监督权。但学说上几乎全部支持最高法院。

319　　** **报道目的之调查**　　有学说以国会的最高机关性为依据，强调国民主权的意义，认为基于为了向国民提供资讯的目的，也可行使国政调查权。但如果其宗旨是因为国民的知情权而强调国政调查的"功能"，那倒另当别论，就调查权的"法之性质"而言，以与宪法所规定之议院权能无关的资讯提供作为目的而行使国政调查权，并不妥当。

　　① 与司法权的关系　　在这一点上，围绕对司法权的含义应做如何理解，而产生了显著对立的意见。但是，所谓司法权的独立，其如下的含义最为重要：不仅仅乃是法官在法律上，可以不服从其他国家机关的指挥与命令的原则，而且还是法官在进行裁判时，禁止其他国家机关给予事实上重大影响的原则（参照第十六章三）。照此观点，针对裁判正在进行中的案件，调查法官的诉讼指挥，或进行涉及裁判内容恰当与否之评判的调查，应视为不被容许。不过，就法院审理中的案件的事实（特别是与构成刑事裁判基础相同的事实），议院从不同于法院的目的（立法目的、行政监督的目的等）出发进行与裁判并行的调查，则并未侵犯司

法权的独立(如洛克希德案件)。*

　　② 与检察权的关系　由于检察事务属于行政权的作用,因此成为国政调查权的对象。不过,由于检察作用是与裁判有着密切关联的准司法作用,因此,必须承认其类似于司法权的独立性。因此,如下等情形,乃属于违法或不当的调查:(i)关于起诉或不起诉,其"目的"可被认为是针对检察权的行使施加政治压力的调查;(ii)以与起诉案件有直接关系的事项,或公诉追究的内容作为"对象"的调查;(iii)以会对搜查的继续产生重大障碍的"方法"所进行的调查(例如,对起诉拘押中的被告人的传唤,或对调查取证过程中被禁止会见的嫌疑人的传唤)等。不过,承担案件的检察官,或应议院之委员会的要求而提出表明侦察机关见解的报告书,或做证言,即使被公布于委员会的议事录等之中,亦不等于即会使法官抱持先见,危害裁判的公平(东京地方法院 1965 年 7 月 23 日判决,《判例时报》86 号 3 页)。

　　③ 与一般行政权的关系　与公务员职务上的秘密有关的事项,不能行使调查权(参照《议院证言法》第五条)。但是,由于行政机关从属于国会是宪法所规定的统治的基本原则,因此职务上秘密的范畴,应该考虑尽可能加以限定。《国会法》第一百〇四条不承认行政权具有以秘密为由拒绝提出记录的权利,而且《议院证言法》第五条之所以在行政权以职务上秘密为理由而拒绝提出证言及文书的情况下,认可议院或委员会拥有"理由的释明"及"内阁声明"这两重的追究手段,**其原因也正在于此。

　　④ 与人权的关系　侵害基本人权的调查当然不能被允许。例如,对要求暴露思想内容的质问,证人可以拒绝做出证言。另外,《宪法》第三十八条对沉默权(不被强迫作出对自己不利、即有罪供述的权利)的保障,在国政调查的领域内,也被理解为是妥当的。另外,从国政调查权的性质来看,委员会具有侵入住宅、搜查、收押、逮捕等刑事程序上的强制力,也不被承认的道理(札幌高等法院 1955 年 8 月 23 日判决,高刑集 8 卷 6 号 845 页),则自不待言。

　　* **洛克希德案件**　1976 年(昭和五十一年)2 月,在美国的参议院外交委员会上,以下事情被揭明,即:洛克希德公司曾经通过(日本的)丸红公司的社长等人,委托 1972 年 8 月时的内阁总理大臣(田中角荣),让全日空公司选定、购买了该公司制造的航空机,并明确约定从 1973 年 8 月起到次年间支付五亿日元作为成功报酬。本案就是以此为线索,东京地方检察院展开了搜查,而总理及社长等相关者均被以行贿受贿罪而受到了起诉的案件。就该案中受到争议的总理的

320

321

职务权限的范围,参照第十五章二(三)。

    ** **造船厂贪污案件**   1954年(昭和二十九年)众议院决算委员会就与造船融资相关的贪污案件,请求逮捕自由党总干事佐藤荣作。法务大臣犬养健发动《检察厅法》第十四条所规定的指挥权而予以拒绝。众议院决算委员传唤检察总长、东京地方检察院主任检察官等首脑人物,以寻求证言,但就许多论点,有关证言被拒绝。针对委员会对此感到不服的要求,法务大臣发表释明,称①将对维持公诉带来重大障碍;②会给法院造成先入为主的见解,对保证裁判的公正带来重大障碍;③对现在及将来的检察运作带来重大障碍,等危险。委员会以无法接受为由而要求获得内阁声明,内阁发表了大旨相同的声明。

第十五章　内　　阁

一、行政权与内阁

322

在国家的作用之中,拥有最多的组织和人员,从事着与国民生活有着密切联系的多样性活动的,就是行政作用。特别是在现代的社会国家和福利国家之中,更要求行政活动对国民生活的全盘进行积极地考虑。而在这种行政活动中居于全盘总揽之地位的,就是内阁。

在明治宪法中,天皇总揽统治权,规定"国务各大臣辅弼天皇,对其负责"(《明治宪法》第五十五条),关于内阁,连宪法的规定均不曾设有。与此不同,日本《宪法》在第五章的"内阁"中:①承认内阁为行政权之主体的地位;②赋予内阁总理大臣作为首长的地位与权能;③就国会与政府间的关系规定议院内阁制。

(一) 行政权的概念

"行政权属于内阁"(《宪法》第六十五条)。这里所说的"行政权",通说解释
323
为是从所有的国家作用中,除去立法作用和司法作用之后所剩余的作用。此被称为扣除说或消极说。

从国家作用分化的历史过程来看,从概括性的支配权之中,首先分为立法权与执行权,而在执行权的内部,又可分为行政与司法。扣除说在符合这种沿革,能够对各种行政活动做概括性理解这一点上是妥当的,但作为现代福利国家中的行政权概念,则有失之消极的缺陷。因此,试图将行政概念作积极定义的见解(例如,田中二郎的"在法之下服从于法之规制,同时为力图积极实现国家目的而所实施的、在全体上具有统一性的持续性的形成性活动"的定义),也颇为有力。不过这种新的尝试,只是揭示了行政之特征及倾向的大要而已,未必能够把握多

样性行政活动的全部,故而也存在问题。扣除说似乎更妥当(有关行政权活动的具体内容,参照本章二(四))。

(二) 独立行政委员会

行政权虽然归属于内阁,但这并不是说所有的行政都由内阁自行做出。一般而言,行政权由行政各部门的机关行使,内阁则指挥和监督行政各部门,居于综合调整统揽全局的地位。于是,人事院、公平交易委员会、国家安全委员会等,这些从内阁中或多或少独立出来进行活动的行政委员会的合宪性便成为问题。

行政委员会的制度,是在战后民主化的过程中,以在不受政党之压力的中立立场上确保公正的行政为目的,学习美国的成例而被引进的。其任务是,从事裁决、审议等准司法作用,制定规则等准立法作用,以及像人事、警察、行政裁判等那样的政治中立性被高度要求的行政作用。这些行政委员会,虽然隶属于内阁及内阁总理大臣"管辖"*(参照《国家公务员法》第三条第一款、《垄断禁止法》第二十七条第二款[通过 1999 年的修改,变更为总务大臣的管辖]、《警察法》第四条),但在行使其职务时却是从内阁中独立出来活动。

然而,《宪法》第六十五条虽然意味着内阁具有对行政全盘的总揽权,但并未要求内阁对一切行政直接行使指挥监督权。即使是从内阁中独立出来了的行政作用,特别是对要求政治中立性的行政而言,例如,外地作为从内阁的指挥监督权中独立出来的机关,只要在最终意义上国会能对其进行直接地控制,也可理解为合宪(也有仅基于内阁的人事权、预算权等形式性的理由认定其合宪的见解,但仅仅这些理由还不够充分)。当然,由于裁决及审议等准司法作用,原本就同国会的控制并不适应,即使不接受内阁的监督,也没有太大关系,但适合国会控制的行政委员会的行政作用,如果从内阁的监督中独立出来就会产生问题。特别是对于像人事院这样属于国会只能就人事权、预算权进行间接干预的部门,也会产生疑问。不过,如果重视人事行政的中立性之要求这一特殊性,将其理解为合宪也是充分可能的。

诸如前述,对行政委员会的合宪性,必须就制度的沿革、作用的中立性、非政治性、民主控制的方法、与行政权的关系等,综合性地进行考量判断。

　　* **管辖的意义**　就行政机关中上级对下级的监督关系而言,有①管理;②监督;③管辖三种类型,但控制的程度,数①最强,③仅属于内阁拥有人事(任免)权及预算权这一程度上的关系,而监督权几乎没有发挥作用。

二、内阁的组织与权能

(一) 内阁的组成

内阁是由作为首长的内阁总理大臣以及其他国务大臣组成的合议体(《宪法》第六十六条第一款)。内阁总理大臣以及其他国务大臣,虽然通常既是合议体的内阁构成人员,同时也是各省厅的大臣,但是也并不妨碍无任所的大臣(即不分担管理行政事务的大臣)的存在(《内阁法》第三条)。国务大臣的数量,在现行法上被定为二十名以内[通过 1999 年(平成十一年)省厅调整的修正,改为原则上十四人、最多十七人以内,于 2001 年开始实施](《内阁法》第二条)。

(二) 文职人员

对内阁构成人员的资格,《宪法》规定了两个要件,即内阁总理大臣及其他国务大臣必须是文职人员的要件以及国务大臣的过半数必须是国会议员的要件(《宪法》第六十六条第二款、第六十八条)。

就此处所言之"文职人员"的含义而言,有三种说法:①非现役职业军人;②未曾是职业军人;③即非现役职业军人又未曾是职业军人。虽说依文字的本意①为正确,可是由于一旦做出这种理解,战前的职业军人也可以成为文职人员,因此从贯彻《宪法》第九条禁止保留军队的意图出发,其后,②说成为多数说
(不过,也有见解认为,即使有过职业军人的经历,但只要没有被军国主义深刻腐蚀也可以)。不过,伴随着自卫队的成长,自卫官也不能成为文职人员的③说变得有力。这种说法,因为同自卫队的合宪或违宪有关,并非不是没有争议的,不过其试图贯彻文职人员统制(civilian control) * 的含义则值得肯定。

　　＊ **文职人员统制的原则**　即军事权由对议会负责的大臣(文职人员)来控制,以抑制军队特立独行的原则。

(三) 内阁总理大臣

内阁总理大臣,乃通过国会的决议从国会议员之中提名,并由天皇任命(《宪法》第六十七条、第六条),是内阁这一合议体的"首长"(head)。在明治宪法中,内阁总理大臣不过是"同僚中的首辅",与其他国务大臣处于对等地位,因此在内

阁意见不统一的情况下，或解散众议院，或不得不总辞职。于是，日本宪法肯定了内阁总理大臣作为首长的地位，除赋予其国务大臣的任免权*（特别以罢免权为重要）之外，还赋予其"代表内阁向国会提出议案，**就一般国务及外交关系向国会提出报告，并指挥监督各行政部门"的权限（参照《宪法》第六十八条、第七十二条，以及规定"内阁总理大臣根据经内阁决议的方针，指挥监督行政各部门"的《内阁法》第六条）。这里所说的指挥监督权，在判例中被理解为，即使是在经内阁决议的方针不存在的情况下，"至少在不违背内阁明示意旨的范围内，具有对行政各部门，随时地就其所执掌事务在一定方向上给予处理的指导或建议等指示的权限"（最高法院大法庭 1995 年 2 月 22 日判决，刑集 49 卷 2 号 1 页）学说中对此赞否不一。

327

　　像这样强化内阁总理大臣的地位与权限，是为了确保内阁的一体性与统一性，谋求强化内阁对国会所承担的连带责任，这与议院内阁制的确立有着密切的关联。***

　　* 任免权与副总理的权限　任免权专属于一人，不适合于代理。依先例，副总理（《内阁法》第九条规定的内阁总理大臣临时代理），也不能代理行使。众议院解散权则并非是专属于总理一人的权限。

　　** 议案　其意义参照第十四章三（四）1 ** 中的"事案"。这里的议案，除宪法上有明文根据、要求承认所缔结条约的议案（《宪法》第七十三条第三项），以及预算（《宪法》第八十六条）以外，是否还包括没有明文根据的法案及宪法修正案，则尚存争论。不过，就法案而言，内阁法是承认的（参照第十四章二（三）2 ***）。

　　*** 内阁总理大臣的其他权能　在宪法上的权能有：以主管国务大臣的身份在法律、政令上署名以及与主管国务大臣一并连署（《宪法》第七十四条），同意对国务大臣的追诉（《宪法》第七十五条）。前者的规定是为了明确执行责任，后者的规定是为了在保证追诉之慎重的同时，确保总理的首长地位。作为在法律上的权能，《内阁法》规定，内阁总理大臣主持内阁会议，"发起与内阁的重要政策有关的基本方针及其他事案的内阁讨论会议"，裁定主管大臣之间与权限有关的疑义，中止各行政部门的处分或命令以待内阁处理等（《宪法》第四条第二款，《宪法》第七条，《宪法》第八条）。

（四）内阁的权能与责任

1. 内阁的职权

内阁作为行政权的中枢，行使广泛的行政权，其中主要有：①法律的忠实执行与国务的综合管理；②外交关系的处理；③条约的缔结；④有关官吏事务的管理；⑤编成预算及向国会提出；⑥政令的制定；⑦恩赦的决定。此外，还包括一般性的行政事务（《宪法》第七十三条）。进而，在《宪法》第七十三条以外的规定中，还有：对天皇国事行为的建议与承认（《宪法》第三条、第七条），对最高法院法官的提名（《宪法》第六条第二款），对其他法官的任命（《宪法》第七十九条第一款、第八十条第一款），对国会临时会议的召集（《宪法》第五十三条），预备费的支出（《宪法》第八十七条），决算审查以及财政状况的报告（《宪法》第九十条第一项、第九十一条）等。

内阁是依据内阁会议＊来行使以上职权的（《内阁法》第四条第一款）。

＊ **内阁会议** 即国务大臣的全体会议。对其议事并无特别规定，一切依据习惯。其中最为重要的有两点：一是会议的决议须由全体会员一致通过；二是内阁会议的内容，被要求高度保密。

2. 内阁的责任

宪法对内阁规定有一般性的原则，除内阁对天皇的国事行为有进行"建议与承认"的责任外，还规定"内阁就行政权的行使，对国会承担连带责任"（《宪法》第六十六条第三款）。在《明治宪法》中，规定"国务各大臣辅弼天皇并承担其责"，由于其责任是国务各大臣单独对天皇所负的责任，因此民主化责任政治的实现颇为困难。在日本国宪法中，内阁就行政权的全体对国会负连带责任。

（1）这一责任是政治责任的意思。不过，根据《宪法》第六十九条，在众议院通过对内阁不信任决议时，内阁被迫在解散或总辞职中选择其一、不得不引咎辞职的情况下，法律责任的色彩也相当浓厚。＊

（2）另外，由于这里所说的责任是"连带责任"，因此组成内阁的国务大臣必须一体行动。与内阁会议持不同意见的大臣，不许将此意见对外发表，必须辞职。

（3）不过，宪法上并不否定，特定的国务大臣基于个人的理由，就其所管事项，负单独责任（个别责任）。因此，对个别国务大臣的不信任决议，不具有强制

328

329

其直接辞职的法律效力。这对众议院当然如此,对参议院也得到认可。

　　* **参议院的问责决议**　参议院也是国会中之一院,可以追究内阁的责任。但这种问责决议,不同于众议院的不信任决议,至多也只是具有政治上的意义。

(五) 总辞职

　　内阁认为其存在已不适当时,随时可以提出总辞职。不过,在下列情况下则必须总辞职:①众议院通过了不信任决议,或否决了信任案的决议时,十日内众议院未被解散的情况;②欠缺内阁总理大臣的情况;③众议院议员总选举后,初次召集国会的情况(《宪法》第六十九条、第七十条)。

　　这里所说的"欠缺内阁总理大臣的情况",除死亡,以及丧失总理大臣的资格、脱离这种地位的情况外,还包括辞职的情况。由于生病或者生死不明的情况,是暂时性的故障,因此由所谓的副总理临时代行职务。实行了总辞职的内阁,"在新任内阁总理大臣任命前,继续行使其职务"(《宪法》第七十一条)。*

　　* **内阁更迭的程序**　新内阁成立为止的程序如下:决定总辞职→将此意志通告众参两院议长(《国会法》第六十四条)→国会对新内阁总理大臣进行提名→(《宪法》第六十七条)→组阁→将其意旨向旧内阁总理大臣通告→旧内阁的内阁会议(据此就新内阁总理大臣的任命形成"建议和承认")→新内阁总理大臣以及新国务大臣的任命及认证(在皇宫内举行任命仪式和认证仪式)→籍此内阁总理大臣及国务大臣当然地丧失其地位→向国会通告新内阁的成立(如果组阁时间被延,首先通告内阁总理大臣的任命。总理大臣临时行使其他国务大臣的职务,直至内阁成立)。

330

三、议院内阁制

　　就立法权(议会)与行政权(政府)之间的关系而言,各国有种种不同的类型。其中主要有:①议会与政府完全分离,作为政府首长的大总统乃通过民选产生的美国型(称为总统制);②在君主制之下,政府对君主负责,对议会不负任何责任的德国型(又称为超然内阁制。明治宪法的制度属于此类);③政府完全由议会来选任,并服从其指挥的瑞士型(又称为委员制[assembly government]或者议会统治制。内阁仅仅只是议会的其中一个委员会);④采用议院内阁制的英国型。

（一）议院内阁制的本质

议院内阁制，又称为议会政治（parliamentary government），是从 18 世纪至 19 世纪初在英国宪政史中，在自然生成意义上所成立的政治形态。其主要特征 为：①行政权分属于元首（君主）与内阁（二元行政权），内阁相对介于元首与议 会之间，对其双方负责；②议会的内阁不信任决议权与元首（实际上是对其提供 建议与承认的内阁）的议会解散权相互抑制，通过这种手段保持二者的权力均衡 以及协作互动（collaboration）的关系。

但是，19 世纪中叶以后，君主及总统的权限趋于名目化，行政权归于内阁一 元化的倾向加强，伴随着内阁以议会的信任作为其任职要件的这一侧面受到重 视，议院内阁制逐渐转变为议会优位的政治制度。特别是法兰西第三共和制宪 法（1875—1940 年，确立了议会优位的时代）中的议院内阁制，尽管法律上对议 会的解散权有规定，但几乎完全没有得到行使，议会对政府（内阁）的民主化监 控，被视为最为优先。

根据这种历史沿革，如果要列举议院内阁制的本质特征，可以考虑以下两 点：①议会（立法）与政府（行政）大致分立（在这点上不同于瑞士型）；②政府对 议会（在两院制的情况下主要是对下议院）负连带责任（这点不同于美国型）。在 学术界，重视古典英国型的权力均衡要素，又加上了③内阁具有议会解散权的这 一要件的学说也颇为有力。

诚然，议院内阁制，本来是在立宪君主制之下，为谋求君主与议会的均衡而 成立的政治形态，但伴随着民主主义的发展，基于各个国家的历史与传统，特别 是政党制度之存在方式的不同，其特征也难免会发生变化。事实上，第一次世界 大战以后，议院内阁制得到了普遍化，甚至被称为是"议会的世纪"，但是其中也 产生了与委员会制度相近的，或是添加了总统制特征*的各种各样的形态。这 些形态所共通的本质要素便是，政府对议会（由此对国民）的责任。权力均衡（具 体指内阁的自由解散权）的特征，应理解为，即使拥有为国民提供决定政治方式 之机会的重要意义，也不是议会政治的本质特征，才是妥当的。

* 总统制性质的议会政治 由国民直接选举出来的总统与议会之间存在 对抗关系。但与纯粹的总统制（美国型）不同，总统拥有议会的解散权（而在《魏 玛宪法》中，甚至可以议会三分之二的多数决议，就罢免总统而举行国民投票）。

总理大臣虽然由总统任命,但必须以议会的信任作为任职要件。战后典型的宪法中,像这样行政权由强大的总统与内阁分属,在二元的执行机关下采用议院内阁制的,是1958年的法兰西第五共和制宪法。而总统即使存在,其权力也仅仅属于名义上的情形(如德意志联邦共和国宪法),则并非这里所说的总统制性质的议会政治。

(二)日本国宪法中的议院内阁制

日本国《宪法》之采用议院内阁制,是非常明确的。除了首先规定最为重要的内阁连带责任原则(《宪法》第六十六条第三款),以及内阁不信任决议权(《宪法》第六十九条)之外,如内阁总理大臣由国会指名(《宪法》第六十七条),内阁总理大臣及其他国务大臣的过半数为国会议员(《宪法》第六十七条、第六十八条)等,细节性的规定也被成文化。

日本宪法中的议院内阁制,究竟是属于重视均衡的古典英国型,还是属于重视民主化控制的法国第三和第四共和制类型,宪法上没有明确的规定。虽然从运用的实际形态看来,承认内阁有自由解散权,因此属于英国型,但对于解散权之所在,宪法上却未必明确。只要除了在《宪法》第六十九条所规定的情况下就不能解散的解释还存有余地,也可将其视为法国型。

不过,古典英国型所重视的均衡之要件,说到底也只是一个表面的原则,实际上,这种原则已伴随着君主权力的名目化,即伴随着行政权的一元化、两大政党制度的确立而瓦解,逐渐演变为以多数党为基础而成立的、内阁优位的议会政治(cabinet government)。曾经在没有政权交替的自民党支配体制之下,日本的议院内阁制,其实态也与此无异。*

　*　**议会政治的国民内阁制意义上之运用论**　吾国的情形,虽说是内阁优位的议会政治,但是,在政策之决定乃在官方(官僚)主导下进行,政权(内阁与执政党)欠缺控制官僚的力量,而具有政权担当能力的健全的在野党又不曾存在等诸点上,乃属于缺陷颇多的议会政治。于是,如下一种见解,作为有力说得到了提倡,即必须整备有助于形成两党制或两极化了的多党制(复数的体制内政党的存在)的选举制度,俾①确立内阁得到强化,政权方面能进行政策决定(统治)而官僚执行之,议会(在野党)则扮演控制内阁之角色的体制,②选举能发挥由国民的多数派直接选举在国家政治中居于中心地位的内阁(领导班子)并决定国家政治纲领这一功能。这个被称之为议会政治的国民内阁制意义上之运用论的见解,

333

虽然值得关注，但在如下有关问题上也有不少异议，即：第①中所言的政权、官僚、在野党的角色或关系，究竟是否适当，是否可期待；即使适当，将第①中所言的体制与第②中所言的选举制度（尤其是小选区制）直接联系起来则是否妥当。而且，虽说是内阁由国民的多数派选举，但无法预测选举是否可在国民能从两种不同的政治纲领中选择其中之一的形式中得以展开竞合，而且如果采行小选取制，由于第一党通常能以 40％ 前后的得票率获得 60％ 左右的议席，而第三党以下则存在被舍弃的可能性，由国民多数意志支撑的内阁之诞生并无保证，等等，需要深入探讨的问题也非常之多。

334　　　　不过，《中央省厅等改革基本法》（平成 10 年〈1998 年〉法 103 号），已根据"内阁功能的强化"之基本理念，提出了"内阁"的功能强化、内阁总理大臣指导性的明确化、内阁以及内阁总理大臣的辅助和支援体制的强化这三个基本方针，同时也明确了国家的行政机关的重新整编大纲。[为使该基本法具体化，以内阁办公室的强化、内阁府的设置、省厅编制调整为内容的《中央省厅改革关联法》已被制定，并于 2001 年（平成 13 年）4 月实施]。然而，该基本法的理念、方针如何被具体呈现，则也与议院内阁制的具体运用实情有着极大关系。

（三）众议院的解散

所谓解散，指的是使议员在任期届满之前丧失议员资格的行为。这在政治上，包含着在继解散之后，通过总选举，要求主权者国民做出裁判的民主性契机。不过，在发生史上，解散也曾具有国王对议会苛加处罚的意味。

在日本国《宪法》中，并无明确内阁拥有解散权的规定。《宪法》第七条第三项虽然将众议院的解散作为天皇的国事行为之一加以列举，但并非天皇能做出实质决定。基于《宪法》第六十九条规定的不信任决议而进行的解散，也不是从正面规定了解散权的条款。于是，从 1940 年到 1950 年之间，所谓的解散权之争就曾经十分活跃。但是现在，根据《宪法》第七条，内阁具有实质性的解散决定权，则已确立为惯例。有关这一点如前所述（参照第三章三（三））。不过，即使根据《宪法》第七条可承认内阁具有自由解散权，但由于解散是向国民征询对内阁的信赖之制度，因此必须有与此相符合的理由存在。*

此外，虽然有学说认为根据众议院的解散决议也可以解散，但由于自律性的解散，会导致依据多数人的意思剥夺少数人的议员之地位，因此，只要没有明文的规定，便不能认同。

　　＊　解散权的界限　　除《宪法》第六十九条的情形之外,解散应理解为限于下　　335
述情形：①内阁的重要事案(法案、预算等)在议院被否决的情形；②由于政界重
新整编,使内阁的性质发生基本变化的情形；③解决在总选举中未曾成为讨论
焦点的新的重大政治课题(立法、缔结条约等)的情形；④内阁的基本政策发生
根本改变的情形；⑤议员任期届满期限已接近的情形等。而出于内阁单方面的
适宜考虑或因政党利益与谋略而进行的解散,则是不当的。[关于 2005 年 8 月
小泉内阁因参议院否决邮政民营化法案而实行的众议院的解散,存在如下两种
对立的见解：一种见解认为,《宪法》第五十九条所设定的两院的协议会的召开
或众议院三分之二以上的多数进行再次表决均没有被实行,为此该解散是违宪
的；另一种见解则认为,如果以政党政治为前提,要求通过上述程序仅是一种形
式论而已,实质上其结果可视同于内阁的重要法案被众议院所否决(没有获得三
分之二以上的赞成)的情形,为此合宪。]

第十六章　法　　院

336　在有关行使司法权的法院方面,与明治宪法相比,日本国宪法也有着以下显著的特色:①扩大了司法的范围;②强化了司法权的独立;③赋予了法院违宪审查权。其中,由于第③将在第十八章中论及,故以下就第①、②两点进行说明。

一、司法权的含义与范围

《宪法》规定,"一切司法权,均归属于最高法院以及依法律规定设立的下级法院"(第七十六条第一款)。在《明治宪法》中,司法权属于天皇,法院"奉天皇之名"行使司法权,但在日本宪法中,司法权则名副其实地归属于"法院"。

(一) 司法权的概念

所谓司法,一向被认为是指"就具体的争诉,通过适用和宣明法律而进行裁判的国家作用"。如果更加严密地加以定义,则可以说司法是"在当事人之间存

337　在有关具体案件之纠纷的情形下,以当事人提起诉讼为前提,由独立的法院基于其统辖权,通过一定的诉讼程序,为解决纠纷,形成何者为法的判断,保障法的正确适用之作用"。

构成这一司法概念的重要因素有:①存在"具体的争诉";②遵守合乎正当程序之要求的特别程序(如口头辩论、公开主义等传统上得到认可的、为实现公正裁判的诸原则);③独立进行裁判;④保障法的正确适用之作用等。[*]由于其中①的因素乃相当于司法权概念的核心,而就其含义也存在种种争议,因此容当在后文详细说明(参照后述(三))。

　　* 正当程序与法的解释及适用　所谓司法与裁判,尽管在历史上曾在不同的含义上而被使用,但就限于日本宪法的有关解释而言,并无将二者特加区别之

必要。因此,《宪法》第三十二条所说的"裁判",也被要求提供适合纠纷之解决的程序保障(就刑事裁判而言,《宪法》第三十七条第二款中即存有特别的规定)。如果进而对《宪法》第三十二条规定的"裁判",也采取其包含了非诉案件之裁判的立场(指不含有判例),那么,该种裁判也必须以《宪法》第八十二条所规定的公开、交互辩论原则作为指导原则,且具备与各种案件的性质、内容相适宜的正当程序的保障(参照第十二章一(二)(3))。况且,对具体诉讼而言,司法虽说是认定事实、对此进行法律的解释与适用的作用,但也并不应如18世纪至19世纪欧洲大陆各国所述说的那样,被理解为只是对法律进行单纯机械的适用作用。裁判,被期待可在一定范围之内积极发挥法的创造或法的形成之功能,在此意义上,司法也包含着一定的立法作用。

(二) 司法权的范围

就司法权的范围而言,《明治宪法》只将民事裁判(与私法上的权利义务纠纷有关的裁判)以及刑事裁判(适用刑法科以刑罚的裁判)作为"司法"归之于普通法院所属,行政案件的裁判(对因行政处分而被违法地侵害了权利、利益的人与行政机关之间在公法上的权利义务之纠纷所做的裁判)则由不同于普通法院系统的行政法院(这种法院虽然在形式上被确定为属于行政机关,但被理解为具有独立于内阁的地位)管辖(《明治宪法》第六十一条)。这种制度,是从法国、德国等欧洲大陆国家效仿而来的。

与此不同,日本国《宪法》则将包含了行政案件之裁判在内的一切裁判作用均称为"司法权",并将其归属于普通法院。这一宗旨,乃在《宪法》第六十七条第二款禁止了设立特别法院,禁止了行政机关进行终审裁判之点上,得到了昭示。不设立行政法院,而让一切案件均由普通法院管辖的制度,是在英美发展起来的,日本宪法对此加以效仿,其结果是,司法权的范围被明显地扩大。

如此说来,必须注意的是,司法权的观念,乃是因国家与时代之不同而各有不同的历史产物。

(三) 法律上的争诉

"具体的争诉",是构成司法权之概念的核心要件,又多被称为"具体案件性"(或案件性)要件。《法院法》第三条中的"一切法律上的争诉",其含义亦同。就"法律上诉讼"的含义,判例认为应该限于:①是有关于当事人之间具体的权利

338

339

义务以及法律关系存在与否的纠纷（因此，请求法院的救济，原则上有必要具备自己的权利或依法律受保护的利益遭到了侵害这一要件）；②通过法律的适用可得到终局性解决的纠纷。

作为不属于"法律上的争诉"，非法院的审查权所及于的情形或案件，则有如下：

（1）第一，没有具体案件性（即没有权利侵害的要件），只是对法律的解释及效力所进行的抽象性争论。例如，在针对警察预备队令（昭和二十五年（1950年））以及在此基础上设立的警察预备队的违宪性而发生争论的案件中，法院曾将诉讼驳回（参照第十八章二（二）＊），便是其典型的例子。不过，必须注意的是，也有像被称为民众诉讼＊制度（例如，《公职选举法》第二百〇三条、第二百〇四条的选举诉讼，《地方自治法》第二百四十二条之二的居民诉讼）那样的，法律所设定的不以具体案件性为前提就可以提出诉讼的制度。这种制度被普遍认为是在法律上受到例外认可的诉讼，因此可被允许。但是，也有有力学说认为，这种诉讼在针对某些具体的国家行为进行争议这一点上，并非是对法律的纯粹抽象性审查，也可将其理解为国家的行为与起诉权者的权利或利益所遭受的侵害之间具有一定的关系，为此属于包含于司法权之中的作用。

＊ **民众诉讼** 《行政案件诉讼法》将民众诉讼界定为"以作为选举人的资格以及其他与自己法律上的利益无关的资格所提起的、请求更正国家或公共团体机关不符合法规之行为的诉讼"（第五条），并规定了民众诉讼与机关诉讼，即"有关国家或公共团体之机关相互间的权限的存在与否或其之行使而产生的纠纷之诉讼"（第六条），"在法律所规定的情形下，限于法律有规定者，可以提起"（第四十二条）。学说上将民众诉讼与机关诉讼合称为"客观诉讼"。

（2）第二，仅属于事实的存在与否，个人主观意见的恰当与否，学问上、技术上的争论等。例如，对国家考试中成绩合格与不合格的判定，由于乃是以学问或技术上的知识，能力，见解等之优劣、恰当与否为内容而进行判断的行为，因此应委于实施考试的机关，做出最终判断，不能成为裁判的对象（最高法院 1966 年 2月 8 日判决，民集 20 卷 2 号 196 页）。

此种争诉，并不能满足前述第①的要件，或者又无法通过法律的适用而予以终局性的解决，也不能满足第②的要件，因此不能称为法律上的争诉。

（3）第三，就纯粹信仰对象的价值以及有关宗教教义本身，请求加以判断的争诉,或仅仅只是请求确认宗教上的地位(如作为住持的地位)的争诉。这些并不是有关具体法律关系的问题,不属于必须适用法律进行终局性解决的法律上的争诉。

不过,在宗教问题被作为前提问题而受到争诉的情形中,也有下种两种情况:(ⅰ)纠纷的实体或核心是宗教上的争议,纠纷在整体上不适合由法院来解决的情况;(ⅱ)纠纷本身在整体上不能说不适合由法院来解决的情况。后者的(ⅱ)的情况,诉讼可不被驳回,法院可进行审查,但就相应的争论焦点,法院要尊重宗教团体的自律性判断。因此,涉及宗教教义的解释等本应通过其自治加以决定的事项,法院不进行实体上的审理判断,不介入宗教自治,例如只对住持的选任或罢免程序问题,被允许审理判断(关于这一点,与后述(四)4 的情况相同)。前者(ⅰ)的情况中具有代表性的案例,曾有创价学会"曼佗罗板案件"。*

341

＊**"曼佗罗板"案件** 本案是作为创价学会原会员的原告,请求创价学会返还捐款的诉讼,其理由是,捐款是为了提供"正本堂"的建立资金,但本应安置于正本堂的本神"曼佗罗板"却是赝品,捐赠行为存在要素的错误。最高法院判示,本案诉讼虽然在形式上是有关具体权利义务及法律关系的纠纷,但其前提则必须对信仰对象的价值以及宗教教义做出判断,其结果是,诉讼在实质上不可能通过法律的适用予以终局性地解决,因此不相当于法律上的争诉(最高法院 1981年 4 月 7 日判决,民集 35 卷 3 号 443 页)。

将该判决的宗旨沿用于宗教上的教义、信仰为理由而对主持所作的"摈斥处分"(即惩戒处分)的日莲正宗莲华寺案件的判决(最高法院 1988 年 9 月 8 日判决,民集 43 卷 8 号 889 页),也阐述道:"在宗教团体内部中所作出的惩戒处分的效力成为决定请求之适当与否的前提问题,其效力的有无不仅构成了当事人之间纠纷的本质性之争议焦点,如不涉入宗教上的教义、信仰之内容即无法判断其效力之有无,而且,其判断乃左右诉讼之归趋所必要不可或的情形之下,上述诉讼,在其实质上不适合于通过法律法规之适用而作出终局性之解决",从而驳回了上诉。

(四) 司法权的界限

如上所述,虽然法院"对一切法律上的争诉进行裁判"(《法院法》第三条),但在这一原则之中,也有几点例外:除了①像议员的资格之争诉的裁判(《宪法》第五十五条)、法官的弹劾裁判(《宪法》第六十四条)等那样,宪法基于特别理由而以明文加以认可的案件和②像国际法上的治外法权或依条约而对裁判权所作的限制那样的、国际法上所规定的案件之外；③属于国会或各议院自律权(或自主权)的行为、属于行政机关或国会的自由裁量权的行为以及所谓的统治行为等，342 虽然是法律上的争议，但在事案本身的性质上被认为不适合法院审查的案件。这其中，最能成为争议问题的，是③的各类行为。

1. 属于自律权的行为

所谓自律权指的是，国会或各议院对有关惩罚以及议事程序等内部事项能够自主作出决定的权能(参照第十四章四(二)1)。判例*认为，关于国会内部的议事程序，法院不能审查。

* **警察法修改无效案** 昭和二十九年(1954年)成立的新警察法，由于在审议过程中受到在野党议员的强烈反对，在议场混乱的情况下被确认为获得通过，但该决议是否无效则引起争诉。最高法院判示，"既然是在两院通过决议，并依合法程序而予以公布的，法院就应尊重两院的自主性，不应对有关该法制定的议事程序……的事实进行审理，而判断其有效无效"(最高法院大法庭1962年3月7日判决，民集16卷3号445页)。

2. 自由裁量行为

可理解为被委之于政治部门[1]的自由裁量权的行为，仅有当与不当的问题，除非存在显然逾越或滥用了裁量权的情形，否则法院的统制一般不能涉及。近来，就①社会经济政策立法；②社会权、特别是福利问题；③有关选举的立法方面，立法部门的裁量(立法裁量)尤成为争议的问题。对有关第②、③点的、具有广泛认可了裁量之倾向的判例(例如，参照第七章二(四)**中的堀木诉讼、第七章二(七)*中的议院定额不均衡裁判)，也有不少异议。裁量，根据自由权利的性质上之不同，应分为广义的情形与狭义的情形予以具体考虑。

3. 统治行为

最大争议的是所谓的统治行为。统治行为一般指的是"直接关涉国家统治之根本、具有高度政治性的国家行为"，是作为法律上的争诉在理论上由法院做343 出法律判断尽管是可能的，但在事案的性质上则被排除于司法审查对象之外的行为，在美国被称为政治问题(political question)。最高法院在砂川案件的判决

---

〔1〕 所谓"政治部门"乃相对于司法部门而言的术语，主要包括了议会和行政部门。——译者注

(参照第四章五(三)＊)中判示：像《安保条约》那样"对作为主权国家的吾国之存立的基础具有极为重大关系且具有高度政治性的"条约是否违宪的问题，由于其本身与内阁、国会之"高度政治性或自由裁量性质的判断构成互为表里关系的要点不在少数"，因此，"只要不是于一见之下就能十分明显地判断为违宪无效者，都应归属于法院的司法审查权之外"。由于该判例认为在"一见之下极为明显的违宪无效"的情形下司法审查仍有可能，为此其所采取的也就并非纯粹的统治行为论，而是添加了许多自由裁量论之要素、不太明朗的立场。不过，在众议院解散的效力引起争诉的案件＊中，最高法院则对上述行为作出这样的判示："属于法院审查权之外，对其之判断可委于对主权者国民负有政治责任的政府、国会等政治部门，最终可委于国民的政治判断"，从正面承认了学说上所言的统治行为之存在。

也有有力见解认为，承认这种统治行为，在像日本国宪法这样采取了彻底法治主义(法的统治)原则的宪法之下，是不被允许的。的确，如果除去属于自律权的行为以及委于自由裁量权的行为之外，其他可被认为是统治行为的，也就被严格限定了。但是在日本，多数学说仍然认同统治行为的存在本身，问题是认可它的根据及范围。

　　＊ **苫米地(Tomabechi)判决**　本案是众议院议员苫米地义三，就1952年8月28日所谓"突击解散"的效力，根据以下理由而提出争诉的案件，即：①解散应该以《宪法》第六十九条规定的内阁不信任决议为前提，但上述解散则是根据《宪法》第七条而进行的；②在上述解散的决定中，欠缺合法的内阁会议，等等。最高法院认为，众议院的解散符合统治行为的特征，并判示：这种"对司法权的制约，终究来源于三权分立的原理，考虑到该国家行为的高度政治性、法院作为司法机关的特性，以及裁判所必然伴随着的程序上的制约等，虽然没有特定的明文限定，但应理解为是司法权在宪法本质上的内在制约"(最高法院大法庭1960年6月8日判决，民集14卷7号1206页)。不过，在学说中也有见解认为，解散事由(《宪法》第六十九条的情形还是第七条)的问题可作为裁量论来处理，而内阁会议决定的方式("建议与承认"之有无、传递型内阁会议〔1〕之适当与否)之问题则可作为自律权论来处理，为此没有提出统治行为论的必要。

344

---

〔1〕　指那种代替定期的内阁会议，将会议事项给各大臣传阅，征求意见，然后作出表决。——译者注

（1）理论根据

统治行为的理论根据，有自制说与内在制约说两种。自制说认为，为回避对统治行为进行司法审查而造成的混乱，法院应该自制；内在制约说则认为，带有高度政治性的行为，应该在对政治无责任（不是由国民直接选任）的法院之审查的范围以外，其恰当与否可委于国会、内阁来判断。尽管判例采用了内在制约说，但由于统治行为必须根据不同案件具体地明确其理论根据，因此，自制的要素也应加参酌考虑方为恰当。

（2）范围与界限

即使承认统治行为，但在运用时也必须对其概念与范围加以严格限定。特别是有必要注意以下几点：①由于统治行为是既无宪法上的明文根据，其内容也不明确的概念，因此，应该排除用机关的自律权、自由裁量权等就可以说明的行为；②既然统治行为的根据是在于民主政治的理论（尊重国民的意思），因此在那些以基本人权、特别是精神自由权遭到侵害为争议焦点的案件中，就不应适用（民主政治是以尊重人权为目的的、在确立尊重人权的社会里开花结果的政治形态）；③应该在考虑权利保护的必要性、裁判结果所引发的事态、司法政治化的危险性、司法程序的能力界限、判决实现的可能性等其他具体情况的同时，根据具体的案件做出有针对性的判断。

345

4. 有关团体之内部事项的行为

对于地方议会、大学、政党、工会、律师协会等自主性团体的内部纠纷，司法审查能否涉及，屡屡成为争议的问题。如果是法律上的争诉，原则上则服从于司法审查，但是在纯粹属于内部事项的情形下，在事案的性质上，也会产生应该尊重各个团体的自治性，节制司法审查的情况。这一点与统治行为的情形相同。

不过，也有见解认为这些团体乃是"在一般市民社会中，另有其自律性法规范的特殊的部分社会"，并以此为理由，主张其内部纠纷一概不能成为司法审查的对象。但是，这种以法律秩序的多元性为前提的一般性、概括性的"部分社会"论并不妥当。由于各个团体的目的、性质（例如，强制加入与任意加入的区别）、功能本来就不同，支持其自律性、自主性的宪法上之根据，也因宗教团体（《宪法》第二十条）、大学（《宪法》第二十三条）、政党（《宪法》第二十一条）、工会（《宪法》第二十八条）、以及地方议会（《宪法》第九十三条）。参照《地方自治法》第一百三十四条——第一百三十七条）等而不同，因此必须着眼于它们的相异之处，并将引起纠纷或争诉的权利之性质等纳入考虑范围，进行个别具体的检讨。

（1）地方会议

在一个对地方议会的议员所做出的停止三日出席的惩戒决议之效力被争诉的案件中，最高法院认为，"在拥有自律性法规范的社会或团体中，该规范之实现应作为其内部规制的问题而委之于自治性的措施，未必一定有待裁判，方为妥当"，并将本案的惩罚解释为属于此者。不过，判例也曾认为，由于除名处分"是有关议员身份丧失的重大事项，不仅仅属于内部规制的问题"（即牵涉市民法秩序的问题），因此可对其进行司法审查（最高法院大法庭 1960 年 10 月 19 日判决，民集 14 卷 12 号 2633 页）。

（2）大学

346

大学的自律性，是由大学的自治之保障来提供依据的。不过，最高法院在国立大学的学分不认定处分受到了争诉的富山大学案件中，认为无论国立大学还是私立大学，均"形成了与一般市民社会不同的特殊的部分社会"，从而判示"学分授予（认定）行为，除非有特殊情况足以认定其与一般市民法秩序有直接关系，否则应作为单纯的大学内部之问题，委之于大学的自主性、自律性的判断，而不能成为司法审查的对象"（最高法院 1977 年 3 月 15 日判决，民集 31 卷 2 号 234 页）。为此，依据最高法院判例，在学生满足了修完专业课程的要件，而大学却对此不予认定的情况下（该认定并不特别需要从教育的角度出发做出专业性的判断），由于作为一般市民所享有的利用公共设施的权利遭到了侵害，因此也就成为司法审查的对象（同上判决 280 页）。

（3）政党

在党员除名处分的效力被争诉的共产党绔田案中，最高法院认为，由于政党是基于结社的自由而任意结成的政治团体，并且是支撑议会制民主主义的极为重要的存在，因此"必须赋予其高度的自主性与自律性，保障其进行自主地组织运作的自由"，从而做出了如下值得瞩目的判示（最高法院 1988 年 12 月 20 日判决，《判例时报》1307 号 113 页），即政党的党员处分，"如果只是与一般市民法秩序并无直接关系的内部问题，法院的裁判权就不能涉及"，但"即使是在一般市民之权利或利益受到了侵害的情形下，对于上述处分的恰当与否，只要不存在该政党自律所定的规范违反了公序良俗等特殊的情况，便应参照以上规范，而在没有上述规范时则依据条理，裁决其是否通过正当程序而被作出。对其之审理也只能限于上述要点"。

（4）宗教团体

对此问题，参照前述（三）之（3）。

二、法院的组织与机能

（一）法院的组织

在日本国《宪法》之下行使司法权的法院，大致可分为最高法院与下级法院。在下级法院中，则有高等法院、地方法院、家庭法院、简易法院这四种（《法院法》第四条）。案件一般按照地方法院、高等法院、最高法院的顺序上诉（三审制）。家庭法院是为了进行家庭案件、少年案件的裁判等而被特地设立的法院，与地方法院居于同等位置。而简易法院则是对小额或轻微的案件进行简易迅速审理的第一审法院。

（二）特别法院的禁止

正像如此，由于司法权全部交由普通的司法法院行使，因此"特别法院不得被设置"（《宪法》第七十六条第二款）。这里所说的特别法院，是指为了对特别的人或案件进行裁判、而从普通法院系统中独立出来加以设立的裁判机关。战前的军法会议就是其典型。

不过，作为法院裁判的前审，行政机关对有关行政处分的审查请求或复议申请做出裁决或决定，则无大碍（参照《宪法》七十二条第二款后段）。

惟在吾国，由于对法律上的争诉进行裁判的权限之中，被理解为也包括了作为法律适用之前提的具体案件的事实之认定，因此行政机关认定的事实绝对地约束法院，而如果诉讼中只是审理法律的适用，那么就会产生违反《宪法》第三十二条以及第七十六条第二款的疑虑。在这一点上，仿效美国法而在独立行政委员会的准司法程序中所引进的、所谓的实质证据法则，就成为问题。但是在吾国，例如，在违反《垄断禁止法》的案件中，公平交易委员会所认定的事实，如有可供证明的实质证据，则被确定为可以约束法院（《垄断禁止法》第八十条第一款）。但即使是在这种情况下，法律也规定由法院来对其实质证据的有无进行判断（该条第二款），而在没有实质证据的场合，法院则可以取消公平交易委员会的审查决议。对于电波监理审议会（《电波法》第九十九条）、公害等调整委员会的裁定(《土地调整委员会设置法》第五十二条),也有同样的规定。就人事院而言,法律条文虽然有所不同(《国家公务员法》第三条第四款),但可以理解为具有同样宗旨。

（三）下级法院的法官

在构成这些法院的法官之中,"下级法院的法官,是由内阁在最高法院所提名的人选名单中选任。法官任期十年,可以连任"(《宪法》第八十条第一款)。在此,围绕法官的任期被定为十年,且"可以连任"的用意究竟为何,意见有所分歧: ①有学说认为,法官有连任的权利,然而,②即使以连任为原则,但作为例外,除了符合法官弹劾事由的情形*。由于身心障碍致使不能履行职务的情形之外,在有业绩不佳等不适格的客观事实明显无误的情形下,似应理解为可以拒绝连任,方为妥当。③在实际的处理中,连任乃被委于任命权者的裁量。** 349

　* **法官的弹劾事由**　《宪法》第七十八条规定中的"公的弹劾"(所谓弹劾,是指基于诉追亦即罢免的请求,公权力罢免公职人员的制度)的具体程序等,乃由《法官弹劾法》加以了规定。弹劾的事由,依据宪法的宗旨可分为两种情况,即"明显违反职务上的义务、又或极其懈怠职务之时",以及"其他不论是否在执行职务而存在严重丧失法官威信之不良行为之时"。

　** **宫本法官连任被拒绝事件**　本案是1971年十年任期届满之后的宫本康昭候补法官未获连任的事件。最高法院虽然在连任制度上采取了裁量行为说的立场,但其拒绝让其连任的理由却并不明确。由于宫本候补法官是属于当时作为革新团体而被最高法院看成有问题的"青年法律家协会"的会员,因此这是否是基于思想信念上的差别待遇,便被视为问题。

（四）最高法院的构成与权限

1. 构成

最高法院是由一名最高法院院长以及十四名最高法院大法官构成的(《宪法》第七十九条第一款,《法院法》第五条)。院长是根据内阁的提名由天皇任命的(《宪法》第六条第二款)。大法官则是由内阁任命、天皇对之加以认证(《宪法》第七十九条第一款,《法院法》第三十九条)。他们通过国民审查制而接受民主性的控制(参照后述(五))。

350   **2. 权限**

最高法院具有以下等权限：①对于上诉以及《诉讼法》中特别规定的抗告*的一般裁判权；②国家行为的合宪性审查权（参照第十八章二）；③最高法院规则的制定权；④下级法院的法官提名权；⑤对下级法院以及下级法院任职人员进行监督的司法行政监督权（《法院法》第八十条。根据法官会议的讨论进行。该法第十二条）。其中，第③是实质意义上的立法权（参照后述（六）），另外，第④与第⑤在明治宪法中曾属于司法省（现在的法务省）所管辖的事务，在将其同第①、②中的裁判作用合并行使这一点上，最高法院的地位与权能，与战前的大审院已有径庭之别。

最高法院通过大法庭（全体十五名大法官的合议体）以及小法庭（五名大法官的合议体）进行审理和裁判。审理与裁判由大法庭还是由小法庭进行，乃根据最高法院的决定，但是在判断宪法适合性之时、又或变更判例之时等，在一定的情况下，就被定有必要由大法庭加以裁判（参照《法院法》第十条）。

   * **最高法院的抗告裁判**   《民事诉讼法》规定的特别抗告、许可抗告（《民事诉讼法》第三百三十六条，第三百三十七条）以及《刑事诉讼法》规定的特别抗告（《刑事诉讼法》第四百三十三条，第四百三十四条）。所谓抗告，是指针对决定或命令等判断所提起的上诉方法。[1]

（五）最高法院法官的国民审查

（1）对最高法院的法官，特别设有国民审查的制度（《宪法》第七十九条第二款）。这种制度，是鉴于最高法院之地位与权能（特别是违宪审查权）的重要性，通过效仿在美国的密苏里州等州所实行的制度而确定的，以对法官的选任加以民主性质的监控为目的。通说与判例将审查的性质理解为罢免制（解职制），但就任命后第一次接受国民审查的法官而言，将这种审查理解为还包含着国民对内阁之任命加以确认的意义，似为妥当。

351   （2）在现行法上，国民审查所采用的投票方法，是对同意予以罢免的法官打上"×"的记号，此外则不记入任何符号。但在这种方法中，也存在着一定的问题，例如，对可否罢免并不明确的投票，也被算作为表示不可罢免的投票，等等。最高法院以国民审查的性质乃是罢免制为理由，判示：对没有积极表示可予罢

〔1〕 指的是对那些在法院所进行的裁判以外的决定和命令而提出的上诉。——译者注

免的投票,不如将其作为反对罢免的投票,乃为妥当(最高法院大法庭 1952 年 2 月 20 日判决,民集 6 卷 2 号 122 页)。但也有有力的见解认为,即使不能说现行法上的方式违宪,然而采用信任为"○",不信任为"×",弃权则为无记录的那种方法,似乎更为妥当。

(3)尽管国民审查的制度在现实中耗费了巨额费用被实行于全国范围,但制度的本来意图却未必产生了效果。因此,也存在有力的见解,认为应该废止这种制度。其理由是,该制度浪费国家经费,且国民判断法官是否合适颇为困难,而且赞成罢免的投票达到总投票数的过半数的可能几乎无法想象,等等。但是,如果考虑到这种制度作为国民民主性控制之手段的重要性,便不宜轻易地废止。国民审查制度的目的,并非在于判断法官是否适合作为法律家,而是在于矫正法官的思想和意识与民意之间所存在的差距。肯定这一点,谋求其活性化,以确立更具有实效性的制度,似为妥当。

(六)最高法院的规则制定权

352

(1)《宪法》第七十七条第一款所规定的规则制定权,与违宪审查权一样,也是效仿英美法而被新认可的权限。其目的在于,从权力分立的观点出发,确保法院的自主性,在司法部门内部强化最高法院的统制权与监督权,以及尊重通晓司法实务之法院的专业化判断。

(2)在规则中所规定的事项,有"法官的内部纪律与有关处理司法事务之事项"等涉及法院自律权的纯粹内部事项,以及"有关诉讼程序、律师……之事项"等一般国民一旦作为诉讼关系人即成为受其拘束的主要当事人的事项。

(3)这种规则事项同时也可以由法律规定。不过,认为牵涉法院之自律权的内部事项,只能通过规则制定(即规则的专属性管辖事项)的学说,也颇为有力。问题是,就刑事程序而言,尽管《宪法》第三十一条要求由"法律"规定,但由规则来规定是否也有可能。在这一点上,存在两种对立观点:①说认为,虽然刑事程序的基本构造以及与被告人的重要利益有关的事项,归属于法律管辖,但也可以认为,诉讼程序的技术性、细则化的事项,应可容许作为规则所管辖的事项(如果根据此种观点,那么"与律师有关的事项"因为限制律师的资格、职务、身份等,由于乃关系到《宪法》第二十二条所规定的职业自由之保障,因此也就必须由法律规定)。②说认为,即使是法律事项,只要法律中没有规定,便可以在规则中规定。两种观点尽管难以迅速判断何者为妥,但②说在重视了宪法对规则事项未作某种保留这一点上，似乎更符合《宪法》第七十七条的宗旨。

353　　（4）有关规则制定权范围内的事项，在法律与规则竞合性地加以了制定的场合下，就两者发生矛盾时的效力关系而言，存在着争论。

　　认为规则比法律效力更强的规则优位说也颇为有力，另外也有认为两者效力应是"后法优于前法"的两者同位说，但是根据《宪法》第四十一条的宗旨，法律优位说则可被认为妥当（通说）。特别是对于刑事诉讼而言，这种理解有《宪法》第三十一条的要求为根据。不过，在实际的处理当中，规则事项尽量由规则规定，而在与法律发生矛盾的规则被制定了的场合下，理想的方案是采取一定措施，使得规则事项为了规则的目的而得到解除（曾经有最高法院的《裁判事务处理规则》第九条第四款与《法院法》第十条第一项相抵触，而由法律方面做出事后修正的事情）。

（七）裁判的公开

　　为了确保裁判的公正，有必要对其重要部分予以公开。《宪法》第八十二条在规定"裁判的言词辩论及判决，在公开的法庭中进行"的同时，还规定除了"政治犯罪、与出版相关的犯罪以及与本宪法第三章中所保障的国民权利问题有关的案件"以外，在有可能侵害公序良俗的情况下，作为例外可允许停止公开。

　　这里所说的"言词辩论"，是指当事人在法官面前以口头陈述各自主张的方式。民事诉讼中的口头辩论程序与刑事诉讼中的公判程序，即相当于此。而所谓"公开"，则首先意味着认同旁听的自由。* 至于限制旁听席的数量，或法官为维持法庭秩序而在认为有必要时施加一定的限制（《法院旁听规则》第一条、《法院法》第七十一条第二款等），则不违反公开原则。

354　　旁听的自由包括报道的自由。不过，刑事诉讼中的拍照摄影、录音、播送（《刑事诉讼规则》第二百一十五条），民事诉讼中进而包括速记（《民事诉讼规则》第七十七条），必须得到法院的许可方可进行。这在判例中，被理解为是为了维持法庭秩序与保护被告人等的利益，因此合宪（最高法院大法庭1958年2月17日判决，刑集12卷2号253页）。

　　＊ 公开原则与笔记记录　　在法庭笔记记录案（最高法院大法庭1988年3月8日判决，民集43卷2号89页）中，最高法院根据《宪法》第八十二条，作出了如下判断："由于裁判的公开是作为制度来加以保障的，为此各人可以旁听裁判"，但这"并非认可了各人可向法院请求将旁听作为权利"，而且"（也）并非是将

旁听人在法庭中做记录的行为作为权利加以保障的"。有关记录行为与表达自由的关系，参照第九章二(一)2(1)。

（八）陪审制度

由从一般国民中选任出来的陪审员决定是否正式起诉(称为大陪审)，或参加审理进行评议裁决(称为小陪审)的制度，是在英美发展起来的制度。它同欧洲大陆各国多采用的参审制(由从一般国民中选任的参审员，与职业法官一同构成合议体进行裁判的制度)并列，都是国民对司法的参与制度。†

在明治宪法下于1923年(大正十二年)被制定的《陪审法》，虽然规定了对犯罪构成事实之有无可进行咨询问答(但裁判长可不受此约束)的刑事小陪审，但却不太得到活用，乃1943年(昭和十八年)以后即被停止。在日本国《宪法》之下，设置陪审制度被认为也可能的，条件是只要法官不受陪审评议的拘束(通说)。《法官法》也规定，"就刑事而言，并不妨碍另以法律设置陪审制度"(第三条第三款)。不过，也有学说认为，参酌日本国宪法受到美国法的强烈影响，陪审制度中也可被认为具有一定的合理性，如果为确保陪审之事实认定的适正，而让法官发挥一定作用等，这些条件具备的话，那么，即使认可评议的拘束力，也并未违反赋予了"法院"司法权的宪法之宗旨(如果该学说认为司法权包含事实认定，则也会产生前述(二)的宗旨之中的问题)。

†**裁判员制度**　2004年5月"裁判员参与刑事裁判的相关法律"被制定并发布，5年后的2009年裁判员制度得以施行。在于此所采用的"裁判员制度"中，原则上6名裁判员和3名职业法官组成法庭，共同进行有罪判定和量刑，因此，不同于陪审制，从进行量刑这点看，其虽然具有参审制所没有的特殊性，但基本上是一种参审制。裁判员从抽签的选民当中经过一定手续选出。适用于这个制度的案件仅限于重罪案件(适用死刑或者无期徒刑及监禁的犯罪，或者短期1年以上的有期徒刑及监禁，且故意致受害人死亡的犯罪)，裁判员和法官一起通过"含有双方意见的合议体的过半意见"来进行事实认定、法令适用、量刑。由于必须包含"双方的意见"，要判定有罪仅靠6位裁判员无法定罪，至少需要1名法官赞成。并且，关于法令的解释，由法官决定，裁判员服从解释。裁判员有义务保守因职务而获知的秘密。

在裁判员制度的合宪性产生争议的案件中，有以下问题成为焦点：①增加了裁判员的法院可否称为《宪法》第32条、第37条第1款所保障的"由法院进行

356 的裁判"，②法官受到裁判员意见的拘束，是否违反保障法官独立行使职权的第76条第3款，③国民强制成为裁判员，是否是课以了"苦役"，违反了第18条后段的内容。对此，最高法院认为，就①而言，宪法并未规定下级法院仅由法官构成；对于②，裁判员的多数意见与法官的多数意见产生不同，这是承认国民司法参与的自然后果，而且至少要多数认可有罪，以及独任法官必须赞成，考虑了被告人的人权，因此规定裁判员制度的法律是合宪的，法官只是受到合宪法律的拘束，并未侵害其职权行使的独立性；有关③，裁判员的职务是与参政权一样赋予国民的权限，不能称为"苦役"，从而，判定裁判员制度是合宪的（最高法院大法庭2011年11月16日判决，民集65卷8号1285页）。

三、司法权的独立

日本国《宪法》所确定的司法制度的第二特征，便是司法权的独立被明显强化。

（一）司法权独立的意义

为了确保裁判的公正进行以使人权得到保障，承担裁判的法官，必须不承受任何来自于外部的压力或干涉，在公正无私的立场上履行职责。由此，司法权独立的原则，作为近代立宪主义的一大原则，在诸外国的宪法中受到了广泛的认可。

作为要求司法权独立的理由，可列举以下几点：①司法权是非政治性的权力，遭受政治性较强的立法权、行政权之侵害的危险性极大；②由于司法权的职357 责，乃是通过裁判而保护国民的权利，因此排除政治性权力的干涉，特别是谋求保护少数人，就成为必要，等等。

（二）司法权独立的内容

司法权独立的原则包含两层含义。一层是，司法权从立法权、行政权中独立出来（广义上的司法权独立）；另一层则是，法官在裁判时独立行使职权，又被称为法官的职权独立。而这种职权的独立，可谓是司法权独立的核心。将此从侧面加以强化的，是在《宪法》第七十八条等中所被规定的法官的身份保障，不过此外，在《宪法》第八十条（下级法院法官的提名）、第七十七条（规则制定权）、第七十八条(禁止由行政机关对法官加以惩戒处分)等规定中所体现的确保司法部门自主性的各种制度,也起到了强化其独立的作用(参照本章二(四)2)。

《宪法》第七十六条第三款规定"一切法官,依其良心独立行使职权,仅受本宪法及法律的拘束",宣明了法官职权独立的原则。这里所说的"良心",并非是指法官个人的主观良心,而应理解为客观良心,也就是作为法官的良心。另外,所谓"独立行使职权",是指不受其他任何指示、命令的约束,根据自己的判断进行裁判。立法权与行政权自不待言,而司法机关内部的指示、命令也应被排除。

法官的职权独立,不单指不受他者指示、命令的约束,还包含着在事实上不受其他机关对裁判的重大影响这一要求。对法官之自由的判断形成,在事实上造成重大影响的行为,会侵犯司法权的独立。

司法权的独立在过去曾数度遭受威胁。*那些侵害,既有来自外部势力的,   358
而且产生于司法机关内部的也不鲜见。此外,一般国民或大众媒体的裁判批判,是否侵害了司法权独立的议论也有存在(惟此乃属于言论自由的问题,故裁判批判可被限制者的,乃限于对确保裁判之公正将造成"明显且即刻之危险"的那种情形)。

* 被问责侵害了司法权独立的事件

(1) 大津案件

在 1891 年(明治二十四年)发生在滋贺县大津市的、巡警津田三刺伤来游中的俄国皇太子的案件上,政府出于外交上的考虑,对大审院(相当于现在的最高法院)展开活动,希望能下达死刑判决。但当时的大审院院长儿岛惟谦对之予以抵抗,结果,大审院判处津田无期徒刑。政府的干涉虽被排除,但儿岛氏自己去说服承办案件的法官这一点,也被认为存在很大问题。不过,由于儿岛氏用于说服法官的见解,其出发点是希望从强大的政府压力中,保全司法机关整体的独立性,因此也可认为具有紧急避险性质的特征,故其违法性被阻却。

(2) 浦和事件

这是 1949 年参议院法务委员会的国政调查,对法院所做的量刑进行了批判,而这种批判是否会侵害司法独立则成为争议问题的事件(参照第十四章四(二)2 *)。

(3) 吹田默祷事件

这是 1953 年,在所谓吹田骚扰案件(在大阪府吹田车站附近,反对为朝鲜战争输送军需物品的劳工之团体与警察发生冲突,111 名劳工被以《刑法》第一百〇六条的骚扰罪而受到起诉的案件)中,承办案件的大阪府地方法院院长佐佐木哲藏法官,因没有制止被告人等在法庭内对朝鲜战争战死者的默祷,其诉讼指挥的适当与否成为争议问题的事件。而有关其诉讼指挥的适当与否,以下做法是否侵害了司法权的独立,又成为争议问题:①国会的法官追诉委员会,作出了就该案法官的诉讼指挥是否适当进行调查的决定;特别是,②尽管最高法院最后在其通告表明,这"对吹田案件的裁判并无造成任何影响",但却认为吹田事件中的诉讼指挥"诚为遗憾",并发出"关于法庭威信"的通告,要求法官进行自戒,以免损害法庭威信,致使法律权威失坠。

359　　　(4)平贺信函事件

这是在 1969 年,由于牵涉到长沼案件(参照第四章三(三)(2)＊),当时的札幌地方法院院长平贺健太,向承办案件的裁判长福岛重雄以私人书函的方式发出了一封"信函"的事件。其内容中虽然首先申明,只是希望能对判断起到一些帮助,但却又暗示应尊重国家方面的裁量判断,避免判决自卫队违宪。札幌地方法院法官会议以该行为明显相当于对裁判的干涉为由,对平贺院长给予了严重警告处分。同时,最高法院对该院长也作了警告处分,并将他转调到东京高等法院。

第十七章　财政与地方自治

360

一、财 政

（一）财政民主主义

国家进行活动，需要庞大的经费，而这最后必须由国民来负担。因此，财政的适当运营便成为国民关心的重大事项。立宪政治乃以国王的课税须得到国民承认这一财政问题为契机而发展起来的历史，即显示了其重要性。日本国《宪法》在规定行政权的主体为内阁的同时，就财政特设一章，强力认可国会的监控权。"处理国家财政之权限，必须基于国会的决议而行使之"（《宪法》第八十三条）的这一规定，即明确了财政的基本原理。

（二）租税法律主义

"新课租税或变更现行租税，必须依照法律或法律所规定的条件"（《宪法》第

361 八十四条）。这是基于租税乃是要求国民直接负担，因此必须征得国民之同意的原则，源自于在英国自古便辄常被论及的"无代表则无课税"的政治原理。

（1）这里所说的"租税"，是指国家或地方公共团体，基于其课税权，为了充作其使用经费，强制征收的金钱给付之行为。

不过，即使在形式上不称为租税，如专卖品的价格，办理营业执照的手续费，各种检定的手续费，邮政、邮政储蓄、邮政汇兑等的费用，等这样对国民强制课征的金钱，从租税法律主义的原则出发，一般也被理解为必须经过国会的决议。根据这种解释，规定"除租税以外，国家基于国权而征收的课征费，以及法律上或事实上，属于国家垄断事业的专卖价格或事业金费，全部必须由法律或国会决议加以规定"的《财政法》第三条，就属于是对《宪法》第八十三条及第八十四条所产生

之结论的确认和表明。但是，即使是因为第八十三条的关系而要求"国会的决议"，认为以上手续费等全部包含于"租税"的理解，却并不妥当。租税乃由于不具有相应于特别给付之相对给付的性质，因此应与上述手续费等区别开来理解。

（2）必须依"法律"而决议的事项，包括纳税义务人、课税物、课税标准、税率等课税要件，以及税的赋课、征收之程序（最高法院大法庭 1955 年 3 月 23 日判决，民集 9 卷 3 号 336 页）。据此，可以确保法的安定性以及预测可能性。

不过，对于在法律上本属于可以课税，在实际上却一向被作为非课税品处理的物品，通过通告使其重新作为课税物品处理的行为，只要该"通告的内容符合法律的正确解释"，就被理解为并不违宪（最高法院 1958 年 3 月 28 日判决，民集 12 卷 4 号 624 页）。

（三）预算

国家的收入及支出，每年以预算的形式向国会提出，并由国会审议决定，这是近代国家通行的重大原则。所谓预算，是指在一个会计年度里国家财政行为的准据，国家的财政据此运作。关于预算，《宪法》规定"内阁编制每会计年度的预算，向国会提出，并须接受其审议，经过其议决"（《宪法》第八十六条）（关于众议院的预算先议权以及与预算决议相关的优越性，参照第十四章三（一）3）。

1. 法的性质

预算并非只是有关年度收支的"预估单"，而是规约政府行为的法规范。但是，究竟应该将预算视为"预算"这种独立的法形式（作此解释的学说被称为预算法形式说或预算法规范说），还是应该将其视为法律的一种（作此解释的学说被称为预算法律说），学说上存有争论。在欧美各国，通常不将预算与法律在形式上加以区别，但在日本，多数学说将预算理解为一种不同于法律的特殊法形式。这是由于，除了预算仅仅约束政府而并不直接约束一般国民、预算的效力只限于一个会计年度、预算在内容上只涉及数字计算等理由之外，还可以列举出：预算的提出权属于内阁（《宪法》第七十三条第五项、第八十六条）、众议院具有先议权、众议院的重新议决制未获认可（《宪法》第六十条第一款、第二款）等理由。在现实中，从明治宪法时代开始也是将预算与法律区别开来处理的，故此，也产生了预算与法律不一致的问题。*

*　**预算与法律的不一致**　预算与法律的不一致是指，①预算虽然成立，但明令和认可其支出的法律却未制定；或者②法律虽然已经制定，但尚无为其执行所必须的预算之情形。为了使这种不一致的发生得以避免,经过 1955 年《国会法》以及《议院规则》的修改,关于附带预算的法案之提案以及附带增加预算的法案之修改,定为必须有一定人数的议员赞成,或给予内阁陈述意见的机会(参照《国会法》第五十六条第一项、第五十七条、第五十七条之三)。但是,只要法律与预算的提出权人、决议程序和要件不同,那么不一致的产生就无法避免。在这种场合,就①的情形而言,虽然内阁只能提出法案请求国会的决议,但国会没有法律制定的义务,而就②的情形而言,由于内阁负有"诚实执行法律的义务"(《宪法》第七十三条第一项),因此,可以要求其补正预算、转用经费、支出预备费(《财政法》第二十九条,第三十三条第二款、第三十五条)或以延缓法律施行等方式,加以应对处理。

2. 增额修改

预算由内阁编制,接受国会的审议与议决。国会在议决时对预算草案中的内容可作删除削减之修改(负向修改)本自不待言,而且也可以在预算草案的基础上新设条款,或进行增加金额的修改(正向修改)。尽管也有学说认为,正向修改由于侵犯了内阁的预算提出权,因此不应允许,但如果从作为国权之最高机关的国会在宪法上的地位以及财政民主主义的基本原则出发来考虑,则这种解释并不妥当。现行法上也有预想了增额修改的规定(参照《财政法》第十九条、《国会法》第五十七条之三)。

364　　不过,增额修改在预算的性质上,必须拥有与之相当的财源,此外,究竟应理解为有损预算之同一性的那种大幅修改是不被允许的,还是应理解在法律上这种界限并不存在,学说上则存有分歧。*

　　* **有关预算修正权的各种学说**　　政府在 1977 年的统一见解中,对不允许追加新支出(年度支出预算的"项目"的追加)这一过去见解作了若干修改,明确表示了新设"项目"的修改亦属可行的立场,但仍维持"国会的预算修改,可在不损害内阁的预算提案权之范围内"这一界限。然而,由于是否损害提案权、是否损害同一性,具体上极为不明确,因此,也存在采取预算法规范说的同时,认为国会的预算修改权没有界限的有力说。而如果采取预算法律说,那么,法理上的制约另当别论,对修正权就不存在限制了。

3. 暂定预算

在会计年度已经开始,而该年度的预算却还没有成立的情况下,虽然可以考虑施行上年度的预算（《明治宪法》第七十一条），但在日本国《宪法》之下，则重视财政民主主义的原则，在财政法上所采用的是暂定预算制（《财政法》第三十条）。

（四）决算审查

国家全部的收支决算，每年均由会计检查院（具有独立于内阁的地位）对此进行检查，"内阁必须在下一年度，将此连同其检查报告向国会提出"（《宪法》第九十条）。

这里所说的"向国会提出"，其宗旨是要求国会对提出的决算进行审议，并对此做出是否认可的决议。不过，这并不需要两院一致的决议，而且各议院的决议与决算的效力无关。

365

（五）公款支出的禁止

由于国家以及地方公共团体所有的公款与其他公共财产，与国民的负担紧密相关，因此有必要对此加以严正管理，进行民主性的监控。宪法之所以规定公款、公共财产"不得为宗教上的组织或团体之使用、便利或维持，或对不属于公的统制之慈善、教育或博爱事业，支出，或提供利用"（《宪法》第八十九条），正是这种宗旨的体现（参照《地方自治法》第二百四十二条）。

本条前段的目的，在于通过禁止向"宗教上的组织或团体"* 支付公款，而在财政方面上保障政教分离的原则。不过后段的意图、目的则未必明确。在理解上大致分为：①认为本规定乃是为了防止公权力对私人事业的不当支配之立场；与②认为本规定是为了防止公共财产的浪费滥用，排除慈善事业的营利倾向以及对公权力的依赖性这一立场。这种对立与"公的统制"的不同解释相结合，极大地左右着具体问题的解决方式。

质言之，第①的立场，一般而言，由于像将"属于公的统制"谓为是"对私人事业进行预算、对其执行加以监督、进而参与其人事工作等，具有能对私人事业的根本性方向产生重大影响的权力"这样，加以了严格而且狭义的理解，因此，如果官方监督机关仅仅具有尚未达到使私人企业丧失自主性之程度的权限（如《私立学校振兴援助法》第十二条、《社会福利事业法》第五十六条［现行《社会福利法》第五十八条］所规定的，要求私人企业提出报告，或对其进行劝告的权限），那么，便不能称为"属于公的统制"，而对该事业进行援助，也就等于会产生违宪之虞。

366

与此相反，第②的立场，一般而言，像把"属于公的统制"理解为是"只要国家或地方公共团体给加以一定的监督即足以称之"这样,进行了宽松并且广义的理解,故而只要对私人事业具有一定程度的监督权,如要求其提出有关业务与会计状况的报告,或对之提出有关预算必须变更的建议等,那么,对私人事业的援助,就可被视为合宪(不过,为了使援助私人学校更具有合宪性基础,似乎有必要将教育所具有的"公共性质",以及《宪法》第二十六条所规定的教育之机会均等原则等,纳入考虑范畴)。

    * **"宗教上的组织或团体"的含义** 尽管也有学说认为组织与团体的含义应加以区分,但认为两者无须严格区分,应理解为"以进行宗教上的事业与活动为共同目的而组织起来的团体"之含义的学说(甲说),较为有力。也有学说(乙说)持较为狭义的理解,认为是"由抱持特定信仰的人,为达成该宗教目的而组成的团体"。若根据甲说,日本遗族会即为"宗教团体",而若根据乙说则并不符合其定义。但是,甲乙两说的概念,均比《宗教法人法》第二条所规定的"宗教团体"(也即,以"弘扬宗教教义、举行宗教仪式、以及教化培养宗教信仰者为主要目的"的"备有礼拜设施的神社、寺院、教会、修道院及其他类似团体",以及将这些团体"包括在内的教派、宗派、教团、教会、修道院、司教区及其他类似团体")的范围要广。判例则将宗教团体理解为"具有特定的宗教信仰,以进行礼拜或普及宗教性活动为本来目的的组织或团体",并认定遗族会不相当于此(最高法院1994年2月16日判决,民集47卷3号1687页)。

二、地 方 自 治

367   统治机构虽说是基于民主主义与权力分立的原理而组成的,但于此首先必须承认地方的政治应依靠居民自治的原理。人们之所以称"地方自治是民主主义的小学",或认为地方自治具有抑制中央统一权力的强大化、使权力向地方分散的重要意义,即基于此。

    就地方自治应如何在法上加以保障而言,各国并不相同。明治宪法不以宪法本身,而均以法律加以规定。这种地方自治制度明显具有浓厚的官治色彩。与此相反,日本国宪法在第八章中特设"地方自治"一章,将其作为宪法上的制度加以深切保障。关于这种保障的性质应如何理解虽然众说纷纭,但一般认为,它并非是对地方公共团体的自然权、固有权的保障,而是对地方自治这一历史的、传统的制度之保障(所谓制度性保障)。

（一）地方自治的本意

作为地方自治的一般原则，宪法规定"与地方公共团体的组织及运作有关的事项，依据地方自治的本意，由法律对此加以规定"（《宪法》第九十二条）。

这里所说的"地方自治的本意"，包括了居民自治与团体自治的两种要素。所谓居民自治，是指地方自治依据居民的意思来进行的这一民主主义的要素，*而所谓团体自治，则是指将地方自治委之于独立于国家的团体，由团体在自身的意思与责任之下进行自治的这一自由主义性质的、地方分权性质的要素（参照《宪法》第九十四条）。因此，废除公共团体，或将地方议会作为咨询机关的做法，作为违反"地方自治的本意"的措施，便导致违宪。

＊ **居民自治的各种制度** 宪法为了将居民自治的原则具体化，规定地方公 368
共团体的首长、议会的议员由居民直接加以选任（《宪法》第九十三条第二款）。
"仅在一个地方公共机关适用的特别法"（其含义是指政府"就特定的地方公共团
体的组织、运作、权能、权利、义务之特例，加以规定的法律"），必须由居民投票
（《宪法》第九十五条）来决定。《地方自治法》进而设立各种直接请求制度（请求
制定或废止地方条例[《地方自治法》第七十四条至第七十四条之四条]，请求监
察[《地方自治法》第七十五条]，请求解散议会[《地方自治法》第七十六条至第
七十九条]，请求议员、议长解职[《地方自治法》第八十条至第八十八条]），其中
认同对（上述的）解散请求和解职请求进行居民投票。

（二）地方公共团体的机关

在地方公共团体中设置有议会，同时，地方公共团体的首长、议会的议员等，
均必须通过居民（就其含义与权利义务，参照《地方自治法》第十条）的选举而产
生（《宪法》第九十三条）。这是要将地方自治的民主化加以彻底化的制度。而此
处所说的"地方公共团体"，如一并考虑地方自治的沿革与实态，则应理解为指的
是都、道、府、县和市、町、村这样标准性质的两层级的地方公共团体（《地方自治
法》第一条之二[现行第三条]中所说的"普通地方公共团体"），*即并非是指一
切的地方公共团体。围绕东京都的特别区（地方自治法第一条之二[现行法第一
条之三]中所规定的"特别地方公共团体"）究竟是否为宪法上的地方公共团体而
引起争诉的案件中，最高法院判示，特别区无论是在历史沿革上还是在实质上，
均不能称为"地方公共团体"（最高法院大法庭 1963 年 3 月 27 日判决，刑集 17

卷 2 号 121 页）。**

    * 府县制的废止是否合宪 正文并无府县制的废止乃为宪法所允许这一宗旨。诚然，都道府县可以满足判例所说的标准（参照**）。尚者，战后的地方自治，乃以改官选知事制为公选知事制、都道府县被确定为完全自治而作为重要支柱的这一沿革，也值得考虑。然而，由于都道府县现在仍然属于起到作为"基础性的地方公共团体"（地方自治法第二条第四款［现行法第二条第三款］）的市町村与国家之间的媒介之作用的中间层级团体，为此，如果为了贯彻"地方自治的本意"而认为有必要推进广域化，那么，是否在维持目前的二层级制的前提下将都道府县制重新整编为道州制，将此理解为立法政策的问题似乎也可容许。不过，也有有力说认为，即使废止都道府县，改采仅将市町村作为"地方公共团体"的制度（一层级制），这姑且不论立法政策是否妥当，也乃是合宪的。

    ** 特别区是否为宪法上的地方公济文共团体 最高法院认为，能称为《宪法》第九十三条所说的地方公共团体的，"必须是居民事实上在经化等方面建构密切的共同生活，存在具有共同体意识的社会基础，并且在历史沿革上以及现实的行政上，也均被赋予相当程度的自主立法权、自主行政权、自主财政权等地方自治的基本权能的地域团体"，从而判示，由于特别区不符合此标准，为此废止了区长公选制的昭和二十七年［1952 年］地方自治法的修改，并不违宪（公选制度在昭和四十九年［1974 年］的修改中复活）。

（三）条例

1. 条例的性质

    地方公共团体开展各种事务（《地方自治法》第二条），在实施这些被称为自治事务†的行为时，可以制定条例（《宪法》第九十四条）。所谓条例，是指地方公共团体基于其自治权而制定的自主法。其在实质意义上，包含首长制定的规则（《地方自治法》第十五条）以及各种委员会（教育委员会、公安委员会、人事委员会）制定的规则（同法第一百三十八条之四），而在形式意义上，则是指议会针对《地方自治法》第二条第二款的事务以及法律有特别委任的事项，所制定的法规（同法第十四条、第九十六条）。

    所谓"自主法"，是相对于法律、命令等"国家法"的观念，具体意味着：①条例只能对与地方公共团体事务（自治事务）有关的事项加以规范；②但在其范围之内，原则上可同国家法没有关系地、独自地设立规定。

†这里所说的自治事务,是指由地方公共团体处理的事务(广义的自治事务)(参照《地方自治法》第二条第二款)。由地方公共团体处理的事务,曾经区别为自治事务与机关委任事务。所谓机关委任事务,指的是就法律上定为国家事务者,将其执行委任于地方公共团体机关之首长(都道府县知事、市区村长)的事务。基于乃是国家事务的理由,中央的管辖机关曾将其执行方法的细则用通告等方式加以规定,以统制地方机关首长,并主张此属于地方议会的控制权所不能及者。由于这种机关委任事务逐渐增加,达至地方公共团体首长所办理的事务中有一半以上为这些事务所占据,因此受到了地方自治被严重形骸化的批判。经过1999年的法律修改,机关委任事务的制度被废止,其中多数由自治事务所代替。在现行法中,由地方公共团体所处理的事务,区分为自治事务与法定受托事务。事务分配的方法以自治事务为原则,而只有必要受到国家或者广域自治体(都道府县)一定程度控制(国家或都道府县的"参与")的事务,才能在法律上被作为法定受托事务,以期防范过去机关委任事务的弊端再次发生(《地方自治法》第二条)。

2. 范围与界限

(1) 条例制定权首先具有必须是与[广义的]自治事务有关的事项这一界限。但是,只要是自治事务,就被容许对居民的基本人权加以制约,因此,根据公安条例而对言论自由所加以的限制,其本身不能被直接认为是违宪的。

不过,就宪法上保留于法律规定的事项而言,通过条例进行的规制是否可能,如果可能其理由为何,对此见解上则存有争论。其中,如下三点颇为重要。　371

① 其一是,与《宪法》第二十九条第二款相关联,通过条例对财产权的内容加以规制是否可被容许的问题。也有学说认为,尽管对财产权的内容加以规定必须通过法律,但对于财产权的行使,通过条例加以规定,亦为可能。不过,由于将内容与行使截然区分开来十分困难,因此不如作如下理解方是妥当的,即:条例是根据作为居民代表机关的议会的决议而成立的民主性立法,在其实质乃是准法律这一点上,允许通过条例对内容加以规制也有其根据。*当然,该财产权如果超越了某一地方的利害而关涉到全民的利害,或能够成为全国性的交易对象时,对其内容的规制在原则上就必须通过法律。

② 其次是,与禁止非依法律科以刑罚的《宪法》第三十一条,以及禁止无法律委任而在政令中设置罚则的《宪法》第七十三条第六项相关联,条例中能否为了对违反者进行制裁而规定罚则的问题。有关这一点也有不同学说,但基于与

第①的情形相同的理由,作积极理解更为合适。《地方自治法》第十四条第五款[现行第十四条第三款]可理解为是确认了这一点,设置了刑罚的最高限(两年以下的有期徒刑或拘役、一百万日元以下的罚金、拘留、罚款又或[或者]没收刑[或五万日元以下的罚款])的规定。**

③ 另外,是关系到《宪法》第八十四条所规定的租税法律主义原则,可否允许通过条例对地方税进行赋课征收的问题。一般可理解为,作为地方自治权之一,地方公共团体具有课税权,《宪法》第八十四条的“法律”中,也包含条例。《地方税法》第三条规定,通过条例“对税目、课税客体、课税标准、税率及其他赋课征收加以规定”,也可以说是对宪法的以上用意予以了确认。

* **通过条例对财产权的限制** 与此有关的判例参照第十章三(三)2 * 中的奈良县蓄水池条例案件。

** **条例中的罚则** 违反了大阪市《在街道等场所卖春引诱行为等之取缔条例》的人,认为上述条例违反了《宪法》第三十一条,从而引发了争诉。在本案中,最高法院认为,《宪法》第三十一条允许在法律的授权下,处于法律位阶之下的法令也可制定罚则(这由同条第六项但书也可明确),并判示:“条例虽属于法律位阶以下的法令,但乃是经议会这一由民选议员所组成的地方公共团体的决议而制定的自治立法,与行政机关所制定的命令等性质不同,毋宁与由国民公选之议员组成的国会所决议的法律较为类似,因此,对于以条例规定罚则的场合,恰当的理解应为,只要法律的授权在相当程度上较为具体,并得到限定即可”(最高法院大法庭 1962 年 5 月 30 日判决,刑集 16 卷 5 号 577 页)。

(2) 其次,条例制定权还有不得违反法律这一界限。* 这是因为,《宪法》第九十四条是“在法律的范围之内”认可了条例制定权的,为此条例的效力低于法律(因为《地方自治法》第十四条第一款规定“在不违反法令的范围之内”,可见其效力亦低于命令)。不过,只要法令中没有明示或默视的禁止性规定,即使是在法律另有限制规定的情况下,也可以不经法律的特别委任而制定条例。在这一点上,大有争议的便是公害规制的“追加型条例”(设定比法律之限制基准更加严格之基准的条例)的合法性问题。学说上的一般倾向,是将不得违反法律的条件,解说得比较宽松,认为除非依法律的意图有意特别排除由条例来制定比法律更为严格的限制基准,否则,根据地方的实际情况规定了特别之规制的追加型条例,应理解为合法。在最近的法律中,亦有将此意图明文规定者(《大气污染防止法》第四条第一款、《噪音限制法》第四条第二款等)。

　　＊　**"以不违反法律为限"的含义**　最高法院在德岛市公共安全条例案中(参照第九章三(三)＊),针对《交通道路法》对集团游行的规制与《公安条例》对集团游行的规制发生竞合的问题,就两者之间的关系做出了如下判示:"条例是否违反了国家的法令,不应仅仅将两者的适用对象之事项与规定条文之言词作对比,而且还必须比较各自的意图、目的、内容与效果,根据两者之间是否存在矛盾抵触来做出决定。例如,就某一事项而言,即使是在国家的法令中对此没有明文规定,但从该法令的整体看来,这种规定的欠缺可以理解为,其意图在于必须放任该事项自由,不能对此施加任何限制,则对此加以规制的条例的规定,就违反了国家的法令。反之,即使是在对特定事项加以规制的国家法令与条例并存的情况下,如果后者的意图,是基于与前者不同的目的而对该事项加以规制的,那么适用起来时,对前者规定所谋求的目的与效果,不会产生任何妨碍。或者,即使两者是基于同一目的而制定的,仍可以理解为,国家法令的本意,未必是在于通过这一规定,使全国一律施行同一内容的规定,而是在于,允许各个普通地方公共团体,根据该地方的实际情形,实施特别的规定。在作这样的理解时,国家的法令与条例之间就没有任何矛盾抵触,不会产生条例与国家的法令相违背的问题"(最高法院大法庭 1975 年 9 月 10 日判决,刑集 29 卷 8 号 489 页)。

　　这一判决所判示的如下论点,作为一般论似为妥当,即:①国家法令规定的意图如果可以理解为是旨在进行全国均一化的统一规制,则不允许通过条例:(i)将法令所未规制对象的事项,作为与法律相同的目的而加以规制,或(ii)将法令所规制对象的事项,做出比法令更为严格的规制;②在法令可理解为以全国性规制作为最低基准而规定的情况下,则(i)和(ii)都可以允许。

第十八章　宪法的保障

374 # 一、宪法保障的各种类型

宪法虽然是国家的最高法规范,但宪法的这种最高法规范性,有时却会因为法律等下位的法规范或者违宪性质的权力行使,而产生受到威胁或扭曲的事态。因此,有必要在事前防止可能招致宪法崩溃的政治动向,或者预先在宪法秩序之中建立事后可以纠正的措施。这种措施,通常被称为宪法保障制度。

宪法保障制度大致分为:①宪法自身所规定的保障制度,以及②尽管宪法中没有规定,但可看作是基于超宪法性质的根据而被肯定的制度。作为第①的例子,如以日本国《宪法》来说明,则除了宪法之最高法规范性的宣明(《宪法》第九十八条)、公务员尊重维护宪法之义务的设定(《宪法》第九十九条)、权力分立制的采用(《宪法》第四十一条、第六十五条、第六十七条)以及刚性宪法的技术(《宪法》第九十六条)等以外,还可举出为了事后救济的违宪审查制(《宪法》第八十一条)。而作为②的例子,则可举抵抗权和国家紧急权。此外,在法律层面上,也可以通过刑法中的内乱罪(《刑法》第七十七条)、《破坏活动防止法》等规定,图求宪法秩序的维持。

375 以下,首先对第②进行概说,而至于第①,主要拟讨论的是,在世界上已成为最重要之宪法保障制度的违宪审查制的意义与机能,再论涉宪法修正的问题。

（一）抵抗权

抵抗权一般指的是,在国家权力实行了侵犯人之尊严的重大不法行为的情形之下,且在其他合法的救济手段已属于不可能之时,国民为了保护自身的权利与自由,确保人之尊严,拒绝实定法上义务的抵抗行为。虽然抵抗权的观念自古便已存在,并且在人权思想的发展中扮演了十分重要的角色,但使它在实际中拥有重大意义的,还是近代市民革命时代。与自然权的思想相结合,"对暴政的抵抗"的权利得到了强调,在若干的人权宣言中也得到讴歌(参照 1789 年、1793 年的法国人权宣言)。其后,伴随着近代立宪主义的发展,宪法保障制度得以完备,抵抗权从人权宣言中销声匿迹,那是因为,抵抗权本来便具有不适合作为个人的自由权利而得到实定化的性质。诚然,基于第二次世界大战时期法西斯的痛苦体验,在战后,抵抗权思想也得到了复活,也有宪法将其再次列入人权宣言的规定之中,但是,它已不能包含原本之抵抗权的全部内涵。抵抗权的本质,可理解为是在于其非合法性质之处,不适于制度化,只有一定内容的实定化方为可能。

对于日本国《宪法》是否承认了国民的抵抗权这一点,由于涉及对抵抗权的含义、特征应如何理解,特别是关系到抵抗权究竟属于自然法上的权利还是属于实定法上的权利这些困难问题,因此无法简单地做出结论。从基本人权必须由国民"通过不断的努力"来保持这一点(《宪法》第二条),直接推导出作为实定法上之权利的抵抗权,虽然极为困难,不过,由于宪法可理解为是将自然权加以了实定化,因此,将存在于人权保障规定的根底之中、并支撑着人权之发展的那种抵抗暴政之权利的理念解读出来,则是完全可能的。

376

(二)国家紧急权

在战争、内乱、恐慌、大规模自然灾害等依靠平时的统治机构无法应对的非常事态下,为了维持国家的存立,由国家权力暂时停止立宪性质的宪法秩序而采取非常措施的权限,称之为国家紧急权。这种国家紧急权,一方面由于是在国家存亡之际谋求宪法的保持,因此可称为是宪法保障的形态之一;另一方面,虽说是暂时性的,但由于它使立宪性质的宪法秩序被停止,且力图通过权力向执行权方面集中与强化以度过危机,为此也带有破坏立宪主义的巨大的危险性。故此,认为即使没有实定法上的规定,国家紧急权也可作为国家的自然权受到认可的学说,乃属于容许将紧急权的发动在事实上委托于国家权力之恣意的立场,鉴于以往紧急权被滥用的经验,也并不足取。在超宪法意义上被行使的非常措施,并非法的问题,而是事实或政治的问题。在这一点上,国家紧急权与以自然权思想作为推动力而发展起来的人权,以及在其根底上支撑着人权的抵抗权,在性质上迥然不同。

于是乎,在 19 世纪至 20 世纪的西欧各国,也曾经出现了把采取应对非常事态之措施的例外性权力加以实定化,先予规定其行使要件等事项的宪法,其中有两种方式:①将紧急权发动的条件、程序、效果等详细予以规定的方式;②仅止于规定大纲,而对特定的国家机关(如总统)授予了概括性权限的方式。但是,将危险抑制于最小限度的那种法制化毕竟极为困难,因此两种方式中的任何一种,都蕴藏着许多问题与危险性。特别是第②,滥用的危险很大(如《魏玛宪法》第四十八条所规定的总统的非常措施权)。

在吾国,虽然明治宪法曾就紧急权设置了若干规定(《明治宪法》第八条的紧急命令权、第十四条的戒严宣告权、第三十一条的非常大权等),但在日本国宪法中,并无国家紧急权的规定。

二、违宪审查制度

在西欧型的立宪主义宪法中,作为宪法的保障制度而起到最为重要之作用的,便是违宪审查制度。在欧洲大陆各国,由法院进行的违宪审查制度,曾被认为是违反了民主主义或权力分立的原理,因此未得到制度化。不过,出于对第二次世界大战时所经历的独裁统治的深刻反省,终于被认识到必须针对法律而保护人权,直至通过战后新宪法,违宪审查制被广泛引进。日本国《宪法》规定,"最高法院,是拥有决定一切法律、命令、规则或处分是否符合宪法之权限的终审法院"(《宪法》第八十一条),承认了普通法院有违宪审查权。

(一)违宪审查权的依据

这种违宪审查制,在理论上主要由以下两个根据所支撑。

第一是宪法的最高法规范性之观念。宪法是国家的最高法规范,违反宪法的法律、命令及其他国家行为虽然是违宪、无效的,但是首先必须有对国家行为的合宪性进行审查、决定的机关,才能现实地得到确保。第二则是尊重基本人权的原理。虽然基本人权的确立是近代宪法的目的,也是构成宪法之最高法规范性的基础价值,但是当这种基本人权遭到立法、行政两权侵害的情形下,就要求有法院或类似的机关作为对其进行救济的"宪法守护人"的违宪审查制度。

不过,第三,承认一般法院具有违宪审查权的制度,也将美国的权力分立、即宪法下的三权平等并存的思想,作为重大的理论根据(参照第十四章一(一)2)。因为根据这种思想,司法负有在独立的立场上解释系争的法令,并在可理解为违宪的情况下拒绝将该法令适用于案件的责任，而且，有必要统制立法、行政的违宪行为，以确保权力相互间的抑制与均衡。

（二）违宪审查权的性质

由何种机关实施违宪审查权，存在各式各样的情况。在 19 世纪的欧洲大陆各国及明治宪法时代的日本，由于没有与法律具有本质区别的宪法之最高法规范性的观念，人权可由议会所制定的法律加以保障的意识颇为强烈，因此，法院的法律合宪性审查便被否定。基于这种传统，也有像战后的法兰西第四共和国那样，设立独立行使违宪审查权之政治机关（"宪法委员会 comité constitutionnel"。第五共和制宪法下的"宪法院 conseil constitutionnel"当初也是同样性质的机关，但 1970 年代以后，作为裁判机关的性质逐渐增强）的方式。不过现在，最为普遍的还是通过法院进行违宪审查的方式。　　379

由法院进行的违宪审查中，也主要区分为：①由特别设立的宪法法院，进行与具体诉讼毫无关系的抽象性违宪审查（抽象性违宪审查制度）；②普通法院在进行具体诉讼案件的审理之际，作为解决案件之前提，在必要的限度内对所适用之法条进行违宪审查（附随性违宪审查制度）。第①主要在以立法权为中心思考权力分立的欧洲大陆各国（德国、意大利、奥地利）中被采用，而②的典型是美国。

日本的制度究竟属于何种类型，曾与《宪法》第八十一条的解释相关联而引起争诉，但将第八十一条的规定理解为是规定了附随性审查制（意指付随性违宪审查制度，以下同）的，则是通说和判例的立场，* 这可谓是妥当的见解。其理由是：①第八十一条乃规定在"第六章司法"之中，而所谓司法，传统上乃是以有关具体性的权利义务之争诉，或有关一定的法律关系的存在与否的争诉为前提，而对之适用法令解决纠纷的作用，违宪审查权即可理解为是作为附随于该种作用而被明定于第八十一条的；②为使抽象性审查（意指抽象性违宪审查，以下同）得到承认，应该在宪法上具有将此积极地加以明示的规定，如有关起诉权人、裁判的效力等规定。

不过，认为《宪法》第八十一条虽然未必认可宪法法院的权能，但并不禁止用法律将宪法裁判权赋予最高法院（因此，只要法律规定了诉讼程序等，最高法院作为宪法法院进行活动亦便成为可能）的学说也颇为有力（如果重视司法概念的历史性，那么这样的解释，亦似乎不可谓为绝对不可能成立）。　　380

　　* **警察预备队违宪诉讼**　本案是曾经作为日本社会党代表的铃木茂三郎，

为请求确认自卫队前身的警察预备队违宪无效，以最高法院为一审法院而提出诉讼的案件。最高法院判示，"吾等法院在现行制度上所被赋予者，乃行使司法权之权限，而为了发动司法权，具体诉讼案件之提起即成为必要。吾等法院非得行使如此权限，即：未有具体诉讼案件被提出，却预想未来，而对宪法及其他法律、命令之解释所存有关疑义争论事项，作抽象性之判断"，从而驳回了诉讼请求（最高法院大法庭 1952 年 10 月 8 日判决，民集 6 卷 9 号 783 页）。

（三）附随性违宪审查制度的特质

附随性审查制度，乃立足于传统司法观念的制度，以保障个人的权利为首要目的（又称为私权保障型）。与此相反，抽象性审查制度的目的，则是排除违宪的法秩序以确保以宪法为顶点的法体系的整合性（又称为宪法保障型）。这两者是本质上不同的两种类型，彼此所发挥的功能也曾大为不同。但是，近时期两者各自开始兼容对方之功能，在一定的限度上可见其相互靠近的倾向。例如，即使是采用抽象性审查制度，德国的宪法法院对个人以公权力侵害人权为理由而提起的违宪诉讼，也具有裁判的权限（这是一种与美国的附随性审查制度相同的制度。最初是由法律所规定的，但由于案件数量极多，其重要性也显著增加，后改为宪法上的制度）。而附随性审查制度，也在实际中通过个人的人权保障而强烈地带有保障宪法秩序本身的意义。因此，在思考日本问题之时，在将传统的私权保障型附随性审查制度作为根基的同时，也必须充分考虑到其也应该具有宪法保障的功能。

1. 回避宪法判断的准则

在上述的美国型审查制度之下，法院在行使审查权时应遵循几项准则，其中最为重要的一项，便是回避宪法判断的准则。它指的是基于在解决案件之必要场合以外不得做出宪法判断的所谓"必要性原则"，而被准则化了的一系列规则。由于它是在 1936 年美国的阿什旺德判决（Ashwander v. TVA 297 U. S. 288）中，由布兰代斯大法官在判决补充意见中首次提出的，因此又被称为"阿什旺德规则"或"布兰代斯规则"。其中特别重要的两项规则是，"即使宪法问题在诉讼记录上已被恰当地提起，但只要有能够处理案件的其他理由存在，法院便不能对宪法问题做出判断"的规则，以及"在议会制定的法律之效力成为争诉问题的情况下，即使就该法律的合宪性已有重大疑义被提起，法院也必须以此为基本原则，即：首先确认可以回避宪法问题那样的法律解释是否可能成立"的规则。*使之

381

在日本成为具体问题的著名案件,是惠庭案件。**

回避宪法判断的准则,是在美国的判例中逐渐形成的理论,不应轻易否定。但是,若将其作为绝对性的规则而予以主张,则会产生违反违宪审查制度之宪法保障功能的情况。因此,法院应对案件的重大性或违宪的程度,以及其影响的范围、在案件中所争诉的权利之性质等予以综合考虑,在判断为具有充分理由的情况下,则应理解为不必遵循这一回避原则,而可作出宪法判断,方为妥当。另外,为使通过法律的解释而回避宪法判断可得到肯定,至少该法律的解释从法条文字和立法目的来判断也必须具有合理性。

　　* 合宪解释　布兰代斯规则中所说的"可以回避宪法问题那样的法律解 382
释",可以分为"回避对法律的违宪判断"的解释与"回避对法律之合宪性的怀疑"的解释这两种稍有不同的类型。前者是通过对若依字面意思解释就有可能构成违宪的那种宽泛的法律条文含义加以限定,排除其构成违宪的可能性,从而对法令的效力加以救济的解释。在这种情况下,原则上该法令的合宪性判断被作为前提。作为其例子可以列举:对交通"事故内容"之报告义务的规定加以限定解释,断定"殊无违宪问题可言"的判例(参照第十一章三(四)(2)),以及对地方公务员法的禁止争议行为之规定,加上"双重限缩"的限定,在认定法律条文合宪的同时,以不相当于构成要件为由宣告被告人无罪的东京都教职员工会案判决(参照第十三章三(三)*(2))。与此不同,后者是指就某部法令的条款而言,若采取甲种解释,则就其合宪性会产生重大疑问,因此至少惟独不采用该解释的这种情形,于此,对上述法条的合宪性判断未被在原则上作为前提(其例参照下述 * *),其合宪还是违宪则处于未确定的状态。前者的"回避对法律的违宪判断"的解释手法被称为合宪解释或合宪限定解释。在美国,这种手法是被包含于"回避宪法判断"准则中加以论述的。

　　** 惠庭案件　在北海道惠庭区的自卫队演习场附近的被告人,因受自卫队演习噪音的困扰,切断了自卫队基地内演习所使用的电信线路,为此被以违反了《自卫队法》第一百二十一条的防卫用器物损坏罪而受到了起诉。法院(札幌地方法院1964年3月29日判决,下刑集9卷3号359页)判示,第一百二十一条所说的"其他供防卫用之物品",是指称"武器、弹药、飞机"这样的"例示物件"以及"可被认为具有可评定为同等系列之程度上的密切且高度类似性的物件",而被告人所切断的电信线则不相当于此,故判决被告人无罪。而就自卫队的合宪性而言,法院认为由于无罪的结论已经做出,因此不应涉入宪法判断,从而回避了本案的宪法判断。该判决一概不作违宪与合宪的判断,在此意义上,是属于通过对法律的严格解释而回避了"对法律之合宪性的怀疑"的判决。

2. 宪法判断的方法

383 　　(1) 由于附随性审查制是以具体的案件为前提的,因此在解决案件时,必须首先针对"何者、何时、于何地、为何事"等与该案件有关的事实进行调查。效仿美国法,这种事实被称为司法事实或判决事实(adjudicative facts)。然而,在宪法案件中,就被争议是属于合宪还是违宪的法律而言,支撑其立法目的以及达成立法目的之手段(限制手段)合理性的社会意义、经济意义、文化意义的一般事实,也会进而成为问题。为了使法律合宪,在该法律的背后支撑其的上述那种一般事实之存在以及该事实之妥当性,就必须得到认可。而效仿美国法,这种事实被称为立法事实(legislative)。在没有验证立法事实的情况下,仅仅将宪法与法律的条文进行概念性比较,从而决定违宪与合宪的宪法判断方法,则有可能做出与实态不相符合的形式化、观念化、说服力较弱的判决。

　　在这一点上,认定药店距离限制违宪的最高法院判决(参照第十章一(二)**),对主张其合宪的被上诉人的论点曾作出了"只不过是单纯的观念上的假设,难以认可为是基于确实的根据而做出的合理判断"的批评,并依据立法事实而进行了宪法判断,这就值得瞩目。

　　(2) 在有些情况下,也可以不用特别检验和论证立法事实,只需通过研究法律的表面意思而推导出结论。某一法律中所规定的事前抑制措施是否相当于"检阅"的问题被争议的案件,或者是罪刑法定主义所要求的法律条文的明确性受到争议的案件(参照第九章三(三)),便是典型的例子。

　　在法院通过这样的字面判断之手法而得出违宪之结论的场合中,在美国法上通常会形成所谓"字面无效"(void on its face)的判决。由于这种判决的意图在于"无论适用于任何人、任何事情,都必将产生违宪的结果",因此判决的效力384 虽然在法律上只涉及该案件,但在实际中则具有一般效力说性质的意味,在事实上强有力地约束立法机关与行政机关。

　　然而,字面的判断或审查,也存在可被理解为是对法令的合宪性进行一般性判断或审查这种含义的情形。与此相对,字面无效的判决,在被要求检验和论证立法事实的案件中,有时也在采取法令违宪之结论的情形下被作出。在像这样理解了字面审查或字面无效之含义的情形下,吾国的法令违宪判决,即可理解为多属于此。

（四）违宪审查的主体与对象

1. 主体

从《宪法》第八十一条的规定来看，违宪审查权似乎只被赋予了最高法院。但是，由于一切法官都受到宪法与法律的约束，负有尊重拥护宪法的义务，因此在具体案件中适用法令进行审理时，对该法令是否合宪进行判断，不得不说也是宪法课予法官的职务与职权，从而，下级法院当然也可在解决案件之必要范围之内，附随于司法权的行使而行使违宪审查权。判例也作此理解（最高法院大法庭1950 年 2 月 1 日判决，刑集 4 卷 2 号 73 页）。

2. 对象

违宪审查的对象，根据《宪法》第八十一条，是指"一切的法律、命令、规则或处分"。

（1）于此，条约从列举中被排除其意图究竟何在，首先就成为问题。如果采取条约在效力方面比宪法优越的主张，则根本不会产生条约违宪的问题。但是，通说与判例都认为，①若作条约较宪法优位的理解，则在内容违反宪法的条约被缔结的情况下，宪法必须依据成立程序比法律更为简易的条约（参照《宪法》第六十一条）而被修正；②强调条约优位说的国际协调主义，不仅是战后国际社会的一般原则，而且的确也是支撑日本国宪法的重要原则，不过由此却并不能直接推导出条约比宪法优位的结论；③《宪法》第九十八条第一款虽然被条约优位说作为其论据之一，但由于该规定宣告了宪法在国内法秩序中的最高法规范性，因此将条约从列举中加以排除，自是理所当然。此外同条第二款特别强调了遵守条约，勿重蹈过去无视甚至违反国际法之覆辙，因此明确承认了正规成立的条约原则上无需特别的变形程序（立法措施），公布后即可作为国内法产生效力。以此为证据，通说与判例都采取了宪法较条约优越的立场（宪法优位说），故而条约的违宪审查是否可能，也就成为问题。

然而，在采取宪法优位说的同时，也有有力的见解出于条约被特别排除于《宪法》第八十一条的列举之外，而条约具有国家间合意的性质，不能仅因一国的意思而丧失效力，并且条约大多具有极富政治性的内容等理由，认为不能对条约进行违宪审查。但是，条约虽然为国际法，却由于条约在国内是作为国内法通用的，因此在其作为国内法的层面上，理解为将条约作为准于《宪法》第八十一条规

385

定的"法律",而成为违宪审查的对象,应较为妥当。判例也在砂川案件(最高法院大法庭1959年12月16日判决,刑集13卷13号3225页)中,承认了对条约进行违宪审查的可能性(参照第四章五(三)**)。

（2）立法的不作为能否成为违宪审查的对象。尽管根据宪法国会被课以在明文上或解释上有必须作出一定的立法的义务,但是,在无正当理由且经过相当
386 期间之后国会仍怠惰于立法的那种场合下,虽然不得不说这种不作为乃属于违宪,却不能据此直接肯定法院就可以对其进行违宪审查。例如,在原充任日本兵的台湾人请求损失补偿的案件中,虽然二审(东京高等法院1985年8月26日判决,判例时报1163号41页)将立法不作为的违宪诉讼,认定为是《行政案件诉讼法》中所规定的、所谓无名抗告诉讼(《行政案件诉讼法》第三条第一款)之一种,但作为能够认定为此种诉讼的条件,也列举了以下三点:①必须予以立法的内容相当明确;②事前救济的必要性相当显著;③不存在其他救济手段。

另外,身体重度障碍者的在家投票制,在废止后一直未予恢复,在对此以懈怠不作为为理由所提出的国家赔偿请求案件中,二审(札幌高等法院1978年5月24日判决,民集31卷2号231页)虽然承认了立法不作为违宪,但否定了《国家赔偿法》第一条第一款所要求的故意、过失之存在。最高法院论述道,"国会议员在立法方面,应该说原则上仅止于在对全体国民之关系上负有政治性之责任,而在对个别之国民的权利相对应的关系上则不负有法的义务;国会议员的立法行为(包含立法不作为),除非是像立法的内容已违反了宪法上含义明确的条款,而国会仍断然制定该法律那样,难以轻易设想的例外情况,否则在国家赔偿法第一条第一款的适用上,不接受违法的评价"(最高法院1985年11月21日判决,民集39卷7号1512页),对立法不作为的违宪审查,加以了几乎等于否认的严格限制。不过,作以下理解似为妥当,即:除了前述所列举的①～③的要件之外,如果存在经过了相当期间的要件,则对立法不作为的违宪审查也可存在应得到认可的情形(不过,由于在社会权的场合,广泛的立法裁量乃被认可,其立法不
387 作为的宪法诉讼之成立,则几乎不可能)。

（五）违宪判断的方法与判决

1. 法令违宪与适用违宪

在违宪判断的方法中,主要有:将法令本身认定为违宪的法令违宪的判断,与法令自身合宪、但其在被适用于当下个案当事人的限度上则是违宪的,所谓适

用违宪的判断。在吾国,任何一种类型的判决均为数甚少,作为前者的例子,在最高法院判决的层面上,只能列举出与谋杀尊亲属重罚规定(第七章二(六))、议员定额不均衡(同上(七))、药店适当分布规制(第十章一(二))、森林法共有林分割限制(同上三(三)1)[、特别送达邮件损害赔偿责任免除(第十二章一(三))、定居在海外的日本国民的选举权限制(第十二章二 3(一)†)、出生后的非婚生儿童被否定国籍(第七章二 5(四)†)、非婚生子女继承份额规定(同上 *)]有关的违宪判决(另外还有认定"处分"违宪的爱媛玉串费判决[空知太神社判决]等。参照第八章二(三)2[* 、]**);在后者的适用违宪判决中,有以下类型。

(1) 第一,认为在法令的合宪限定解释不可能的情形中,即在可以合宪地适用的部分与有可能被违宪适用的部分处于不可分割之状况的情形下,基于包含了违宪适用之情形那样的广义解释,而做出认为法令适用于当下个案乃是违宪的、这样宗旨的判决。例如,猿拂案件一审判决(参照第十三章三(四) *)的如下判示,即为此例:"国家公务员法第一百一十条第一款第十九项……使用了同法第一百零二条第一款所规定的限制政治行为的条文用语,并且不仅完全无加以限制解释(即合宪限定解释)的余地存在,……人事院规则第十四条至第十七条,既然明示该规定适用于一切属于普通职务的职员,则本法院(认为),国家公务员法第一百一十条第一款第十九项,在被适用于本案被告人之所为的限度上,因该项违反《宪法》第二十一条及第三十一条的规定,自不能对被告人适用"。

(2) 第二,认为尽管法令的合宪限定解释有可能,但法令的执行者在合宪性适用的情形下却不进行限定解释,而违宪地加以适用、其适用行为违宪、这样宗旨的判决。例如,对公务员的政治行为所实施的惩戒处分而受到争诉的邮政总局案件的一审判决(东京地方法院 1971 年 11 月 1 日判决,判例时报 646 号 26 页)所作的如下判示,即为此例:原告的本案行为(在五一国际劳动节高举"打倒帮助侵略越南的佐藤内阁"的标语游行),"虽然在形式上文理上都违反了《国家公务员法》第一百零二条第一款的规定,但若将以上各规定[《人事院规则》第十四条至第十七条第五款第四项、第六款第十二项]作合宪性限定解释,则本案行为既不相当亦不违反以上规定。因此,以本案行为乃属于相当且违反了上述规定为由,而对其适用了各规定的被告之行为,在其适用上违反了《宪法》第二十一条第一款。"

(3) 第三,断定在即使法令本身合宪,其执行者还将其以侵害人权的方式加以解释适用的情形下,其解释适用行为乃属于违宪、这样宗旨的判决。例如,教

388

科书裁判第二轮诉讼的一审判决（参照第九章三（二）3），在以现行检定制度的合宪性为前提的基础上，认为将其适用于家永教科书检定的处分（不合格处分）相当于事前"检阅"，从而判决违宪，即为此例。

（4）在最高法院所做出的违宪判决中，可以理解为适用违宪的，是判定在并没有给予告知、辩解、防御的机会的情况下没收了第三人所有物的行为属于违宪的判例（参照第十一章一（二）2 *）。由于这一判决的逻辑理论可以作如下理解，即：本案中没收这一司法处分，是基于不存在合宪限定解释之余地的法规（旧关税法第一百一十八条第一款）而做出的，故属于违宪，因此，在这一限度上，也可说是属于第（1）种类型的适用违宪判决；不过，由于该判决是将那种没有给予第三人告知、听证之机会而作出没收的处分判定为违宪，因此从这一点看来，也可理解为是属于第（3）种类型的例子。

然而，最高法院在以上作为第（1）类型的例子而引用的猿拂案件的上诉审判决（参照第十三章三（四）*）中，将一审判决批判为"是在预定法令当然会适用的场合，对其一部分的适用做出违宪的判断，这毕竟与将法律的一部分视为违宪，并无分别"，从而对适用违宪的方法，显示了极为消极的姿态。的确，一审判决中所说的适用违宪，与法令的一部分违宪，已达到难以在实质上加以区别的类似程度，但从法令的有效性仍然能够全面维持的角度出发，应该注意到，这并不是纯粹的法令的一部分违宪。就算是一部分违宪，充其量也只是从可作为该法规之解释的若干意义中，选择其一，视为违宪而已。因此，肯定"适用违宪之方法"所具有的积极意义，并谋求对之加以活用，是有必要的。

2. 违宪判决的效力

在法院于某一案件中判示某法律违宪无效的情形下，被认定为违宪的法律其之效力将会如何呢？对此，学说中有三种观点：①认为在客观上已导致无效（即不经过议会加以废止的程序，就失去存在）的一般效力说；②认为只是限于在该案件中被排除适用的个别效力说；以及③认为可将该问题委之于法律规定的法律委任说。

断定以上三种学说之中何者的结论确当，是困难的。但是，在附随性审查制度下，审查只是在解决当下个案的必要限度内被进行的，为此其违宪判决的效力也可理解为只限于该案件方有，所以基本上第②种学说似为妥当。*而如果肯定其一般效力，则由于其是一种消极立法作用，也会违反《宪法》第四十一条所规定的惟有国会行使立法权（因此，只有国会才具有使法律的存在及效力最终丧失的权限）的原则。

　　然而，即使在附随性审查制度中，也有"字面无效"的判决，而且，虽说是属于个别效力，但也要求其他国家机关对最高法院的违宪判决予以充分的尊重，从而，这应该被视为宪法期待如下等这样的措施，即：国会应采取迅速修改或废止被宣告为违宪的法律、政府应该采取自制其执行，检察方面则应该采取不据此进行起诉。** 如作这样理解，那么，第①种学说对第②种学说所作的如下批评，似乎就未必中的，此即："这将等于尽管在某些场合违宪无效，而在另外场合却不然，为此会损害法的安定性及可预见性，还会产生不公平现象而违反了平等原则"。在美国，通说与判例也没有承认违宪判决拥有可以将法律从法规全书中加以删除那种强度的效力。而被宣告违宪的法律，也只是被置于不能执行的状态——即所谓冬眠状态——之中，只要未经国会启动废止的程序，则如果判例被变更，那么，曾经被宣告为违宪的法律，还将原样复活。

　　*　**将来效力判决**　　如果认为第②说正当，那么则似应不被容许让判决的效力自将来始发生（即将来效力判决），但是，议员定额不均衡违宪判决，曾以情势判决的法理中也包含了"基于法的一般性基本原则"之要素为由，对此加以了适用（参照第七章二（七））。如果将此见解加以推展发挥，那么，法院不只是止于宣告选举违法，而且作出了将来效力判例，即判定选举无效，但只是让其效力自开会中的国会或即将召开的国会在其会期完全终了之时开始发生（要求国会在此期间自主矫正[1]），这至少在有关议员定额不均衡的诉讼上，也可理解为作为例外乃是可行的。不过，在这种情况下，也有必要在判决中明示能使定额再分配符合宪法的计算基准（例如二比一的基准）。

　　**　**被宣告违宪之法令的事后措施**　　对于药店适当分布规制或森林法共有林分割限制的各个条款，在违宪判决（参照第十章一（二），同章三（三）1）宣告后不久，国会便启动了废止的程序。但是，谋杀尊亲属重罚规定在违宪判决（参照第七章二（六））被宣告之后，直至刑法修改成立（平成七年[1996年]法九十一号），都未被启动修改或废止的程序。不过其间，在实际运作中，根据法务省的通告，所适用的乃是普通杀人罪的规定。

　　3. 判例的拘束力与变更
　　所谓"判例"，虽然在有的场合泛指审判例（判决例），但严格地说，指的乃是

391

------

〔1〕　指的是对定额不均衡进行的矫正，这自然也要通过法律修改。

在推导判决结论上具有意义的法的理由，即"判决理由"（ratio decidendi）。判决文中的与此无关的部分，则被称为"附论"（obiter dictum）。

"判决理由"的部分（判例），在之后发生的其他案件中就同一法律问题引起争议时，就会作为先例而成为审判的根据。在这一意义上，判例发挥着"法源"（第二章四（二））的功能。不过，通说认为，这种先例只是对此后的审判产生事实上的约束力。与此不同，近期也有一些有力的异说出现，有的认为应理解为是法上的约束力，有的则认为不应考虑"法上"或"事实上"这样的概念，而应考虑约束力的"弱"与"强"之区别。

但是，不管判例的约束力应如何理解，在有充分理由的情形下，判例的变更应理解为是可能的。其理由可考虑如下三点：①经过时间的推移，情事发生了巨大变更的情形；②在从经验教训来看，调节已成必要的情形。③先例存在错误的情形（对先例加以变更的新判决之理论较于先例更为优异的情形，以及所要变更的判例与此后就同种问题或关联事项做出的判决发生了矛盾的情形）。变更判例，须由最高法院大法庭进行（参照《法院法》第十条）。

三、宪法修正的程序与界限

（一）刚性宪法的意义

宪法，被要求有高度的安定性，但另一方面，与政治、经济、社会变动相适应的可变性亦不可或缺。为了适应这种安定性与可变性之间相互矛盾的要求，所被构设出来的，就是刚性宪法（rigid constitution）的技术，即在规定了宪法的修改程序的同时，又将这种修改的要件加以严格化的方法。

此种方法作为保障宪法这一最高法规范的制度，具有重要的意义。不过，虽然不同的国家国情也各不相同，但如果将修正设定得过于困难，也会使可变性不复存在，宪法被违宪地加以运用的可能性大为增大。相反，如果使宪法修正过于容易，那么宪法保障的功能则将会丧失。日本《宪法》规定"本宪法的修正，必须通过国会经各议院议员总数的三分之二以上的赞成而提议，并向国民提案，且经其承认"，而国民的承认，则是在国民投票中"以过半数的赞成为必要"（《宪法》第九十六条）。"各议院议员总数的三分之二以上的赞成"以及国民投票中的"过半数的赞成"这两项要件，较之于其他国家，其刚性的程度为强。

（二）宪法修正的程序

宪法的修正,经过国会的提议、国民的承认以及天皇的公布这三种程序而进行。

1. 国会的提议

这里所说的"提议",与国会法中就通常的议案所说的提议(这意味着提出原案)不同,是指由国会决定向国民所提出的宪法修正案。

（1）发案　为提议修正宪法,必须先提出宪法修正案。提出其原案的权能(发案权)属于各议员自不待言(在普通议案的场合下,根据《国会法》五十六条第一款,需要众议院二十人以上,参议院十人以上的赞成,但就宪法修正案而言,也可考虑格外加重要件),而内阁是否也存在这种权能,则有争议。肯定说的理由是,"国会的提议"并不当然意味着发案权者仅限于议员,即使承认内阁的发案权,也无损于国会审议的自主性。何况从议院内阁制中国会与内阁间"协调互动"的关系看来,这也并非不可思议之事。与此相反的否定说则以以下各点为理由：由于宪法修正是国民的宪法制定权力(又称为制宪权)之作用,因此,由国会来实行确定原案的内容——即,将成为国民之最终决定的对象——的行为(即宪法中所说的"提议"),从制宪权思想出发而言,自然是理所应当的,而如将此理论加以贯彻,则将可视为"提案"程序之一部分的"发案",也即原案的提出权,理解为仅属于议员,也同宪法的精神一致;虽然可以说即使承认内阁的发案权也不会损害国会的自主性审议权,但将宪法修正案的提出权与一般法律案的提出权做相同的理解,乃属于把宪法与法律在形式上、实质上的互异,加以了模糊化的解释。

究竟以上那种说法妥当,难以轻易断定。为此,认为"宪法的本意,是要将是 否承认内阁发案权,委之于根据国会的意志而制定的法律"的说法,也有一定的道理。不过,即使认为否定说较为妥当(鄙见亦倾向于此),但由于内阁实际上可以通过拥有议员资格的国务大臣及其他议员而提出原案,因此讨论内阁有无发案权,实益甚少。

（2）审议　由于宪法与国会法中无特别规定,因此审议的程序可以理解为可准用法律案的程序而进行。不过,关于其定足数,鉴于乃是需要慎重审议的事案,认为全体议员的三分之二以上的出席是有必要的或可欲的说法,较为有力。但是,由于采取三分之一以上还是三分之二以上,可理解为乃委之于法律所规定,为此,既然法律没有特别的规定,那么三分之一以上亦已足够。

毋庸赘言,审议之际,国会可自由修改原案。

(3)决议　（宪法修正的提议）须有各议院中各自议员总数的三分之二以上的赞成,关于其中的"议员总额"的含义,有法定议员数与现存议员数两种说法,但认为应是从法定数中减去欠缺人员数的后说,似为妥当。

在获得两议院三分之二以上赞成时,国会的提议即告成立。（在这一程序中,）除决议以外,提议或向国民提案的特别之行为,并未被定有必要。

2. 国民的承认

宪法修正,依据国民的承认而成立。这一承认是通过"特别的国民投票,或定于国会选举之际所进行的投票"来做出。关于被作为承认之要件的"过半数"的含义,尽管存在争论,但理解为是有效投票的过半数,则似为妥当。通过法律将其规定为总投票数的过半数,这也可理解是可能的。

395

这种通过国民投票而决定宪法修正的方式,可谓是确保国民主权原理,以及依据国民的意思将作为最高法规范的宪法加以民主性质正当化之要求的最纯粹的手段。不过,目前宪法修正的国民投票法尚未被制定。*†

＊　**国民投票法的问题要点**　第一是投票方法。在同时有多部修正案被提议的情形下,将相互间具有不可分割关系者,一并加以总括记载就似乎成为必要;第二是承认的效力发生时期。应认为在投票的效力产生争议的诉讼的起诉时效经过之后,在其间如有诉讼则其判决确定之后,投票结果始可确定,方似为妥当。

†　**国民投票法**（正式名称"关于日本国宪法修正程序的法律"）　在 2007 年被制定,于 2010 年 5 月 18 日实施。根据其内容,国会若提出宪法修正动议,从其提出后的 60 天到 180 天内进行国民投票（同第二条第一款）。其间,作为承担向国民进行宣传事务的机关,国会要设立国民投票宣传协议会（《国会法》第一〇二条之十一,《国民投票法》第十一条以下）。赞同或反对修正案的"国民投票运动",与选举运动相比在规制上要缓和许多,其没有文书图画的规制、活动费用的规制、上门访问以及网络活动的规制,但公务员的活动及节目广告则属于规制范围之内。

396

修改的议题要"根据内容中关联事项进行区分提出"（《国会法》第六十八条之三）,被区分的法案要分别进行国民投票。然后,总投票数过半时就可被认定为获得了国民的认可（《国民投票法》第一百二十六条第一款）,但这时的总投票数是指,"赞成宪法修正案的投票数加上反对的投票数的总和"(同第九十八条第二款)。接到认可的通知后,总理大臣立即进行公布的手续(同第一百二十六条第二款)。公布的人是天皇(《宪法》第七条第一项)。关于国民投票存有异议的人要在 30 天以内向东京高等法院提起诉讼(《国民投票法》第一百二十七条),但即使提出诉讼,国民投票的效力并没有停止(同第一百三十条)。此外,有关投票权人的年龄,根据 2014 年修改后的法律规定,已定为本法律修正实施后四年内年满 20 岁,其后(2018 年 6 月 21 日以后)年满 18 岁以上。

3. 天皇的公布

公布是"以国民的名义"进行的,其意图是为了明确宪法修正乃是根据作为修正权人的国民的意思而为之的。此外,作如下理解的说法也似为妥当,即:所谓"作为与本宪法一体成立的部分",表示修正条款是"基于与日本国宪法相同的基本原理,而具有相同形式效力"。这里并不包含这样的特别含义,即要求与美国联邦宪法相同采用增补的方式。只要不逾越宪法修正权的界限,全部修正也可被理解为未必受到排除。

(三)宪法修正的界限

如果遵循这样的宪法修正程序,那么,是否可以说对任何内容的修改都是可被允许的呢?绝非如此。这一问题,与宪法、人权、国民主权等之本质应作如何理解的宪法基础理论,具有密切的关联。

在日本,也有修宪无界限说,其乃基于认为国民的主权是绝对的(制宪权是全能的,修宪权与制宪权相同)理论,或者是认为无法承认在宪法规范中有上下的价值序列的理论,主张只要遵循宪法修正的程序,任何内容的修正在法的意义上都可以允许的。但认同存在法意义上之界限的说法则为通说,且可认为允当。作为这种界限说的论据而被主张的理由中,比较重要的是以下两点。

1. 权力的层级结构

以民主主义为基础的宪法,是根据国民的宪法制定权力(制宪权)而被制定的法。由于这种制宪权是位于宪法之外而制定宪法的力量,因此并非实定法上的权力。于是,受到法治主义与理性主义思想的影响,近代宪法就将制宪权纳入宪法典之中,并将其作为国民主权的原则而加以宣告,这已大致成为通例。同时,这种思想,也在将决定宪法修正的最终权限赋予国民(有权者)的宪法修正程序规定中,得到了具体化(日本国《宪法》第九十六条所规定的国民投票制,就是其典型例子)。宪法修正权之所以又被称为"制度化了的宪法制定权力",原因即在于此。

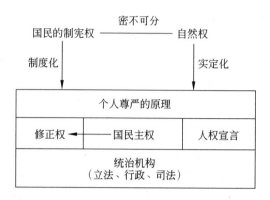

宪法的构造

如前所述,由于修宪权的母体乃是制宪权,因此不得不说,如修宪权将应称为是自身存立之基础的制宪权之所在(国民主权)加以变更,则属于所谓的自杀行为,在理论上不被容许。

2. 人权的根本规范性

398　　近代宪法本来就是将"人生而自由平等"的自然权思想,基于国民具有"制定宪法之力量"(制宪权)的理念而加以了成文化的法(参照第一章四(二))。

这一人权(自由的原理)与1中所提及的国民主权(民主的原理),共同立足于"个人尊严"的原理之上,结合而为不可分割的共存关系,这就是近代宪法的本质与理念(参照第三章一(二))。因此,宪法修正权改变这种应称为是宪法之"根本规范"的人权宣言的基本原则,也是不被容许的(参照前图)。不过,在基本原则得到维持的限度内,对各个的人权规定施以补正的修改,则当然可被认肯。

3. 前言的意图

日本国宪法在前言中提出人权与国民主权是"人类普遍的原理",宣明"排除一切违反此原理的宪法、法令及诏敕"。这并不仅仅只是政治性希冀的表明,而且如前所述,而是具有对宪法修正具有法意义界限的理论加以确认,促使慎重对待修宪权的意味。《德国联邦宪法》规定对国民主权及人权的基本原则构成影响的修正不被容许(《德国联邦宪法》第七十九条),法国第五共和国制宪法规定共和政体不可改变(《法国第五共和制宪法》第八十九条),也是出于相同的意图。

4. 和平主义、宪法修正程序

如果说修宪权具有界限，那么与国内的民主主义（人权与国民主权）相互结合不可分割的、被称为是支配了近代公法进化之原则的国际和平主义的原理，也就必须被理解为是处于修宪权的范围之外。不过，将此理解为这并不意味着连规定了战争力量之不保持的《宪法》第九条第二款的修改在理论上也是不可能的（因为在现在的国际情势下，保有军队并不直接与和平主义的否定具有关联），则为通说。

另外，《宪法》第九十六条所规定的宪法修正国民投票制，是将国民的制宪权　399
思想直截了当地加以具体化的规定，若将其废止，则具有动摇国民主权之原理的
意味，故而对其修正一般被理解为不被容许。

（四）宪法的变迁

对宪法的保障而言极为重要的问题，便是宪法规范尽管并未被修改，其本来的含义，反而却因国家权力所加以的运用而发生变化。

不过，由于宪法也是变迁中社会的动态下的"活法"，因此，宪法规范的本来含义发生变化，存在使其意图、目的不断充实那样的宪法现实，也是当然的现象，并无作为特别问题之必要。问题是，如果发生了从正面背反了规范那样的现实，且这种现实在已达到一定之阶段时，那么，这是否可将其理解为已产生了与修改了规范的情况具有相同法意义上的效果，在这一意义上"宪法的变迁"是否能够得到肯定？

就此，有两种截然不同的对立观点：①认为在一定的要件（持续、反复以及国民的同意等）得到满足的场合，违宪的宪法现实便带有法的性质，具有改废宪法规范的效力的学说。②认为违宪的宪法现实，终究也只是事实，并不能具有法的性质的学说。也有一种见解，在基本上采取了②说之立场的同时，认同其作为政治性规则（也可效仿英国法将其称为宪法惯例［convention］）具有一种拘束国家机关（议会、内阁）的较弱的法的性质。

但凡法之所以具有作为法的效力，均有必要含有拘束国民、要求国民遵守的"拘束性"之要素，以及在现实上被确定为不能不遵守的"实效性"之要素。肯定　400
宪法变迁的学说之中，成为问题是，采取丧失了实效性的宪法规范便不能称之为

法这样的立场。然而,在什么阶段实效性可被理解为已然消灭,恰当确切地把握该时点,则并非易事。何况,纵使实效性遭到重大损害,现实上已不被遵守,但其作为法的拘束性之要素,被理解为并未减损,则亦为可能。而在将来,基于国民意识的变化,已处于假死状态中的宪法规定,亦有可能重获新生。①说的理论不可轻易肯定。

参 考 文 献

有关宪法的著作、论文,数量庞大,各具特色,因此,要选择主要的文献非常困难,但考虑到本书的性质,还是列出较易利用的一些基础的著作和论文。难免有所遗漏。

一、概论书

对宪法进行体系性说明的概论书(教科书)数量很大,不过应该对认为最适合自己的进行精读。

有关大日本帝国宪法(明治宪法)的,有美濃部達吉的《憲法撮要》(有斐閣,1923 年,修订 5 版 1932 年、《改訂憲法撮要》1946 年),以及其的《逐條憲法精義全》(有斐閣,1927年);佐佐木惣一的《日本憲法要論》(金刺芳流堂,1930 年,修正 5 版 1933 年);宮澤俊義的《憲法略説》(岩波書店,1942 年),值得参照。

有关日本国宪法的标准概论书,以下依次列举(按出版年月顺序)。

(一)明治时代

美濃部達吉《日本国憲法原論》(有斐閣,1948 年)

佐佐木惣一《日本国憲法論》(有斐閣,1949 年)

宮澤俊義《憲法(改訂版)》(有斐閣,1962 年)

宮澤俊義《憲法Ⅱ(新版)》(有斐閣,法律学全集,1971 年)

清宮四郎《全訂宪法要論》(法文社,1961 年)

清宮四郎《憲法Ⅰ(第三版)》(有斐閣,法律学全集,1979 年)

铃木安藏《憲法学原論》(劲草書房,1956 年)

大石義雄《日本憲法論》(嵯峨野書院,1973 年)

鵜飼信成《憲法》(岩波書店,全書,1956 年)

鵜飼信成《新版憲法》(弘文堂,1968 年)

田上穰治《新版日本国憲法原論》(青林書院,1985 年)

大西芳雄《憲法要論》(有斐閣,1964 年)

（二）大正时代

佐藤功《日本国憲法概説（全訂五版）》（学陽書房，1996 年）

和田英夫《新版憲法体系》（劲草書房，1982 年）

橋本公亘《日本国憲法（改訂版）》（有斐閣，1988 年）

伊藤正已《憲法（第三版）》（弘文堂，1995 年）

酒井吉栄《憲法学講義》（評論社，1988 年）

小林直樹《憲法讲义（上）（下）（新版）》（東京大学出版会，1980 年、1981 年）

小林孝輔《憲法（新版）》（日本評論社，1998 年）

長谷川正安《憲法講話（1）（新版）（2）》（法律文化社，1981 年、1984 年）

覚道豊治《憲法（改訂版）》（ミネルヴァ書房，1977 年）

小嶋和司《憲法概説》（良書普及会，1987 年）

芦部信喜《憲法Ⅱ人権（1）、Ⅲ人権（2）》（有斐閣，1992 年、1994 年、1998 年）

山本浩三《憲法》（評論社，1973 年）

榎原猛《憲法》（法律文化社，1986 年）

（三）昭和时代

阿部照哉、池田政章、初宿正典、戸松秀典编《憲法（1）－（4）（第三版）》（有斐閣，1995 年）

阿部照哉《憲法（改訂）》（青林書院，1991 年）

尾吹善人《憲法教科書》（木鐸社，1993 年）

奥平康弘《憲法Ⅲ憲法が保障する権利》（有斐閣，1993 年）

杉原泰雄《憲法Ⅰ憲法総論、Ⅱ統治の機構》（有斐閣 1987 年、1989 年）

清水睦《憲法（改訂新版）》（南雲堂深山社，1979 年）

清水睦他《憲法講義（1）》（有斐閣，1979 年）

高野真澄《現代日本の憲法問題（改訂版）》（有信堂高文社，1995 年）

手島孝　编《憲法新版》（青林書院新社，1983 年）

大须賀明他《憲法講義（2）》（有斐閣，1979 年）

樋口陽一《憲法（改訂版）》（創文社，1998 年）

樋口陽一《憲法Ⅰ》（青林書院，1998 年）

上田勝美《新版憲法講義》（法律文化社，1996 年）

吉田善明《日本国憲法论（新版）》（三省堂，1995 年）

佐藤幸治《憲法（第三版）》（青林書院，1995 年）

佐藤幸治　编《憲法ⅠⅡ》（成文堂，1988 年）

山内敏弘、古川純《憲法の現況と展望(新版)》(北樹出版,1996 年)

野中俊彦、中村睦男、高橋和之、高見勝利《憲法ⅠⅡ(第三版)》(有斐閣,2001 年)

長尾一紘《日本国憲法(第三版)》(世界思想社,1997 年)

浦部法穂《(全訂)憲法学教室》(日本評論社,2000 年)

阪本昌成《憲法理論ⅠⅡⅢ》(成文堂,1993-1995 年,Ⅰ補訂第三版,2000 年)

戸波江二、松井茂記、安念潤司、長谷部恭男《憲法(1)(2)》(有斐閣,1992 年)

戸波江二《憲法(新版)》(ぎょうせい,1998 年)

初宿正典《憲法 2 基本権(第 2 版)》(成文堂,2001 年)

辻村みよ子《憲法》(日本評論社,2000 年)

松井茂記《日本国憲法(第 2 版)》(有斐閣,2002 年)

長谷部恭男《憲法(第 2 版)》(新世社,2001 年)

二、注释书

要详细了解概论书中没有充分展开的地方,则可以方便地利用下述注释书籍(按出版年月排列)。

法学協会　編《注解日本憲法(上)、(下)》(有斐閣,1953 年、1954 年)

宮澤俊義(芦部信喜補訂)《全訂日本国憲法》(日本評論社,1978 年)

佐藤功《憲法(上)(下)(新版)》(有斐閣 1983、1984 年)

樋口陽一、佐藤幸治、中村睦男、浦部法穂《憲法ⅠⅡⅢ》(青林書院,1994 年、1997 年、1998 年)

佐藤幸治　編《要説コンメンタール日本国憲法》(三省堂,1991 年)

樋口陽一、佐藤幸治、中村睦男、浦部法穂《注釈日本国憲法(上)、(下)》(青林書院, 1984 年、1988 年)

樋口陽一、佐藤幸治、中村睦男、浦部法穂《憲法ⅠⅡⅢ》(青林書院,1994 年、1997 年、1998 年)

小林孝輔、芹沢斉　編《憲法(第四版)》(日本評論社、基本法コンメンタール, 1997 年)

三、解说书、研讨书、判例

通过具体的模拟问题、事例以及判例来研究宪法,并就其重要的论点进行深入的检讨,这对于丰富知识、培养法律的思考方法,极其有益。以下列举若干的文献,以供参考(以五十音图为序)。

芦部信喜《憲法の焦点 1、2、3》(有斐閣,1984 年、1985 年)

芦部信喜《憲法判例を読む》(岩波書店,1987 年)

芦部信喜　編《演習憲法(新版)》(有斐閣,1988 年)

芦部信喜　編《憲法の基本問題》(有斐閣,1988 年)

芦部信喜　編《判例ハンドブック憲法(第二版)》(日本評論社,1992 年)

芦部信喜、池田政章、杉原泰雄　編《演習宪法》(青林書院,1984 年)

芦部信喜、小嶋和司、田口精一《憲法の基礎知識》(有斐閣,1966 年)

芦部信喜、高橋和之、長谷部恭男　編《憲法判例百選ⅠⅡ(第四版)》(有斐閣,2000 年)

芦部信喜、户松秀典、高見勝利、户波江二　編著《ユーブング憲法(第二版)》(有斐閣,1997 年)

阿部照哉《演習憲法》(有斐閣,1985 年)

阿部照哉、池田政章、初宿正典、户松秀典　編《憲法判例(第三版増補)》(有斐閣,1997 年)

石村修《基本論点憲法(新版)》(法学書院,1996 年)

市川正人《ケースメンッド憲法》(日本評論社,1998 年)

岩間昭道、户波江二　編《憲法ⅠⅡ》(日本評論社,1994 年)

上田勝美　編《ゼミナール憲法判例(増補版)》(法律文化社,1994 年)

内野正幸《憲法解釈の論点(新版)》(日本評論社,1997 年)

浦田賢治、大須賀明　編新《判例コンメンタール 日本国憲法 1、2、3》(三省堂,1993 年、1994 年)

浦部法穂《事例式演習教室憲法(第二版)》(劲草書房,1998 年)

江橋崇、户松秀典《基礎演習憲法》(有斐閣,1992 年)

奥平康弘、杉原泰雄《憲法演習教室》(有斐閣,1987 年)

奥平康弘、杉原泰雄　編《憲法学(1)—(6)》(有斐閣,1976 年、1977 年)

奥平康弘、杉原泰雄　編《憲法を学ぶ(第三版)》(有斐閣,1996 年)

清宮四郎、佐藤功　編《憲法講座(1)—(4)》(有斐閣,1963 年、1964 年)

清宮四郎、佐藤功、阿部照哉、杉原泰雄　編《新版憲法演習 1、2、3(改訂版)》(有斐閣,1987 年)

小嶋和司《憲法学講話》(有斐閣,1982 年)

小嶋和司　編《憲法争点(新版)》(有斐閣,1985 年)

小林武《演習講義憲法》(法学書院,1995 年)

小林直樹《憲法判断の原理 上下》(日本評論社,1977 年、1978 年)

佐藤幸治、中村睦男、野中俊彦《ファンダメンタル憲法》(有斐閣,1994 年)

杉原泰雄《憲法の歴史》(岩波書店,1996 年)

杉原泰雄　編《判例マニュアル憲法ⅠⅡ》(三省堂,1989 年)

手島孝《憲法解釈二十講》(有斐閣,1980 年)

中村睦男《憲法 30 講(新版)》(青林書院,1999 年)

中村睦男《論点憲法教室》(有斐閣,1990 年)

野中俊彦,浦部法穂《憲法の解釈ⅠⅡⅢ》(三省堂,1989—1992 年)

野中俊彦、江橋崇　編《憲法判例集(第八版)》(有斐閣,2001 年)

長谷部恭男　編《リーディングズ現代の憲法》(日本評論社,1995 年)

樋口陽一　編《ホーンブック憲法(改訂版)》(北樹出版,2000 年)

樋口陽一、野中俊彦　編《憲法の基本判例(第二版)》(有斐閣,1996 年)

樋口陽一、佐藤幸治他《考える憲法》(弘文堂,1988 年)

樋口陽一、山内敏弘、辻村みよ子《憲法判例を読みなおす》(日本評論社,1994 年)

棟居快行《憲法フィールドノート》(日本評論社,1996 年)

四、宪法史

有关日本国宪法成立的历史,以下文献值得参考(以出版年月为序)。

長谷川正安《昭和憲法史》(岩波書店,1961 年)

清水伸　編《逐條日本国憲法審議録第一卷—第四卷》(有斐閣,1962—1964 年)

佐藤達夫《日本国憲法成立史第一卷、第二卷》(有斐閣,1962 年、1964 年)

憲法調査会《憲法制定の経過に関する的小委員会報告書》(普及版,時事通信社〈日本国憲法制定の由来〉,1961 年)

高柳賢三、大友一郎、田中英夫《日本国憲法制定の過程ⅠⅡ》(有斐閣,1972 年)

田中英夫《憲法制定過程覚え書》(有斐閣,1979 年)

古関彰一《新憲法の誕生》(中央公論社,1989 年)

佐藤達夫(佐藤功補訂)《日本国憲法成立史第三、四卷》(有斐閣,1994 年)

大石真《日本憲法史》(有斐閣,1995 年)

五、论文集以及其他文献

深入宪法学真髓的论文,也有必要研读。在这方面,由有仓辽吉、长谷川正安(编辑代表)所编辑的《文献选集日本国宪法》(三省堂,1977 年、1978 年),共十六卷,分别以宪法的基本原理、国民主权与天皇制、战争的放弃、基本人权、平等权、自由权、生存权、教育权、劳动基本权、议会制民主主义、裁判与国民的权利、地方自治、修改宪法论、安保体制论、各国宪法论、宪法学说史为主题,各卷收集了主要的论文,至今读来仍然有益。在宪法学者的花甲、古稀纪念论文集中也可以接触到很多值得一读的论文。

并且，有关基本人权方面，由东京大学社会科学研究所编的《基本人権1—5》(東京大学出版会,1968 年、1969 年),有助于扩展广阔的视野。芦部信喜编《講座憲法訴訟1、2、3》(有斐閣,1987 年),对于研究宪法诉讼论或违宪审查的基准论,具有参考的价值。小林直樹所监督修改的《現代憲法大系》(法律文化社)十五卷中,至今已出版的国民主权和天皇制(针生诚吉、横田耕一,1983 年)、平等的权利(阿部照哉、野中俊彦,1984 年)、生存权、教育权(中村睦男、永井宪一,1989 年)、宪法和行政权(手岛孝、中川刚,1992 年)、宪法和裁判(樋口阳一、栗城寿夫,1988 年)、宪法和和平主义(山内敏弘、太田一男,1998 年),也很有益处。杉原泰雄编《講座憲法学の基礎1—5》(劲草書房,1983—1989 年),以及其后樋口阳一编《講座憲法学1—6》、別巻(日本評論社,1994 年、1995 年),佐藤幸治、初宿正典、大石真编《憲法五十年の展望ⅠⅡ》(有斐閣,1998 年),都试图总结宪法学五十年的发展,值得注意。宪法理论研究会编《人権理論の新展開》《人権保障と現代国家》《憲法五十年の人権と憲法裁判》(敬文堂,1994 年、1995 年、1997 年)、《岩波講座現代の法十五卷》(1997 年、1998 年)中也有有益的论文。

此外,有若干文献,与本书所述的本人的宪法理论有所关联,列举如下,以供关注者加以参考(以五十音图为序)。

（一）关于宪法的基础理论

芦部信喜《憲法制定権力》(東京大学出版会,1983 年)

岩間照道《憲法破毀の概念》(尚学社,2002 年)

大石真《立憲民主制》(信山社出版,1996 年)

大隈義和《憲法制定権の法理》(九州大学出版会,1988 年)

内野正幸《憲法解釈の論理と体系》(日本評論社,1991 年)

川添利幸《憲法保障の理論》(尚学社,1986 年)

菅野喜八郎《国権的限界問題》(木鐸社,1978 年)

小林直樹《憲法秩序の理論》(東京大学出版会,1986 年)

杉原泰雄《国民主権と国民代表制》(有斐閣,1983 年)

杉原泰雄《国民主権の史的展開》(岩波書店,1985 年)

高見勝利《宮澤俊義憲法学説史的研究》(有斐閣,2000 年)

長谷部恭男《憲法学のフロンティア》(岩波書店,1999 年)

長谷部恭男《比較不能な価値の迷路》(東京大学出版会,2000 年)

樋口陽一《近代立憲主義と現代国家》(劲草書房,1973 年)

樋口陽一《比較憲法(全訂三版)》(青林書院,1992 年)

樋口陽一《近代憲法学にとっての論理と価値》(日本評論社,1994 年)

樋口陽一《憲法近代知の復権へ》(東京大学出版会,2002 年)

樋口陽一、森英樹、高見勝利、辻村みよ子編《憲法理論の 50 年》(日本評論社,
1996 年)

宮澤俊義《憲法の原理》(岩波書店,1967 年)

（二）有关人权论、和平主义

青柳幸一《個人の尊重と人間の尊厳》(尚学社,1996 年)

青柳幸一《人権、社会、国家》(尚学社,2002 年)

芦部信喜《憲法訴訟の理論》(有斐閣,1973 年)

芦部信喜《現代人権论》(有斐閣,1974 年)

芦部信喜《憲法訴訟現代の展開》(有斐閣,1981 年)

芦部信喜《司法のあり方と人権》(東京大学出版会,1983 年)

芦部信喜《人権と憲法訴訟》(有斐閣,1994 年)

芦部信喜《人権と議会政治》(有斐閣,1996 年)

芦部信喜《宗教、人権、憲法学》(有斐閣,1999 年)

伊藤正已《法の支配》(有斐閣,1954 年)

伊藤正已《言論、出版の自由》(岩書書店,1959 年)

浦部法穂《違憲審査の基準》(劲草書房,1985 年)

大須賀明《生存権论》(日本評論社,1984 年)

奥平康弘《表現の自由ⅠⅡⅢ》(有斐閣,1983、1984 年)

奥平康弘《なぜ「表現の自由」》(東京大学出版会,1988 年)

奥平康弘《「表現の自由」を求めて》(岩波書店,1999 年)

小林直樹《現代基本権の展開》(岩波書店,1976 年)

佐藤幸治《現代国家と司法権》(有斐閣,1988 年)

田口精一《基本権の理論》(信山社出版,1996 年)

辻村みよ子《人権の普遍性と歴史性》(創文社,1992 年)

戸松秀典《立法裁量論》(有斐閣,1993 年)

中村睦男《社会権の解釈》(有斐閣,1983 年)

深瀬忠一《戦争放棄と平和的生存権》(岩波書店,1987 年)

松井茂記《二重の基準論》(有斐閣,1994 年)

棟居快行《人権論の新構成》(信山社出版,2001 年)

山内敏弘《平和憲法の理論》(日本評論社,1992 年)

（三）有关统治机构论

芦部信喜《憲法と議会政治》（東京大学出版会，1971 年）

鵜飼信成《憲法における象徴と代表》（岩波書店，1977 年）

奥平康弘《憲法裁判の可能性》（岩波書店，1995 年）

清宮四郎《権力分立制の研究》（有斐閣，1950 年）

小嶋和司《憲法と政治機構》（木鐸社，1988 年）

小嶋和司《憲法と財政制度》（有斐閣，1988 年）

佐藤幸治《憲法訴訟と司法権》（日本評論社，1984 年）

高橋和之《国民内閣制の理念と運用》（有斐閣，1994 年）

高橋和之《憲法判断の方法》（有斐閣，1995 年）

手島孝《憲法学の開拓線》（三省堂，1985 年）

戸松秀典《司法審査制》（勁草書房，1989 年）

野中俊彦《憲法訴訟の原理と技術》（有斐閣，1995 年）

宮澤俊義《憲法と政治制度》（岩波書店，1968 年）

宮澤俊義《憲法と裁判》（有斐閣，1967 年）

（四）其他（杂志特集）

日本国憲法——三十年の軌跡と展望（ジュリスト638 号，1977 年）

憲法と憲法原理——現況と展望（ジュリスト884 号，1987 年）

象徴天皇制（ジュリスト933 号，1989 年）

議会一百年と二つの憲法（ジュリスト955 号，1990 年）

〈自由〉の問題状況（ジュリスト978 号，1991 年）

憲法状況の展望——世界と日本（ジュリスト1022 号，1993 年）

違憲審査制の現在（ジュリスト1037 号，1994 年）

日本憲法五十年の軌跡と展望（ジュリスト1089 号，1996 年）

日本憲法五十年と二一世紀への展望（法律時報 68 巻 6 号，1996 年）

日本国憲法五十年——回顧回顧と展望（公法研究 59 号，1997 年）

世紀の転換点に憲法を考える（ジュリスト1192 号，2001 年）

日本国憲法と新世紀の航路（ジュリスト1222 号，2002 年）

判 例 索 引 [1]

---

〔1〕 索引后数字为原书页码，即本书边码。——译者注

高等法院

地方法院

事项索引^[1]

---

〔1〕　事项索引后数字为原书页码,即本书边码。——译者注